Springer-Lehrbuch

Springer
*Berlin
Heidelberg
New York
Barcelona
Hongkong
London
Mailand
Paris
Singapur
Tokio*

Fritz Söllner

Die Geschichte des ökonomischen Denkens

Zweite, verbesserte Auflage

Mit 30 Abbildungen

 Springer

Prof. Dr. Fritz Söllner
Technische Universität Ilmenau
Fachgebiet Finanzwissenschaft
D-98684 Ilmenau

ISBN 3-540-41342-1 Springer-Verlag Berlin Heidelberg New York

Die Deutsche Bibliothek - CIP-Einheitsaufnahme
Söllner, Fritz: Die Geschichte des ökonomischen Denkens / Fritz Söllner. - 2., verb. Aufl. -
Berlin; Heidelberg; New York; Barcelona; Hongkong; London; Mailand; Paris; Singapur;
Tokio: Springer, 2001
  (Springer-Lehrbuch)
  ISBN 3-540-41342-1

Dieses Werk ist urheberrechtlich geschützt. Die dadurch begründeten Rechte, insbesondere die der Übersetzung, des Nachdrucks, des Vortrags, der Entnahme von Abbildungen und Tabellen, der Funksendung, der Mikroverfilmung oder der Vervielfältigung auf anderen Wegen und der Speicherung in Datenverarbeitungsanlagen, bleiben, auch bei nur auszugsweiser Verwertung, vorbehalten. Eine Vervielfältigung dieses Werkes oder von Teilen dieses Werkes ist auch im Einzelfall nur in den Grenzen der gesetzlichen Bestimmungen des Urheberrechtsgesetzes der Bundesrepublik Deutschland vom 9. September 1965 in der jeweils geltenden Fassung zulässig. Sie ist grundsätzlich vergütungspflichtig. Zuwiderhandlungen unterliegen den Strafbestimmungen des Urheberrechtsgesetzes.

Springer-Verlag Berlin Heidelberg New York
ein Unternehmen der BertelsmannSpringer Science+Business Media GmbH

© Springer-Verlag Berlin Heidelberg 1999, 2001
Printed in Germany

Die Wiedergabe von Gebrauchsnamen, Handelsnamen, Warenbezeichnungen usw. in diesem Werk berechtigt auch ohne besondere Kennzeichnung nicht zu der Annahme, dass solche Namen im Sinne der Warenzeichen- und Markenschutz-Gesetzgebung als frei zu betrachten wären und daher von jedermann benutzt werden dürften.

SPIN 10789680   42/2202-5 4 3 2 1 0 - Gedruckt auf säurefreiem Papier

Vorwort zur zweiten Auflage

Die erfreulich hohe Nachfrage nach der „Geschichte des ökonomischen Denkens" hat schon kurz nach deren erstmaligem Erscheinen eine zweite Auflage notwendig gemacht.

Da die erste Auflage von der Kritik ganz überwiegend positiv beurteilt wurde, konnte ich auf größere Änderungen verzichten. Die Verbesserungen beschränken sich auf die Korrektur einiger typographischer Fehler und die Überarbeitung des Teils VII.5 („Ordoliberalismus"), der (zu Recht) als etwas einseitig kritisiert wurde. Darüber hinaus habe ich in Abschnitt VI („Makroökonomie") eine Darstellung der Geld- und Fiskalpolitik in offenen Volkswirtschaften als Teil VI.1.2.2.5 eingefügt.

Für kritische Anmerkungen zur ersten Auflage danke ich *Dr. Karen Horn, Dr. Christian Müller* und *Prof. Dr. Hans Willgerodt* – die ich gleichzeitig um Nachsicht dafür bitten muß, daß ich nicht alle ihre Anregungen berücksichtigen konnte.

Ilmenau, im Oktober 2000 *Fritz Söllner*

Vorwort zur ersten Auflage

Dieses Buch wendet sich an alle, die sich einen Überblick über die Entwicklung der Volkswirtschaftslehre verschaffen oder ihre volkswirtschaftlichen Kenntnisse rekapitulieren wollen und dabei mehr Wert auf das Gesamtbild als auf Einzelheiten legen. Hauptzielgruppe sind aber Studierende, die schon erste volkswirtschaftliche Kenntnisse erworben haben: Ihnen will „Die Geschichte des ökonomischen Denkens" ermöglichen, zum einen die im Grundstudium behandelten mikro- und makroökonomischen Sachverhalte zu vertiefen und zum anderen sich im Hauptstudium zwischen den verschiedenen volkswirtschaftlichen Gebieten und Fächern besser zu orientieren.

Dies erscheint mir notwendig, da viele Studenten, die sich im Haupt- oder Nebenfach mit der Ökonomie beschäftigen, oft den Wald vor lauter Bäumen nicht mehr sehen. Sie lernen zwar viele Theorien im Detail kennen, verlieren darüber aber allzuoft den Blick für das Ganze, d.h. die zwischen diesen Theorien bestehenden Zusammenhänge. Beispielsweise bestehen häufig Unklarheiten über das Ausmaß der Unterschiede zwischen den Positionen von Keynesianern und Monetaristen oder über den Gegensatz der Beurteilung des Marktsystems aus neoklassischer und aus österreichischer Sicht. Um solche und andere Unklarheiten zu beseitigen, hielt ich es für sinnvoll, nicht nur auf die Entstehungsgeschichte der verschiedenen ökonomischen Theorien einzugehen, sondern diese zumindest in ihren Grundzügen auch zu erläutern, um so einen deutlichen Bezug zum Lehrstoff herzustellen.

„Die Geschichte des ökonomischen Denkens" ist aber nicht nur interessant für fortgeschrittenere Studenten, sondern auch für Studienanfänger oder interessierte Laien, wenngleich für diesen Leserkreis die Erläuterungen machmal etwas knapp ausfallen dürften.

Andere Einwände werden die Spezialisten unter meinen Lesern erheben: Ihnen dürfte meine Darstellung oft zu oberflächlich und zu einseitig sein. Die Abhandlung der (mehr oder weniger) gesamten Volkswirtschaftslehre in einem Band erfordert jedoch gewisse Schwerpunktsetzungen und Kompromisse.

Für wichtige Hinweise danke ich *Prof. Dr. Egon Görgens* und *Prof. Dr. Bernhard Herz* sowie meinen Assistenten *Matthias Panzer* und *Dr. Gerhard Sichelstiel*.

Inhaltsverzeichnis

I. Einführung   1

II. Vorklassik   3

    1. Aristoteles   3

    2. Scholastik   6

    3. Merkantilismus   10

    4. Kameralismus   16

    5. Physiokratie   18

III. Klassik   **25**

    1. Vorläufer   25

       1.1. Richard Cantillon   26

       1.2. Bernard de Mandeville   26

       1.3. David Hume   27

    2. Adam Smith   29

    3. Die klassische Schule   35

       3.1. Jean-Baptiste Say   36

       3.2. Thomas Robert Malthus   37

       3.3. David Ricardo   39

             3.3.1. Wert- und Preistheorie   39

             3.3.2. Verteilungs- und Wachstumstheorie   40

             3.3.3. Außenhandelstheorie   44

             3.3.4. Sonstige Beiträge   47

             3.3.5. Postscriptum   48

IV. Mikroökonomie: Neoklassik   **50**

    1. Die marginalistische Revolution   50

    2. Theoretische Grundlagen   54

       2.1. Partialanalyse   54

          2.1.1. Konsumtheorie   55

          2.1.1.1. Hermann Heinrich Gossen und William Stanley Jevons   55

2.1.1.2.	Erweiterungen	59
	a) Alfred Marshall	59
	b) Irving Fisher	61
	c) John R. Hicks	63
	d) Paul A. Samuelson	68
2.1.2.	Produktionstheorie	69
2.1.2.1.	Johann Heinrich von Thünen und Knut Wicksell	69
2.1.2.2.	Erweiterungen	74
	a) Philip K. Wicksteed	74
	b) John R. Hicks	75
2.1.3.	Preistheorie	76
2.1.3.1.	Polypol	77
	a) Augustin A. Cournot	77
	b) Alfred Marshall	78
	c) Knut Wicksell	82
2.1.3.2.	Monopol	83
	a) Augustin A. Cournot	83
	b) Joan Robinson	84
	c) Edward H. Chamberlin	88
2.1.3.3.	Oligopol	90
	a) Augustin A. Cournot	90
	b) Wilhelm Launhardt	92
	c) Heinrich von Stackelberg	92
2.1.4.	Die Produktionsfaktoren	93
2.1.4.1.	Arbeit	94
2.1.4.2.	Boden	95
	a) Johann Heinrich von Thünen	95
	b) Alfred Marshall	96
2.1.4.3.	Kapital	97
	a) Knut Wicksell	97
	b) Irving Fisher	99
	c) Joan Robinson und die „Cambridge-Kontroverse"	102
2.2. Totalanalyse		105
2.2.1.	Statische allgemeine Gleichgewichtstheorie	106
2.2.1.1.	Léon Walras	106
2.2.1.2.	Erweiterungen	111
	a) Francis Y. Edgeworth	112
	b) John R. Hicks und Paul A. Samuelson	113
	c) Kenneth J. Arrow und Gerard Debreu	114

2.2.2.	Dynamische allgemeine Gleichgewichtstheorie	117
2.2.2.1.	Das Modell temporärer Gleichgewichte	117
2.2.2.2.	Das Modell des Wachstumsgleichgewichts	119
2.2.3.	Die Rolle des Geldes in der allgemeinen Gleichgewichtstheorie	121
2.2.3.1.	Zentrale Koordination	121
2.2.3.2.	Dezentrale Koordination	123

3. Wohlfahrtstheorie 125

   3.1. Grundlagen 125

3.1.1.	Alte Wohlfahrtstheorie	125
3.1.1.1.	Alfred Marshall	126
3.1.1.2.	Arthur Cecil Pigou	127
3.1.2.	Neue Wohlfahrtstheorie	130
3.1.2.1.	Vilfredo Pareto	130
3.1.2.2.	Abba P. Lerner	132
3.1.2.3.	Kenneth J. Arrow	136
3.1.2.4.	James E. Meade	139

   3.2. Die Kompensationskriterien 140

   3.3. Teilbereiche der Wohlfahrtstheorie 141

3.3.1.	Finanzwissenschaft	141
3.3.1.1.	Die Theorie öffentlicher Güter	142
3.3.1.2.	Die Theorie der optimalen Besteuerung	144
3.3.1.3.	„Alte" versus „neue" Finanzwissenschaft	148
3.3.2.	Umwelt- und Ressourcenökonomie	149
3.3.2.1.	Umweltökonomie	149
3.3.2.2.	Ressourcenökonomie	152

4. Neoinstitutionalismus 156

   4.1. Neue Politische Ökonomie 157

   4.2. Die Theorie der Verfügungsrechte 161

   4.3. Die ökonomische Analyse des Rechts 165

   4.4. Kliometrie 169

5. Ökonomischer Imperialismus 172

V. Geldtheorie **174**

   1. Exogenes Geldangebot 174

      1.1. Quantitätstheorien 174

1.1.1.	Quantitätstheorie	175
1.1.2.	Neoquantitätstheorie	176
1.2. Keynesianische Geldtheorie		178
1.2.1.	Die Liquiditätspräferenztheorie	178
1.2.2.	Die Neoklassische Synthese	181
1.3. Geldangebot		183
2. Endogenes Geldangebot		184

VI. Makroökonomie 189

1. Kurzfristige Makroökonomie 189
  1.1. Keynes und die „General Theory" 190
  1.2. Die neoklassische Synthese 197
    1.2.1. Die Formalisierung der „General Theory" 198
    1.2.2. Die Elemente der neoklassischen Synthese 200
    1.2.2.1. Investitionstheorie 200
    1.2.2.2. Konsumtheorie 202
    1.2.2.3. Die realen Effekte von Geldmengenänderungen 204
    1.2.2.4. Der Arbeitsmarkt 207
    1.2.2.5. Geld- und Fiskalpolitik in offenen Volkswirtschaften 209
    1.2.3. Die Theorie der Wirtschaftspolitik 213
  1.3. Monetarismus 215
  1.4. Die mikroökonomische Fundierung der Makroökonomie 219
  1.5. Neue Klassische Makroökonomie 224
    1.5.1. Grundlagen 225
    1.5.2. Monetärer Ansatz 226
    1.5.3. Realer Ansatz 229
    1.5.4. Wirtschaftspolitische Konsequenzen 232
  1.6. Neue Keynesianische Makroökonomie 234
2. Langfristige Makroökonomie: Wachstumstheorie 238
  2.1. Keynesianische Wachstumstheorie 239
  2.2. Alte Neoklassische Wachstumstheorie 242
    2.2.1. Das Grundmodell 242

2.2.2.	Die Goldene Regel der Akkumulation	245
2.2.3.	Die Endogenisierung der Sparentscheidung	247
2.2.4.	Technischer Fortschritt	249

2.3. Neue Neoklassische Wachstumstheorie 250

    2.3.1. Externalitäten 251

    2.3.2. Kapitalakkumulation 254

    2.3.3. Innovationen 255

3. Ökonometrie 259

   3.1. Die Anfänge der modernen Ökonometrie 260

   3.2. Die Konsolidierungsphase 261

   3.3. Neuere Entwicklungen 263

   3.4. Input-Output-Analyse 264

VII. Konkurrierende Theorien **266**

1. Marxismus 266

   1.1. Historischer Materialismus 267

   1.2. Wertlehre 268

   1.3. Der Kapitalismus und seine Entwicklung 269

2. Deutsche Historische Schule 271

   2.1. Vorläufer 272

   2.2. Ältere und jüngere Historische Schule 273

   2.3. Der Methodenstreit 276

3. Institutionalismus 277

   3.1. Die erste Generation 278

   3.2. Die Nachfolger 280

4. Österreichische Schule 282

   4.1. Alte österreichische Schule 282

      4.1.1. Carl Menger 282

      4.1.2. Eugen von Böhm-Bawerk 284

      4.1.3. Friedrich von Wieser 286

   4.2. Die Weiterentwicklung der österreichischen Schule 287

	4.2.1.	Joseph A. Schumpeter	287
	4.2.2.	Ludwig von Mises	289
	4.2.3.	Friedrich August von Hayek	291
4.3. Neuere Entwicklungen			294
5. Ordoliberalismus			294
6. Postkeynesianismus			297
6.1. Entscheidungstheorie			299
6.2. Produktions- und Verteilungstheorie			299
6.3. Geldtheorie			300
6.4. Wachstumstheorie			301

VIII. Aktuelle Entwicklungen — 304

1. Evolutorische Ökonomie			304
1.1. Ursprünge und Entwicklung			305
1.2. Biologische Metaphern			306
1.3. Biologische Analogien			308
1.4. Biologischer Reduktionismus			310
2. Ökologische Ökonomie			311
2.1. Entstehung			311
2.2. Grundkonzeption			313
2.3. Umweltpolitische Konsequenzen			315
2.4. Ökologische Ökonomie versus Neoklassik			316
3. Spieltheorie			317
3.1. Ursprünge und Entwicklung			317
3.2. Nichtkooperative Spieltheorie			321
	3.2.1.	Nash-Gleichgewichte	322
	3.2.2.	Wiederholte Spiele	324
	3.2.3.	Evolutorische Spieltheorie	326
3.3. Kooperative Spieltheorie			328
	3.3.1.	Zwei-Personen-Verhandlungen	329
	3.3.2.	Mehr-Personen-Verhandlungen	330

IX. Ausblick 332

Literaturverzeichnis 333
Autorenverzeichnis 359
Stichwortverzeichnis 364

I. Einführung

„Die Geschichte des ökonomischen Denkens" will einen Überblick über die Entwicklung der ökonomischen Theorie geben – von den Anfängen bei *Aristoteles* bis zu neueren Entwicklungen wie z.B. der ökologischen Ökonomie.

Die Beschäftigung mit der (wie es früher hieß) Dogmengeschichte muß kein Selbstzweck sein, sondern kann auf verschiedene Weise einem besseren Verständnis der Ökonomie dienen: Erstens können durch eine Gesamtschau der Theorieentwicklung wichtige Zusammenhänge und Unterschiede zwischen den verschiedenen Denkrichtungen aufgezeigt werden, wodurch deren Verständnis erleichtert wird. Dasselbe Ziel kann zweitens durch die Darstellung der jeweiligen zeit- und ideengeschichtlichen Hintergründe erreicht werden. Und drittens ermöglicht eine Beschäftigung mit der Geschichte der Ökonomie Einblicke in das Wesen derselben, d.h. in die Vorgehensweise beim Formulieren und Überprüfen ökonomischer Theorien sowie in den Charakter und Anspruch ökonomischer Gesetze.

Das vorliegende Werk wendet sich weniger an Spezialisten wie Wissenschaftshistoriker oder Methodologen, sondern vor allem an diejenigen Leser, die sich von der Beschäftigung mit der Ideengeschichte einen besseren Zugang zur ökonomischen Theorie erhoffen. Das Hauptaugenmerk gilt deshalb dem ersten der drei genannten Punkte.[1] Zu diesem Zweck wollen wir die älteren Theorien vom aktuellen Stand der ökonomischen Theorie aus beschreiben und beurteilen. Für uns ist also vor allem wichtig, inwieweit die verschiedenen Denkrichtungen zum derzeitigen ökonomischen „mainstream" beigetragen haben bzw. welches Potential zur Weiterentwicklung desselben ihnen innewohnt.

Unsere Darstellung der Ideengeschichte verwendet *verschiedene* Gliederungsverfahren, da eine Gliederung ausschließlich nach einem Verfahren impraktikabel oder unübersichtlich wäre. Entsprechend der Betonung des „mainstream" wird zunächst nach der Zugehörigkeit zu demselben unterschieden: Die Teile II bis VI behandeln die verschiedenen Entwicklungsstufen *innerhalb* der Hauptströmung der Theoriegeschichte, während Teil

---

[1] Eine Diskussion methodologischer Fragen kann im Rahmen eines ideengeschichtlichen Überblicks nicht erfolgen. An Erkenntnistheorie und Methodologie interessierte Leser seien deshalb auf die einschlägige Literatur verwiesen; empfehlenswerte Gesamtdarstellungen geben z.B. *Blaug* (1992) und *Hausman* (1992).

VII den konkurrierenden Schulen (die sich *außerhalb* des „mainstream" befinden) und Teil VIII den aktuelleren Entwicklungen (von denen noch nicht sicher ist, ob sie einmal zum „mainstream" gehören werden) gewidmet ist. Die Darstellungsweise innerhalb des „mainstream" ist chronologisch: Nach Vorklassik (Teil II) und Klassik (Teil III) werden die Elemente der gegenwärtig herrschenden ökonomischen Theorie behandelt (Teil IV bis Teil VI) – und zwar wesentlich ausführlicher als die Inhalte der „alten" Theorien. Nicht zuletzt aus diesem Grund, aber auch aufgrund der zunehmenden Spezialisierung innerhalb der Ökonomie, erweist sich eine inhaltliche Gliederung hier sinnvoll; dabei wird zwischen Mikroökonomie (Teil IV), Geldtheorie (Teil V) und Makroökonomie (Teil VI) unterschieden. Selbstverständlich erfolgt innerhalb der einzelnen Gliederungspunkte die Behandlung der Theorieinhalte anhand der Hauptwerke der jeweils bedeutendsten Theoretiker. Hierfür wird eine einheitliche, „moderne" Darstellungsweise gewählt, um Verständnis und Vergleichbarkeit zu erleichtern.

„Die Geschichte des ökonomischen Denkens" versteht sich als Überblick und Einführung. Es können deshalb nicht alle, sondern nur die wichtigsten Theorien berücksichtigt werden; und auch deren Darstellung kann nicht erschöpfend sein, sondern muß sich auf die zentralen Elemente beschränken. Wer sich zu dem einen oder anderen Punkt näher informieren möchte, sei neben der Originalliteratur auf die jeweiligen Stichworteinträge im „New Palgrave Dictionary of Economics" (*Eatwell, Milgate und Newman* 1987) sowie andere dogmengeschichtliche Werke verwiesen. Unter letzteren ist vor allem *Niehans* (1990) zu empfehlen; daneben kommen an neuerer englischsprachiger Literatur *Blaug* (1997), *Hahne Rima* (1996) und *Pribram* (1983) sowie an aktuellen deutschen Texten *sing* (1994), *Kolb* (1997) und *Ott und Winkel* (1985) in Frage. Bei *Schumpeter* (1954) handelt es sich zwar um *den* Klassiker auf diesem Gebiet, doch ist er aufgrund seines Detailreichtums, seiner mitunter etwas unübersichtlichen Darstellungsweise und nicht zuletzt des Fehlens modernerer Theorien wohl eher etwas für Spezialisten.

II. Vorklassik

Was hier als „Vorklassik" bezeichnet wird, umfaßt höchst unterschiedliche ökonomische Ideen, deren einziges gemeinsames Merkmal eben darin besteht, daß sie vor dem Beginn der klassischen Epoche der Ökonomie entwickelt wurden. Der Bogen spannt sich von griechischer Antike (Teil II.1) über Mittelalter (Teil II.2), Renaissance und Barock (Teile II.3 und II.4) bis Aufklärung (Teil II.5). Es ist klar, daß von dieser 2000 Jahre langen Periode nur die allerwichtigsten und einflußreichsten Denker berücksichtigt werden können. So wird von den antiken Denkern nur *Aristoteles* behandelt; auf die Darstellung der Beiträge der Kirchenväter, der Vertreter der spanischen Schule des 14. und 15. Jahrhunderts und der Reformatoren wird völlig verzichtet.[2]

1. Aristoteles

In der Antike wurden wirtschaftliche Sachverhalte schon vor *Aristoteles* behandelt z.B. von *Hesiod*, *Xenophon* oder *Plato*. Dies geschah aber in eher kursorischer und unsystematischer Form. Die erste „richtige" ökonomische Theorie stammt von *Aristoteles* (384-322 v. Chr.); „er hat ein einheitliches System der ökonomischen Ideen entworfen; er hat, wenn auch nur flüchtig, dennoch deutlich genug, die Hauptkonturen einer theoretischen Ökonomie gezeichnet" (*Gelesnoff* 1923,).

Dieses ökonomische System des *Aristoteles* findet sich im wesentlichen in den ersten beiden Büchern der „Politik" (*Aristoteles* 1981) und im Buch V der „Nikomachischen Ethik" (*Aristoteles* 1985). Im Unterschied zur aktuellen Ökonomie ist die aristotelische Ökonomie vorwiegend ethisch-normativ und versteht sich als Teil einer umfassenden praktischen Philosophie, zu der neben der Ökonomie auch die Ethik und die Politik gehören. *Aristoteles* sieht den Menschen vor allem als „zoon politikon", als politisch Handelnden, der nur als Bürger eines Staates ein erfülltes Leben führen kann; den naturgemäßen Rahmen für ein politisches Leben bildet dabei die

---

[2] Der interessierte Leser sei auf *Schinzinger* (1977) und *Schumpeter* (1954, Teil II.1) verwiesen.

Polis, der traditionell aristokratisch organisierte, sich selbst genügende griechische Stadtstaat (*Aristoteles* 1981, Buch I, Kap. 2). Das Oberziel alles menschlichen Handelns ist die Glückseligkeit (Eudämonie), die „der vollendeten Tugend gemäße Tätigkeit der Seele" (*Aristoteles* 1985, 1102a). Es lassen sich Verstandestugenden (Klugheit) und sittliche Tugenden (die eigentliche Tugend) unterscheiden, wobei jede Tugend im Maßhalten in bezug auf ihren Gegenstand besteht – das gute Leben ist also ein in jeder Hinsicht maßvolles Leben. Zwischen sittlichen und verstandesmäßigen Tugenden besteht ein unauflösbares Ziel-Mittel-Verhältnis: Wahre Tugend zeigt sich im Setzen eines rechten Ziels, wohingegen die Verstandestugenden bei der Erreichung desselben von Nutzen sind (*Aristoteles* 1985, Buch II).

So ist auch das kluge Wirtschaften eine Tugend, aber eine Verstandestugend, die ohne sittliche Tugend zur Untugend verkommt. *Aristoteles* unterscheidet verschiedene Arten des Wirtschaftens: So gibt es die „oikonomiké", die *Verwendung* der materiellen Mittel für das gute Leben, und die „chrematistiké", den *Erwerb* dieser Mittel. Letzterer kann entweder naturgemäß oder naturwidrig sein. Im ersten Fall wird Maß gehalten und dem Erwerb eine Grenze in Form der für das gute Leben notwendigen materiellen Güter gesetzt. Der naturgemäße Erwerb beinhaltet die Produktion für den Eigenbedarf und den Austausch eventueller Überschüsse – auch mittels des Tauschmediums Geld, solange dieses Mittel zum Zweck bleibt. Im zweiten Fall gibt es hingegen keine Grenze – der Mittelerwerb degeneriert zum Selbstzweck. Diese naturwidrige Erwerbskunst richtet sich auf das Geld, da es das einzige Gut ist, von dem man nicht zuviel haben kann (*Aristoteles* 1981, Buch I, Kap. 8-9).

Der maßvolle Gebrauch des Geldes ist jedoch durchaus sinnvoll; dies verdeutlicht *Aristoteles* anhand der drei Funktionen des Geldes, der Tauschmittel-, der Wertaufbewahrungs- und der Wertmaßstabsfunktion. Die letztgenannte Funktion ist für *Aristoteles* von besonderer Bedeutung, wenngleich er einräumt, daß sie aufgrund möglicher Kaufkraftschwankungen nur unvollkommen erfüllt werden kann. Hinsichtlich des Geldwertes vertritt er eine erstaunlich moderne Auffassung; seiner Meinung nach ist der Stoff- bzw. Eigenwert des Geldes nebensächlich, es entstehe und sei wertvoll durch bloße Übereinkunft der Geldverwender (*Aristoteles* 1985, Buch V, Kap. 8).

Von besonderer Bedeutung ist im Zusammenhang mit Geld sicherlich die strikte Ablehnung des Zinses durch *Aristoteles* (1981, 1258b). Er stützt sich dabei im wesentlichen auf seine Unterscheidung zwischen naturgemäßem und widernatürlichem Erwerb. Letzterer liegt ja dann vor, wenn der Güteraustausch zum Selbstzweck wird, also nur dem Gelderwerb dient. Dies ist nach *Aristoteles* der Fall bei Geldleihe und Zinsnehmen – hier stehe die Absicht der Geldvermehrung eindeutig im Vordergrund. Es ist klar, daß aus dieser Sichtweise das Zinsnehmen besonders verwerflich ist.

Nicht verworfen, sondern eindeutig bejaht wird dagegen von *Aristoteles* die wichtigste institutionelle Voraussetzung der Marktwirtschaft, das Privateigentum. Neben der heute üblichen Begründung, nämlich daß durch Privateigentum das Eigeninteresse aktiviert wird und so insgesamt bessere ökonomische Resultate erzielt werden können, führt *Aristoteles* noch weitere Gründe zugunsten des Eigentums an: Es rufe die natürliche Freude am Besitz hervor und ermögliche erst die Ausübung gewisser Tugenden, wie z.B. der Freigebigkeit. Zudem sei nicht das Eigentum per se, sondern die menschliche Schlechtigkeit schuld an bestimmten Untugenden, die im Zusammenhang mit dem Eigentum stehen, wie etwa Geiz oder Habgier (*Aristoteles* 1981, Buch II, Kap. 5).

Weniger klar und deshalb zu den unterschiedlichsten Interpretationen Anlaß gebend sind dagegen die Ausführungen von *Aristoteles* zum Markt, zu den Marktprozessen und zu deren ethischer Beurteilung. So wird der freiwillige Tausch zwar als wichtige Institution anerkannt, doch dem Markt aufgrund der möglichen Gefährdung der sozialen Ordnung viel Mißtrauen entgegengebracht. Deshalb fordert *Aristoteles* die Berücksichtigung *persönlicher* Elemente, um so zu einem gerechten Tauschverhältnis zu gelangen. Beim vertraglichen Verkehr sei zwar grundsätzlich die ausgleichende bzw. kommutative Gerechtigkeit relevant (im Gegensatz zur verteilenden bzw. distributiven Gerechtigkeit, die die Verteilung von z.B. Ehre und Vermögen unter den Mitgliedern der Gesellschaft ordnet), welche eine Gleichbehandlung aller am vertraglichen Verkehr beteiligten Personen fordert. Doch postuliert *Aristoteles* für den Tausch das Prinzip der „Wiedervergeltung", wonach ein Tausch nur gerecht ist, wenn er nicht nur freiwillig ist, sondern auch der Würdigkeit der beteiligten Personen Rechnung trägt (*Aristoteles* 1985, Buch V, Kap. 5-8). Es finden sich hier die ersten Ansätze der Lehre vom „gerechten Preis", welche im Mittelalter so wichtig werden sollte (vgl. Teil II.2). Eine ausgearbeitete Preis- und Werttheorie hat *Aristoteles* aber nicht aufgestellt: Er unterscheidet zwar zwischen Tausch- und Gebrauchswert, erläutert aber den Zusammenhang zwischen Wert und Preis nicht näher und geht auch nicht im einzelnen darauf ein, wie Unterschiede zwischen Marktpreis und gerechtem Preis zustandekommen (*Aristoteles* 1981, Buch I, Kap. 9; 1985, Buch V, Kap. 8).

Aus heutiger Sicht sind die ökonomischen Ideen des *Aristoteles* vor allem aus zwei Gründen interessant: Zum einen enthalten sie wichtige Einsichten in das Wesen des Geldes und die Gefahren eines schrankenlosen

Gelderwerbs. Zum anderen erscheint die Betonung des Mittelcharakters der Ökonomie gerade heute wichtig, wo der Zusammenhang der Ökonomie mit Ethik und Politik häufig vernachlässigt und die Frage nach Sinn bzw. Ziel ökonomischen Handelns kaum gestellt wird.

2. Scholastik

Nach *Aristoteles* bildete die Scholastik, d.h. die Philosophie und Theologie des Mittelalters, den nächsten wichtigen Schritt. Während des Römischen Reiches entstanden keine nennenswerten ökonomischen Beiträge; die Beschäftigung mit wirtschaftlichen Sachverhalten beschränkte sich im wesentlichen auf einige Ausführungen zur Landwirtschaft (z.B. von *Cato d.Ä.* oder *Varro*), die eher „betriebswirtschaftlicher" Natur waren.

Mit dem Römischen Reich brach auch dessen relativ weit entwickelte Wirtschaftsstruktur, zu der neben Landwirtschaft auch Industrie, Fernhandel und Finanzwesen gehörten, zusammen. Im Mittelalter lag der Schwerpunkt der wirtschaftlichen Aktivität eindeutig in der Landwirtschaft. Die Gesellschaft war feudal bzw. ständisch organisiert, war also hauptsächlich durch persönliche Beziehungen und Verpflichtungen geprägt. Eine sehr wichtige Rolle spielte die Kirche; ihr kam eine übergeordnete, einigende Funktion zu und auf ihren Einfluß war die Jenseitsorientierung der damaligen Gesellschaft zurückzuführen.

Dieser Einfluß zeigt sich auch in den ökonomischen Vorstellungen, die Ausfluß theologischen Denkens und von daher ganz überwiegend normativ-ethischen Charakters waren; erst in der Spätphase der Scholastik entstanden einige wenige mehr deskriptiv-analytische Schriften. Man kann auch nicht von einer selbständigen Ökonomie sprechen, da die ökonomischen Ideen untrennbar mit den theologischen Vorgaben verbunden waren. Oberstes Ziel, dem auch jede wirtschaftliche Betätigung zu dienen hatte, war ein möglichst tugendhaftes und gottgefälliges Leben, wobei es vor allem darauf ankam, die mit der vorgegebenen Position in der gottgewollten Ordnung verbundenen Aufgaben und Pflichten zu erfüllen. Die wichtigsten ökonomischen Probleme, mit denen die Scholastiker sich auseinandersetzten, waren die Zulässigkeit des Zinsnehmens und die Gerechtigkeit des Preises. Dabei stützten sie sich zum einen auf die Bibel und die Schriften der Kirchenväter, zum anderen auf *Aristoteles*, dessen „Politik" und „Nikomachische Ethik" *Albertus Magnus* übersetzt und bekanntgemacht hatte.

Der einflußreichste mittelalterliche Theologe ist zweifelsohne *Thomas von Aquino* (1225-1274), dessen Stellungnahmen zu ökonomischen Fragen als repräsentativ für die scholastische Ökonomie gelten können. Sein Hauptwerk stellt die zwischen 1265 und 1273 entstandene „Summa Theologica" dar *(Aquino* 1954). Darin entwickelt er kein geschlossenes ökonomisches System, sondern geht – besonders im zweiten Teil von Buch II – auf ökonomische Fragen in verschiedenen Zusammenhängen ein.

Ähnlich wie *Aristoteles* akzeptiert er das Privateigentum aus pragmatischen Gründen – als menschliche Institution, nicht als göttliches Gesetz oder Naturrecht *(Aquino* 1954, Vol. III, 312ff). Er postuliert eine Pflicht zur Wohltätigkeit, die aber nicht zu einer Gefährdung der gesellschaftlichen Position oder gar zu Armut führen solle; das Armutsideal gelte nur für wenige Auserwählte, nicht für die sündige Mehrheit *(Aquino* 1954, Vol. III, 161ff).

Der Handel wird als nützlich anerkannt, jedoch aus sittlichen und politischen Gründen als „niedrig" eingestuft im Vergleich zu Handwerk oder Landwirtschaft. Das Gewinnstreben wird nicht schlechtweg verurteilt, sondern nur insoweit dadurch Schwächere oder die Allgemeinheit geschädigt werden, also insoweit der geforderte Preis „ungerecht" und der Gewinn deshalb ungerechtfertigt hoch ist.

> „Der Gewinn jedoch, welcher der Zweck des Handels ist, mag zwar im Eigenwesen nicht etwas Ehrenmaßliches oder Notwendiges in sich haben, sein Begriff enthält aber doch nichts Lasterhaftes oder der Tugend gerade Entgegengesetztes. Deswegen hindert nichts, daß der Gewinn auf irgendeinen notwendigen oder auch ehrenmaßlichen Zweck hingeordnet wird. Dergestalt wird das kaufmännische Geschäft erlaubt. Wie dann, wann jemand den maßvollen Gewinn, den er als Kaufmann sucht, auf die Erhaltung seines Hauses hinordnet, oder auch, um den Bedürftigen zu helfen; oder auch, wann einer sich auf den Handel verlegt des öffentlichen Nutzens wegen, damit nämlich nicht die notwendigen Dinge für das Leben im Vaterlande fehlen, und er den Gewinn nicht sozusagen als Zweck, sondern als Lohn der Mühe erstrebt." *(Aquino* 1954, Vol. III, 353)

Die Lehre vom gerechten Preis bildet das Kernstück der ökonomischen Überlegungen *Thomas von Aquinos* (1954, Vol. III, 342ff). Die Ursache für diese intensive Beschäftigung mit dem „iustum pretium" liegt in der mittelalterlichen Wirtschaftsstruktur, die stark durch persönliche Beziehungen und Verpflichtungen geprägt war. Außer in einigen größeren Städten im Spätmittelalter bildeten anonyme Markttransaktionen nicht die Regel, sondern die Ausnahme. Es gab deshalb kaum wettbewerbliche Preise; die Preisgestaltung wurde vielmehr wesentlich von persönlicher Stellung und Machtposition beeinflußt. Ausgehend von der aristotelischen Konzeption der kommutativen (ausgleichenden) Gerechtigkeit bezeichnet *Thomas von Aquino* ein Tauschgleichgewicht als „gerecht", bei dem die Werte von Leistung und Gegenleistung äquivalent sind. Als entscheidend wird dabei das Angebot gesehen: Der gerechte Preis muß die eingesetzte Arbeit und die sonstigen Kosten abdecken. Dies impliziert natürlich eine stark konservierende Tendenz, da ein verlustbedingtes Ausscheiden von Anbietern aus dem Markt praktisch ausgeschlossen ist, wenn diesen ein kostendeckender Preis garantiert wird. Die Nachfrageseite und die Bedürfnisse werden zwar erwähnt, spielen aber für die Preisbestimmung selbst keine Rolle. Dagegen sind – ähnlich wie bei *Aristoteles* – auch übergeordnete Aspekte bei der Preisgestaltung zu berücksichtigen; es ist sicherzustellen, daß die Gesellschaftsordnung nicht gefährdet wird. Der gerechte Lohn stellt einen Spezialfall des gerechten Preises dar, dem – im Gegensatz zu *Aristoteles* – besondere Beachtung geschenkt wird, weil die Arbeit – vor allem aufgrund des Wegfalls der Sklaverei – im Mittelalter einen größeren Stellenwert als in der Antike besaß. Der gerechte Lohn muß der Qualifikation und dem Stand des Arbeiters entsprechen, also diesem ein standesgemäßes Leben ermöglichen. In der Praxis sollte der gerechte Preis, einschließlich des gerechten Lohnes, durch die Schätzung „gerecht gesinnter" Personen ermittelt werden, und zwar eher als Preisspanne denn als Punktpreis. Da aber Anbieter und Nachfrager, selbst wenn sie gerecht gesinnt waren, höchst unterschiedliche Auffassungen vom gerechten Preis hatten, mußte letztlich die Obrigkeit den gerechten Preis bestimmen und durchsetzen, was durch zahlreiche Preisverordnungen und deren Überwachung durch eine Vielzahl von Beamten geschah. Aber trotz dieses Aufwandes ließen sich die festgelegten Preise allenfalls in „normalen" Zeiten durchsetzen, nicht dagegen im Fall von Krieg oder Mißernte.

Intensiv diskutiert *Thomas von Aquino* (1954, Vol. III, 354ff) auch die Rolle des Geldes und die Zulässigkeit des Zinses: Als Hauptfunktion des Geldes sieht er die Wertmaßstabsfunktion an, weswegen er der Geldwertstabilität große Bedeutung zumißt. Eine nähere Auseinandersetzung mit den Ursachen und Folgen von Geldwertänderungen unterbleibt jedoch, was vor dem Hintergrund einer rein nominalistischen Geldauffassung gesehen werden muß, nach welcher das Geld ein bloßes Zeichen sei und der Metallgehalt des Geldes vom Staat beliebig festgesetzt werden dürfe. Mehr Aufmerksamkeit wird der Frage des Zinses geschenkt: Im Regelfall ist das Zinsnehmen als Sünde zu verdammen. Hierfür wird neben der aristotelischen Begründung auch angeführt, daß Geld ein Wertmaßstab sei und dieser durch den Zins verändert werden würde, und daß Geld kein Nutzungs-, sondern ein Verbrauchsgut sei, also nicht dauerhaft genutzt und deshalb auch nicht verliehen werden könne. Allerdings sind bestimmte Ausnahmen vom Zinsverbot zugelassen: So darf Zins genommen werden bei Überschreitung von Rückzahlungsfristen und zum Ersatz eines möglichen Schadens bei der Ausleihe (insbesondere in Form des entgangenen Gewinns); auch ist die Kapitaleinlage bei Unternehmen gegen Gewinnbeteiligung zulässig. Diese Ausnahmen führten schließlich zur faktischen Aufhebung des Zinsverbots, da es durch geschickte Vertragsgestaltung und weite Auslegung der Ausnahmetatbestände mehr und mehr ausgehöhlt wurde.

Im Spätmittelalter kam es zu einer allmählichen Auflösung der rigiden Sozial- und Wirtschaftsstruktur: Handel und Finanzwesen blühten auf, Banken und mit ihnen neue finanzwirtschaftliche Instrumente (wie der Wechsel) entstanden – wobei letztere zumindest zum Teil zur Umgehung des Zinsverbotes entwickelt wurden. An die Seite des Zunftwesens traten frühkapitalistische, industrielle Organisationsformen, insbesondere in der Textilherstellung. Das Gewinnstreben wurde durch die Entwicklung der doppelten Buchführung durch den italienischen Mönch *Luca Paccioli* (1445-1509) institutionalisiert und rationalisiert; die Unterscheidung zwischen gerechtfertigtem und ungerechtfertigtem Gewinn war schon deshalb kaum mehr möglich und verlor sehr schnell an Bedeutung. Im Zuge dieser Entwicklung kam es zu einer Verselbständigung der Unternehmen, zu einer zunehmenden Trennung von Unternehmen und Unternehmer; parallel kam der Begriff „Kapital" auf, mit dem abstrakte und unpersönliche Vermögenswerte, die frei übertragen werden können, bezeichnet wurden.

Auch das ökonomische Denken begann sich langsam von der Theologie zu emanzipieren, was sich am Beispiel der zwei bedeutendsten spätscholastischen Denker, die zur Ökonomie Stellung genommen haben, zeigt. So finden sich bei *Johann Buridanus* (1300-1358) erste Ansätze einer deskriptiven, nicht-normativen Behandlung ökonomischer Fragen, die in zwei erst nach seinem Tod erschienen Aristoteles-Kommentaren enthalten sind (*Buridanus* 1968; 1969). Er geht darin zum einen auf den Zusammenhang zwischen Materialwert und Kaufkraft des Geldes ein und problematisiert das Phänomen der Münzverschlechterung. Wie später *Oresmius*, wendet sich *Buridanus* von dem thomistischen Nominalismus ab und vertritt den Metallismus, wonach der Wert des Geldes entscheidend vom Wert des jeweiligen Metalls bestimmt wird. Zum anderen finden sich Ansätze einer subjektiven Wertlehre, die neben dem Angebot auch die Nachfrage berücksichtigt. Der Marktpreis wird als gerecht angesehen, da er als Ergebnis von Angebot und Nachfrage offenbar von der Gesamtheit der Marktteilnehmer akzeptiert wird. *Nicolaus Oresmius* (1325-1385) legte 1373 mit seinem

„Traktat über Geldabwertungen" das erste rein ökonomische Werk vor (*Oresmius* 1937). Es beinhaltet eine Erklärung der Verwendung von Edelmetall als Geldmaterial, die Forderung nach einer Zuständigkeit des Staates für das Geldwesen und insbesondere für die Geldwertstabilität, sowie die Formulierung eines Gesetzes, welches später fälschlicherweise *Thomas Gresham* (1519-1579) zugeschrieben wurde – des Gesetzes nämlich, wonach im Verkehr gutes von schlechtem Geld verdrängt wird. Man kann deshalb durchaus *Galbraith* (1987, 28) zustimmen, der *Oresmius* als „the first of the monetarists" bezeichnet.

Die scholastische Ökonomie ist heute noch von einer gewissen praktischen Relevanz, was die Lehre vom gerechten Preis angeht: Das Verbot von Wucherzinsen, Preiskontrollen und -regulierungen, die Forderung nach „gleichem Lohn für gleiche Arbeit" können als Überbleibsel scholastischen Denkens aufgefaßt werden. In Hinblick auf die Entwicklung der Wirtschaftstheorie kommt den Spätscholastikern der Verdienst zu, erstmalig ökonomische Fragen analytisch-deskriptiv behandelt und die erste genuin ökonomische Schrift verfaßt zu haben. Erwähnenswert sind schließlich auch die Erkenntnisse über die Grundlagen und die Funktionsweise von Edelmetallwährungen.

3. Merkantilismus

Der im Spätmittelalter einsetzende Wandel gewann in der Renaissance, also etwa ab 1450, erheblich an Geschwindigkeit. Die mittelalterlichen Hierarchien und der Feudalismus lösten sich endgültig auf; an ihrer Stelle entstanden Nationalstaaten. Im Gefolge der philosophischen Revolution, in der die scholastische Dogmatik von Skeptizismus und Empirismus (wie ihn etwa *Francis Bacon* oder *John Locke* vertraten) verdrängt wurde, kam es zu einem Aufblühen der Wissenschaften und zur Entdeckung „neuer" Erdteile. In diesem Klima der Verweltlichung und des Optimismus, das später auch durch Reformation und protestantische Arbeitsethik geprägt wurde, beschleunigte sich der ökonomische Wandel: Handel, Industrie (vor allem Textil- und Glasindustrie) florierten; neue Institutionen wie die der Kapitalgesellschaft oder die der Lohnarbeit entstanden.

Die etwa zwischen 1450 und 1750 herrschende ökonomische Denkrichtung war der Merkantilismus. Dabei handelte es sich nicht um eine einheitliche und geschlossene Theorie, sondern um eine Vielzahl einzelner Beiträge, denen zwar bestimmte Grundzüge gemein waren, die sich aber im übrigen in vielerlei Hinsicht voneinander unterschieden. Im Gegensatz zur Scholastik war der Merkantilismus empirisch-praktischer Natur und sah im weltlichen Wohlstand das Hauptziel. Die meisten merkantilistischen Autoren waren Kaufleute oder Finanziers; Beiträge von Philosophen blieben die Ausnahme. Als charakteristischste Darstellung der wirtschaftspolitischen Grundposition des Merkantilismus darf das posthum erschienene „England's Treasure by Forraign Trade" (1664) von *Thomas Mun* (1571-1641) gelten, wohingegen der „Essai sur la Nature du Commerce en général" (1755) des anglo-irischen Bankiers *Richard Cantillon* (1680-1734), der über 20 Jahre nach dem Tod seines Verfassers erstmalig als französische Übersetzung des (verlorenen) englischen Originals veröffentlicht wurde, die theoretisch bedeutendste Leistung des Merkantilismus darstellt. Weitere wichtige Beiträge stammen von *John Law* (1671-1729), *John Locke* (1632-1704), *William Petty* (1623-1687) und *James Steuart* (1712-1780), der mit seiner merkantilistischen „Summa" (*Steuart* 1767) zugleich auch die erste Gesamtdarstellung der Ökonomie vorlegte – und so die Ökonomie als eigenständige Wissenschaft begründete. Wenngleich der Merkantilismus hauptsächlich von englischen Autoren geprägt wurde, hatte er auch im übrigen Europa zahlreiche Anhänger. In Frankreich wurde vor allem von *Jean-Baptiste Colbert* (1619-1683), dem Finanzminister *Ludwigs XIV.*, eine merkantilistische Politik betrieben, während in Deutschland eine besondere Spielart des Merkantilismus, der Kameralismus (vgl. Teil II.4), vorherrschte.

Wie jedem Merkantilisten, so geht es auch *Mun* (1664, 1f) vorrangig darum, den Reichtum und die Macht seines Landes zu mehren. Beides hängt sehr eng zusammen, da die Macht des Staates sowohl als Voraussetzung als auch als Ergebnis des nationalen Reichtums angesehen wird. Wie soll nun dieses Ziel erreicht werden? Da der Höhe der Edelmetallvorräte eines Landes eine große Bedeutung für den nationalen Reichtum zugemessen wird, stellt die Erhöhung der Edelmetallbestände das zentrale Zwischenziel dar. Länder, die wie England arm an Gold- und Silbervorkommen sind, sind dabei auf Edelmetallzuflüsse aus dem Ausland angewiesen, was eine aktive Handelsbilanz voraussetzt.

> „The ordinary means therefore to encrease our wealth and treasure is by *Forraign Trade*, wherein wee must ever observe this rule; to sell more to strangers yearly than wee consume of theirs in value." (*Mun* 1664, 11)

Der Handelsbilanzüberschuß insgesamt ist zu maximieren; im Verhältnis zu einzelnen Ländern sind durchaus Defizite erlaubt, falls dadurch die Exporte in andere Länder erhöht werden können (*Mun* 1664, Kap. IV). Die Edelmetallvorräte werden von *Mun* (und den meisten anderen Merkantilisten) *nicht* schlichtweg mit Reichtum gleichgesetzt und als Selbstzweck angesehen. Sie dienen vielmehr als Mittel zum Zweck – durch Edelmetallzuflüsse wird nämlich eine Geldmengenexpansion ermöglicht.

> „[A]s the treasure which is brought into the Realm by the ballance of our forraign trade is that money which onely doth abide with us, and by which we are enriched: so by this plenty of money thus gotten (and no otherwise) do our Lands improve." (*Mun* 1664, 54)

Geldmengenerhöhungen werden aufgrund ihres stimulierenden Effektes generell begrüßt; die Gefahren der Inflation werden demgegenüber vernachlässigt, da geringe Preissteigerungen nicht nur als unschädlich, sondern sogar als belebend angesehen werden (*Mun* 1664, 54f). Diese Position war unter den damaligen Umständen durchaus vertretbar: Angesichts des wenig entwickelten Kreditwesens und der überwiegenden Verwendung von Edelmetall als Geld waren Edelmetallzuflüsse nicht nur zur Bezahlung von Importen, sondern auch zur Erhöhung der inländischen Geldmenge unabdingbar; und aufgrund der damals vorherrschenden Unterbeschäftigung und hohen Angebotselastizität bestand keine große Inflationsgefahr.

Neben der Erhöhung der Edelmetallvorräte werden auch andere Mittel zur Steigerung von nationalem Wohlstand und nationaler Macht empfohlen: So wird Wert gelegt auf die Erhöhung der Arbeitsproduktivität durch die Förderung der Spezialisierung; dabei wird zwischen produktiver Arbeit (der Tätigkeit in Landwirtschaft, Industrie und Fernhandel) und unproduktiver Arbeit (praktisch allen Dienstleitungen) unterschieden. Wichtig sind auch die Erschließung natürlicher Ressourcen und die Erhöhung des Arbeitskräftepotentials durch Bevölkerungswachstum.

Für all dies sind staatliche Eingriffe unbedingt notwendig, die im Rahmen einer engen Koordination zwischen Staat und Wirtschaft erfolgen sollen; wie vielen anderen Merkantilisten war *Mun* der freie Wettbewerb eher suspekt (*Mun* 1664, Kap. III). So soll der Staat Exportüberschüsse induzieren durch die Förderung von Exporten und die Behinderung von Importen (jeweils abgesehen von Rohstoffen, die ja zur Produktion höherwertiger Güter benötigt werden), wozu vor allem Zölle dienen können. Der Fernhandel soll durch den Aufbau einer Handels- und Kriegsflotte und die Gewährung von Handelsmonopolen unterstützt werden. Die wirtschaftliche Entwicklung soll weiterhin vorangetrieben werden durch eine Niedriglohnpolitik, die den einheimischen Konsum in Grenzen hält, durch eine aktive Bevölkerungspolitik, die für ein angemessenes Arbeitskräftereservoir sorgt, und durch eine wachstumsfördernde Steuerpolitik. Abgelehnt werden dagegen diejenigen staatlichen Eingriffe, die für die Scholastiker am wichtigsten waren: Preisregulierungen und Zinsverbot (*Mun* 1664, 143ff). Es versteht sich fast von selbst, daß Gewinnstreben und Handel nicht mehr verpönt sind – im Gegenteil: Sie werden als ehrenwert und nützlich eingestuft.

> „[T]he Merchant is worthily called *The Steward of the Kingdoms Stock*, by way of Commerce with other Nations; a work of no less *Reputation* than *Trust*, which ought to be performed with great skill and conscience, that to the private gain may ever accompany the publique good." (*Mun* 1664, 3)

Wenden wir uns nach diesem Überblick über das wirtschaftspolitische Programm der Merkantilisten nun ihren theoretischen Leistungen zu. Es überrascht nicht, daß diese vor allem Fragen von Geld und Währung betreffen. So stammt die erste überzeugende Analyse der Goldströme im internationalen Zahlungsverkehr von *Cantillon* (1755, Teil I, Kap. XIV) – eine Analyse, die der bekannteren *David Humes* inhaltlich überlegen ist (vgl. Teil III.1.3). *Cantillon* rechtfertigt darin theoretisch die zentrale wirtschaftspolitische Forderung der Merkantilisten, die Forderung nach Goldzuflüssen bzw. Exportüberschüssen. Denn dieselben stehen in einem engen Zusammenhang mit der wirtschaftlichen Expansion: Goldzuflüsse sind nicht nur, was ziemlich offensichtlich ist, eine Voraussetzung für Wirtschaftswachstum, da sie die Erhöhung der Geldmenge ermöglichen; sie sind auch, zumindest auf Dauer, gar nicht möglich ohne ein entsprechendes Wirtschaftswachstum. Denn ein Goldzufluß, der nicht mit einer Erhöhung des Transaktionsvolumens einhergeht, würde zu Inflation führen, wodurch es automatisch zu einem Ausgleich der Handelsbilanz und damit zu einem Versiegen des Goldstroms käme.[3] Allerdings spielen bei Edelmetallwährungen kaum Preiseffekte, sondern vor allem Einkommenseffekte eine Rolle für Richtung und Umfang der Edelmetallströme. Denn die Preise handelbarer Güter, die ja de facto in Edelmetalleinheiten ausgedrückt werden, können nur sehr wenig voneinander abweichen, weil bei Abweichungen Arbitrageprozesse einsetzen und das Entstehen größerer Preisdivergenzen verhindern. Da deshalb das Preisniveau, also das Verhältnis von Edelmetall- zu Gütermenge überall praktisch gleich sein muß, können Edelmetallbewegungen nur durch Änderungen der realen Geldnachfrage verursacht werden. Ein Zustrom von Gold ist also mit einer Erhöhung der realen Geldnachfrage im Inland

---

[3] Dies gilt zumindest im Regelfall. Theoretisch ist unter bestimmten Voraussetzungen auch eine Verbesserung der Handelsbilanz durch eine *Erhöhung* des inländischen Preisniveaus möglich.

gleichzusetzen, die durch einen entsprechenden Exportüberschuß befriedigt wird. Eine reale Geldnachfrageerhöhung wiederum wird in aller Regel mit einer Zunahme des Transaktionsvolumens, also mit einer Erhöhung des Volkseinkommens einhergehen. Die Goldbestände passen sich folglich an die Geldnachfrage an; ohne Änderungen derselben sind die Handelsbilanzen (bis auf kleinere Schwankungen) automatisch ausgeglichen.

Auch zur Geldtheorie im engeren Sinne trug *Cantillon* wesentliches bei. Er verwendet erstmals das Konzept der Umlaufgeschwindigkeit des Geldes und formuliert mit dessen Hilfe die Quantitätsgleichung des Geldes – anders als seine Vorgänger auf diesem Gebiet, *Jean Bodin* (1530-1596) und *Locke* – in einer der heutigen Fassung weitgehend entsprechenden Weise (*Cantillon* 1755, Teil II, Kap. III, IV). Er weist darauf hin, daß bei der Verwendung realer Ressourcen als Zahlungsmittel, also insbesondere bei Edelmetallwährungen, eine Geldmengenänderung nie neutral in bezug auf die relativen Preise (also die Preisverhältnisse) sein kann (*Cantillon* 1755, Teil I, Kap. XVII).[4] So würde eine Geldmengenerhöhung die Steigerung der Goldförderung notwendig machen, welche zum Anstieg der Preise für Bergbaugerätschaften und der Löhne der Bergleute führen würde, so daß sich die Preisverhältnisse ändern würden. Schließlich zeigt *Cantillon*, daß zwischen Geldmenge und Zins keine eindeutige Beziehung besteht, wie sie die bis dahin herrschende Lehre behauptete, nach welcher mit Zunahme (Abnahme) der Geldmenge der Zins sinken (steigen) müsse, da dieser der Preis für Geld sei und der Preis eines Gutes sich entgegengesetzt zur Änderung der angebotenen Menge bewege. *Cantillon* sieht dagegen den Zins als abhängig vom Verhältnis zwischen Geldangebot und -nachfrage an, berücksichtigt also auch die Rolle der Geldnachfrage (*Cantillon* 1755, Teil II, Kap. X). Wenn die Geldmenge durch eine bloße Ausweitung des Angebots (etwa durch die Entdeckung neuer Goldvorkommen) zunimmt, sinkt der Zins, wohingegen eine nachfrageinduzierte Geldmengenexpansion (z.B. durch Goldzuflüsse infolge von Exportüberschüssen, die einen wirtschaftlichen Aufschwung widerspiegeln) nicht zu einer Zinssenkung führen wird, da unter diesen Umständen mit einer Zunahme der Darlehensnachfrage zu rechnen ist.

Die realen Effekte von Geldmengenänderungen betonen auch *Law* (1705) und *Locke* (1692), die – wie alle Merkantilisten – der Geldmengenexpansion eine stimulierende Wirkung auf die wirtschaftliche Entwicklung zuschreiben, insbesondere aufgrund der Kapitalisierungsfunktion des Geldes. In der Tat werden Geld und Kapital praktisch miteinander identifiziert

---

[4] Zu seinen Ehren wird deshalb der Einfluß von Geldmengenänderungen auf die Struktur der Preise auch als „Cantillon-Effekt" bezeichnet.

und der Zins wird rein monetär interpretiert. Aus dieser Sicht stellen Edelmetallwährungen ein Wachstumshemmnis dar, da die stimulierende Funktion des Geldes nur innerhalb der durch die Höhe der Edelmetallvorräte gesteckten Grenzen ausgenutzt werden kann. Diesen Restriktionen unterliegt Papiergeld nicht, was *Law* am deutlichsten erkannte:[5]

> „The Paper Money propos'd being always equal in Quantity to the Demand, the People will be employ'd, the Country improv'd, Manufacture advanc'd, Trade Domestick and Forreign will be carried on, and Wealth and Power attained. And not being liable to be Exported, the People will not be set Idle, &c. And Wealth and Power will be less precarious." (*Law* 1705, 102)

Neben der monetären Analyse verblassen die anderen theoretischen Leistungen der merkantilistischen Ökonomen. Zwar erkannten sie den Kreislaufcharakter der Wirtschaft; so wurden die Ideen *Quesnays* (vgl. Teil II.5) von *Cantillon* (1755, Teil II, Kap. III) zumindest zum Teil vorweggenommen, welcher in seinem Kreislaufmodell zwei Sektoren (Landwirtschaft und Manufakturen) und drei soziale Klassen (Grundbesitzer, Unternehmer und Arbeiter) unterscheidet, deren Sozialproduktsanteile als die drei „Renten" bezeichnet werden. Erwähnenswert sind auch die Beschreibung der Ausgleichs- und Lenkungsfunktion des Preismechanismus bei *Cantillon* (1755, Teil I, Kap. XIV) und die ersten Ansätze der quantitativen Beschreibung der Wirtschaft bei *Petty* (1690), welcher damit zum Vorläufer der Ökonometrie wurde (vgl. Teil VI.3).

Eine einheitliche merkantilistische Theorie wurde nicht entwickelt, wofür das Fehlen einer allgemein akzeptierten Werttheorie symptomatisch ist. So vertritt *Petty* (1662) eine duale Werttheorie mit Boden und Arbeit als den Determinanten des Wertes, wobei er das Verhältnis beider zueinander freilich nicht klärt. Dagegen sieht *Cantillon* den Boden als allein relevante Größe an:

> „[L]a valeur réelle de toutes les choses à l'usage des Hommes, est leur proportion à la quantité de terre employée pour leur production et pour l'entretien de ceux qui lui ont donné la forme." (*Cantillon* 1755, 151f)[6]

---

[5] Im Frankreich *Ludwigs XV.* setzte *Law* seine Vorschläge in die Tat um. Die Einführung von Papiergeld hatte zunächst die (erhoffte) stimulierende Wirkung; dann aber kam es aufgrund der Überemission von Banknoten zu Inflation und schließlich zu einer Währungskrise.

[6] Der wirkliche Wert aller dem Menschen nützlichen Güter entspricht ihrem Anteil an der Menge des Bodens, der für die Herstellung dieser Güter und für den Unterhalt derer, die sie hergestellt haben, verwendet wird. [*F.S.*]

Für die Entwicklung der ökonomischen Theorie waren die Merkantilisten bedeutsam, weil sie als erste überwiegend empirisch und analytisch-deskriptiv vorgingen, vor allem aber weil sie die moderne Geld- und Währungstheorie begründeten. Auch auf die Wirtschaftspolitik der folgenden Jahrhunderte hatten sie großen Einfluß: Von ihnen stammen die traditionellen, zum Teil auch heute noch gängigen Protektionismusargumente.

4. Kameralismus

Beim Kameralismus handelt es sich um die deutsche Spielart des Merkantilismus. Zielsetzung und Grundkonzeption entsprechen sich zwar bei Merkantilismus und Kameralismus weitgehend, doch gibt es aufgrund verschiedener Ausgangssituationen Unterschiede in der Schwerpunktsetzung und in der Berücksichtigung außerökonomischer Aspekte. Im Vergleich zu den anderen europäischen Mächten wies die deutsche Situation gewisse Besonderheiten auf: Der Dreißigjährige Krieg hatte zu erheblichen Zerstörungen und hohen Bevölkerungsverlusten geführt sowie die Finanzen der Kleinstaaten, in die Deutschland aufgesplittert war, zerrüttet. Als Hauptziele der Wirtschaftspolitik ergaben sich deshalb Wiederaufbau, Bevölkerungsvermehrung und Sanierung der Staatsfinanzen. Zwischen diesen Zielen sah man einen engen Zusammenhang, da dem Staat eine sehr wichtige Rolle bei der Überwindung der Kriegsfolgen zugeschrieben wurde. In der Tat war neben der praktischen Orientierung die paternalistische Einstellung, die zur Forderung nach einem aktiven und die wirtschaftliche Entwicklung lenkenden Staat führte, das Hauptkennzeichen des Kameralismus – was nicht zuletzt dadurch verständlich wird, daß es sich bei den Kameralisten fast ausschließlich um Mitglieder der Finanzverwaltung (der „camera") der Fürsten handelte. Die Kameralisten beschäftigten sich dementsprechend vor allem mit der Finanzverwaltung, der Führung staatlicher Betriebe und der Wirtschaftspolitik. Letztere sollte nach ihrer Meinung vor allem auf Goldzuflüsse und eine aktive Handelsbilanz abzielen – und zwar nicht vor allem um, wie bei den Merkantilisten, den nationalen Wohlstand zu erhöhen, sondern in erster Linie um die Staatsfinanzen zu verbessern, weswegen auch auf die Erschließung neuer Steuerquellen viel Wert gelegt wurde.

Da sich Merkantilismus und Kameralismus hauptsächlich durch die stärkere Betonung der Rolle des Staates durch letzteren unterscheiden und es im übrigen große Überschneidungen zwischen ihnen gibt, sollen im folgenden nur die wichtigsten Kameralisten vorgestellt werden – und auch sie nur mit ihren „nicht-merkantilistischen" Beiträgen.

Beim Kameralismus lassen sich zwei Phasen unterscheiden. Die Frühphase war vor allem durch Verwaltungsbeamte geprägt, die den Staat als organisches Ganzes im Sinne des Absolutismus sahen. Der bedeutendste Vertreter dieser Frühkameralisten war *Johann Joachim Becher* (1635-1682), dessen Hauptwerk, der „Politische Diskurs" 1668 erschien. Im Unterschied zum englischen Merkantilismus finden sich hier noch Elemente scholastischen Denkens, etwa die Verteidigung von staatlichen Preisverordnungen. Daneben weist *Becher* aber auch auf die Bedeutung des Massenkonsums für die wirtschaftliche Entwicklung hin; er kann deshalb als (entfernter!) Vorläufer von *Keynes* (vgl. Teil VI.1.1) angesehen werden.

In der Spätphase gewann der aufgeklärte Absolutismus, der die Beachtung gewisser Individualrechte beinhaltete, an Einfluß. Auch kam es zu einer Verwissenschaftlichung: Mit der „Kameralwissenschaft" entstand eine eigene Disziplin, die Vorläuferin der Finanzwissenschaft. Der einflußreichste Repräsentant dieser Richtung war zweifelsohne *Johann Heinrich Gottlob von Justi* (1717-1771), als dessen wichtigste Werke die „Staatswirthschaft" (*Justi* 1755) und das „System des Finanzwesens" (*Justi* 1766) anzusehen sind. Im letztgenannten stellt er Grundsätze der Besteuerung auf, die auch heute noch anerkannt sind. So dürften nur die Erträge und nicht etwa die Substanz des Vermögens besteuert werden; ferner seien Steuergleichheit und Steuergerechtigkeit zu verwirklichen.

> „Der erste und hauptsächliche Grundsatz, den man bey denen Steuern und Abgaben unaufhörlich vor Augen haben muß, ist, daß sich die Unterthanen im Stande befinden müssen, solche leisten zu können. Sie befinden sich aber alsdenn nur im Stande, solches zu thun, wenn sie die Abgaben tragen können, ohne Abbruch ihrer Nothdurft, und ohne den Hauptstamm ihres Vermögens anzugreifen. (...) Der zweyte Grundsatz des Steuer- und Contributionswesens ist, daß die Abgaben mit einer vollkommenen Gleichheit und gerechten Verhältniß den Unterthanen aufgeleget werden müssen." (*Justi* 1766, 361f)

Neben finanzwissenschaftlichen Problemen widmet sich *Justi* auch agrar- und bevölkerungspolitischen sowie allgemeinen wirtschaftspolitischen Fragestellungen. Dabei fällt auf, daß er dem Wettbewerb gegenüber weit positiver eingestellt ist als etwa *Becher*; insbesondere lehnt er Preisfestsetzungen durch den Staat im allgemeinen ab.

> „Zuförderst dienen eine gelinde Regierung, und eine den Unterthanen zu gestattende vernünftige Freyheit, so wohl ihrer Handlungen als ihres Gewissens, (...) auch den Commercien zu einer starken Beförderung." (*Justi* 1755, Vol. I, 194)

Die Ansätze *Justis* entwickelte *Joseph von Sonnenfels* (1732-1817) weiter, dessen Lehrbuch (*Sonnenfels* 1769) weite Verbreitung fand.

Wenngleich die Kameralisten keine grundlegenden theoretischen Erkenntnisse hervorgebracht haben, sind sie nicht ohne Einfluß geblieben: Sie waren es, die die Finanzwissenschaft begründeten; und auf sie ist letztlich die staatsfreundliche Tradition in der deutschen Ökonomie zurückzuführen, die sich vor allem in der Deutschen Historischen Schule zeigte (vgl. Teil VII.2) und bis in die Mitte des 20. Jahrhunderts fortbestand.

5. Physiokratie

Bei der Physiokratie („Herrschaft der Natur") handelt es sich um die erste einheitliche, in sich geschlossene ökonomische Schule. Sie war eine rein französische Entwicklung und läßt sich nicht nur national, sondern auch zeitlich exakt abgrenzen: Ihren Anfang nahm die Physiokratie 1758 mit dem Erscheinen von *Quesnays* „Tableau Economique"; der Sturz *Turgots* als Finanzminister 1776 besiegelte ihr Ende als aktive und politisch einflußreiche Schule.

Der Begründer und wichtigste Vertreter der Physiokratie war *François Quesnay* (1694-1774), der neben seinem Hauptwerk, dem „Tableau Economique" (*Quesnay* 1768a), u.a. die „Maximes Générales du Gouvernement Economique d'un Royaume Agricole" (*Quesnay* 1768c) verfaßte.[7] Als bedeutendste Schüler *Quesnays* sind zu nennen *Anne Robert Jacques Turgot* (1727-1781), *Pierre Samuel du Pont de Nemours* (1739-1817), auf den die Bezeichnung „Physiokratie" zurückgeht (*du Pont de Nemours* 1767/68), *Paul Pierre le Mercier de la Rivière* (1720-1794) und *Victor Riqueti de Mirabeau* (1715-1789); die beiden letztgenannten schrieben die wichtigsten Gesamtdarstellungen der physiokratischen Lehre (*Mercier de la Rivière* 1767; *Mirabeau* 1764).

Den geistesgeschichtlichen Hintergrund der Physiokratie bildet die kartesianische Philosophie mit ihrem Glauben an die Fähigkeiten der Vernunft

---

[7] Die Originalausgabe beider Werke, die zusammen 1758 erschienen, gilt heute als verloren; zitiert werden im folgenden die ergänzten Fassungen von 1768.

und die Möglichkeit, sicheres Wissen durch Beobachtungen zu erlangen (*Mirabeau* 1764, Kap. X; *Quesnay* 1756). Die Physiokraten gehen von der Existenz einer natürlichen Ordnung („ordre naturel") aus, d.h. von zeitlos gültigen Normen menschlichen Verhaltens. Diese Ordnung kann von der Vernunft erkannt werden; sie ist in ökonomischer Hinsicht gekennzeichnet durch Freiheit, Wettbewerb und Privateigentum, was durch das bekannte Schlagwort „laissez faire, laissez passer" am besten zum Ausdruck kommt (*Mirabeau* 1764, Kap. V u. XI; *Quesnay* 1768b). Die politische Komponente des „ordre naturel" besteht in einem aufgeklärten Absolutismus, der von *Mercier de la Rivière* (1767, Kap. XXII) „despotisme légal" genannt wurde – ein Begriff, der zu mancherlei Mißverständnissen Anlaß gab. Die tatsächliche menschliche Ordnung („ordre positif") kann zwar von der natürlichen Ordnung durchaus abweichen, aber nur zum Nachteil der Gesellschaft, weswegen die Physiokraten die Realisierung des „ordre naturel" als ihr Hauptziel ansehen – ein Ziel, das ihrer Meinung nach keine grundlegenden politischen Reformen erforderlich macht (*Quesnay* 1768b).

Die Wirtschaft im Frankreich des 18. Jahrhunderts war gekennzeichnet durch eine rückständige Landwirtschaft, die durch hohe Abgaben und Handelsbeschränkungen (Innenzölle, Preisregulierungen etc.) belastet wurde. Dies war Folge der merkantilistischen Wirtschaftspolitik *Colberts*, der über der Förderung der Manufakturen die Landwirtschaft fast völlig vernachlässigte. Die Physiokraten lehnen eine solche Politik eindeutig ab (*Mirabeau* 1764, Kap. IX), da in ihrem Wirtschaftssystem die Landwirtschaft die zentrale Stellung einnimmt (*Mirabeau* 1764, Kap. I). Nach ihrer Meinung ist die Natur die Quelle allen Reichtums, so daß nur in der Landwirtschaft (unter der im weiteren Sinne die gesamte Urproduktion, also auch Bergbau, Fischerei und Forstwirtschaft, verstanden wird) ein Überschuß („produit net") erwirtschaftet werden könne. Gewerbe und Handel seien zwar notwendig, könnten den Reichtum aber nicht vermehren, sondern nur von einer Form in die andere transformieren. Nur die Landwirtschaft sei produktiv, Handel und Gewerbe seien „steril".

> „[L]a terre est l'unique source des richesses, et (...) c'est l'agriculture que les multiplie." (Quesnay 1768c, 107)[8]

Die überragende Bedeutung der Landwirtschaft ist klar ersichtlich im berühmten „Tableau Economique" (*Quesnay* 1768a) – bei dem es sich um die

---

[8] Der Boden ist die einzige Quelle der Reichtümer und es ist die Landwirtschaft, die sie vermehrt. [*F.S.*]

erste konsequente und umfassende Darstellung des Wirtschaftskreislaufs und der Interdependenz der verschiedenen Elemente der Wirtschaft handelt.[9] Da *Quesnay* ursprünglich Arzt war, liegt es nahe, darin eine Analogie zum Blutkreislauf zu sehen. Tatsächlich hat er sich aber wohl eher an der kartesianischen Mechanik und ihrem Gleichgewichtsbegriff orientiert, was vor allem in der ursprünglichen „Zick-Zack"-Darstellung deutlich wird.[10] *Quesnay* unterscheidet drei Klassen: die gewerbliche Wirtschaft („classe stérile"), die Rohstoffe und Lebensmittel aus der Landwirtschaft bezieht und gewerbliche Erzeugnisse an diese und die Grundeigentümer liefert; letztere bilden die „classe des propriétaires", die Produkte aus Gewerbe und Landwirtschaft konsumiert; die Landwirtschaft selbst ist die „classe productive", die ihre Erzeugnisse zum Teil selbst verbraucht, zum Teil an die beiden anderen Klassen liefert und vom Gewerbesektor Güter bezieht. In der Landwirtschaft werden drei verschiedene Arten von Kapital eingesetzt, die allesamt als „Vorschüsse" („avances") auf die Produktion interpretiert werden. Zunächst sind Anfangsinvestitionen zu tätigen, etwa für die Bodenmelioration; diese bleiben im „Tableau Economique" außer acht. Daneben sind Investitionen in umlaufendes Kapital notwendig, also z.B. in Saatgut oder den Unterhalt der Arbeiter („avances annuelles"); sie werden als Eigenverbrauch des Agrarsektors aufgefaßt. Schließlich fallen Ausgaben für fixes Kapital, wie Maschinen oder Gebäude, an („avances primitives"), die von großer Bedeutung für die landwirtschaftliche Produktivität sind; das „Tableau Economique" stellt diese Investitionen als Lieferungen des Gewerbesektors an die Landwirtschaft dar.

Das System von *Quesnay* wird in Abbildung 1 als moderne Input-Output-Tabelle interpretiert: Die Wirtschaft ist im Gleichgewicht, da für jeden Sektor die Ausgaben gleich den Einnahmen sind. Nur die Landwirtschaft erwirtschaftet einen Überschuß („produit net") in Höhe von 20, den die Grundbesitzer in Form von Pacht erhalten (Zeile 3, Spalte 1). Deshalb erzielen auch nur die Grundbesitzer Nettoeinkommen; alle anderen Sektoren erhalten nur das für ihre Reproduktion erforderliche Einkommen.

---

[9] *Cantillon* formulierte zwar die erste Kreislaufdarstellung (vgl. Teil II.3), untersuchte aber die Natur der Wechselbeziehungen der einzelnen Sektoren nicht näher.

[10] Eine Kopie derselben findet sich zwischen Vorwort und erstem Kapitel bei *Mirabeau* (1764).

Abb. 1: Das „Tableau Economique"

Output \ Input	Landwirtschaft	Gewerbe	Grundbesitzer	Summe Produktion
Landwirtschaft	20	20	10	50
Gewerbe	10	-	10	20
Grundbesitzer	20	-	-	20
Summe Güterkäufe	50	20	20	90

Die Konzeption *Quesnays* weist aus heutiger Sicht einige Schwachstellen auf: Erstens wird zwar die Gewinnlosigkeit im Gewerbesektor mit dem Wettbewerb erklärt, doch führt dieser nicht zu einer Reduktion der Pachtzahlungen. Zweitens wird das Kapital im gewerblichen Sektor insofern vernachlässigt, als seine Existenz einfach vorausgesetzt wird und Ersatzinvestitionen nicht vorgesehen sind. Und drittens dient das „Tableau Economique" nur zur Illustration der physiokratischen Grundposition, nicht aber zu deren Erklärung, da die zentrale Stellung der Landwirtschaft bei seiner Konstruktion vorausgesetzt wird. Ein ähnliches Problem ergibt sich auch hinsichtlich der wirtschaftspolitischen Forderungen der Physiokraten; sie können nicht aus dem „Tableau Economique" abgeleitet werden, sondern bedürfen zusätzlicher Begründungen.

Wenngleich das „Tableau Economique" sicherlich die bedeutendste theoretische Leistung der Physiokratie darstellt, sind doch auch einige andere Beiträge, insbesondere von *Turgot*, erwähnenswert. Was etwa die Rolle des Geldes angeht, so wird dasselbe von *Turgot* (1769/70, Vol. XII, 59ff) als Tauschmittel und (ähnlich wie von den Merkantilisten) auch als Produktionsmittel aufgefaßt. *Turgot* führt das Konzept der Zeitpräferenz ein, indem er darauf hinweist, daß ein gegenwärtig verfügbarer Geldbetrag mehr wert sei als eine gleich große, aber erst später verfügbare Summe. Deshalb und aufgrund der Produktivität des Geldes ist für *Turgot* (1769/70, Vol. XII, 97f, Vol. I, 114ff) das Zinsnehmen gerechtfertigt – wobei sicher auch seine „laissez faire"-Haltung eine Rolle spielt. Auf *Turgot* geht ferner das fundamentale Gesetz der abnehmenden Grenzerträge in der Produktion zurück:

> „La semence, jetée sur une terre naturellement fertile, mais sans aucune préparation, serait une avance presque entièrement perdue. Si on y joint un seul labour, le produit sera plus fort; un second, un troisième labour pourront peut-être, non pas doubler et tripler, mais quadrupler et décupler le produit qui augmentera ainsi dans une proportion beaucoup plus grande que les avances n'accroissent, et cela, jusqu'à un certain point où le produit sera le plus grand qu'il soit possible, comparé aux avances. Passé ce point, si on augmente encore les avances, les produits augmenteront encore, mains moins, et toujours de moins en moins jusqu'à ce que, la fécondité de la nature étant épuisée et l'art n'y pouvant plus rien ajouter, un surcroît d'avances n'ajouterait absolument rien au produit." (*Turgot* 1767, 645)[11]

Schließlich stellt er als erster einen Zusammenhang her zwischen der Anzahl der Anbieter bzw. Nachfrager und deren jeweiligem Einfluß auf die Preisbildung:

> „S'il n'y avait que deux *échangeurs*, les conditions de leur marché seraient entièrement arbitraires; (...) dans un commerce animé et exercé par une foule de mains, chaque vendeur et chaque acheteur en particulier entre pour si peu dans la formation de cette opinion générale et dans l'évaluation courante qui en résulte, que cette évaluation peut être regardée comme un fait indépendant et, dans ce sens, l'usage autorise à appeler cette valeur courante la vraie valeur de la chose." (*Turgot* 1770, 175)[12]

Die Physiokraten formulieren keine konsistente Werttheorie, sondern unterscheiden Gebrauchs- und Tauschwert, wobei letzterer mit dem Preis gleichgesetzt wird. Wie die Merkantilisten vor ihnen und die Klassiker nach ihnen

---

[11] Wenn man Saatgut auf natürlicherweise fruchtbaren, aber nicht weiter bearbeiteten Boden werfen würde, so wäre es fast vollständig verschwendet. Wenn man den Boden einmal bestellt, wäre die Ernte größer. Das zweite oder dritte Pflügen könnte vielleicht die Ernte nicht nur verdoppeln und verdreifachen, sondern vervierfachen und verzehnfachen, da diese in einem wesentlich größeren Verhältnis als der Arbeitsaufwand zunimmt. Dies würde bis zu einem gewissen Punkt gelten, an dem der Ertrag im Verhältnis zu den eingesetzten Mitteln so groß wie möglich ist. Danach würde, wenn man den Mitteleinsatz weiter erhöht, der Ertrag zwar noch zunehmen, aber in immer geringerem Maße, bis weitere Anstrengungen überhaupt keine Verbesserung des Ertrags mehr bewirken, da die Fruchtbarkeit des Bodens erschöpft ist. [*F.S.*]

[12] Wenn es nur zwei Tauschpartner gäbe, wären die Tauschbedingungen vollkommen willkürlich; wenn am Handel viele beteiligt sind, dann hat jeder einzelne Verkäufer und Käufer so wenig Einfluß auf die allgemeine Wertschätzung eines Gutes und auf die daraus resultierende Marktbewertung, daß diese Bewertung als eine von ihm unabhängige Tatsache angesehen werden kann und es deshalb gerechtfertigt ist, den Marktpreis als wahren Wert eines Gutes zu bezeichnen. [*F.S.*]

vernachlässigen die Physiokraten die Rolle der Nachfrage bei der Preisbestimmung fast vollständig: Der laufende Preis schwankt um den „natürlichen" Preis, der sich für gewerbliche Güter aus den Produktionskosten und für Agrargüter aus den Produktionskosten zuzüglich „produit net" ergibt. Die Lohnhöhe wird als durch das Subsistenzniveau determiniert angesehen; einen darüber hinaus gehenden Anstieg würde der Wettbewerb verhindern (*Mirabeau* 1764, Kap. VIII).

In wirtschaftspolitischer Hinsicht sind die Physiokraten zuallererst entschiedene Vertreter von Wettbewerbsfreiheit und Freihandel. Neben grundsätzlichen Erwägungen ist hierfür vor allem die Überzeugung verantwortlich, daß auf diese Weise die Landwirtschaft gefördert werden könne – ein Ziel, das den Physiokraten besonders am Herzen liegt (*Mirabeau* 1764, Kap. IX; *Quesnay* 1768c). So werden einerseits der Abbau der Abgabenlast der Landwirtschaft, die Aufhebung des Flurzwangs und die Handelsliberalisierung empfohlen. Letztere soll durch den Wegfall von Exportschranken zu einer Erhöhung der Preise für Agrarprodukte führen, wovon man sich eine Erhöhung der Investitionen in die Landwirtschaft verspricht. Andererseits soll aber die Landwirtschaft auch aktiv unterstützt werden, wie etwa durch Maßnahmen gegen die Landflucht oder durch die Förderung von Großbetrieben zwecks Erhöhung der Produktivität. Es ist nicht zu verkennen, daß eine solche Politik sich nicht mit dem „laissez faire"-Konzept der Physiokraten in Einklang bringen läßt. Auch das „Tableau Economique" kann nicht als Rechtfertigung dienen, da bei diesem nicht nur die Erhöhung der Produktivität der Landwirtschaft, sondern ebenso die der Manufakturen zu einer Steigerung des Sozialproduktes führen würde. Als zweite wirtschaftspolitische Folgerung ist die Umstrukturierung des Steuersystems zu nennen. Da nur der Boden einen Überschuß abwirft, kann sich der Staat nur daraus finanzieren; jede Steuer wird letztlich von den Grundeigentümern getragen. Deshalb wäre es sinnvoll, sich gleich auf die Besteuerung der Grundrente zu beschränken und nur eine Grundsteuer als „impôt unique" zu erheben (*Mirabeau* 1760). Die Steuerprivilegien von Adel und Klerus sowie das System der Steuerpacht sollen beseitigt werden, damit die hohe Steuerlast der Bauern (durch die Landsteuer „taille", Kopf- und Verbrauchsteuern) gesenkt werden könne. Auch dieser Vorschlag läßt sich nicht zwingend aus dem „Tableau Economique" ableiten: Da aufgrund der obigen Argumentation ja jede Steuer letztlich von den Grundeigentümern getragen wird, muß die vorgeschlagene Steuerreform anders begründet werden, z.B. mit einer Senkung der Verwaltungskosten oder einer Erhöhung der Transparenz. Drittens fordern die Physiokraten die Gewährleistung eines kontinuierlichen Geldumlaufs, da sie im Horten von Geld eine Gefahr für die wirtschaftliche Aktivität sehen (*Mirabeau* 1764, Vol. III, 73f; *Quesnay* 1768c, 110f).

Als Finanzminister („Contrôleur Général") versuchte *Turgot* seit 1774 einen Großteil dieser Vorschläge umzusetzen. Er beabsichtigte eine umfassende Handelsliberalisierung, eine Steuerreform, die die Abschaffung von Privilegien und des Pachtsystems beinhaltete, und eine Umgestaltung der Verwaltung mit dem Ziel größerer Wirtschaftlichkeit. Er scheiterte mit diesen Vorhaben und wurde 1776 abgesetzt; neben dem großen Widerstand der Privilegierten war dafür auch eine Mißernte verantwortlich. Den Physiokraten ging es nicht um einen Umsturz des „ancien régime", sondern nur um dessen Reformierung; ihre politisch konservative Haltung kommt z.B. in der Rechtfertigung der (nur konsumierenden) Klasse der Grundeigentümer zum Ausdruck. Wäre *Turgot* erfolgreich gewesen, hätte er mit seinen Reformen vielleicht die französische Revolution erhindern können. So aber führte der Sturz *Turgots* nicht nur zum Untergang der physiokratischen Schule, sondern trug auch nicht unwesentlich zum Ende des „ancien régime" bei.

Die Konzepte der Physiokraten waren von erheblicher Bedeutung für die weitere Entwicklung der Ökonomie: Vor allem ist das „Tableau Economique" als unmittelbarer Vorläufer der Input-Output-Analyse des 20. Jahrhunderts anzusehen (vgl. Teil VI.3.4). Ihre Argumente zugunsten von Wettbewerb und Freihandel werden bis heute von liberalen Ökonomen aufgegriffen. Auch die „impôt unique" erfuhr eine – wenngleich nur vorübergehende – Renaissance in den USA durch *George* (1879), der eine Grundsteuer als Alleinsteuer propagierte. Und schließlich kann man in der Warnung vor dem Horten bzw. der Unterkonsumtion eine Vorwegnahme bestimmter Ideen von *Keynes* (vgl. Teil VI.1.1) und in der Betonung der Wichtigkeit der Natur eine Inspirationsquelle für die ökologische Ökonomie (vgl. Teil VIII.2) sehen.

III. Klassik

Als „klassische Ökonomie" soll – in Übereinstimmung mit dem allgemeinen Sprachgebrauch – die von *Adam Smith* etablierte Schule der Nationalökonomie bezeichnet werden, die als „political economy" von 1776, dem Erscheinungsjahr von *Smiths* Hauptwerk, bis in die 70er Jahre des folgenden Jahrhunderts, als sich die Neoklassik durchzusetzen begann, das ökonomische Denken dominierte.

Gegenstand der klassischen Ökonomie waren längerfristiges Wirtschaftswachstum, Preisbildung und Einkommensverteilung, wobei die realen, d.h. die „objektiven", Grundlagen der Produktion als Hauptbestimmungsfaktor des wirtschaftlichen Geschehens angesehen wurden. Diese Ausrichtung ist nicht verwunderlich in der durch die industrielle Revolution geprägten Zeit, in der Erfindungen wie Dampfmaschine oder mechanischer Webstuhl zu einer Umwälzung der Produktionsbedingungen führten, in der die Arbeitsteilung ein nie gekanntes Ausmaß annahm und in der die Industrie die Landwirtschaft als wichtigsten Wirtschaftssektor zu verdrängen begann. Großen Einfluß auf die klassische Ökonomie hatten auch die zunehmende politische Liberalisierung und die utilitaristische Philosophie von z.B. *Francis Hutcheson* (1694-1746) oder *David Hume* (1711-1776).

Im folgenden sollen kurz die wichtigsten Vorläufer von *Adam Smith* genannt werden (Teil III.1), bevor auf diesen selbst eingegangen wird (Teil III.2). In Teil III.3 werden schließlich die einflußreichsten Vertreter der klassischen Schule, welche die Smithschen Konzepte fortentwickelte und ergänzte, vorgestellt.

1. Vorläufer

Wie wir gesehen haben, reicht die Geschichte des ökonomischen Denkens sehr weit zurück. Die Ökonomie begann also nicht, wie viele meinen, mit *Adam Smith*. Dieser konnte vielmehr auf die Erkenntnisse der vorklassischen Ökonomen zurückgreifen, wobei die fortgeschritteneren Merkantilisten und die Physiokraten den größten Einfluß hatten. Nicht nur Ökonomen, auch den Philosophen der Aufklärung verdankte *Smith* wichtige Anregungen. An dieser Stelle können selbstverständlich nicht alle Einflüsse und

Zusammenhänge aufgezeigt werden. Von der Vielzahl an Vorläufern, deren Gedanken auf die eine oder andere Weise Eingang in *Smiths* Werk gefunden haben, sollen deshalb nur die drei herausgegriffen werden, deren Einfluß auf *Smith* am deutlichsten ist: *Richard Cantillon* (Teil III.1.1), *Bernard de Mandeville* (Teil III.1.2) und *David Hume* (Teil III.1.3).

1.1. Richard Cantillon

Cantillon war ohne Zweifel einer der scharfsinnigsten merkantilistischen Autoren (vgl. Teil II.3). Von Bedeutung für *Smith* waren insbesondere seine Ausführungen zum Mechanismus von Edelmetallwährungen und zum automatischen Zahlungsbilanzausgleich, seine Formulierung der Quantitätsgleichung des Geldes, seine Unterscheidung zwischen realen und nominalen Effekten von Geldmengenänderungen und seine Interpretation der Volkswirtschaft als Kreislaufsystem – wenngleich hinsichtlich des letztgenannten Punktes der Einfluß von *Quesnay* (vgl. Teil II.5) stärker gewesen sein dürfte.

1.2. Bernard de Mandeville

Ein wesentliches Element Smithschen Denkens wurde von dem in England lebenden holländischen Arzt *Bernard de Mandeville* (1670-1733) mit seiner „Fable of the Bees" (*Mandeville* 1723) vorweggenommen.[13] Darin behandelt *Mandeville* den Zusammenhang zwischen individueller Moral und gesellschaftlicher Wohlfahrt, wobei er eine sehr pragmatische Einstellung gegenüber menschlichen Tugenden und Untugenden an den Tag legt. *Mandeville* argumentiert, daß selbstsüchtiges, untugendhaftes Verhalten nicht nur nicht im Widerspruch zum allgemeinen Wohlstand stehe, sondern vielmehr eine wichtige Voraussetzung desselben sei. Dies gelte freilich nicht immer und überall, da die Existenz eines institutionellen Rahmens in Form von Gesetzen, bestimmten Wertvorstellungen etc. notwendig sei, um das Eigeninteresse zu kanalisieren und in gesamtgesellschaftlich vorteilhafte

---

[13] Die erste Auflage der „Fable of the Bees" erschien 1714 anonym. Die wesentlich erweiterte zweite Auflage folgte 1723; in dieser Fassung erregte das Werk erstmals das Interesse der Öffentlichkeit.

Bahnen zu lenken. Wenn diese Bedingung erfüllt sei, werde durch die egoistische Verfolgung eigener Ziele gleichzeitig auch das Interesse der Gesellschaft gefördert: „Private Vices by the dextrous Management of a skilful Politician may be turned into Publick Benefits" (*Mandeville* 1723, 428). Damit finden wir schon bei *Mandeville* das später von *Adam Smith* popularisierte „invisible hand"-Argument.[14]

1.3. David Hume

David Hume (1711-1776) war in zweierlei Hinsicht für die klassische Ökonomie von Bedeutung. Zum einen war er einer der Hauptvertreter der pragmatischen utilitaristischen Philosophie, die das philosophische Fundament der Klassik bildet. Sie zeichnet sich durch eine starke Betonung der Empirie bei der Behandlung ethischer Probleme aus; das menschliche Verhalten sei nicht nach absoluten Kriterien von gut und böse zu beurteilen, sondern danach, ob es das menschliche Glück fördert oder nicht. Zum anderen stammen von ihm auch wichtige, genuin ökonomische Beiträge. Diese finden sich in seinen „Political Discourses" (*Hume* 1752) und verstreut in verschiedenen anderen seiner Werke; rein ökonomische Bücher hat er nicht verfaßt.

Hume vertritt die Quantitätstheorie des Geldes, nach welcher Geldmengenänderungen grundsätzlich keine realen, sondern nur Preiseffekte haben (*Hume* 1752, Kap. III: „Of Money"). Er räumt allerdings ein, daß dies nur längerfristig gelte und kurzfristig durchaus reale Effekte auftreten könnten, da die Wirtschaftssubjekte Zeit benötigen würden, um sich an die Änderungen der Geldmenge anzupassen. Auch bei längerfristiger Betrachtung sind jedoch nur Papier- oder Buchgeldwährungen neutral, nicht (wie *Cantillon* zeigte) Edelmetallwährungen. Diese Unterscheidung wurde von *Hume* nicht getroffen; zudem lieferte er weder eine Begründung für die längerfristige Neutralität noch ein Kriterium für die Abgrenzung zwischen

---

[14] Eine ähnliche Auffassung wie *Mandeville* vertraten auch die Physiokraten (vgl. Teil II.5) „Toute la magie de la Société bien ordonnée, est que chacun travaille pour autrui, en croyant travailler pour soi" (*Mirabeau* 1764, Vol. I, 138). (Der ganze Zauber einer wohlgeordneten Gesellschaft besteht darin, daß jeder für den anderen arbeitet und glaubt, nur für sich zu arbeiten. [*F.S.*])

„kurzfristig" und „langfristig".[15] Wie *Cantillon* vor ihm, interpretiert auch *Hume* den Zins nicht als monetäres, sondern als reales Phänomen, dessen Höhe also nicht etwa von der Geldmenge, sondern vom Verhältnis zwischen Kapitalangebot und -nachfrage abhängt (*Hume* 1752, Kap. IV: „Of Interest"). Der bekannteste geldtheoretische Beitrag von *Hume* dürfte seine Analyse der internationalen Goldströmungen sein (*Hume* 1752, Kap. V: „Of the Balance of Trade"). Die Handelsbilanzen der am Außenhandel beteiligten Länder würden sich automatisch ausgleichen. Beispielsweise könne eine Aktivierung der Handelsbilanz nur von kurzer Dauer sein; die entsprechenden Edelmetallzuflüsse würden nämlich zu einer Erhöhung des inländischen Preisniveaus und deshalb zu einer Abnahme der Exporte und zu einer Zunahme der Importe führen. Nicht zuletzt aus diesem Grund spricht sich *Hume* entschieden für den Freihandel aus; seiner Meinung nach ist dieser dem Wohlstand aller Länder förderlich, wohingegen Handelsrestriktionen im Endeffekt für alle Nationen schädlich sind. Bei diesem Angriff auf die merkantilistische Position bezieht sich *Hume* aber nur auf den „naiven" Merkantilismus (der den Bestand an Edelmetallen unmittelbar mit Wohlstand gleichsetzt) und geht – da er ja die Neutralität des Geldes voraussetzt – nicht auf die mögliche wirtschaftsstimulierende Wirkung von Geldmengenerhöhungen ein; des weiteren werden bei seiner Darstellung des Goldmechanismus die Preiseffekte gegenüber den Einkommenseffekten zu stark betont (in dieser Beziehung ist ihm *Cantillon* überlegen).

Die wettbewerbsfreundliche Position *Humes* bezieht sich nicht nur auf den Außenhandel. Für die wirtschaftliche Entwicklung sei vielmehr auch ein möglichst ungehinderter Wettbewerb im Inland eine wichtige Voraussetzung (*Hume* 1752, Kap. I: „Of Commerce"). *Hume* erkennt, wie vor ihm *Cantillon*, die wichtige Rolle, die dabei der Preismechanismus spielt, der Angebot und Nachfrage zum Ausgleich bringt und die Ressourcen in die produktivsten Verwendungen lenkt. Er befürwortet das Privateigentum, da nur dann der Wettbewerb seine positiven Wirkungen entfalten könne. In diesem Zusammenhang nimmt auch *Hume* das „invisible hand"-Argument von *Adam Smith* vorweg. Wie später *Smith* macht *Hume* darauf aufmerksam, daß zwischen politischer Freiheit, ökonomischer Freiheit und wirtschaftlichem Aufschwung eine enge Beziehung besteht. Im Unterschied zu *Smith* verallgemeinert er aber nicht die von ihm behaupteten ökonomischen Gesetzmäßigkeiten, sondern weist ausdrücklich auf deren historische Bedingtheit hin.

---

[15] Beide Probleme wurden erst – nach 200 Jahren – von der Neuen Klassischen Makroökonomie gelöst (vgl. Teil VI.1.5).

2. Adam Smith

Adam Smith (1723-1790) hat mit seinem 1776 erstmalig erschienenen „Inquiry into the Nature and the Causes of the Wealth of Nations" (*Smith* 1776) eines der einflußreichsten, bekanntesten und meistzitierten Werke der Ökonomie geschaffen und damit auch die klassische Schule der Ökonomie begründet.

Dieses Werk muß im Zusammenhang mit der grundsätzlichen philosophischen und epistemologischen Position *Smiths* gesehen werden. *Smith* war ein Vertreter der utilitaristischen Philosophie *Humes* und glaubte an eine natürliche Ordnung, nämlich die Tauschwirtschaft, die sich durch eine Harmonie von Einzel- und Gesamtinteresse auszeichne. Im Gegensatz zur Auffassung der Physiokraten müsse diese Ordnung nicht durch die Vernunft erkannt und bewußt realisiert werden, sondern sie würde sich von selbst herausbilden. Dem Eigennutz müsse allerdings durch die Sympathie (d.h. die Fähigkeit, sich in andere hineinzuversetzen) und die Stimme des Gewissens Grenzen gesetzt werden, da andernfalls nicht Harmonie, sondern Anarchie resultieren würde. *Smith* sah die Ökonomie nicht als isolierte Wissenschaft, sondern im Kontext von Ethik und Recht bzw. Politik – was an die aristotelische Trias der praktischen Philosophie erinnert (vgl. Teil II.1). In der Tat befaßt sich sein zweites Hauptwerk, „The Theory of Moral Sentiments" (*Smith* 1759), mit der Ethik; in der Smithschen Moralphilosophie spielen die Sympathie und das Gewissen als „unparteiischer Beobachter" die zentralen Rollen. Eine geplante dritte Monographie zur Rechtswissenschaft kam dagegen nicht zustande.

Im folgenden wollen wir uns mit dem für die Ökonomie wichtigeren „Wealth of Nations" beschäftigen. Unsere Darstellung folgt nicht dem recht unsystematischen Aufbau des „Wealth of Nations", sondern ist nach den wichtigsten Gegenständen der klassischen Ökonomie gegliedert.

Wenden wir uns zunächst der Preis- und Verteilungstheorie zu. *Smith* (1776, Vol. I, Buch I, Kap. VII) unterscheidet „natürliche" Preise und Marktpreise. Ersteres erklärt er ausschließlich durch das Angebot, d.h. als Kostenpreise, wobei er sich auf eine Arbeitswertlehre stützt, die er mit einem seiner Meinung nach immer und überall gleichen Nutzenverlust durch Arbeit begründet.

> „Labour, therefore, it appears evidently, is the only universal, as well as the only accurate measure of value, or the only standard by which we can compare the values of different commodities at all times and at all places." (*Smith* 1776, Vol. I, 43)

Der natürliche Preis deckt gerade die Herstellungskosten (einschließlich Gewinn) bei „normaler" (d.h. durchschnittlicher) Entlohnung der Produktionsfaktoren Arbeit, Kapital und Boden (auch die Kosten für Vor- und Zwischenprodukte lassen sich auf den Einsatz dieser drei Produktionsfaktoren zurückführen). Davon kann der Marktpreis abweichen, welcher durch Angebot *und* Nachfrage beeinflußt wird. Allerdings sorgt der Wettbewerb dafür, daß der Marktpreis immer zum natürlichen Preis tendiert. Wenn Produktionsfaktoren mehr als die normale Entlohnung erzielen, der Marktpreis also höher als der natürliche Preis ist, werden Produktionsfaktoren in den Sektoren mit der überdurchschnittlichen Entlohnung verstärkt eingesetzt, wodurch die Produktion erhöht und der Marktpreis sinken wird. Umgekehrt wird ein zu niedriger Marktpreis durch Abwanderung von Produktionsfaktoren und Einschränkung der Produktion erhöht werden. Durch dieses Verhalten der Unternehmer, die über die Verwendung der Produktionsfaktoren entscheiden, kommt es zur Angleichung der Profitraten. Aufgrund dieses automatischen Ausgleichsmechanismus werden Marktpreis und natürlicher Preis nur kurzfristig voneinander abweichen, wird das Angebot sich an die Nachfrage anpassen und so eine bestmögliche Nutzung der Ressourcen gewährleistet.

Auch wenn man von der Vernachlässigung der Nachfrage absieht, kann die Erklärung des natürlichen Preises, d.h. des Wertes, nicht befriedigen, da bei der Analyse der einzelnen Kostenbestandteile (Löhne, Gewinne und Grundrenten) die Arbeitswertlehre nicht konsequent angewandt wird; die Preise der Produktionsfaktoren bleiben nämlich unerklärt und damit letztlich auch die der Güter.

Smith unterscheidet drei soziale Klassen (Arbeiter, Unternehmer bzw. Kapitaleigner und Landbesitzer), welche die Produktionsfaktoren Arbeit, Kapital und Boden zur Verfügung stellen und unter welchen das Sozialprodukt in Abhängigkeit von den Preisen der Produktionsfaktoren aufgeteilt wird. Hinsichtlich der Höhe des Lohnes finden sich uneinheitliche Aussagen: Sie wird durch den Umfang des Lohnfonds (d.h. des für Lohnzahlungen vorgesehenen Teils des Kapitals), als Preisresiduum (d.h. als nach Abzug der übrigen Kosten verbleibender Rest) und einfach als Resultat von Angebot und Nachfrage erklärt (*Smith* 1776, Vol. I, Buch I, Kap. VIII). Als Ursachen von Lohndifferenzierung sieht *Smith* vor allem Unterschiede in bezug auf die Annehmlichkeit der Arbeit und die Kosten der notwendigen Ausbildung; auch hier bleibt also die Nachfrage (in diesem Fall nach Arbeit) außer acht. Zu erwähnen ist noch, daß *Smith*, wenngleich er im allgemeinen die Merkantilisten scharf kritisiert (*Smith* 1776, Vol. II, Buch IV, Kap. I-III), deren Unterscheidung zwischen produktiver und unproduktiver Arbeit beibehält (*Smith* 1776, Vol. I, Buch II, Kap. III). Unter „Gewinn" versteht er nicht nur den eigentlichen Gewinn, sondern auch die Kapitalverzinsung, was verständlich ist, wenn man bedenkt, daß die Kapitaleigner damals i.d.R. auch (noch!) Unternehmer waren und deshalb die Trennung beider Funktionen nicht zwingend erschien. Der Kapitalbegriff ist allerdings nicht ganz klar: Einerseits wird Kapital als Summe investierten Geldes aufgefaßt, andererseits als Oberbegriff für die zur Produktion dienenden Güter (einschließlich des Lohnfonds, d.h. der Ausgaben, die in Form von Lohnzahlungen getätigt werden, um die für den Unterhalt der Arbeiter notwendigen Konsumgüter zu bezahlen). Der Zins bzw. die Profitrate wird als reales Phänomen angesehen, wobei die Tendenz zu einer einheitlichen Profitrate infolge des Wettbewerbs besonders betont wird (*Smith* 1776, Vol. I, Buch II). Bei der Behandlung der Grundrente (*Smith* 1776, Vol. I, Buch II) taucht ein Widerspruch auf: Obwohl der (natürliche) Preis als Summe der Faktorentlohnungen erklärt werden soll, wird die Grundrente als Preisresiduum angesehen, d.h. die Höhe der Grundrente ist nicht Ursache, sondern Folge der Güterpreise. Desungeachtet hat *Smith* richtig erkannt, daß die Grundrente im Laufe der wirtschaftlichen Entwicklung steigen wird, da Land aufgrund des fixen Angebots *relativ* knapper wird.

Damit wären wir beim zweiten Hauptgegenstand klassischen ökonomischen Denkens – dem Wachstum. Dieses stellt für *Smith* ein überragendes gesellschaftliches Ziel dar: „The progressive state is in reality the chearful and the hearty state to all the different orders of the society" (*Smith* 1776, Vol. I, 99). Es spricht für die optimistische Grundeinstellung seiner Epoche, daß *Smith* ein dauerhaftes Wirtschaftswachstum nicht nur bloß für erstrebenswert, sondern auch für grundsätzlich möglich hält. Als wichtigste Mittel zur Förderung des Wirtschaftswachstums werden die Steigerung der Arbeitsproduktivität und die Kapitalakkumulation genannt. Die Arbeitsproduktivität hängt wiederum vor allem vom Ausmaß der Arbeitsteilung ab, die nach Meinung von *Smith* voranzutreiben ist, obwohl er auch deren negative Konsequenzen sieht. Da die Arbeitsteilung eine Grenze in der Größe der Märkte findet, wird nicht zuletzt deshalb Freihandel gefordert, um möglichst große Märkte und damit eine möglichst weitgehende Spezialisierung zu erreichen (*Smith* 1776, Vol. I, Buch I, Kap. I-III). Die Kapitalakkumulation sieht *Smith* als wesentlich für das Ausmaß der Beschäftigung an, wohingegen ihr Einfluß auf die Arbeitsproduktivität kaum thematisiert wird. Da die Kapitalakkumulation Ersparnis voraussetzt, wird das Sparen als wichtige Tugend gepriesen (*Smith* 1776, Vol. I, Buch II).[16] Je mehr Kapital akkumuliert wird und je wohlhabender ein Land ist, desto niedriger sei die Profitrate, da lohnende Investitionen zunehmend schwieriger zu finden seien (*Smith* 1776, Vol. I, Buch I, Kap. IX). Im Gegensatz zur Physiokratie wird neben der Rolle der Natur diejenige der Arbeit betont, und nicht nur die Landwirtschaft, sondern auch Handel und Industrie werden als produktiv angesehen. Auffällig ist auch der Unterschied bei der Sozialproduktdefinition: Während die Physiokraten bei ihrem „produit net" auch den Konsum (also die zur Reproduktion des Humankapitals notwendigen Aufwendungen) berücksichtigen, zieht *Smith* (1776, Vol. I, Buch II, Kap. II) vom Bruttosozialprodukt nur die Abschreibungen (also die zum Erhalt des Sachkapitals erforderlichen Reinvestitionen) ab, um zum Nettosozialprodukt zu gelangen. Geld wird von *Smith* (1776, Vol. I, Buch I, Kap. IV) nur als Tauschmittel gesehen, dem er kaum reale Wirkungen zumißt. Insbesondere gibt es für ihn keine Gefahr der Unterkonsumtion, da Ersparnisse in Form von Investitionen nachfragewirksam werden würden und die Gefahr des Hortens nicht bestünde (*Smith* 1776, Vol. I, Buch II, Kap. III) – womit er das Saysche Gesetz vorwegnimmt (vgl. Teil III.3.1). Er steht der Verwendung von Papiergeld durchaus aufgeschlossen gegenüber:

> „The substitution of paper in the room of gold and silver money, replaces a very expensive instrument of commerce with one much less costly, and sometimes equally convenient." (*Smith* 1776, Vol. I, 350)

Schließlich bestünde wahrer Reichtum nicht in der Höhe der Edelmetallbestände, sondern der Menge an konsumierbaren Gütern (*Smith* 1776, Vol. II, Buch IV, Kap. I).[17]

Die langfristige wirtschaftliche Entwicklung sieht *Smith* als eine Abfolge von Stufen, auf denen jeweils eine andere Aktivität dominiert.

> „According to the natural course of things, therefore, the greater part of the capital of every growing society is, first, directed to agriculture, afterwards to manufactures, and last of all to foreign commerce." (*Smith* 1776, Vol. I, 464)

Smith interpretiert die Geschichte relativ materiell, da für ihn ökonomische Faktoren einen wesentlichen Einfluß auf den Gang der Geschichte haben.

---

[16] *Smith* kritisiert den Feudalismus vor allem deswegen, weil er nicht zum Sparen und zu produktiven Investitionen, sondern zu unproduktivem Konsum und Verschwendung ermutigen würde.

[17] In diesem Zusammenhang greift *Smith* den Merkantilismus auf unfaire Weise an, da er nur auf dessen „naive" Ausprägung eingeht (vgl. Teil II.3).

Neben Preis- bzw. Verteilungstheorie und Fragen der wirtschaftlichen Entwicklung beschäftigt sich *Smith* auch mit dem Verhältnis ökonomischer und politischer Aspekte – wenn man so will, mit Ordnungspolitik. Auf diese Weise erfährt auch die Bezeichnung „political economy" für die klassische Theorie ihre Rechtfertigung. *Smith* ist überzeugter Anhänger des Liberalismus; als natürliche und beste Ordnung gilt ihm eine freiheitliche Wettbewerbsordnung (*Smith* 1776, Vol. II, Buch IV). Denn die „unsichtbare Hand" des Wettbewerbs würde dafür sorgen, daß durch die Verfolgung von Einzelinteressen gleichzeitig das Gesamtinteresse gefördert wird.

> „As every individual, therfore, endeavours as much as he can both to employ his capital in the support of domestick industry, and so to direct that industry that its produce may be of the greatest value; every individual necessarily labours to render the annual revenue of the society as great as he can. He generally, indeed, neither intends to promote the publick interest, nor knows how much he is promoting it. By preferring the support of domestick to that of foreign industry he intends only his own security; and by directing that industry in such a manner as its produce may be of the greatest value, he intends only his own gain, and he is in this, as in many other cases, led by an invisible hand to promote an end which was no part of his intention." (*Smith* 1776, Vol. II, 35)

Es ist darauf hinzuweisen, daß hier nicht die statische Allokationseffizienz im Mittelpunkt steht (wie später bei der Neoklassik), sondern die dynamische Funktion des Wettbewerbs, d.h. dessen Bedeutung für das Wirtschaftswachstum; in der Tat spielt für *Smith* das Marktgleichgewicht nur eine untergeordnete Rolle. Einen rigorosen Beweis für die behaupteten Qualitäten des Marktsystems, für die Harmonie zwischen Einzel- und Gesamtinteresse, ja überhaupt die Definition des Gesamtinteresses oder Allgemeinwohls bleibt *Smith* allerdings schuldig; er begnügt sich mit bloß intuitiven Argumenten.

Mit einer freiheitlichen Wettbewerbsordnung sind Handelsbeschränkungen unvereinbar. *Smith* spricht sich auch deshalb entschieden für den Freihandel aus und hält Zölle nur ausnahmsweise für gerechtfertigt, z.B. zur Vergeltung für vom Ausland erhobene Zölle, zum Schutz „junger" Industrien (Erziehungszölle) oder aus Gründen der nationalen Sicherheit (*Smith* 1776, Vol. II, Buch IV, Kap. II). Im Inland sollen Monopole und andere Formen von Wettbewerbsbeschränkungen entschieden bekämpft werden (*Smith* 1776, Vol. I, Buch I, Kap. VII u. X). Neben dem Schutz des Wettbewerbs gibt es nur wenige Aufgaben für den Staat: die Gewährleistung der äußeren Sicherheit, die Etablierung der Rechtssicherheit im Inneren und das Angebot öffentlicher Güter. Im Falle letzterer bleibt *Smith* allerdings recht vage; er bezieht sich auf „certain publick works and certain publick institutions, which it can never be for the interest of any individual, or small number of individuals, to erect or maintain, because the profit could never repay the expence to any individual or small number of individuals, though it may frequently do much more than repay it to a great society" (*Smith* 1776, Vol. II, 289).

Mit Ausnahme der genannten Aufgaben soll sich der Staat aller Eingriffe in das Wirtschaftsleben enthalten; diese seien angesichts der Vorteile der Wettbewerbsordnung nicht nur überflüssig, sondern sogar schädlich.

> „Every man, as long as he does not violate the laws of justice, is left perfectly free to pursue his own interest his own way, and to bring both his industry and capital into competition with those of any other man or order of men. The sovereign is completely discharged from a duty, in the attempting to perform which he must always be exposed to innumerable delusions, and for the proper performance of which no human wisdom or knowledge could ever be sufficient; the duty of super-intending the industry of private people, and of directing it towards the employments most suitable to the interest of the society." (*Smith*, Vol. II, 289)

Für die Besteuerung, durch die die staatlichen Aufgaben finanziert werden sollen, hat *Smith* (1776, Vol. II, Buch V, Kap. II) vier Grundsätze postuliert (die sich in ähnlicher Form schon bei *Justi* finden, vgl. Teil II.4). Der erste Grundsatz entspricht dem Leistungsfähigkeitsprinzip:

> „The subjects of every state ought to contribute towards the support of the government, as nearly as possible, in proportion to their respective abilities" (*Smith* 1776, Vol. II, 423).

Die Grundsätze zwei bis vier betreffen Rechtssicherheit, Billigkeit und Erhebungsaufwand.

Zusammenfassend kommen wir zu einem eher ernüchternden Urteil über das „opus magnum" von *Smith*. Es handelt sich mehr um eine Synthese bereits bekannter Sachverhalte und Ideen als um eine originelle Arbeit; die meisten Bestandteile des „Wealth of Nations" können auf andere Autoren zurückgeführt werden. Hinzu kommt, daß die Darstellung *Smiths* häufig unsystematisch, unklar, ja sogar widersprüchlich ist und befriedigende Begründungen für zentrale Behauptungen vermissen läßt. Aber wie ist dann der große Einfluß und der Ruhm des „Wealth of Nations" und seines Autors zu erklären? „Smith, for the first time, put together the body of economic knowledge that can still be recognized as an early form of what today may be called mainstream economics" (*Niehans* 1990, 72). Beim „Wealth of Nations" handelte es sich zwar nicht um die erste Gesamtdarstellung der Ökonomie überhaupt – diese Ehre gebührt *Steuarts* (1767) „Principles" (vgl.

Teil II.3) – aber um die erste Gesamtdarstellung der liberalen, marktwirtschaftlich orientierten Ökonomie. Diese entsprach dem damaligen „Zeitgeist" und war zur Rechtfertigung der tatsächlichen wirtschaftlichen und sozialen Entwicklung gut geeignet, so daß die von *Smith* begründete Schule (nämlich die der klassischen Ökonomie) auf allgemeine Akzeptanz stieß und rasch an Einfluß gewann. Im Gegensatz dazu geriet *Steuart*, der dem im Niedergang befindlichen Merkantilismus verhaftet war, sehr schnell in Vergessenheit.

3. Die klassische Schule

Unter der Überschrift „klassische Schule" sollen diejenigen Ökonomen behandelt werden, die in der Nachfolge *Smiths* die Konzepte des „Wealth of Nations" weiterentwickelten und ergänzten (obwohl natürlich auch *Smith* selbst als ihr Gründer zu dieser Schule gehörte).

Die Vertreter der klassischen Schule behandelten im wesentlichen dieselben Themen wie *Smith*, wobei dem Zusammenhang zwischen Verteilung und Wachstum das Hauptaugenmerk galt. Im Vergleich zu *Smith* fallen vor allem zwei Unterschiede auf: Erstens wird der Fortschritts- und Wachstumsoptimismus des „Wealth of Nations" durch eine recht pessimistische Einstellung hinsichtlich der zukünftigen wirtschaftlichen Entwicklung verdrängt – die Ökonomie wird zur „dismal science". Zweitens beginnt sich die Unterscheidung zwischen theoretischer und angewandter Ökonomie durchzusetzen, die bei *Smith* noch nicht vorhanden war.

Wir können nur auf die wichtigsten und bekanntesten Mitglieder der klassischen Schule näher eingehen, aber andere bedeutende Klassiker sollen zumindest erwähnt werden: *John Stuart Mill* (1806-1874), der das System *Ricardos* ausarbeitete und mit den „Principles of Political Economy" (*Mill* 1848) das einflußreichste Ökonomielehrbuch vor *Marshall* schrieb; *Henry Thornton* (1760-1815), der die Funktionsweise des mehrstufigen Bankensystems analysierte und die klassische Geldtheorie in ihrer endgültigen Fassung präsentierte (*Thornton* 1802); und *Nassau William Senior* (1790-1864), der die definitive Theorie des Warengeldes vorlegte (*Senior* 1840).

3.1. Jean-Baptiste Say

Der französische Nationalökonom *Jean-Baptiste Say* (1767-1832) wurde vor allem durch seine These vom zwangsläufigen Ausgleich von Angebot und Nachfrage bekannt, die sich in seinem Hauptwerk (*Say* 1803) findet und die heute unter dem Namen „Saysches Gesetz" geläufig ist.

Nach Meinung von *Say* kann die Produktion nie zu groß sein, da sich jedes Angebot durch das bei der Produktion entstehende Einkommen seine Nachfrage selbst schaffen würde. Auch könne die Ersparnis nie zu hoch sein, da jegliche Ersparnis in Form von Investitionen nachfragewirksam werden würde. Es könne allenfalls Ungleichgewichte in einzelnen Sektoren geben, die sich aber aufgrund der wettbewerblichen Anpassungsprozesse schnell ausgleichen würden. Insgesamt könne es also weder einen Überschuß noch ein Defizit an kaufkräftiger Nachfrage geben.

> „[C]e n'est point tant l'abondance de l'argent qui rend les débouchés faciles, que l'abondance des autres produits en général. C'est une des vérités les plus importantes de l'Economie politique." (*Say* 1803, Vol. I, 153)[18]

Say führt zwei Argumente für den behaupteten Automatismus an, die beide Geldmenge bzw. -nachfrage betreffen: Einerseits würde Horten praktisch keine Rolle spielen, so daß die gesamte Geldmenge nachfragewirksam wird. Andererseits müßten Geldnachfrageänderungen nicht zwangsläufig zu Nachfrageausfällen oder -überschüssen führen; ihnen könne entweder durch eine entsprechende Anpassung des Geldangebots oder durch Preisniveauänderungen begegnet werden. Die erste Alternative setzt ein flexibles Geldangebot voraus, was typischerweise nur bei Buch- bzw. Papiergeldsystemen der Fall ist, wohingegen die zweite Alternative auf der vollkommenen Flexibilität aller Preise beruht. Das Saysche Gesetz beschreibt den letztgenannten Fall: Nur bei Preisflexibilität erfolgt der Ausgleich zwischen Nachfrage und Angebot auch bei gegebener Geldmenge stets *automatisch*. Sind Preise flexibel, so ist es z.B. im Fall einer Erhöhung der Geldnachfrage nicht notwendig, daß es bei den Wirtschaftssubjekten zu einem (zumindest zeitweiligen) Überschuß der Einnahmen über die Ausgaben kommt, welcher ja (bei konstanter Geldmenge und unveränderten Preisen) einen Überschuß des Angebots über die Nachfrage impliziert; vielmehr wird eine Senkung

---

[18] Es gibt weder einen Überschuß an Geld, der den Absatz erleichtern kann, noch im allgemeinen einen Überschuß an anderen Gütern. Dies ist eine der wichtigsten Wahrheiten der politischen Ökonomie. [*F.S.*]

des Preisniveaus eine Erhöhung der realen Geldmenge herbeiführen. Diese Argumentation beruht auf einer klaren Trennung zwischen der absoluten Höhe des Preisniveaus einerseits und den relativen Preisen andererseits; bei vollkommener Preisflexibilität haben Änderungen des Preisniveaus keinerlei Einfluß auf die relativen Preise.

Abgesehen vom Sayschen Gesetz ist auch *Says* Diskussion des Unternehmers bemerkenswert: Ähnlich wie später *Schumpeter* (vgl. Teil VII.4.2.1) schreibt *Say* dem Unternehmer als Innovator eine wichtige Rolle im Wirtschaftsleben zu (*Say* 1803, Vol. I, 5ff, Vol. II, 221ff).

3.2. Thomas Robert Malthus

Eines der meistdiskutierten Bücher in der Geschichte der Nationalökonomie erschien 1798 anonym: „An Essay on the Principle of Population". Der Autor, *Thomas Robert Malthus* (1766-1834), beschreibt darin die Problematik der langfristigen Versorgung der Menschheit mit Nahrung.

Einerseits würde die Bevölkerung, falls genügend Nahrung zur Verfügung stünde, „geometrisch", d.h. exponentiell, wachsen. Andererseits könne die Nahrungsmittelproduktion nur „arithmetisch" zunehmen (*Malthus* 1798, 18ff). Mit dieser mißverständlichen Formulierung wird letztlich auf das Gesetz abnehmender Grenzerträge abgestellt, welches auf *Turgot* zurückgeht (vgl. Teil II.5). Da Fläche und Güte des Ackerlandes begrenzt sind, muß bei Zunahme der Nahrungsmittelnachfrage infolge von Bevölkerungswachstum entweder schlechteres Land unter den Pflug genommen werden oder das schon kultivierte Ackerland intensiver bearbeitet werden. In beiden Fällen nimmt die zusätzliche Erntemenge pro zusätzlich eingesetzter Arbeitskraft ab; die Lebensmittelproduktion wächst mit zunehmenden Arbeitseinsatz nur unterproportional. Daraus resultiert ein permanenter Konflikt zwischen Bevölkerungswachstum und Lebensmittelversorgung, für welchen *Malthus* zwei Lösungsmöglichkeiten sieht.

Bei der „pessimistischen" Alternative (*Malthus* 1798, 29ff) wird das Bevölkerungswachstum durch die Tendenz zum Subsistenzlohn „automatisch" gebremst („positive check"): Aufgrund der bei wachsender Bevölkerung sinkenden Produktivität der Arbeitskräfte nimmt deren Reallohn ab. Sobald dieser dasjenige Niveau unterschreitet, welches zur Sicherung des Lebensunterhalts notwendig ist, kommt es zu Hunger und Not, wodurch die Bevölkerung abnimmt. Ist die Bevölkerungsabnahme groß genug, so wächst der

Lohn aufgrund der nun wieder steigenden Produktivität über den Subsistenzlohn hinaus an. Dies ist aber nicht von Dauer, weil der ungezügelte Fortpflanzungstrieb, den *Malthus* hier unterstellt, erneut zu einer Bevölkerungszunahme führen wird – solange, bis der Subsistenzlohn wieder erreicht ist. An dieser Tendenz vermögen auch technischer Fortschritt oder Kapitalakkumulation nichts zu ändern – sie ermöglichen allenfalls die Ernährung einer größeren Anzahl von Menschen, deren Situation sich aber nicht verbessert, die weiterhin ein Leben am Rande des Existenzminimums fristen. Aber *Malthus* (1798, 61ff) bietet auch eine „optimistische" Alternative an: Sobald es den Menschen durch moralische Überlegungen gelingt, ihr Fortpflanzungsverhalten in geordnete Bahnen zu lenken („preventive check"), ist ein Leben oberhalb des Subsistenzlohns, ein Leben frei von Hunger und Elend möglich.

> „[A]s from the laws of our nature some check to population must exist, it is better that it should be checked from a foresight of the difficulties attending a family, and the fear of dependent poverty, than that it should be encouraged, only to be repressed afterwards by want and sickness." (*Malthus* 1798, 89f)

Angesichts der aktuellen Entwicklung der Weltbevölkerung ist das Problem, auf welches *Malthus* erstmals in aller Deutlichkeit aufmerksam gemacht hat, heute aktueller und dringlicher denn je. Während in den Industrieländern der „preventive check" dominiert, ist in den Entwicklungsländern überwiegend der „positive check" wirksam, was mit großen Leiden ihrer Bevölkerungen einhergeht. Eine dauerhafte und humane Lösung des Bevölkerungsproblems setzt deshalb eine Änderung des Reproduktionsverhaltens in den Entwicklungsländern voraus.

Im Gegensatz zu seinen Ausführungen zu Bevölkerungsentwicklung und Nahrungsmittelversorgung sind die weiteren ökonomischen Werke von *Malthus* sehr schnell in Vergessenheit geraten. Erwähnenswert ist vielleicht noch seine Kritik am Sayschen Gesetz; er hält Unterkonsumtion und Nachfrageschwächen durchaus für möglich (*Malthus* 1820). Allerdings ist seine Argumentation relativ unklar und es wird nicht deutlich, warum es zu den behaupteten Nachfrageschwächen kommen soll. Es ist deshalb fraglich, inwieweit man *Malthus* als Vorgänger von *Keynes* ansehen kann.

3.3. David Ricardo

Mit „On the Principles of Political Economy and Taxation" von *David Ricardo* (1772-1823) erreichte die klassische Schule 1817 ihren Höhepunkt und ihre Vollendung. Aufbauend auf den teilweise unsystematischen Ansätzen von *Smith* und seinen Nachfolgern schuf *Ricardo* eine einheitliche und geschlossene Theorie. Er widmete sich vor allem der Wert- bzw. Preistheorie (Teil III.3.3.1), der Verteilungs- und Wachstumstheorie (Teil III.3.3.2) und der Außenhandelstheorie (Teil III.3.3.3); aber auch seine Leistungen auf anderen Gebieten sind erwähnenswert (Teil III.3.3.4). Die Konzepte *Ricardos* haben in diesem Jahrhundert eine gewisse Renaissance erfahren, auf die ebenfalls kurz eingegangen werden soll (Teil III.3.3.5).

3.3.1. Wert- und Preistheorie

Der klassischen Tradition entsprechend ist die Wertlehre *Ricardos* (1817, Kap. I) kosten- bzw. angebotsorientiert. Er räumt zwar ein, daß der Wert von „nicht reproduzierbaren" Gütern (wie Bildern und anderen Kunstwerken) von deren Seltenheit und der Nachfrage nach denselben abhängt. Bei der überwiegenden Mehrzahl der Güter, den „reproduzierbaren" Gütern, wird der Wert, welcher mit dem „natürlichen Preis" gleichgesetzt wird, durch die Menge der bei der Produktion benötigten Arbeit bestimmt. Dabei sind verschiedene Produktionsbedingungen zu unterscheiden. Existiert nur der Produktionsfaktor Arbeit, so werden die relativen Preise unmittelbar durch das Verhältnis der Arbeitsinputs determiniert; eine Lohnsteigerung führt deshalb zu einer entsprechenden Steigerung aller Preise, ohne daß sich dadurch deren Verhältnis ändern würde; die Nachfrage hat auf die Preise keinen Einfluß, sie entscheidet nur über die Produktionsmengen. In einem zweiten Fall werden neben Arbeit auch Produktionsmittel, wie Werkzeuge, Vorprodukte etc., eingesetzt, aber die Faktoreinsatzverhältnisse sind konstant und es gibt keinen Zins. Auch hier hängen die Preise ausschließlich vom jeweiligen Arbeitseinsatz ab; es ist lediglich neben der „direkten" auch die „indirekte" Arbeit zu berücksichtigen, die in den Produktionsmitteln „verkörpert" ist. Schließlich wird im allgemeinsten Fall auch die Existenz des Zinses zugelassen. Dann gilt das bisherige Ergebnis (d.h. der unmittelbare Zusammenhang zwischen Güterpreisen und Arbeitsinputs) nur, wenn dasselbe Faktoreinsatzverhältnis die Produktion aller Güter kennzeichnet und wenn die Produktionsdauer gleich ist. Bei unterschiedlicher Kapitalintensität würden sich z.b. im Fall einer Lohnsteigerung die kapitalintensiv produzierten Güter gegenüber den arbeitsintensiv produzierten Gütern relativ verbilligen („Ricardo-Effekt"). Ist die Produktionsdauer unterschiedlich lang, so muß ceteris paribus der Preis des Gutes, dessen Herstellung länger dauert, höher sein: Braucht etwa ein Arbeiter eine Woche, um das Gut A herzustellen, aber zwei Wochen, um das Gut B zu produzieren, so muß der Preis für eine Einheit des Gutes B höher sein als der Preis für *zwei* Einheiten des Gutes A, da beim Gut A der zum Unterhalt des Arbeiters notwendige „Vorschuß" geringer ist; bereits nach einer Woche kann eine Einheit A verkauft werden, wohingegen mit B erst nach zwei Wochen Erlöse erzielt werden können. Die Preisdifferenz entspricht der Verzinsung des zum Unterhalt des Arbeiters für eine Woche notwendigen Kapitals.

Ricardo erkennt also die Probleme und Grenzen der Arbeitswertlehre. Dennoch hält er an ihr fest, da er die möglichen Abweichungen als praktisch unbedeutend einstuft. Da jedoch die Arbeitswertlehre strenggenommen nur in einer Ein-Gut-Wirtschaft oder in einer Mehr-Gut-Wirtschaft unter sehr unrealistischen Bedingungen gilt, bemüht sich *Ricardo* um einen unter allen Bedingungen gültigen, unveränderlichen Wertmaßstab, d.h. um ein Gut, dessen relativer Preis unabhängig von Änderungen der Verteilung und der Produktionsbedingungen ist (*Ricardo* 1817, 11f). Diese Suche bleibt letztlich erfolglos; die bestmögliche Alternative scheint *Ricardo* (1817, 80f) das Gold zu sein – weil der zu dessen Gewinnung erforderliche Arbeits- und Kapitaleinsatz praktisch unveränderlich sei.

3.3.2. Verteilungs- und Wachstumstheorie

Die Arbeitswertlehre spielt eine wichtige Rolle in *Ricardos* Verteilungs- und Wachstumstheorie. Wenden wir uns zunächst der Verteilung des Volkseinkommens auf die Produktionsfaktoren Arbeit, Kapital und Boden zu.

In Anlehnung an *Malthus* (vgl. Teil III.3.2) formuliert *Ricardo* (1817, Kap. V) das „eherne Lohngesetz", wonach der natürliche Lohn dem Subsistenzlohn entspricht (welcher von *Ricardo* nicht nur als rein physiologisch, sondern auch als kulturell bzw. sozial bestimmt gesehen wird).

„The natural price of labour is that price which is necessary to enable the labourers, one with another, to subsist and to perpetuate their race, without either increase or diminution." (*Ricardo* 1817, 90)

Aufgrund sinkender Grenzerträge der Arbeit würde bei steigender Bevölkerung und deshalb steigendem Arbeitseinsatz der Lohn sinken, wodurch das Wachstum der Bevölkerung gebremst werden würde; analog würden bei abnehmender Bevölkerung steigende Löhne der Abnahme entgegenwirken. Der Lohn kann also nicht auf Dauer vom Subsistenzlohn abweichen; allerdings kann z.B. durch Kapitalakkumulation bzw. Produktivitätssteigerung der Lohn zeitweise über das Subsistenzniveau angehoben werden, da die Bevölkerungszahl bzw. das Arbeitsangebot nicht unendlich schnell reagiert. *Ricardo* trifft für seine weitere Analyse aber die vereinfachende Annahme einer unendlichen Arbeitsangebotselastizität beim Subsistenzlohn; schon minimale Lohnvariationen führen zu einer sofortigen Angebotsreaktion, so daß zum Subsistenzlohn jede Arbeitsnachfrage befriedigt werden kann. Aus seinem Arbeitsmarktmodell zieht *Ricardo* (1817, 110ff) auch wirtschaftspolitische Schlußfolgerungen: Wie *Malthus* (1798, 74ff) lehnt er die Armengesetze („poor laws") ab, die einen staatlichen Transfer zum Ausgleich der Differenz zwischen einem politisch festgelegten Mindestlohn und dem tatsächlichen Marktlohn vorsehen. *Ricardo* befürchtet, daß dadurch nur die Bevölkerung wachsen und der Marktlohn im Ausmaß des Transfers sinken würde; der Transfer müßte erhöht werden, die Bevölkerung würde weiter wachsen und im Endeffekt würden die Marktlöhne Null betragen und die Arbeiter würden nur von Transfers leben. Durch solche oder ähnliche Gesetze könne die Situation der Arbeiter nicht verbessert, sondern nur deren Zahl erhöht werden.

Beim Kapital unterscheidet *Ricardo* (1817, 22) den Lohnfonds und die Investitionsgüter. Der Gewinn umfaßt – wie bei *Smith* – die Kapitalverzinsung und den eigentlichen Gewinn. Aufgrund des Wettbewerbs würde sich eine einheitliche Profitrate etablieren (*Ricardo* 1817, Kap. IV).

Eine Grundrente existiert insbesondere dann, wenn gutes Land nicht mehr im Überschuß vorhanden ist (*Ricardo* 1817, Kap. II): Wenn aufgrund des Bevölkerungswachstums auch schlechtes Land bestellt werden muß, fällt für das bessere Land eine Rente an. Da der Wettbewerb einen einheitlichen Preis für Agrarprodukte, z.B. Weizen, erzwingt und dieser von den Produktionskosten des schlechtesten gerade noch bewirtschafteten Landes bestimmt wird, können die Mehrerträge des besseren Landes von den Grundeignern als Rente abgeschöpft werden.

Dieser Zusammenhang läßt sich am besten graphisch verdeutlichen:

Abb. 2: Bodennutzung und Grundrente

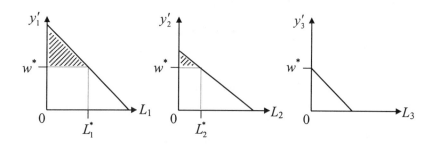

y_1' (y_2', y_3') stellt den Grenzertrag der Arbeit an Weizen im Verhältnis zum Arbeitseinsatz L_1 (L_2, L_3) pro Flächeneinheit für gutes (durchschnittliches, schlechtes) Ackerland dar; dementsprechend repräsentieren die Flächen unter den Kurven den jeweiligen Weizenertrag. Ferner sei w^* der Subsistenzlohn (der einer bestimmten Menge Weizen entsprechen soll). Unter diesen Bedingungen wird der Wettbewerb dergestalt für eine Anpassung sowohl der intensiven Bewirtschaftung (d.h. dem Arbeitseinsatz pro Flächeneinheit) als auch der extensiven Bewirtschaftung (d.h. der Ausdehnung der gesamten Anbaufläche) sorgen, daß der Grenzertrag der Arbeit stets gleich w^* ist. Das Land vom Typ 1 und vom Typ 2 wird also mit einer Arbeitsintensität von L_1^* bzw. L_2^* bewirtschaftet; Typ 3 dagegen ist marginales Land, auf dem nur marginal Arbeit eingesetzt wird, das es sich also gerade noch oder gerade nicht mehr lohnt zu bewirtschaften. Aufgrund der Konkurrenz der Pächter um Land ist es den Besitzern des besseren Landes (Typ 1 und Typ 2) möglich, die Überschußproduktion als Pacht bzw. Rente abzuschöpfen (schraffierte Flächen); der Eigentümer des Landes vom Typ 3 erhält dagegen keine Pacht. Die Pächter bzw. Landwirte erzielen folglich keine Gewinne. Die Grundrente ergibt sich als Residuum aus dem Preis von Weizen und dem Lohn; sie selbst beeinflußt den Preis nicht.

> „If the price of corn were the effect, and not the cause of rent, price would be proportionally influenced as rents were high or low, and rent would be a component part of price. But that corn which is produced with the greatest quantity of labour is the regulator of the price of corn, and rent does not and cannot enter in the least degree as a component part of its price." (*Ricardo* 1817, 67)

Ricardo liefert damit eine Begründung für eine entsprechende These *Smiths*, die dieser nicht näher erläuterte (vgl. Teil III.2). Allerdings gilt die Argumentation *Ricardos* nur unter sehr restriktiven Annahmen; insbesondere darf es neben der Landwirtschaft keine alternativen Verwendungen für Land geben.

Nachdem *Ricardo* die Grundrente als Residuum eingestuft und so aus der weiteren Analyse eliminiert hat, verbleibt das Problem des Verhältnisses der Anteile von Arbeit und Kapital am Güterpreis und der Entwicklung dieses Verhältnisses im Lauf der wirtschaftlichen Entwicklung. Die Lösung dieses Problems in Form eines langfristigen Wachstums- und Verteilungsmodells bildet das Kernstück der Ökonomie *Ricardos* (1817, Kap. XIX). Im folgenden sollen die Grundzüge dieses Modells anhand des einfachsten Falls erläutert werden (vgl. *Niehans* 1990, 98ff): Es gibt nur ein Gut, nämlich Weizen; die Arbeitsangebotselastizität ist beim Subsistenzlohn w^* unendlich; das Kapital K besteht ausschließlich aus dem Lohnfonds, d.h. $K = Lw^*$ (L bezeichnet die Anzahl der eingesetzten Arbeiter); es wird nur Boden einer Qualität bestellt. Analog zum natürlichen Lohn gibt es auch eine „natürliche Profitrate" r^*, bei der weder investiert noch desinvestiert wird; diese ist größer als Null, da die Kapitaleigner hiervon ihren Lebensunterhalt bestreiten müssen und die Übernahme von Risiko entlohnt werden muß. Solange die tatsächliche Profitrate größer als r^* ist, wird investiert, ist sie kleiner, wird desinvestiert; aufgrund abnehmender Grenzerträge sinkt die Profitrate bei Investitionen – und vice versa. Der tatsächliche Gewinnsatz tendiert folglich langfristig zum natürlichen Gewinnsatz.

Abb. 3: Wachstums- und Verteilungsmodell

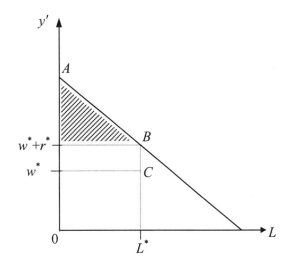

y' bezeichnet den Grenzertrag der Arbeit an Weizen im Verhältnis zur eingesetzten Menge an Arbeit L ($L = K/w^*$). Je mehr Arbeit bzw. Kapital eingesetzt wird, desto mehr sinkt der Grenzertrag, der ja unter Wettbewerbsbedingungen den Preis für Weizen determiniert. Davon erhalten die Arbeiter den Subsistenzlohn und die Kapitaleigner die Differenz zwischen Preis und Subsistenzlohn; den Bodenbesitzern fällt die Grundrente zu. Im Zeitablauf wird der Arbeits- bzw. Kapitaleinsatz ausgedehnt bis L^*, d.h. bis die Profitrate gleich r^* ist. Vom gesamten Sozialprodukt in Höhe des Vierecks $0ABL^*$ erhalten die Arbeiter das Rechteck $0w^*CL^*$, die Kapitaleigner das Rechteck $w^*(w^*+r^*)BC$ und die Grundeigentümer das Dreieck $(w^*+r^*)AB$ (schraffierte Fläche). Im Zuge der Ausdehnung des Arbeitseinsatzes nimmt der Gewinn ständig zugunsten der Grundrente ab, der Lohn bleibt dagegen annahmegemäß gleich. Sobald L^* erreicht ist, wird nicht mehr investiert; die Wirtschaft hat einen *stationären* Zustand erreicht. Der Hauptgrund hierfür liegt im Verlauf der Grenzertragsfunktion, welche wiederum die Begrenztheit der natürlichen Ressourcen widerspiegelt. Im Gegensatz zu *Smith* gibt es also bei *Ricardo* keinen unbegrenzten Fortschritt. Das Modell *Ricardos* basiert wesentlich auf der Annahme der unendlichen Arbeitsangebotselastizität, die von ihm selbst als unrealistischer Grenzfall eingestuft wird. Läßt man zu, daß der Lohn über w^* steigt, dann kann erstens die Aufteilung des Sozialprodukts nach Abzug der Grundrente auf Arbeit und Kapital nicht erklärt werden: Es ist lediglich die allgemeine Aussage möglich, daß $y' = w + r$, d.h. daß ein invers-linearer Zusammenhang besteht zwischen Lohnsatz und Profitrate. Außerdem ist die wirtschaftliche Entwicklung nicht mehr determiniert: Zwar steht L^* als maximal möglicher Endpunkt fest, doch ist nicht sicher, ob dieser auch erreicht wird, da ein Lohn über dem Subsistenzniveau die Investitionstätigkeit schon vorher zum Erliegen bringen würde. Des weiteren vernachlässigt *Ricardo* völlig den technischen Fortschritt, d.h. die Möglichkeit einer Änderung der Grenzertragsfunktion.

3.3.3. Außenhandelstheorie

Heute ist *Ricardo* weniger durch seine Verteilungs- und Wachstumstheorie als durch seine Außenhandelstheorie bekannt: Auf ihn geht das Prinzip der komparativen Kostenvorteile zurück, welches von entscheidender Bedeutung für die internationale Arbeitsteilung ist (*Ricardo* 1817, Kap. VI). Die Argumentation *Ricardos* geht von Unterschieden hinsichtlich der Faktormobilität aus: Im Inland sind die Produktionsfaktoren mobil, so daß der Wettbewerb für eine Angleichung der Faktorpreise sorgt; dementsprechend richten sich Spezialisierung und Handel nach absoluten Kostenvorteilen. International sind dagegen Arbeit und Kapital immobil, so daß Faktorpreisdifferenzen auftreten können; für die internationale Ressourcenallokation sind daher komparative Kostenvorteile maßgeblich.

> „The same rule which regulates the relative value of commodities in one country does not regulate the relative value of the commodities exchanged between two or more countries." (*Ricardo* 1817, 156).

Im folgenden seien (wie bei *Ricardo*) als Beispiel die Produktionsmöglichkeiten für Wein (W) und Tuch (T) in England (E) und Portugal (P) dargestellt.

Abb. 4: Das Prinzip der komparativen Kostenvorteile

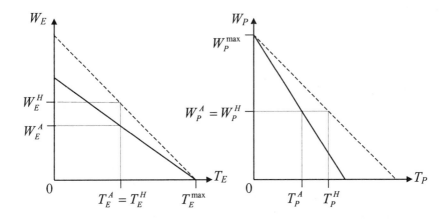

Ohne Außenhandel spiegeln die Produktionsmöglichkeitskurven (durchgezogene Linien) zwangsläufig auch die Konsummöglichkeiten beider Länder wider. Die Produktions- und Austauschverhältnisse (Steigungen der durchgezogenen Linien) unterscheiden sich zwischen England und Portugal. Es soll davon ausgegangen werden, daß England im Vergleich zu Portugal Tuch kostengünstiger herstellen kann, d.h. um eine zusätzliche Einheit Tuch zu produzieren, muß England seine Weinerzeugung weniger stark einschränken als Portugal. Über die *absoluten* Kosten (gemessen z.B. in Arbeitseinheiten pro Einheit Tuch bzw. Wein) wird *keine* Aussage getroffen. Bei Autarkie wird die Güterkombination T_E^A und W_E^A (T_P^A und W_P^A) in

England (Portugal) produziert und konsumiert. Bei Außenhandel führt der Wettbewerb zu einer Angleichung der Austauschverhältnisse, so daß schließlich in England und Portugal dasselbe Austauschverhältnis herrscht (Steigung der gestrichelten Linien). Die Lage dieser einheitlichen Preisgeraden hängt vom Ausmaß der Spezialisierung ab. In der Zeichnung ist der Extremfall vollständiger Spezialisierung dargestellt; England produziert nur Tuch (T_E^{max}), Portugal nur Wein (W_P^{max}).[19] Die Konsumsituation in England (Portugal) könnte bei Außenhandel z.B. durch die Güterkombination T_E^H und W_E^H (T_P^H und W_P^H) gekennzeichnet sein, so daß sich der Vorteil des Außenhandels für England (Portugal) im Mehrkonsum an Wein (Tuch) bei unverändertem Tuchkonsum (Weinkonsum) ausmachen läßt. Beide Länder profitieren also vom Außenhandel, indem sie sich auf die Produktion des Gutes spezialisieren, das sie *verhältnismäßig* billiger herstellen können, und das jeweilige andere Gut gegen einen Teil ihrer Produktion eintauschen. Es kommt dabei nicht auf die absoluten, sondern auf die komparativen Kostenvorteile an. Selbst wenn z.B. Portugal absolute Kostenvorteile bei der Produktion von Wein *und* Tuch hätte (was in Abbildung 4 keineswegs ausgeschlossen ist), würde sich der Außenhandel für Portugal lohnen, wenn es sich auf das relativ kostengünstiger zu produzierende Gut spezialisiert.

> „Under a system of perfectly free commerce, each country naturally devotes its capital and labour to such employments as are most beneficial to each. The pursuit of individual advantage is admirably connected with the universal good of the whole." (*Ricardo* 1817, 156)

Der Außenhandel würde nur dann nicht zu beiderseitigen Vorteilen führen, wenn beide Länder die gleichen komparativen Kosten hätten (also die Steigungen der Produktionsmöglichkeitskurven in Abbildung 4 gleich wären). Wie aber kommt die Spezialisierung gemäß der komparativen Kostenvorteile zustande? Sie ist eine (unbeabsichtigte) Folge des Gewinnstrebens der Händler. Hätte Portugal z.B. absolute Kostenvorteile bei der Produktion beider Güter, würden beide in Portugal billiger als in England sein und der Export von sowohl Tuch als Wein nach England würde sich lohnen. Dadurch käme es zu einem Goldstrom von England nach Portugal, so daß die Preise in England sinken, in Portugal aber steigen würden. Dies würde sich fortsetzen, solange der Exportüberschuß Portugals bestünde; schließlich würden aber die englischen Güter billiger als die portugiesischen

---

[19] Unsinnig wäre eine vollkommene Spezialisierung in umgekehrter Richtung (bei der England nur Wein und Portugal nur Tuch herstellen würde), da sich dann beide Länder schlechter als im Autarkiefall stellen würden.

werden – was zuerst bei dem Gut der Fall wäre, bei dem England einen komparativen Kostenvorteil hat, also bei Tuch. Die englischen Produzenten würden sich also auf Tuch spezialisieren, da sie bei diesem Gut aufgrund der Auslandsnachfrage höhere Preise als bei Wein erzielen könnten, während – aus denselben Gründen – die Portugiesen ausschließlich Wein herstellen würden. Über das Austauschverhältnis bei Außenhandel hat *Ricardo* nur die Aussage gemacht, daß es zwischen den beiden Austauschverhältnissen bei Autarkie liegen muß. Präzisiert wurde diese Aussage von *Mill* (1844, 7ff), der zeigt, daß das gemeinsame Austauschverhältnis von der relativen Stärke der Nachfrage eines Landes nach dem Gut des jeweils anderen Landes abhängt.[20]

Die von *Ricardo* behauptete allgemeine Vorteilhaftigkeit des Freihandels hängt wesentlich von einer Voraussetzung ab – der internationalen Immobilität der Produktionsfaktoren. Angesichts der kaum beschränkten Kapitalmobilität ist es heutzutage unzulässig, den Freihandel mit dem Verweis auf *Ricardo* zu rechtfertigen.

3.3.4. Sonstige Beiträge

Auf dem Gebiet der Geldtheorie hat sich *Ricardo* (1817, 137ff, 306ff u. Kap. XXV) nicht durch originäre eigene Beiträge hervorgetan, sondern eine zusammenfassende Darstellung der klassischen Positionen gegeben. Entsprechend der klassischen Tradition unterscheidet er zwischen kurz- und langfristigen Konsequenzen von Geldmengenänderungen. Er erläutert die unterschiedlichen Funktionsweisen von Gold- und Papierwährung: Während bei ersterer der Goldpreis festgelegt wird und keine Kontrolle über die Geldmenge besteht, wird bei letzterer die Geldmenge bestimmt und der Goldpreis nicht kontrolliert. *Ricardo* weist – wie schon *Cantillon* – darauf hin, daß nur Papiergeld, nicht aber eine Goldwährung, neutral sein kann, da bei letzterer Geldmengenänderungen immer auch die relativen Preise beeinflussen werden (vgl. Teil II.3). Je nach Geldart ist auch der Mechanismus des Zahlungsbilanzausgleichs ein anderer: Im Fall des Papiergeldes erfolgt ein Ausgleich durch Wechselkursanpassung, wohingegen im Fall der Goldwährung Goldströme für den Ausgleich sorgen. *Ricardo* beschreibt die

---

[20] Im Rahmen unserer allgemeinen Darstellung kann auf die Außenwirtschaftstheorie und ihre Entwicklung nicht näher eingegangen werden; einen Überblick speziell zu dieser Thematik gibt z.B. *Niehans* (1995).

Geldschöpfung in einem zweistufigen Bankensystem mit Zentralbank und Geschäftsbanken, wobei die Kreditvergabe letzterer durch Liquiditätserfordernisse bzw. die notwendigen Reserven an Gold oder Zentralbankgeld eingeschränkt ist. Als wichtigstes geldpolitisches Ziel sieht *Ricardo* die Erhaltung der Kaufkraft des Geldes an. Dieses Ziel ist aber, sobald Änderungen der relativen Preise nicht ausgeschlossen werden, nicht genau definierbar und, selbst wenn dieses Problem nicht bestünde, durch geldpolitische Maßnahmen nicht exakt erreichbar. Als beste praktisch realisierbare Lösung empfiehlt *Ricardo* deshalb den Goldstandard.

> „[I]n all states, therefore, the issue of paper money ought to be under some check and control; and none seems so proper for that purpose, as that of subjecting the issuers of paper money to the obligation of paying their notes, either in gold coin or bullion." (*Ricardo* 1817, 506f)

Ricardos Analyse der öffentlichen Finanzen ist vor allem in einem Punkt bemerkenswert: Er behauptet, daß die Unterschiede zwischen Steuer- und Kreditfinanzierung aus ökonomischer Sicht unbedeutend seien; worauf es ankäme, sei das Ausmaß der Beanspruchung der volkswirtschaftlichen Ressourcen durch den Staat, nicht die Art und Weise der Finanzierung (*Ricardo* 1817, Kap. XV). Er relativiert diese Aussage zwar, doch wird die angebliche Äquivalenz von Steuererhebung und Schuldaufnahme heute als „ricardianische Äquivalenz" bezeichnet (vgl. Teil VI.1.5.2).

Mit *Ricardo* hat die klassische Schule der Ökonomie zweifelsohne ihren Höhepunkt erreicht. Von ihm stammt das kanonische klassische Verteilungs- und Wachstumsmodell, durch welches allein auf Grundlage der Angebotsbedingungen (d.h. unter Vernachlässigung der Nachfrage) die relativen Preise sowie Höhe, Entwicklung und Verteilung des Sozialprodukts abgeleitet werden können. *Ricardo* war der erste Wirtschaftstheoretiker; mit ihm begann die Trennung von Theorie und Politik in der Ökonomie.

3.3.5. Postscriptum

Über ein Jahrhundert nach *Ricardo* beschäftigte sich *Piero Sraffa* (1898-1983) nochmals intensiv mit der klassischen Modellwelt (*Sraffa* 1960). Mittels moderner mathematischer Methoden gelingt es ihm, die Konsistenz des kanonischen klassischen Modells zu zeigen. Als Lösung des alten Problems des unveränderlichen Wertmaßstabs präsentiert er das „Standardgut". Dieses ist definiert als Warenkorb, in den alle „Basisgüter" in dem Verhältnis eingehen, in dem sie – direkt oder indirekt – zu ihrer eigenen Produktion verwandt werden; ein Basisgut wiederum ist ein Gut, das (direkt oder indirekt) zur Produktion jedes anderen Gutes benötigt wird. *Sraffa* geht u.a. aus von einer gegebenen Arbeitsmenge, konstanten Produktionskoeffizienten und konstanten Skalenerträgen, einer für alle Sektoren aufgrund des Wettbewerbs einheitlichen Profitrate und der Geschlossenheit der Volkswirtschaft. Unter diesen Bedingungen spielt die Nachfrage keine Rolle für die relativen Preise; diese hängen nur von den Produktionsbedingungen der Basisgüter ab. Auch die Höhe der Profitrate (wenn der Lohn vorgegeben ist) oder des Lohns (wenn die Profitrate vorgegeben ist) hängt nur von diesen Produktionsbedingungen ab. Denn die Höhe des Sozialprodukts wird *nicht* vom Verhältnis zwischen Lohn und Profitrate beeinflußt. Die funktionale Einkommensverteilung ist vollkommen indeterminiert und letztlich Ergebnis der relativen Verhandlungsmacht von Arbeitern einerseits und Unternehmern andererseits; auch sind redistributive Eingriffe, die das Verhältnis zwischen Lohn und Gewinn verändern, ohne Einfluß auf die Höhe des Sozialprodukts.

Es ist nicht zu verkennen, daß es sich hier um eine sehr abstrakte und restriktive Analyse handelt, deren praktische Relevanz heute gleich Null ist. Während der Ansatz *Ricardos* unter den damaligen Bedingungen, insbesondere der Dominanz der Landwirtschaft und dem hohen Anteil landwirtschaftlicher Produkte am Konsum der Arbeiter, durchaus sinnvoll war, besteht ein krasses Mißverhältnis zwischen dem heutigen wirtschaftlichen Umfeld und den Annahmen bzw. der Fragestellung *Sraffas*. In theoretischer Hinsicht ist außerdem anzumerken, daß das Standardgut *Sraffas* nicht den von *Ricardo* gesuchten unveränderlichen Wertmaßstab darstellt, da es nicht unveränderlich bei Änderungen der *eigenen* Produktionstechnik ist. „The truth of the matter is that there is no such thing as an ‚invariable' yardstick that will satisfy all the requirements that Ricardo placed upon it" (*Blaug* 1997, 139).

Desungeachtet hat die Arbeit *Sraffas* erheblichen Einfluß auf die postkeynesianische Schule gehabt, deren Vertreter sich häufig auf seine produktions- und verteilungstheoretischen Konzepte beziehen (vgl. Teil VII.6.2).

IV. Mikroökonomie: Neoklassik

Mit Teil IV beginnt die Darstellung des modernen „mainstream", d.h. der heute herrschenden Lehre. Diese ist im wesentlichen neoklassisch geprägt. Da die neoklassische Theorie selbst zuallererst eine mikroökonomische Theorie ist, steht auch die Mikroökonomie am Anfang der Behandlung des modernen „mainstream" (Teil IV); in den Teilen V und VI werden Geldtheorie und Makroökonomie dargestellt.

Der der Mikroökonomie gewidmete Teil IV beginnt mit einer kurzen Diskussion der Entstehung und der grundsätzlichen Charakteristika der Neoklassik (Teil IV.1). Anschließend wird ein Überblick über die wichtigsten theoretischen Grundlagen der neoklassischen Mikroökonomie gegeben (Teil IV.2). Die darauffolgenden Teile behandeln Wohlfahrtstheorie (Teil IV.3), Neoinstitutionalismus (Teil IV.4) und ökonomischen Imperialismus (Teil IV.5).

Zunächst zum Begriff „Neoklassik": Er wurde offenbar zuerst von *Veblen* (1900, 261ff) verwandt, der damit die Ökonomie von *Marshall* und seiner Schule bezeichnete. Da er zwischen dieser und der Klassik nur aufgrund der gemeinsamen utilitaristischen Annahmen eine Verbindung herstellte und demgegenüber die Unterschiede in bezug auf theoretische Struktur bzw. Grundkonzeption vernachlässigte, ist die Bezeichnung „Neoklassik" irreführend. Treffender wäre der Name „Marginalismus", wie in Teil IV.1 näher erläutert wird. Im folgenden werden „Marginalismus" und „Neoklassik" als Synonyme gebraucht.

1. Die marginalistische Revolution

Die Entstehung der Neoklassik wird meist mit dem Begriff „marginalistische Revolution" bezeichnet. Dieser wird als die grundlegende Umwälzung des ökonomischen Denkens interpretiert, die die drei neoklassischen Pioniere *William Stanley Jevons* (1835-1882), *Carl Menger* (1840-1921) und *Léon Walras* (1834-1910) angeblich um 1870 bewirkten.

Diese populäre Darstellung ist aber in dreierlei Hinsicht zu relativieren: *Erstens* handelte es sich nicht um eine richtige Revolution. Die wichtigsten Ideen der Neoklassik setzten sich nicht schlagartig, sondern in einem Zeitraum, der ungefähr von 1850 bis 1900 reicht, durch. Zudem verdrängten sie keineswegs die klassischen Ansätze, sondern ergänzten diese eher – jedenfalls zunächst.

Zweitens waren die drei genannten Ökonomen *nicht* die eigentlichen Pioniere der Neoklassik; diese Ehre gebührt drei anderen, weniger bekannten und meist nur als Vorläufer genannten Wissenschaftlern: *Antoine Augustin Cournot* (1801-1877), der mit seinen „Recherches sur les Principes Mathématiques de la Théorie des Richesses" (*Cournot* 1838) das Fundament der Preistheorie errichtete; *Hermann Heinrich Gossen* (1810-1858), dessen „Entwickelung der Gesetze des menschlichen Verkehrs" (*Gossen* 1854) die Konsumtheorie begründete; und *Johann Heinrich von Thünen* (1783-1850), der in „Der isolirte Staat in Beziehung auf Landwirthschaft und Nationalöconomie: Zweiter Theil" (*Thünen* 1850) die Grundlagen der Produktions- und Verteilungstheorie legte. Allerdings waren zumindest einige Elemente auch ihrer Arbeiten nicht vollständig neu. Man denke etwa an die subjektive Wertlehre von *Etienne de Condillac* (1714-1780), das auf *Daniel Bernoulli* (1700-1782) zurückgehende Prinzip des abnehmenden Grenznutzens des Einkommens, das Konzept der Konsumentenrente von *Jules Dupuit* (1804-1866) oder *Turgots* Prinzip abnehmender Grenzerträge in der Produktion (vgl. Teil II.4). Dennoch waren es erst *Cournot*, *Gossen* und *Thünen*, die es nicht bei vereinzelten Ideen beließen, sondern neue Theorien schufen. Wenn man überhaupt einen Ökonom als *den* Begründer der Neoklassik herausstellen will, so kann dies nur *Gossen* sein: Mit seinem Grenznutzenausgleichsgesetz (zweites Gossensches Gesetz) postulierte er das wichtigste Prinzip der Neoklassik (vgl. Teil IV.2.1.1.1).

Drittens kann *Menger* nicht mit *Jevons* und *Walras* zu dem eingangs genannten neoklassischen Dreigestirn zusammengefaßt werden. *Menger* war zwar ein Vertreter der subjektiven Wertlehre, aber er lehnte sowohl die mathematische Analyse als auch das Gleichgewichtsdenken ab – beides wesentliche Charakteristika der Neoklassik. Er ist daher einer anderen Richtung, der von ihm begründeten österreichischen Schule (vgl. Teil VII.4.1.1), zuzuordnen. *Jevons* und *Walras* kommt dagegen eine wichtige Rolle für die Entwicklung der neuen ökonomischen Schule zu. Zwar stammen, wie wir gesehen haben, die grundlegenden Arbeiten von anderen Ökonomen, doch waren sie es, die den Konzepten des Marginalismus zum Durchbruch verhalfen und so die Neoklassik als Schule begründeten. Ihre Darstellungen waren systematischer und weit populärer als die ihrer Vorläufer (derer sie sich z.T. nicht bewußt waren). *Walras* geht zudem weit über *Cournot*, *Gossen* und *Thünen* hinaus, indem er die marginale Analyse nicht nur auf einzelne Märkte oder Wirtschaftssubjekte anwendet, sondern auf die ganze Volkswirtschaft; er ist der Begründer der Totalanalyse (vgl. Teil IV.2.2).

Wie oben erwähnt, befaßten sich die frühen Neoklassiker vor allem mit mikroökonomischen Fragestellungen, d.h. dem Verhalten einzelner Wirtschaftssubjekte. Im Mittelpunkt stand dabei die Verteilung der vorhandenen Ressourcen auf die verschiedenen Verwendungsmöglichkeiten, wobei neben dem grundsätzlichen Problem der Wert- und Preisbestimmung die Entscheidungen der Haushalte hinsichtlich Konsum und Produktionsfaktorangebot sowie die Entscheidungen der Unternehmen hinsichtlich Produktionsstruktur und -umfang untersucht wurden. Von daher stellte die Neoklassik in ihren Anfängen auch eher eine Ergänzung der Klassik dar, da sich letztere auch und vor allem mit makroökonomischen Fragen, wie dem langfristigen Wachstum von Volkswirtschaften und der Analyse der institutionellen Grundlagen des Wirtschaftens, befaßte. Erst im 20. Jahrhundert erfolgte mit Neoinstitutionalismus (vgl. Teil IV.4), moderner Geldtheorie (vgl. Teil V) und Makroökonomie (vgl. Teil VI) eine „Marginalisierung" der Inhalte der klassischen Theorien und damit eine Verdrängung derselben.

Durch welche theoretische Grundstruktur zeichnet sich die Neoklassik aus? Es lassen sich drei Hauptelemente unterscheiden. *Erstens* ist das Prinzip der Optimierung unter Nebenbedingungen zu nennen, welches das Fundament der Neoklassik darstellt: Stets geht es darum, eine Zielfunktion (die z.B. Nutzen, Gewinn oder Kosten beinhalten kann) unter Beachtung bestimmter Bedingungen (die z.B. Einkommen, Budget, Faktorausstattung oder Produktionsmenge betreffen) zu optimieren, d.h. entweder zu maximieren oder zu minimieren. Dies erfordert eine Grenzwertbetrachtung, d.h. eine Analyse der Veränderungen der Zielgröße bei infinitesimaler Variation der zur Verfügung stehenden Aktionsparameter – mit anderen Worten, eine *marginale* Analyse. In untrennbarem Zusammenhang mit dieser Methode steht die grundsätzliche Verhaltensannahme der Neoklassik: Das Konstrukt des „homo oeconomicus" beschreibt den Menschen immer als Optimierer unter Nebenbedingungen und setzt dieses Verhalten mit Rationalität gleich. Im allgemeinsten Fall wird die Maximierung des Nutzens unter Nebenbedingungen unterstellt (wobei freilich Nutzen nicht notwendigerweise mit Eigennutz gleichzusetzen ist!); dieses nutzenmaximierende Verhalten wird als rational definiert – und umgekehrt. Ein Wirtschaftssubjekt, das seinen Nutzen nicht maximiert, handelt also per definitionem irrational. Bei der Betrachtung bestimmter Teilbereiche menschlichen Handelns, etwa der Entscheidung über das Produktionsverfahren eines Unternehmens, ist es häufig sinnvoll, nicht auf den Nutzen, sondern auf eine konkrete Größe, etwa Gewinn oder Kosten, abzustellen (von der angenommen wird, daß sie in direktem Zusammenhang mit dem Nutzen des jeweiligen Entscheiders steht); auch in diesen Fällen wird rationales mit optimierendem Verhalten identifiziert. In aller Regel wird den Wirtschaftssubjekten eine unbeschränkte Informationsverarbeitungskapazität unterstellt, so daß sie das Optimum auch tatsächlich realisieren können. Aber auch wenn heute mitunter Entscheidungskosten berücksichtigt werden, d.h. die genannte Annahme aufgegeben wird, so stellt dies zwar eine realitätsnähere Ausgestaltung des Modells vom „homo oeconomicus", jedoch keineswegs eine Abkehr vom grundsätzlichen Optimierungsprinzip dar: Immer noch gilt es, ein Optimum zu bestimmen – nur wird dieses Optimum jetzt unter Berücksichtigung der sich aus den Entscheidungskosten ergebenden Restriktionen bestimmt. Vom Standpunkt des jeweiligen Wirtschaftssubjekts aus handelt es sich weiterhin um ein optimales Verhalten; nur vom Standpunkt eines „idealen", d.h. entscheidungskostenfreien Wirtschaftssubjekts ist es suboptimal, nicht alle Informationen zu nutzen. Das Verfahren der Optimierung unter Nebenbedingungen kann auch als allgemeine Entscheidungslogik interpretiert werden, die nicht auf die im traditionellen Sinn wirtschaftlichen Fragestellungen beschränkt ist. Durch diese Erweiterung des Anwendungsbereichs der ökonomischen Methode kann man zu einer allgemeinen Theorie menschlichen Verhaltens gelangen (vgl. Teil IV.5).

Zweitens gilt das Hauptaugenmerk der neoklassischen Analyse dem Gleichgewicht. Zum einen handelt es sich um individuelle Gleichgewichte, die erreicht sind, wenn die Individuen ihren Nutzen maximieren, also etwaige Verhaltensänderungen zu keiner weiteren Nutzensteigerung führen würden. Zum anderen gibt es Marktgleichgewichte, an denen sich die Analyse der Koordination der individuellen Entscheidungen orientiert; dabei kann entweder ein bestimmter einzelner Markt (Partialanalyse) oder die Gesamtheit aller Märkte (Totalanalyse) betrachtet werden. Ein Marktgleichgewicht zeichnet sich dadurch aus, daß kein Individuum Anlaß zu einer Verhaltensänderung hat; folglich kommt es zu Abweichungen vom Gleichgewicht nur dann, wenn die zugrundeliegenden Daten (wie Präferenzen oder Einkommen der Nachfrager) sich ändern.

Sowohl das Optimierungsprinzip als auch das Gleichgewichtskonzept wurde (mehr oder weniger explizit) der Physik, genauer gesagt, der klassischen Mechanik, entlehnt – in dem Bestreben, der Ökonomie einen der Physik vergleichbaren Status zu verschaffen.[21]

---

[21] Auf die interessanten Zusammenhänge zwischen Neoklassik und klassischer Mechanik kann im Rahmen dieses Gesamtüberblicks nicht näher eingegangen werden; vgl. dazu vor allem *Mirowski* (1989).

Drittens wird das Prinzip des methodologischen Individualismus angewandt. Dieses besagt, daß alle ökonomischen Phänomene durch individuelle Handlungen erklärt werden müssen, da es zwangsläufig immer Individuen sind, die Entscheidungen treffen und handeln. Überindividuelle Strukturen wie Familien, Organisationen oder Staaten sind daher nur als Zusammenschlüsse von Individuen anzusehen; sie stellen keine eigenständigen, die sie bildenden Individuen transzendendierenden Entitäten dar. Dadurch wird selbstverständlich nicht ausgeschlossen, bestimmte Probleme aus Zweckmäßigkeitsüberlegungen auf überindividueller Ebene zu analysieren, wie dies etwa in der Makroökonomie geschieht; solche Analysen müssen allerdings auf sicheren „individuellen Fundamenten" ruhen.

Während das dritte Charakteristikum auch die klassische Schule auszeichnet, finden sich bei ihr weder Optimierungsmethode noch Gleichgewichtsdenken, so daß sich Klassik und Neoklassik hinsichtlich der theoretischen Grundstruktur deutlich unterscheiden; demgegenüber sind die Differenzen in bezug auf ihre jeweiligen Gegenstandsbereiche weniger wichtig, insbesondere da dieselben mit zunehmender Ausweitung des Gegenstandsbereiches der Neoklassik an Bedeutung verloren haben.

2. Theoretische Grundlagen

Im folgenden sollen die theoretischen Grundlagen der neoklassischen Mikroökonomie dargestellt werden, wobei zwischen Partial- und Totalanalyse unterschieden wird (Teile IV.2.1 und IV.2.2). Um der besseren Verständlichkeit willen wird eine einheitliche, moderne Darstellungsweise verwandt, die von der umständlichen und z.T. schwer verständlichen Darstellung in den Originalquellen nicht unbeträchtlich abweicht. Auf diese beziehen wir uns zwar hinsichtlich grundsätzlicher Annahmen, Methoden und Ergebnisse – nicht jedoch hinsichtlich der Einzelheiten der Darstellung.

2.1. Partialanalyse

Zunächst wollen wir uns der Partialanalyse zuwenden, d.h. der Analyse des Verhaltens einzelner Wirtschaftssubjekte bzw. des Geschehens auf einzelnen Märkten. Dabei wird unterstellt, daß der Rest der Volkswirtschaft von

Änderungen im untersuchten Sektor nicht oder nur unwesentlich beeinflußt wird und sich deshalb auch keine Rückwirkungen auf diesen Sektor ergeben; es wird also die „ceteris paribus"-Bedingung angenommen. Den Ausgangspunkt der Neoklassik bildete die Partialanalyse in ihrer statischen bzw. komparativ-statischen Form d.h. es wurden Gleichgewichtssituationen betrachtet bzw. miteinander verglichen, nicht jedoch die Bewegungen zum Gleichgewicht hin oder von ihm weg (dynamische Analyse).

Die neoklassische Partialanalyse soll in dieser Arbeit unterteilt werden in die Untersuchung des Konsums (Teil IV.2.1.1.1), der Produktionsfaktornachfrage (Teil IV.2.1.2), des Güterangebots (Teil IV.2.1.3) und des Produktionsfaktorangebots (Teil IV.2.1.4).

2.1.1. Konsumtheorie

Die Konsumtheorie stellt das Herzstück der Neoklassik dar. Neben den grundsätzlichen Ergebnissen (Teil IV.2.1.1.1) soll auch auf die wichtigsten Erweiterungen (Teil IV.2.1.1.2) eingegangen werden.

2.1.1.1. Hermann Heinrich Gossen und William Stanley Jevons

Die moderne Konsumtheorie läßt sich auf *Gossen* (1854) zurückführen; die bekanntere und dem heutigen Verständnis eher entsprechende Fassung findet sich bei *Jevons* (1871, Kap. II-III); die konsumtheoretische Analyse von *Walras* (1874/77, Teil II, Lektionen 9-18) ist dagegen recht unelegant. Von zentraler Bedeutung ist die *subjektive Wertlehre*:

> „Die Außenwelt hat für uns Werth, und es folgt daraus, daß der Werth der Außenwelt für uns genau in demselben Maße steigt und sinkt, wie die Hülfe, die sie uns gewährt zur Erreichung unseres Lebenszwecks, daß die Größe ihres Werthes demnach genau gemessen wird durch die Größe des Lebensgenusses, den sie uns verschafft." (*Gossen* 1854, 24)

Der Wert eines Gutes hängt also von dessen subjektiv empfundenen Nutzen ab. Genauer gesagt, entspricht der Tauschwert, also der Preis, dem Grenznutzen (dem Nutzen der letzten konsumierten Einheit eines Gutes), also dem marginalen Gebrauchswert. Durch diese Grenznutzenbetrachtung konnte erstmals das schon seit der Antike bekannte „Wertparadoxon" befriedigend gelöst werden. Es besteht darin, daß sehr wichtige und nützliche Güter (wie Wasser) wesentlich billiger sein können als unwichtige und nicht sehr nützliche Güter (wie Diamanten). Dieser scheinbare Widerspruch läßt sich dadurch erklären, daß der Grenznutzen mit Zunahme der zur Verfügung stehenden Menge sinkt. Auch sehr nützliche Güter können demnach billig sein, wenn sie reichlich vorhanden sind, ihr Grenznutzen also gering ist, wohingegen wenig nützliche Güter sehr teuer sein können, wenn sie selten sind, ihr Grenznutzen also hoch ist.

Die zentralen Ergebnisse der Grenznutzentheorie lassen sich wie folgt darstellen: Im einfachsten Fall zweier Güter x_1 und x_2, deren Preise p_1 und p_2 gegeben sind, steht der Konsument vor der Frage, wie er sein (ebenfalls gegebenes) Einkommen m verwenden soll, d.h. wieviel er für x_1 und wieviel er für x_2 ausgeben soll. Das zur Verfügung stehende Einkommen ist vollständig aufzubrauchen; es gibt keine Ersparnis und keine Verschuldung. Es gilt also die Nebenbedingung

(1) $\qquad m = p_1 x_1 + p_2 x_2$

oder

(1') $\qquad m - p_1 x_1 - p_2 x_2 = 0$.

Annahmegemäß wird der Konsument versuchen, seine Nutzenfunktion U zu maximieren, deren Argumente die von ihm konsumierten Mengen x_1 und x_2 sind. Plausibilitätsüberlegungen führen zu dem Schluß, daß der Grenznutzen umso geringer ist, je höher die schon konsumierte Menge dieses Gutes ist. Dieser Sachverhalt wird auch als *erstes Gossensches Gesetz* oder Sättigungsgesetz bezeichnet:

> „Die Größe eines und desselben Genusses nimmt, wenn wir mit Bereitung des Genusses ununterbrochen fortfahren, fortwährend ab, bis zuletzt Sättigung eintritt" (*Gossen* 1854, 4f).

Gossen geht von einer „Sättigung" aus und nimmt lineare Nutzenfunktionen an. Die moderne Konsumtheorie sieht hiervon ab und unterstellt, daß die Bedürfnisse des Konsumenten grenzenlos sind, d.h. daß durch den Konsum zusätzlicher Güter der Nutzen immer weiter gesteigert wird, gleichgültig, wieviel schon konsumiert wurde. Es ergibt sich folgende Nutzenfunktion:

(2) $\quad U = U(x_1, x_2) \quad \dfrac{\delta U}{\delta x_i} > 0, \quad \dfrac{\delta^2 U}{\delta x_i^2} < 0$

Zu maximieren ist die Lagrangefunktion

(3) $\quad L = U(x_1, x_2) + \lambda(m - p_1 x_1 - p_2 x_2)$.

U ist dann maximal, wenn folgende Bedingungen erster Ordnung erfüllt sind:[22]

(4) $\quad \dfrac{\delta L}{\delta x_1} = 0 = \dfrac{\delta U}{\delta x_1} - \lambda p_1$

(5) $\quad \dfrac{\delta L}{\delta x_2} = 0 = \dfrac{\delta U}{\delta x_2} - \lambda p_2$

Die Bedingungen (4) und (5) lassen sich zusammenfassen:

(6) $\quad \dfrac{\delta U / \delta x_1}{p_1} = \lambda = \dfrac{\delta U / x_2}{p_2} \Leftrightarrow \dfrac{p_1}{p_2} = \dfrac{\delta U / \delta x_1}{\delta U / \delta x_2}$

Das Nutzenmaximum wird also dann erreicht, wenn die mit dem jeweiligen Preis gewogenen Grenznutzen des Konsums für Gut x_1 und Gut x_2 gleich sind bzw. wenn das Grenznutzenverhältnis dem Preisverhältnis entspricht. Dies ist auch der Inhalt des *zweiten Gossenschen Gesetzes*, des Grenznutzenausgleichsgesetzes:[23]

> „Der Mensch, dem die Wahl zwischen mehren Genüssen frei steht, dessen Zeit aber nicht ausreicht, alle vollaus sich zu bereiten, muß, wie verschieden auch die absolute Größe der einzelnen Genüsse sein mag, um die Summe seines Genusses zum Größten zu bringen, bevor er auch nur den größten sich vollaus bereitet, sie alle theilweise bereiten, und zwar in einem solchen

---

[22] Die Erfüllung der Bedingungen zweiter Ordnung wird hier und im folgenden vorausgesetzt. Auf die eigentlich auch notwendige Ableitung nach λ wird verzichtet, da sich dadurch nur eine Wiederholung der Nebenbedingung ergibt.

[23] Im Unterschied zur modernen Konsumtheorie bezieht sich *Gossen* nicht auf das Einkommen, sondern auf die Zeit als limitierenden Faktor. Anstelle der Gleichheit der Grenznutzen pro Geldeinheit erhält er deshalb die Gleichheit der Grenznutzen pro Zeiteinheit. Das Grundprinzip ist aber in beiden Fällen das gleiche.

Verhältniß, daß die Größe eines jeden Genusses in dem Augenblick, in welchem seine Bereitung abgebrochen wird, bei allen noch die gleiche bleibt." (*Gossen* 1854, 12)

Wichtig ist nur das Preisverhältnis, nicht die Höhe der absoluten Preise. Stellt man auf letztere ab, ergibt sich

(7) $\quad \dfrac{\delta U}{\delta x_i} = \lambda p_i.$

Der Lagrangemultiplikator λ ist als Grenznutzen des Einkommens zu interpretieren (d.h. als Umrechnungsfaktor zwischen Nutzen- und Geldgrößen); je höher λ ist, desto niedriger sind die *absoluten* Preise im Optimum; auf die *relativen* Preise hat λ keinen Einfluß.

Gemäß dem von *Jevons* postulierten *Gesetz der Preiseinheitlichkeit* (welches auf Arbitrageargumenten beruht) sehen sich alle Konsumenten denselben Preisen, also auch denselben relativen Preisen gegenüber: „*[I]n the same open market, at any moment, there cannot be two prices for the same kind of article*" (*Jevons* 1871, 92). Das Verhältnis, in dem zwei Güter gegeneinander getauscht werden können, ist also für alle Konsumenten gleich, unabhängig davon, ob sie kleine oder große Mengen austauschen. Es läßt sich zeigen, daß im Nutzenmaximum die Grenzrate der Substitution im Konsum dem Austauschverhältnis auf dem Markt, das ja der (negative) Kehrwert des Preisverhältnisses ist, entspricht. Unter der Grenzrate der Substitution versteht man diejenige marginale Änderung des Verhältnisses, in dem die Güter konsumiert werden, welche den Nutzen unverändert läßt (*Jevons* 1871, Kap. IV). Im Nutzenmaximum muß für das Differential dU gelten:

(8) $\quad dU = \dfrac{\delta U}{\delta x_1} dx_1 + \dfrac{\delta U}{\delta x_2} dx_2 = 0$

Daraus ergibt sich für die Grenzrate der Substitution dx_2/dx_1:

(9) $\quad \dfrac{dx_2}{dx_1} = -\dfrac{\delta U / \delta x_1}{\delta U / \delta x_2} = -\dfrac{p_1}{p_2}$

Aus dem ersten Gossenschen Gesetz folgt, daß die Grenzrate der Substitution mit Zunahme des Konsums von x_1 zunimmt (betragsmäßig abnimmt); d.h. je mehr x_1 konsumiert wird, umso geringer ist die Abnahme des Konsums von x_2, die notwendig ist, um eine weitere Zunahme von x_1 zu kompensieren.[24]

Sowohl *Gossen* als auch *Jevons* beziehen auch das Arbeitsangebot ein, indem sie nicht wie oben ein festes, vorgegebenes Einkommen unterstellen, sondern das Einkommen des Konsumenten von seiner Arbeitsleistung, die als mit Unnutzen verbunden gedacht wird, abhängig machen. Hierauf wird in Teil IV.2.1.4.1 eingegangen

2.1.1.2. Erweiterungen

Die konsumtheoretischen Arbeiten von *Marshall*, *Fisher*, *Hicks* und *Samuelson* stellen die wichtigsten Erweiterungen des Grundmodells dar.

a) Alfred Marshall

Die wichtigsten ökonomischen Beiträge *Alfred Marshalls* (1842-1924) finden sich in seinem einflußreichen Lehrbuch „Principles of Economics", welches 1890 erschien.[25] Im Bereich der Konsumtheorie sind drei Neuerungen erwähnenswert. *Erstens* leitet *Marshall* (1890, Buch III, Kap. I) Nachfragekurven aus Nutzenfunktionen ab. Bei gegebenem Einkommen und unter der Voraussetzung eines konstanten Grenznutzen des Einkommens (d.h. der Abwesenheit von Einkommenseffekten)[26] folgt aus der Abnahme des Grenznutzens beim Konsum eines Gutes (erstes Gossensches Gesetz) eine fallende Nachfragekurve (d.h. eine inverse Beziehung zwischen Preis und nachgefragter Menge). Denn je mehr ein Konsument bereits von einem Gut konsumiert hat, d.h. je geringer sein Grenznutzen schon ist, desto weniger ist er bereit, für eine zusätzliche Einheit dieses Gutes zu bezahlen. Diese individuellen Nachfragekurven können zur Gesamtnachfragekurve für das betreffende Gut aggregiert werden, die das „Nachfragegesetz" widerspiegelt: „[T]he greater the amount to be sold the smaller will be the price at which it will find purchasers" (*Marshall* 1890, 159f).

---

[24] Für die zunehmende Grenzrate der Substitution ist die Annahme abnehmender Grenznutzen eine hinreichende, aber keine notwendige Bedingung.

[25] Der geplante zweite Band der „Principles" wurde von *Marshall* nicht fertiggestellt.

[26] Vgl. zum Begriff des Einkommenseffekts Teil IV.2.1.1.2.c.

Zweitens führt *Marshall* (1890, Buch III, Kap. III) das heute allgemein gebräuchliche Konzept der Preiselastizität der Nachfrage ($e_{x,p}$) ein. Diese ist gemäß dem Nachfragegesetz (i.d.R.) negativ und wie folgt definiert:

(10) $\quad e_{x,p} = \dfrac{dx}{dp}\dfrac{p}{x}$

Auf diese Weise kann die Nachfrage unabhängig von der Wahl der Einheiten für Preis und Menge beschrieben werden, was sich als sehr hilfreich für die weitere Entwicklung der Konsumtheorie erweisen sollte.

Drittens ist *Marshall* (1890, Buch III, Kap. IV) die Popularisierung des Konzeptes der *Konsumentenrente* zu verdanken (das auf *Dupuit* 1844 zurückgeht). Durch den freiwilligen Tausch von Gütern auf dem Markt haben alle Tauschpartner einen Vorteil (oder zumindest keinen Nachteil), da sie sich andernfalls nicht daran beteiligen würden. Auf Seiten des Konsumenten wird dieser Vorteil durch die Konsumentenrente ausgedrückt. „The excess of the price which he would be willing to pay rather than go without it, over that which he actually does pay is the economic measure of this surplus pleasure" (*Marshall* 1890, 175).

Abb. 5: Die Konsumentenrente

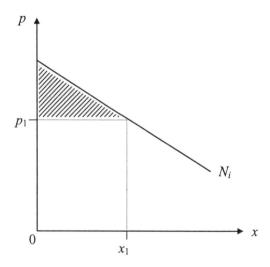

Wenn z.B. ein Konsument bei einem Marktpreis von p_1 die Menge x_1 konsumiert, entspricht seine Konsumentenrente der schraffierten Fläche in der obigen Abbildung, wobei N_i seine Nachfragekurve darstellt.

Die Konsumentenrente ist jedoch ein nicht unproblematischer Wohlfahrtsmaßstab. So ist es kaum möglich, die Konsumentenrenten verschiedener Konsumenten zu aggregieren und als eine Art sozialen Wohlfahrtsmaßstab zu verwenden, da dies voraussetzt, daß eine bestimmte Einkommensänderung aus gesellschaftlicher Sicht gleich bewertet wird, unabhängig davon, wessen Einkommen betroffen ist; davon kann jedoch nicht ausgegangen werden, da z.B. eine Einkommenserhöhung um DM 100,- bei einem Bettler nicht gleichzusetzen ist mit einer ebenso großen Erhöhung des Einkommens eines Millionärs. Aber auch wenn man sich auf die Ermittlung der Konsumentenrente *eines* Konsumenten beschränkt, gibt es Probleme: Änderungen der Konsumentenrente stellen nur dann einen eindeutigen Maßstab für die Nutzenänderungen eines Konsumenten (z.B. infolge von Änderungen der Güterpreise) dar, wenn zwei Bedingungen erfüllt sind: Zum einen dürfen keine Einkommenseffekte auftreten. Zum anderen darf nur ein Gut betroffen sein. Soll dagegen die durch die Variation mehrerer Preise verursachte Änderung des Nutzens gemessen werden, so ist das Ergebnis pfadabhängig, d.h. es hängt von der Reihenfolge ab, in der die Effekte der einzelnen Preisänderungen ermittelt werden.[27] Trotz dieser theoretischen Unzulänglichkeiten spielt das Konzept der Konsumentenrente auch heute noch eine wichtige Rolle in der angewandten Wohlfahrtsökonomie, da die so verursachten Meßfehler praktisch kaum relevant sind (*Willig* 1976).[28]

b) Irving Fisher

Irving Fisher (1867-1947) leistete mit seiner Dissertation (*Fisher* 1892) einige wichtige Beiträge zur Konsumtheorie.

Er unterscheidet als erster zwischen Substitutiv- und Komplementärgütern, die von ihm allerdings als „competing" und „completing goods" bezeichnet werden (*Fisher* 1892, 64ff). Diese Güter zeichnen sich dadurch aus, daß der Konsum eines Gutes den Nutzen aus dem Konsum eines anderen beeinflußt – und umgekehrt. Im Fall von zwei Substitutivgütern vermindert der Mehrkonsum des einen Gutes den Grenznutzen des Konsums des anderen Gutes (z.B. Butter und Margarine), wohingegen im Fall von zwei Komplementärgütern der Grenznutzen erhöht werden würde (z.B.

---

[27] Vgl. hierzu Teil IV.2.1.1.2.c.

[28] Analog zur Konsumentenrente ist die Produzentenrente definiert – nämlich als die über die abgesetzte Menge integrierte Differenz zwischen Marktpreis und Akzeptanzbereitschaft (*Marshall* 1890, 428f).

Automobile und Benzin). Formal kommt dies in der gemischten Ableitung zweiter Ordnung der Nutzenfunktion, $\delta^2 U / \delta x_1 \delta x_2$ zum Ausdruck: Ist diese negativ (positiv), so handelt es sich bei x_1 und x_2 um substitutive (komplementäre) Güter; ist sie gleich Null, so sind beide Güter im Konsum unabhängig voneinander (z.B. Benzin und Butter).[29]

Des weiteren untersucht *Fisher* (1892, Teil II, Kap. I) die möglichen Unterschiede in der Reaktion der Nachfrage nach verschiedenen Gütern bei Einkommensänderungen. Heute spricht man von „relativ-inferioren" und „relativ-superioren" bzw. „normalen" und „nicht normalen" Gütern und verwendet das Konzept der Einkommenselastizität der Nachfrage ($e_{x,m}$):

$$(11) \quad e_{x,m} = \frac{dx}{dm} \frac{m}{x}$$

Im Fall eines relativ-superioren (relativ-inferioren) Gutes ist $e_{x,m}$ größer (kleiner) als 1, d.h. mit steigendem Einkommen wächst (sinkt) der Anteil des Einkommens, der für das betreffende Gut ausgegeben wird. Beispiele für inferiore Güter wären Nahrungsmittel oder Wohnraum;[30] typische superiore Güter sind dagegen Luxusgüter wie Fernreisen oder Schmuck.[31] Anders definiert ist die Unterscheidung zwischen normalen (absolut-superioren) und nicht normalen (absolut-inferioren) Gütern: Bei ersteren führen Einkommenserhöhungen zu einer Zunahme der nachgefragten Menge (wobei keine Aussage über das Ausmaß dieser Zunahme gemacht wird), d.h. $e_{x,m} > 0$; bei letzteren geht dagegen die Nachfrage bei einer Erhöhung des Einkommens zurück, d.h. $e_{x,m} < 0$.

Schließlich war *Fisher* (1892, 86ff) der erste, der darauf hinwies, daß für die Konsumtheorie das traditionelle Konzept des *kardinalen* Nutzens nicht notwendig ist (vgl. Teil IV.2.1.1.2.c).

---

[29] Die Verwendung dieser Ableitungen setzt *kardinale* Nutzenfunktionen voraus; eine allgemeine, auch für *ordinale* Nutzenfunktionen gültige Definition von Substitutiv- und Komplentärgütern lieferte *Eugen Slutsky* (1880-1948), der sich auf Kreuzpreiseffekte (d.h. die Ableitungen der Nachfragefunktion eines Gutes nach dem Preis eines anderen) bezieht (*Slutsky* 1915). Vgl. zum Begriff kardinaler und ordinaler Nutzenfunktionen Teil IV.2.1.1.2.c.

[30] Der Statistiker *Ernst Engel* stellte im 19. Jahrhundert fest, daß der Anteil des Einkommens, der für diese Güter ausgegeben wird, mit steigendem Einkommen zurückgeht.

[31] Ein Gut wird in aller Regel in einem bestimmten Einkommensbereich inferior, in einem anderen dagegen superior sein; die Ausnahme bilden Güter, die *prinzipiell* (d.h. unabhängig von der Einkommenshöhe) inferior oder superior sind.

c) John R. Hicks

John R. Hicks (1904-1989) hat mit seinem Hauptwerk „Value and Capital" (*Hicks* 1939b) die konsequente „Ordinalisierung" der Konsumtheorie durchgesetzt (*Hicks* 1939b, Kap. I+II).[32]

Von *Gossen* bis *Marshall* gingen die Neoklassiker von *kardinalen* Nutzenfunktionen aus, die eine Interpretation der Differenzen zweier Nutzenwerte erlauben. Es stellte sich aber bald heraus, daß dieses Konzept zu anspruchsvoll war; Versuche zur Bestimmung kardinaler Nutzenfunktionen bzw. der konsistenten kardinalen Messung des Nutzens scheiterten.[33] Aus der Kritik an der Kardinalitätsannahme, die besonders eindringlich von *Robbins* (1932, Kap. VI) vorgetragen wurde, resultierte der Vorschlag, das Konzept des *ordinalen* Nutzens zu verwenden, bei dem eine Interpretation der Nutzendifferenzen nicht möglich ist. Es seien z.B. die Güterbündel A, B und C gegeben, denen die Nutzenwerte 2, 4 und 8 zugeordnet sind. Handelt es sich um eine kardinale Nutzenfunktion, so kann daraus abgeleitet werden, daß C viermal und B zweimal soviel Nutzen stiftet wie A. Liegt dagegen eine ordinale Nutzenfunktion vor, so kann nur festgestellt werden, daß C einen höheren Nutzen als B und B einen höheren Nutzen als A stiftet. Die Nutzenwerte 1, 2 und 3 besäßen deshalb im Fall des ordinalen Nutzens dieselbe Aussagekraft wie die oben genannten Nutzenwerte – nicht jedoch im Fall des kardinalen Nutzens. Das Konzept des ordinalen Nutzens findet sich schon bei *Fisher* und *Pareto*, die dasselbe für ihre Indifferenzkurvenanalysen verwandten. Die Indifferenzkurvenanalyse wiederum geht auf *Edgeworth* (1881) zurück, der allerdings noch dem kardinalen Nutzen verhaftet war. Aber es war *Hicks*, der die Indifferenzkurvenanalyse auf der Grundlage ordinaler Nutzenfunktionen popularisierte und ihr zum Durchbruch verhalf.

In Abbildung 6 entsprechen die Indifferenzkurven I_1, I_2 und I_3 verschiedenen Nutzenniveaus des Konsumenten; sie zeigen alle Kombinationen von x_1 und x_2, die zu einem bestimmten Nutzenniveau führen.

---

[32] *Hicks* erhielt 1972 (zusammen mit *Arrow*) den Nobelpreis für Ökonomie.

[33] Für Entscheidungen unter Unsicherheit zeigten *Neumann und Morgenstern* (1944, Teil 3; 1947, 617ff), daß eine kardinale Nutzenfunktion (die bis auf lineare Transformationen eindeutig ist) aus der Bewertung von verschiedenen Lotterien abgeleitet werden kann, falls bestimmte als „rational" definierte Entscheidungsregeln befolgt werden. Bei Akzeptanz dieser Axiome läßt sich das Verhalten bei Unsicherheit als Maximierung einer kardinalen Nutzenfunktion beschreiben. *Neumann und Morgenstern* begründeten damit die moderne, normative Entscheidungstheorie.

Indifferenzkurven sind negativ geneigt, weil zum Ausgleich des Minderkonsums eines Gutes stets der Konsum eines anderen Gutes erhöht werden muß, und konvex, weil eine zunehmende marginale Rate der Substitution unterstellt wird (vgl. Teil IV.2.1.1.1). Die Abstände der Indifferenzkurven sind nicht interpretierbar; man kann nur sagen, daß I_3 einen höheren Nutzen widerspiegelt als I_1 und I_2 – nicht, um *wieviel* höher der Nutzen ist. B stellt die Budgetgerade dar, d.h. alle bei gegebenen Einkommen und gegebenen Preisen realisierbaren Güterkombinationen. Der Konsument maximiert seinen Nutzen im Punkt A, wo die Budgetgerade von I_2 tangiert wird. I_2 ist die am weitesten vom Ursprung entfernte Indifferenzkurve (d.h. die den höchsten Nutzen verkörpernde Kurve), *die erreicht werden kann*. Befände sich der Konsument auf I_1 (z.B. im Punkt C), so wäre sein Nutzen nicht maximal; I_3 ist dagegen bei seinem Einkommen nicht erreichbar. Im Punkt A, dem Optimum, ist die Steigung der Budgetgerade, d.h. das negative Verhältnis von p_1 zu p_2, gleich der Steigung der Indifferenzkurve I_2, d.h. der Grenzrate der Substitution dx_2/dx_1. Dieses Ergebnis entspricht der Optimalbedingung (9) – zu deren Herleitung also nicht auf den kardinalen Nutzen zurückgegriffen werden muß.

Abb. 6: Das Konsumoptimum

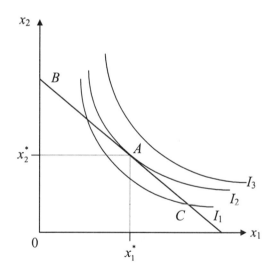

Auch für die Ableitung von Nachfragekurven wird der kardinale Nutzen nicht benötigt: Wie in der folgenden Abbildung ersichtlich, kann die Nachfrage N_i des Konsumenten i nach z.B. x_1 aus einer Indifferenzkurvenschar mittels Variation von p_1 abgeleitet werden.

Abb. 7: Die Ableitung der Nachfragekurve aus der Indifferenzkurvenschar

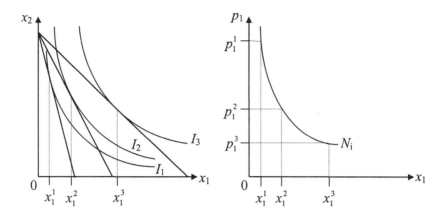

Da bei der Indifferenzkurvenanalyse nur relative Preise eine Rolle spielen, eine Nachfragekurve aber absolute Preise voraussetzt, muß bei der Konstruktion der Nachfragekurve das absolute Preisniveau (z.B. die Lage von p_1^1) willkürlich gewählt werden. Von p_1^1 ausgehend wird der Preis zweimal halbiert, zuerst auf p_1^2, dann auf p_1^3; dadurch dreht sich die Budgetgerade (weil sich die Menge an x_1, die maximal konsumiert werden kann, zweimal verdoppelt) und die von x_1 konsumierten Mengen ergeben sich als Tangentialpunkte zwischen jeweiliger Budgetgerade und maximal erreichbarer Indifferenzkurve.

Das Instrument der Indifferenzkurvenanalyse wird von *Hicks* auch zur Unterscheidung zwischen Einkommens- und Substitutionseffekt eingesetzt; diese Unterscheidung selbst geht allerdings auf *Slutsky* (1915) zurück.

Man betrachte etwa die Konsequenzen einer Senkung des Preises von x_1 im üblichen Zwei-Güter-Fall (Abbildung 8): Infolge der Preissenkung ist nicht mehr B_1, sondern B_2 maßgeblich, so daß der Konsument die höhere Indifferenzkurve I_2 erreicht; er bewegt sich von A nach C. Diese Bewegung läßt sich unterteilen: Bei gleichem Nutzen und neuem Preisverhältnis (repräsentiert durch B_2') würde der Tangentialpunkt A' erreicht werden; diese hypothetische Bewegung wird durch den *Substitutionseffekt* verursacht, der bei einer Änderung des Preisverhältnisses einen Mehrkonsum des billiger gewordenen Gutes verursacht. Von A' nach C gelangt der Konsument schließlich durch den *Einkommenseffekt*, d.h. die durch die fiktive Einkommenserhöhung bei unverändertem Preisverhältnis (Parallelverschiebung von B_2') ausgelöste Konsumänderung. Man beachte, daß der Gesamteffekt ($A{\rightarrow}C$) nicht unbedingt einen Mehrkonsum von x_1 beinhalten muß; der Einkommens- kann zum Substitutionseffekt gegenläufig sein (bei nicht normalen Gütern; vgl. Teil IV.2.1.1.2.b).

Abb. 8: Einkommens- und Substitutionseffekt

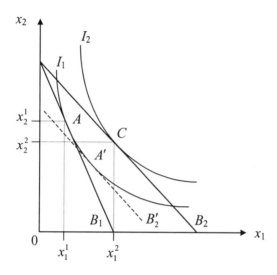

Der geschilderte Zusammenhang läßt sich durch die *Slutsky-Gleichung* ausdrücken (*Slutsky* 1915):

$$(12) \quad \frac{\delta x_1}{\delta p_1} = \frac{\delta x_1^c}{\delta p_1} - x_1 \frac{\delta x_1}{\delta m}$$

Der erste Term auf der rechten Seite der Gleichung entspricht dem Substitutionseffekt, der zweite dem Einkommenseffekt; x_1^c bezeichnet die „kompensierte" Nachfrage, d.h. die Nachfrage unter der Nebenbedingung konstanten Nutzens (bei der „normalen" Nachfrage, deren Ableitung nach dem Preis die linke Seite der Gleichung darstellt und die auch Marshallsche Nachfrage genannt wird, geht man stattdessen implizit von einem konstanten Einkommen aus).

Eine originäre Leistung von *Hicks* ist die Entwicklung zweier *eindeutiger* Maßstäbe zur nutzenmäßigen Bewertung von Preis- bzw. Mengenänderungen, der „äquivalenten Variation" und der „kompensierenden Variation" (*Hicks* 1939b, 38ff).[34] Die kompensierende Variation bezieht sich auf das alte Nutzenniveau und entspricht der Einkommensänderung, die notwendig ist, damit das alte Nutzenniveau beibehalten wird, auch wenn es zu der in Frage stehenden Preis- bzw. Mengenänderung kommt. Dagegen stellt die äquivalente Variation auf das neue Nutzenniveau ab; sie gibt an, welche Einkommensänderung notwendig ist, um das neue Nutzenniveau zu realisieren, selbst wenn die Preis- bzw. Mengenänderung unterbliebe. Äquivalente und kompensierende Variation sind in der Regel voneinander verschieden; nur wenn *keine* Einkommenseffekte auftreten, sind sie identisch; in diesem Fall entsprechen sie auch der Marshallschen Konsumentenrente.

Betrachten wir hierzu nochmals das obige Beispiel einer Senkung von p_1.

Abb. 9: Äquivalente und kompensierende Variation

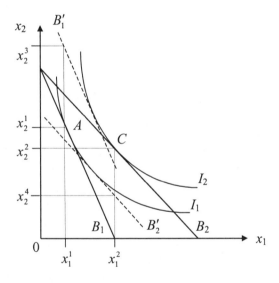

Die äquivalente Variation würde $x_2^3 - x_2^1$ und die kompensierende Variation $x_2^2 - x_2^4$ betragen (jeweils in Einheiten des Gutes x_2 gemessen): Wenn der Konsument ein um $x_2^3 - x_2^1$ höheres Einkommen hätte, wäre er beim alten Preisverhältnis (repräsentiert durch B_1') genauso gut gestellt wie im Fall der Preissenkung; andererseits würde er durch eine Preissenkung keine Nutzensteigerung erfahren, wenn er gleichzeitig eine Einkommenseinbuße von

---

[34] Die „äquivalente Variation" wird *explizit* erst in der „Additional Note A" der zweiten Auflage von „Value and Capital" (*Hicks* 1946) erwähnt.

$x_2^2 - x_2^4$ hinnehmen müßte (und für ihn B_2' maßgeblich wäre). Diese Maße weisen zwar nicht die Eindeutigkeitsprobleme der Marshallschen Konsumentenrente auf, doch bleibt das Aggregationsproblem weiterhin bestehen (vgl. Teil IV.2.1.1.2.a).

d) Paul A. Samuelson

Der wichtigste konsumtheoretische Beitrag von *Paul A. Samuelson* (geb. 1915) ist seine *Theorie der offenbarten Präferenzen* („revealed preference theory"), welche er 1938 erstmals formulierte und in späteren Arbeiten weiterentwickelte (*Samuelson* 1938a; 1938b).[35]

Diese Theorie ist ein Versuch, „the last vestiges of the utility analysis" (*Samuelson* 1938a, 62) zu beseitigen und die Konsumtheorie ohne jeden Rückgriff auf Nutzenkonzepte allein aus der Beobachtung des Konsumentenverhaltens abzuleiten. Es soll also auch auf den ordinalen Nutzen verzichtet werden. Von zentraler Bedeutung für dieses Vorhaben ist das *schwache Axiom der offenbarten Präferenzen*, welches es ermöglicht, vom Verhalten Rückschlüsse auf Präferenzen zu ziehen: Wenn bei gegebenem Einkommen ein Konsument beim Vorliegen des Preisvektors $\mathbf{P}_1$ das Güterbündel $\mathbf{X}_1$ kauft und im Fall des Preisvektors $\mathbf{P}_2$ das Güterbündel $\mathbf{X}_2$ erwirbt, so kann daraus geschlossen werden, daß er $\mathbf{X}_2$ gegenüber $\mathbf{X}_1$ präferiert, wenn er auch bei Gültigkeit der neuen Preise $\mathbf{X}_1$ kaufen könnte, dies aber nicht tut. Diese Folgerung ist allerdings nur dann möglich, wenn ausgeschlossen ist, daß bei Gültigkeit von $\mathbf{P}_1$ $\mathbf{X}_2$ gekauft hätte werden können – was das schwache Axiom der offenbarten Präferenzen fordert. Auf der Grundlage dieses Axioms konnten (fast) alle Ergebnisse der Konsumtheorie formuliert werden, wenngleich nur für den Zwei-Güter-Fall. Zieht man noch das *starke Axiom der offenbarten Präferenzen* hinzu, welches Intransitivitäten bei der Wahl zwischen drei Güterbündeln ausschließt, so erhält man tatsächlich alle Resultate der Konsumtheorie, und zwar für beliebig viele Güter (*Houthakker* 1950).

Dieser Erfolg war aber nur ein scheinbarer: Es wurde nämlich bald klar, daß sowohl das schwache als auch das starke Axiom der offenbarten Präferenzen die Existenz ordinaler Nutzenfunktionen mit bestimmten Eigenschaften impliziert. Dennoch ist die Theorie der offenbarten Präferenzen von großer Bedeutung für die Konsumtheorie: Es konnte mit ihrer Hilfe

---

[35] *Samuelson* wurde 1970 mit dem Ökonomie-Nobelpreis ausgezeichnet.

endgültig geklärt werden, welche wichtige Rolle das Konzept des Nutzens in der ökonomischen Theorie spielt und welche Mindestanforderungen an Nutzenfunktionen gestellt werden müssen, damit sie diese Rolle auch ausfüllen können.[36]

An dieser Stelle ist die Warnung vor einem weitverbreiteten Mißverständnis angebracht. Wenn davon gesprochen wird, daß Wirtschaftssubjekte dies oder das tun, *weil* sie ihren Nutzen maximieren, so ist dies nicht wörtlich zu nehmen. Im Gegensatz zu frühen Autoren ziehen moderne Ökonomen das Konzept des Nutzens *nicht* zur *Erklärung* des Verhaltens heran. Sie verwenden Nutzenfunktionen lediglich zur *Beschreibung* des Verhaltens rationaler Wirtschaftssubjekte, d.h. es wird davon ausgegangen, daß diese so handeln, *als ob* sie Nutzenfunktionen maximieren würden. Rationalität wird gleichgesetzt mit Nutzenmaximierung, für die lediglich eine gewisse Konsistenz des Verhaltens unterstellt werden muß. Im Endeffekt ist das Konzept der Nutzenmaximierung eine Tautologie – aber eine, die sich als sehr hilfreich bei der Analyse menschlichen Verhaltens erwiesen hat.

2.1.2. Produktionstheorie

Neben den Grundlagen der Produktionstheorie (Teil IV.2.1.2.1) sollen einige wenige Erweiterungen (Teil IV.2.1.2.2) erläutert werden.

2.1.2.1. Johann Heinrich von Thünen und Knut Wicksell

Die Pionierarbeit auf dem Gebiet der Produktions- und Verteilungstheorie leistete *Thünen*, der im zweiten Teil seines „Isolirten Staates" (*Thünen* 1850, 162ff) die Grenzproduktivitätstheorie der Faktorentlohnung aufstellte.[37] Aber erst *Knut Wicksell* (1851-1926) gelang eine konsistente mathematische Formulierung der von *Thünen* entwickelten Konzepte (*Wicksell* 1893, Abschn. 2, Kap. V).

---

[36] Parallelen zum *Methodenstreit* (vgl. Teil VII.2.3) und zur entsprechenden Kontroverse innerhalb der Ökonometrie (vgl. Teil VI.3.2) sind unverkennbar: Auch in diesen Fällen ging es um die Möglichkeit theorieloser Beobachtung.

[37] Bereits im ersten Teil des „Isolirten Staates" (*Thünen* 1826) finden sich Ansätze der Grenzproduktivitätstheorie, allerdings eher implizit.

Das Marginalprinzip steht im Mittelpunkt auch der Produktionstheorie, die sich mit der Frage beschäftigt, *auf welche Weise* produziert werden soll. Zur Beschreibung der verschiedenen möglichen Produktionsweisen dient das Konzept der *Produktionsfunktion*, welches auf *Wicksell* (1893, XII-XIII) zurückgeht. Eine Produktionsfunktion sieht im allgemeinsten Fall wie folgt aus:

(13) $\quad y = y(z_1, z_2, ..., z_n)$

Die Produktionsmenge wird mit y und die Einsatzmengen der n verschiedenen Produktionsfaktoren werden mit z_i bezeichnet. Dabei wird meist unterstellt, daß die Produktionsfaktoren *substituierbar* sind; ist dies nicht der Fall, spricht man von einer *limitationalen* Produktionsfunktion. Des wieteren wird die Gültigkeit des von *Turgot* (vgl. Teil II.5) formulierten Gesetzes des abnehmenden Grenzertrags unterstellt, demzufolge der Output bei zunehmender Erhöhung der Einsatzmenge *eines* Produktionsfaktors zwar zunimmt, aber nur unterproportional; der Grenzertrag (und somit auch der Durchschnittsertrag) nimmt ab.

(14) $\quad \dfrac{\delta y}{\delta z_i} > 0, \quad \dfrac{\delta^2 y}{\delta z_i^2} < 0$

Als Beispiel für eine substitutionale Produktionsfunktion mit abnehmenden Grenzerträgen sei die bekannte *Cobb-Douglas-Produktionsfunktion* (die eigentlich auf *Wicksell* zurückgeht; vgl. *Cobb und Douglas* 1928 und *Wicksell* 1958) genannt:

(15) $\quad y = a z_1^\alpha z_2^{1-\alpha} \quad (a > 0, 0 < \alpha < 1)$

Die Unternehmen verfolgen das Ziel der Maximierung ihres Gewinns G, der sich aus der Differenz zwischen Erlös und Kosten (wobei p den Produktpreis und w_i die jeweiligen Faktorpreise bezeichnen soll) ergibt:

(16) $\quad G = py - \sum_{i=1}^{n} w_i z_i$

Als Optimalbedingungen erster Ordnung erhält man

(17) $\quad \dfrac{\delta G}{\delta z_i} = 0 = p \dfrac{\delta y}{\delta z_i} - w_i, \quad \text{d.h.} \quad p \dfrac{\delta y}{\delta z_i} = w_i.$

Dabei ist unterstellt, daß die Produkt- und Faktorpreise *nicht* von dem Produktangebot bzw. der Faktornachfrage der *einzelnen* Unternehmen abhängen (vgl. Teil IV.2.1.3.1.a).

Für den Faktor Kapital gilt also folgendes: „Die Rente, die das Kapital im Ganzen beim Ausleihen gewährt, wird bestimmt durch die Nutzung des zuletzt angelegten Kapitaltheilchens" (*Thünen* 1850, 100). Und Arbeit ist einzusetzen „bis zu dem Punkt, wo der Werth des mehr erlangten Ertrags durch die Kosten der darauf verwandten Arbeit kompensirt wird" (*Thünen* 1850, 176).

> „Das Arbeitsprodukt (...) ist das gemeinschaftliche Erzeugniß von Arbeit und Kapital. Wie ist hier nun der Antheil, den diese beiden Faktoren, jeder für sich an dem gemeinschaftlichen Produkt haben, zu ermessen? Die Wirksamkeit des Kapitals haben wir ermessen an dem Zuwachs, den das Arbeitsprodukt eines Mannes durch Vergrößerung des Kapitals, womit er arbeitet, erlangt. Hier ist die Arbeit eine konstante, das Kapital aber eine veränderliche Größe. Wenn wir dies Verfahren beibehalten, aber umgekehrt das Kapital als gleichbleibend, die Arbeiterzahl als wachsend betrachten, so muß auch, bei einem Betrieb im Großen die Wirksamkeit der Arbeit durch den Zuwachs, den das Gesammtprodukt durch die Vermehrung der Arbeiter um Einen erhält, der Antheil des Arbeiters an dem Produkt, zu unserer Kenntniß gelangen." (*Thünen* 1850, 190)

Bei gegebenen Faktorpreisen sind die Produktionsfaktoren also so einzusetzen, daß deren *Wertgrenzprodukt*, d.h. der mit dem Preis des produzierten Gutes multiplizierte Grenzertrag, gleich dem jeweiligen Faktorpreis ist. Die Entlohnung der Produktionsfaktoren erfolgt gemäß ihrer Grenzproduktivität.

Man kann auch von Kostenminimierung unter der Nebenbedingung eines konstanten Outputs $\bar{y}$ ausgehen: Dann erhält man für die Lagrangefunktion

$$(18) \quad L = \sum_{i=1}^{n} w_i z_i + \lambda(\bar{y} - y)$$

die Bedingungen

$$(19) \quad \frac{\delta L}{\delta z_i} = 0 = w_i - \lambda \frac{\delta y}{\delta z_i} \quad \text{bzw.} \quad \frac{w_i}{\delta y / \delta z_i} = \lambda.$$

Auch hier gilt, daß im Optimum die Quotienten von Faktorpreis und Grenzproduktivität für alle Faktoren übereinstimmen müssen. In (17) muß dieses Verhältnis dem Produktpreis entsprechen, wohingegen es in (19) gleich dem Lagrange-Multiplikator sein muß, der als die Grenzkosten einer Outputsteigerung interpretiert werden kann.

Ähnlich der marginalen Rate der Substitution im Konsum kann auch die Grenzrate der Substitution für die Produktion bestimmt werden. Diese gibt an, um wieviel die Einsatzmenge eines Faktors vermindert werden muß, wenn von einem anderen Faktor marginal mehr eingesetzt wird und der Output konstant bleiben soll. Unter der Voraussetzung eines konstanten Outputs muß für das Differential dy

$$(20) \quad dy = 0 = \sum_{i=1}^{n} \frac{\delta y}{\delta z_i} dz_i$$

gelten. Im Fall von zwei Produktionsfaktoren z_1 und z_2 ergibt sich aus (20):

$$(21) \quad \frac{dz_2}{dz_1} = -\frac{\delta y / \delta z_1}{\delta y / \delta z_2} = -\frac{w_1}{w_2}$$

Aufgrund des Gesetzes abnehmender Grenzerträge nimmt die Grenzrate der Substitution mit Zunahme des Einsatzes von z_1 zu (betragsmäßig ab); d.h. je höher der Einsatz von z_1 bereits ist, umso geringer ist die Abnahme der Einsatzmenge von z_2, die notwendig ist, um einen weiteren Mehreinsatz von z_1 zu kompensieren.

In der folgenden Abbildung bezeichnet $\bar{y}$ die *Isoproduktionskurve*, d.h. die Menge aller Faktorkombinationen, mit denen der vorgegebene Output $\bar{y}$ hergestellt werden kann. Diese Kurve hat eine negative Steigung (es werden keine Faktoren verschwendet, so daß die Verringerung der Einsatzmenge eines Faktors durch den Mehreinsatz eines anderen ausgeglichen werden muß) und ist konvex (die marginale Rate der Substitution nimmt zu). B_1, B_2 und B_3 sind verschiedene Budgetgeraden, deren Steigung jeweils dem (negativen) Faktorpreisverhältnis entspricht. Je weiter außen die Budgetgerade liegt, desto höher sind die Kosten, die ja minimiert werden sollen. Das Produktionsoptimum liegt folglich im Tangentialpunkt A auf der Budgetgerade B_2 bei den Einsatzmengen z_1^* und z_2^*. Eine noch niedrigere Budgetgerade, etwa B_1, kann nicht erreicht werden, da dann die Produktion von $\bar{y}$ nicht mehr möglich wäre; bei einer höheren Budgetgerade, z.B. bei der Produktion im Punkt C auf B_3, würde dagegen zu teuer produziert werden.[38]

---

[38] Alternativ könnte man auch von einer vorgegebenen Budgetgerade ausgehen und die am weitesten außen liegende Isoproduktionskurve, d.h. den höchstmöglichen Output, auswählen.

Abb. 10: Das Produktionsoptimum

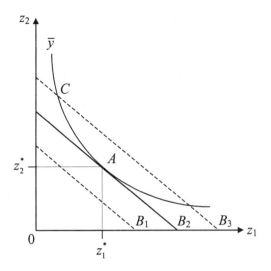

Aus den kostenminimalen Faktoreinsatzmengen bei verschiedenen Outputs läßt sich die *Kostenfunktion* $c(y, \mathbf{w})$ ableiten, die die *minimalen* Kosten in Abhängigkeit vom Output bei gegebenen Faktorpreisvektor $\mathbf{w}$ angibt. Als *Grenzkosten* bezeichnet man die zusätzlichen Kosten bei einer marginalen Erhöhung des Outputs, dc/dy; die *Durchschnittskosten* sind als c/y definiert.

Das Konzept der Produktionsfunktion läßt sich auch auf gesamtwirtschaftliche Zusammenhänge anwenden, indem die Beziehung zwischen der Gesamtproduktion in einer Volkswirtschaft und den Faktorbeständen durch eine gesamtwirtschaftliche Produktionsfunktion dargestellt wird.

Bei der Grenzproduktivitätstheorie handelt es sich zuallererst um eine Theorie der *Produktionsfaktornachfrage* bzw. um eine Faktoreinsatztheorie. *Marshall* (1890, 430) weist darauf hin, daß die Produktionsfaktornachfrage eine *abgeleitete* Nachfrage ist, da sie von der Nachfrage nach dem jeweils produzierten Gut abhängt.

Allerdings wird die Grenzproduktivitätstheorie auch weiter interpretiert – als Verteilungstheorie. Insbesondere *John B. Clark* (1847-1938) will mit ihrer Hilfe die Verteilung des Sozialprodukts erklären (*J.B. Clark* 1899). Im wettbewerblichen Gleichgewicht würde jeder Produktionsfaktor gemäß seinem Grenzprodukt entlohnt und das gesamte Volkseinkommen auf diese Weise auf die verschiedenen Produktionsfaktoren verteilt. Diese Verteilung sei gerecht, da sie dem Beitrag der Produktionsfaktoren an der Entstehung des Sozialprodukts entspräche; dies würde auch für die Unternehmergewinne gelten, die aufgrund des Wettbewerbs auf Dauer nicht Eigenkapitalverzinsung und Unternehmerlohn übersteigen könnten, so daß keine „reinen" Gewinne existieren würden. Diese Interpretation der Grenzproduktivitätstheorie ist aber höchst problematisch: Zum einen wird übersehen, daß diese Theorie von gegebenen Faktorpreisen ausgeht, also das Faktorangebot völlig außer acht läßt. Vom Standpunkt des einzelnen Unternehmens aus, auf das sich die Grenzproduktivitätstheorie ja bezieht, ist dies zulässig – nicht jedoch vom Standpunkt der gesamten Volkswirtschaft aus. Eine Verteilungstheorie muß die Höhe der Faktorpreise und das Faktorangebot ebenfalls berücksichtigen. Zum anderen ist die positive ethische Wertung der Entlohnung nach dem Wertgrenzprodukt zumindest dann unzulässig, wenn kein vollkommener Wettbewerb herrscht oder wenn aufgrund nicht konstanter Skalenerträge dauerhaft „reine" Gewinne anfallen (vgl. Teil IV.2.1.2.2.a).

Ein grundsätzliches Problem soll hier nur kurz erwähnt werden: Das neoklassische Konzept der Produktionsfunktion ist ein rein gedankliches Konstrukt, das mit den in der Realität anzutreffenden Produktionsbedingungen sehr wenig gemein hat. Während die Verwendung von Nutzenfunktionen in der Konsumtheorie durchaus gerechtfertigt werden kann, nämlich als Instrument zur Beschreibung des Verhaltens rationaler Individuen, fehlt eine überzeugende Rechtfertigung für die Verwendung der üblichen neoklassischen Produktionsfunktionen.

2.1.2.2. Erweiterungen

Die wichtigsten Erweiterungen des produktionstheoretischen Grundmodells stammen von *Wicksteed* und *Hicks*.

a) Philip K. Wicksteed

Philip K. Wicksteed (1844-1927) untersuchte die Produktionsfunktion hinsichtlich ihrer – wie sie heute genannt werden – *Skalenerträge* (*Wicksteed* 1894). Dabei geht es um die gleichzeitige Variation der Einsatzmengen *aller* Produktionsfaktoren und das Verhältnis zwischen dem Ausmaß dieser Einsatzmengenänderung und der dadurch bewirkten Änderung des Outputs. Nimmt bei einer Erhöhung der Faktoreinsatzmengen die Produktion proportional (überproportional bzw. unterproportional) zu, d.h. ist für $k > 1$ $y(kz_1, kz_2, ..., kz_n)$ gleich (größer als bzw. kleiner als) $ky(z_1, z_2, ..., z_n)$, so spricht man von konstanten (zunehmenden bzw. abnehmenden) Skalenerträgen; eine Produktionsfunktion mit konstanten Skalenerträgen wird auch als *linear-homogen* bezeichnet.[39] Die schon erwähnte Cobb-Douglas-Produktionsfunktion etwa weist konstante Skalenerträge auf.

Umgekehrt zu den Skalenerträgen verhalten sich die Grenz- und die Durchschnittskosten: So entsprechen konstante (zunehmende bzw. abnehmende) Grenz- und Durchschnittskosten konstanten (abnehmenden bzw. zunehmenden) Skalenerträgen.

Es ist offensichtlich, daß die Entlohnung der Produktionsfaktoren nach dem Wertgrenzprodukt nur bei konstanten Skalenerträgen Gewinnlosigkeit impliziert; nur dann entspricht die Summe der Faktorentgelte genau den Verkaufserlösen (*Wicksteed* 1894, 32). Steigen die Skalenerträge, so ergeben sich Verluste (falls überhaupt produziert wird); sinken sie, so werden (reine) Gewinne erzielt. Unter diesen Umständen erscheint die behauptete Gerechtigkeit der Faktorentlohnung nach der Grenzproduktivität höchst fragwürdig (vgl. Teil IV.2.2.2.1).

b) John R. Hicks

Mit „The Theory of Wages" (*Hicks* 1932) hat *Hicks* zwei wichtige Beiträge zur Produktionstheorie geleistet.

Erstens ist ihm das Konzept der *Substitutionselastizität* zu verdanken, welche die relative Änderung des Faktoreinsatzverhältnisses in Beziehung setzt zur relativen Änderung des Faktorpreisverhältnisses (*Hicks* 1932, 117ff):

$$(22) \quad \sigma = \frac{d(z_1/z_2)}{d(w_1/w_2)} \frac{w_1/w_2}{z_1/z_2} < 0$$

Diese Größe beschreibt den Einfluß von Faktorpreisänderungen auf die funktionale Einkommensverteilung, d.h. auf die Anteile der verschiedenen Produktionsfaktoren am Gegenwert des Outputs (oder, im Fall gesamtwirtschaftlicher Produktionsfunktionen, am Volkseinkommen). Der Schwel-

---

[39] Eine Produktionsfunktion ist *homogen*, wenn es für jedes $k > 0$ ein $a > 0$ gibt, so daß $y(kz_1, ..., kz_n) = ay(z_1, ..., z_n)$; sie ist *linear-homogen*, wenn $a = k$.

lenwert ist –1: Ist σ z.B. kleiner als –1, so führt eine Erhöhung von w_1 zu einer Reduktion des Anteils von z_1, da der Anstieg des Faktorpreises durch den Rückgang der Faktornachfrage überkompensiert wird. Bei der Cobb-Douglas-Produktionsfunktion ist σ konstant gleich –1. Ebenfalls konstante Skalenerträge und konstante Substitutionselastizitäten (die aber nicht gleich –1 sein müssen!) weist die *CES-Produktionsfunktion* („constant elasticity of substitution") auf, welche von *Arrow et al.* (1961) als eine Art Verallgemeinerung der Cobb-Douglas-Produktionsfunktion konstruiert wurde und sich in der neoklassischen Produktionstheorie großer Beliebtheit erfreut.

Zweitens stammt von *Hicks* (1932, 121ff) auch die heute geläufige Klassifizierung des technischen Fortschritts nach seinem Einfluß auf die funktionale Einkommensverteilung (vgl. Teil VI.2.2.4). Technischer Fortschritt würde sich in Abbildung 10 in einer Verschiebung der Isoproduktionskurve hin zum Ursprung niederschlagen, d.h. der Output $\bar{y}$ würde sich mit geringerem Faktoreinsatz erstellen lassen. Als „neutral" bezeichnet *Hicks* den technischen Fortschritt dann, wenn sich – bei gegebenen Faktorpreisen – nichts am Faktoreinsatzverhältnis ändert; $\bar{y}$ würde sich also verschieben, aber nicht die Form ändern. Kapitalsparender technischer Fortschritt impliziert dagegen auch eine Änderung der Form der Isoproduktionskurve infolge eines (relativen) Anstiegs der Grenzproduktivität von Arbeit, so daß – bei unveränderten Faktorpreisen – (relativ) weniger Kapital und (relativ) mehr Arbeit eingesetzt wird. Analog umgekehrt stellt sich die Situation im Fall arbeitssparenden technischen Fortschritts dar.

2.1.3. Preistheorie

Im Unterschied zur Produktionstheorie, die sich mit der Art und Weise der Produktion beschäftigt, steht bei der Preistheorie der *Umfang* der Produktion, welcher ja bei gegebener Nachfrage den Preis determiniert, im Mittelpunkt. Die neoklassische Preistheorie berücksichtigt (im Gegensatz etwa zur klassischen Preistheorie) explizit die Marktform, da von dieser die Preisbildung und die optimale Ausbringungsmenge wesentlich abhängen. Dabei werden hauptsächlich *Polypol* (Teil IV.2.1.3.1), *Monopol* (Teil IV.2.1.3.2) und *Oligopol* (Teil IV.2.1.3.3) unterschieden. In allen Fällen stammen die grundlegenden Beiträge von *Cournot*, der als Schöpfer der modernen Preistheorie gelten darf; seine Erkenntnisse setzten sich allerdings sehr langsam durch; erst von *Marshall* wurden sie popularisiert, der auch den von *Cournot* eingeführten Angebots-Nachfrage-Diagrammen zu großer Verbreitung verhalf.

2.1.3.1. Polypol

Neben den zentralen Ergebnissen *Cournots* soll im folgenden auch auf die Ergänzungen durch *Marshall* und *Wicksell* eingegangen werden.

a) Augustin A. Cournot

Im Polypol gibt es sehr viele Anbieter, so daß die Produktionsentscheidungen jedes einzelnen von ihnen keinen (spürbaren) Einfluß auf die Höhe des Marktpreises haben. Für jeden Anbieter ist dieser Preis praktisch Datum; diese Situation wird als „vollkommener Wettbewerb" bezeichnet (*Cournot* 1838, Kap. VIII).

Der Gewinn eines Polypolisten ergibt sich deshalb als

(23) $\quad G = py - c(y, \mathbf{w})$

und das Gewinnmaximum wird erreicht, wenn

(24) $\quad \dfrac{dG}{dy} = 0 = p - \dfrac{dc}{dy} \quad \Leftrightarrow \quad p = \dfrac{dc}{dy},$

d.h. wenn der Grenzerlös (also der konstante Preis) gleich den Grenzkosten ist. Selbstverständlich muß der Preis außerdem die Kosten decken, d.h. $p \geq c/y$, damit das Gewinnmaximum auch tatsächlich mit einem (positiven) Gewinn verbunden ist (und nicht etwa nur den Verlust minimiert). Die Angebotsfunktion des Unternehmens besteht folglich nur aus dem Teil der Grenzkostenkurve, der jenseits des Schnittpunktes mit der Durchschnittskostenkurve verläuft (wobei in diesem Schnittpunkt auch das Durchschnittskostenminimum liegt). Unterstellt wird dabei, daß die Einsatzmengen aller Produktionsfaktoren jederzeit variiert werden können, es also keine fixen Kosten gibt (vgl. Teil IV.2.1.3.1.b).

Abb. 11: Grenzkosten und Durchschnittskosten

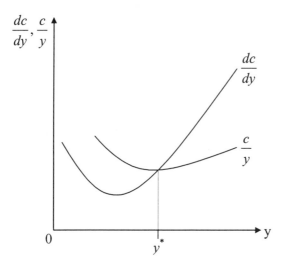

Die individuellen Angebotskurven können zum Gesamtangebot aggregiert werden; durch Gleichsetzung dieses Angebots mit der Nachfrage erhält man Gleichgewichtspreis und -menge. Voraussetzung dafür ist freilich, daß für jeden Preis die gewinnmaximierende Menge *endlich* ist. Dies impliziert Grenz- und Durchschnittskostenkurven, die (wenn nicht generell, so doch ab einem bestimmten Output) ansteigen (wie in Abbildung 11), was wiederum bedeutet, daß die Skalenerträge (entweder generell oder ab dem bestimmten Output) abnehmen müssen. Im Zusammenhang mit dieser Anforderung ergibt sich aber ein Problem, mit dem sich zuerst *Marshall* auseinandergesetzt und das schließlich *Wicksell* gelöst hat.

b) Alfred Marshall

Marshall beschäftigte die Frage, in welchem Maße Angebot und Nachfrage jeweils zur Bestimmung des Marktpreises beitragen. Im allgemeinen, so *Marshall* (1890, Buch V, Kap. III), hängt der Preis sowohl von der Nachfrage als auch vom Angebot ab – die ähnlich wie die zwei Blätter einer Schere zusammenwirken. Eine Ausnahme von diesem Grundsatz der simultanen Bestimmung des Preises durch Angebot und Nachfrage bilden allenfalls die (relativen) Preise von *Kuppelprodukten* (d.h. Produkten, die zwangsläufig in einem bestimmten Verhältnis zusammen im selben Produktionsprozeß anfallen, wie z.B. Benzin und Heizöl); diese Preise hängen allein von der Nachfrage ab. Die relative Bedeutung von Angebot und Nachfrage kann allerdings variieren. *Marshall* (1890, Buch V, Kap. IV) stellt auf die Anpassungsfähigkeit der Unternehmen ab und unterscheidet drei Zeithorizonte (dabei wird jeweils polypolistische Gewinnmaximierung bei gegebenem Produktpreis unterstellt).

Abb. 12: Kurz-, mittel- und langfristiges Angebot

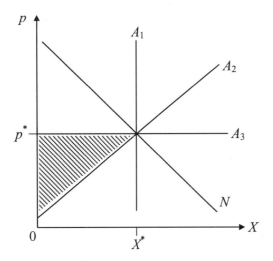

Bei (sehr) kurzfristiger Betrachtung sind die Faktoreinsatzmengen, die Ausbringungsmenge und die Kosten jedes Anbieters *fix*; die Gesamtangebotskurve verläuft also senkrecht (Kurve A_1 in Abbildung 12) und Nachfrageänderungen führen nur zu Preis- nicht aber zu Mengenänderungen.

Mittelfristig ist dagegen die Variation (mindestens) eines Produktionsfaktors möglich, während die Einsatzmenge mindestens eines Produktionsfaktors auch weiterhin konstant ist. Es lassen sich also *variable* und *fixe Kosten* unterscheiden. Nur erstere sind für die mittelfristigen Produktionsentscheidungen der Unternehmen relevant, da die Produktion schon dann lohnend ist, wenn zumindest die variablen Kosten gedeckt werden (schließlich fallen die Fixkosten auch dann an, wenn nicht produziert wird): Die individuelle Angebotskurve entspricht der Grenzkostenfunktion, insoweit diese über der Funktion der *variablen* Durchschnittskosten liegt. Aufgrund des Gesetzes des abnehmenden Grenzertrags haben die individuellen Grenzkosten- bzw. Angebotskurven und deshalb auch die Gesamtangebotskurve eine positive (aber nicht unendliche!) Steigung (Kurve A_2 in Abbildung 12). Der Ausgleich von Angebot und Nachfrage erfolgt hier durch Preis- und

Mengenänderungen. Als Grenzanbieter wird sich das Unternehmen auf dem Markt behaupten können, dessen Erlöse gerade die variablen Kosten decken. Langfristig wird dieser Grenzanbieter allerdings aus dem Markt ausscheiden, da Verluste in Höhe der fixen Kosten gemacht werden. Alle Unternehmen, die kostengünstiger produzieren können als der Grenzanbieter, erzielen Produzentenrenten (die schraffierte Fläche in Abbildung 12), welche nicht nur die Gewinne (d.h. die Differenz zwischen Erlösen und Gesamtkosten), sondern auch die Deckungsbeiträge zu den Fixkosten umfassen. Die Produzentenrente bezeichnet *Marshall* auch als *Quasirente*, da sie ihre Ursache in (wenngleich nur temporär) fixen Faktoreinsatzmengen hat. Beispielsweise kann ein Unternehmen Kostenvorteile aufgrund eines besonders geschickten Managements haben. Dieser Produktionsfaktor ist mittelfristig fix (aufgrund arbeitsvertraglicher Verpflichtungen); das Management kann also nicht sofort eine (seiner Leistung entsprechende) bessere Bezahlung durchsetzen (wodurch die Produzentenrente geschmälert werden würde). Da Produzentenrenten letztlich das Resultat unvollständiger Anpassung an die tatsächlichen Knappheitsverhältnisse sind, können sie als Ertrag der fixen Produktionsfaktoren interpretiert werden.

Langfristig ist die Variation aller Produktionsfaktoren möglich. Es gibt keine fixen Kosten, so daß die individuellen Outputs nach Maßgabe der über den *totalen* Durchschnittskosten liegenden Grenzkosten bestimmt werden. *Marshall* unterstellt dabei implizit konstante Skalenerträge, die zu einer horizontalen Gesamtangebotskurve führen (Kurve A_3 in Abbildung 12). Über die Höhe des Preises entscheiden in diesem Fall allein die Produktionskosten, wohingegen die Nachfrage die produzierte Menge determiniert. Im allgemeinen nimmt also mit der Zunahme des betrachteten Zeithorizontes der Einfluß der Nachfrage auf die Preisbildung ab und der des Angebots zu; für die Bestimmung der Produktionsmenge gilt das Umgekehrte.

Bei der langfristigen Betrachtung gibt es aber ein Problem: Während auf kurze und mittlere Sicht die Grenzkosten- bzw. Angebotskurven der Unternehmen ansteigen und sich so eindeutige, endliche Lösungen für die optimalen Outputmengen ergeben, ist dies auf lange Sicht nicht unbedingt der Fall. So impliziert *Marshalls* Annahme konstanter Skalenerträge konstante Durchschnitts- und Grenzkosten, weshalb die individuellen Angebotskurven waagrecht verlaufen; unter diesen Umständen ist der optimale Output entweder gleich Null (wenn der Preis geringer als die Grenzkosten ist) oder gleich unendlich (wenn der Preis größer als die Grenzkosten ist) oder aber der Output ist indeterminiert (wenn der Preis gleich den Grenzkosten ist).[40]

Zunehmende Skalenerträge sind dagegen gleichbedeutend mit abnehmenden Grenz- und Durchschnittskosten. In diesem Fall wäre der Gewinn nicht maximal, sondern minimal, wenn der Preis gleich den Grenzkosten ist; ab diesem Punkt nimmt der Gewinn mit zunehmender Ausbringungsmenge laufend zu. Die größten Anbeiter hätten die niedrigsten Kosten und wären am profitabelsten; letztlich würde nur ein Unternehmen übrigbleiben, auf das die gesamte Nachfrage entfällt. Es handelt sich hierbei um ein *natürliches Monopol*, da die Monopolstellung nicht aus „künstlichen" Wettbewerbsbeschränkungen, sondern aus der technologisch bedingten (quasi „natürlichen") Zunahme der Skalenerträge resultiert. Ein solches Unternehmen würde sich wie jeder andere Monopolist verhalten und den Preis nicht als Datum, sondern als von seinem Output abhängig ansehen (vgl. Teil IV.2.1.3.2). Deshalb würde es auch von der im Polypol optimalen Entlohnung der Faktoren nach deren Grenzproduktivität abweichen, die bei zunehmenden Skalenerträgen Verluste nach sich ziehen würde. Im Fall abnehmender Skalenerträge liegen zwar steigende Grenz- und Durchschnittskostenverläufe vor, so daß sich ein eindeutiger endlicher Output ergibt. Allerdings existieren dann auch reine Gewinne, was langfristig nur schwerlich mit vollkommenen Wettbewerb vereinbar ist.

Wenn man einmal den eher theoretischen Fall permanent zunehmender Skalenerträge ausklammert, so steht man vor folgendem Dilemma: Entweder die Skalenerträge sind konstant, so daß Gewinnlosigkeit herrscht, aber keine eindeutigen und endlichen optimalen Ausbringungsmengen existieren; oder die Skalenerträge nehmen ab, was zwar determinierte Outputs garantiert, aber aufgrund dauerhafter Gewinne problematisch ist.

Marshall (1890, Buch IV, Kap. XIII) behandelt dieses grundsätzliche Problem nicht näher. Er nimmt lediglich Stellung zum Fall zunehmender Skalenerträge, für den er das Konzept der *externen Skalenerträge* vorschlägt, um die in der Realität bei Produktionsausweitung beobachtbaren Stückkostensenkungen mit der Notwendigkeit eindeutiger und endlicher Outputs zu vereinbaren. Demgemäß sähe sich zwar jedes Unternehmen einer steigenden Grenzkostenkurve gegenüber, würde also mit fallenden Skalenerträgen produzieren und hätte einen eindeutigen, endlichen opti-

---

[40] Der optimale Output (wenn der Preis über den Grenzkosten liegt) ist selbstverständlich nur theoretisch unendlich, da die Annahme des vorgegebenen und fixen Preises nicht für beliebig große Absatzmengen gelten kann; zu einem bestimmten Preis ist immer nur eine endliche Menge absetzbar.

malen Output. Dagegen würden sich auf Branchenebene mit Zunahme der Gesamtproduktion zunehmende Skalenerträge ergeben, die zu einer Verschiebung der Grenzkostenkurven der einzelnen Unternehmen nach unten führen würden. Eine überzeugende Erklärung, wie diese externen Skalenerträge zustande kommen sollen, läßt *Marshall* allerdings vermissen.

c) Knut Wicksell

Erst *Wicksell* (1913, 186ff) gelang es, das erwähnte Dilemma zu lösen und den vollkommenen, gewinnlosen Wettbewerb mit den für eine eindeutige Firmengröße notwendigen steigenden Grenzkosten zu vereinbaren. Seine Lösung beruht im wesentlichen auf der wettbewerbsbedingten Erosion der Unternehmergewinne, so daß im langfristigen Marktgleichgewicht keine reinen Gewinne existieren. Frühere Autoren, z.B. *J.B. Clark* (1899), nahmen zwar ebenfalls an, der Wettbewerb würde die Gewinne zum Verschwinden bringen, gingen aber nicht näher auf die Frage der Skalenerträge ein. *Wicksell* weist darauf hin, daß die Unternehmen aufgrund des Wettbewerbsdrucks dazu gezwungen sind, so günstig wie möglich zu produzieren. Der Preis wird also bis auf das Minimum der Durchschnittskosten sinken, welches die optimale Unternehmensgröße darstellt (y^* in Abbildung 11). Die Produktion von y^* erfüllt auch die übliche Gewinnmaximierungsbedingung, da das Durchschnittskostenminimum im Schnittpunkt mit der Grenzkostenkurve liegt, also der Preis auch den Grenzkosten entspricht. Dabei wird natürlich vorausgesetzt, daß die Durchschnittskostenfunktion ein Minimum aufweist. Davon kann man nach *Wicksell* im Regelfall ausgehen, da die Skalenerträge zwar zunächst zunehmen, schließlich aber abnehmen würden, wenn die Nachteile des Wachstums dessen Vorteile übersteigen; die Grenz- und die Durchschnittskostenkurve werden also einen U-förmigen Verlauf (wie in Abbildung 11) haben.

> „[M]an kann im allgemeinen behaupten, daß der vorteilhafteste Ertrag bei einer gewissen Größe des betreffenden Unternehmens erreicht werde; wird es über diese Größe hinaus erweitert, so werden die Vorteile der Zentralisierung durch die erhöhten Unkosten aufgewogen, welche entstehen, wenn man beim Anschaffen des Rohmaterials und der Hilfsmittel oder auch zum Absetzen der Produkte immer weiter entfernt liegende Gebiete aufsuchen muß. Dieser Maßstab macht also unter vorliegenden Umständen das ‚Optimum' des betreffenden Unternehmens aus, nach welchem es, wirtschaftlich genommen, stets hinstreben muß; und da es hierbei gerade auf dem Übergange von ‚zunehmendem' zu ‚abnehmendem Ertrage' (relativ zur Größe des Produktionsumfangs) steht, so erfüllt es jetzt also faktisch das Gesetz des konstanten Ertrages." (*Wicksell* 1913, 189f)

Aus diesem Grund erhält man langfristig eine horizontale Gesamtangebotsfunktion, obwohl die einzelnen Unternehmen sich steigenden Grenzkosten gegenüber sehen; auf Dauer werden sich nämlich nur die produktivsten Unternehmen auf dem Markt behaupten können, d.h. die Unternehmen, deren Durchschnittskostenminima gleich niedrig sind. Die Höhe des Gesamtangebots ändert sich durch den Markteintritt bzw. -austritt dieser Unternehmen, die alle im Durchschnittskostenminimum produzieren.

> „Arbeitslohn und Bodenrente werden dann fortgesetzt durch das Gesetz der Grenzproduktivität bestimmt, und der Unternehmergewinn muß die Tendenz nach Null haben – alles unter der Voraussetzung, daß der betreffenden Unternehmungen innerhalb desselben Geschäftszweiges noch immer genügend viele seien, um einander völlig wirksame Konkurrenz zu erbieten." (*Wicksell* 1913, 190)

Auf diese Weise kann nicht nur der (scheinbare) Gegensatz zwischen wettbewerbsbedingter Gewinnlosigkeit und eindeutiger, endlicher Unternehmensgröße beseitigt werden, sondern auch die Verwendung linear-homogener gesamtwirtschaftlicher Produktionsfunktionen trotz nicht linearhomogener einzelwirtschaftlicher Produktionsfunktionen gerechtfertigt werden.

2.1.3.2. Monopol

Neben dem grundlegenden Beitrag *Cournots* soll auf Erweiterungen von *Robinson* und *Chamberlin* eingegangen werden.

a) Augustin A. Cournot

Neben dem Polypol behandelte *Cournot* (1838, Kap. V) auch den anderen Extremfall der Marktformen, das Monopol. Hier gibt es nur einen einzigen Anbieter, der sehr wohl den Zusammenhang zwischen der Ausbringungsmenge, die ja ausschließlich von ihm stammt, und dem Preis erkennt. Der Preis ist für ihn nicht Datum, sondern eine Funktion der von ihm produzierten Menge, d.h. $p = p(y)$. Sein Gewinn errechnet sich wie folgt:

(25) $\quad G = p(y)y - c(y, \mathbf{w})$

Das Gewinnmaximum wird erreicht, wenn

(26) $\quad \dfrac{dG}{dy} = 0 = p + \dfrac{dp}{dy} y - \dfrac{dc}{dy} \quad \Leftrightarrow \quad p + \dfrac{dp}{dy} y = \dfrac{dc}{dy}.$

Im Gewinnmaximum des Monopolisten („Cournotscher Punkt") müssen sich also, genau wie im Polypol, Grenzerlös und Grenzkosten entsprechen. Der entscheidende Unterschied besteht aber darin, daß der Grenzerlös nicht mehr mit dem konstanten Preis gleichgesetzt wird, sondern daß in Form des Terms $(dp/dy)y$ in (26) der Einfluß der Ausbringungsmenge auf den Preis berücksichtigt wird. Darin liegt auch der Grund dafür, daß das Problem der Skalenerträge (vgl. Teil IV.2.1.3.1.b) hier nicht auftritt: Gleichgültig wie die Produktionsfunktion des Monopolisten aussieht – seine optimale Ausbringungsmenge ist immer eindeutig und endlich, da der erwähnte Term negativ ist und einen Rückgang des Grenzerlöses mit zunehmender Ausbringungsmenge bewirkt. Selbst aufgrund zunehmender Skalenerträge gegen Null gehende Grenz- und Durchschnittskosten können deshalb keine unendlich hohe Produktion zur Folge haben; denn spätestens bei einem Grenzerlös von Null wird diese nicht mehr weiter erhöht.

b) Joan Robinson

Joan Robinson (1903-1983) ergänzte mit ihrem Buch „The Economics of Imperfect Competition" (*Robinson* 1933) die Arbeit *Cournots* in zweierlei Hinsicht.

Erstens analysierte sie das Verhalten von Monopolisten auf den Faktormärkten. Hier sind zwei Fälle zu unterscheiden. Zum einen ist es möglich, daß das betreffende Unternehmen nur am Gütermarkt als Anbieter, nicht dagegen am Faktormarkt als Nachfrager nicht wettbewerblich agiert (*Robinson* 1933, Kap. 23). Die Faktorpreise sind dann weiterhin Datum und die Gewinnfunktion lautet

(27) $\quad G = p(y)y - \sum_{i=1}^{n} w_i z_i,$

woraus die Optimalbedingungen

(28) $\quad \dfrac{\delta G}{\delta z_i} = 0 = \left(p + \dfrac{dp}{dy} y \right) \dfrac{\delta y}{\delta z_i} - w_i \quad \Leftrightarrow \quad \left(p + \dfrac{dp}{dy} y \right) \dfrac{\delta y}{\delta z_i} = w_i$

resultieren. Die Faktorentlohnung entspricht zwar auch hier dem Wertgrenzprodukt, doch ist unter demselben hier nicht wie im Polypol das Produkt aus Grenzertrag und Preis, sondern das Produkt aus Grenzertrag und (geringerem) Grenzerlös zu verstehen. Bei der Produktionsstruktur gibt es, gleichen Output vorausgesetzt, zwar keine Unterschiede zwischen einem Monopolisten und einem Polypolisten, doch fragt ersterer bei gleichem Faktorpreis weniger Produktionsfaktoren nach als letzterer und produziert folglich auch weniger. Diese Situation wird von *Robinson* (1933, Kap. 25) als „monopolistic exploitation" bezeichnet.[41]

Es ist allerdings auch möglich, daß für den Monopolisten auch das Faktorangebot nicht vollkommen elastisch ist. Im Extremfall kann er der einzige Nachfrager auf einem Faktormarkt j sein, auf diesem Markt also als *Monopsonist* auftreten (*Robinson* 1933, Kap. 26). Der entsprechende Faktorpreis ist dann kein Datum mehr, sondern hängt von der nachgefragten Menge ab, d.h. $w_j = w_j(z_j)$. Dementsprechend gilt

(29) $$G = p(y)y - \sum_{i=1}^{n, i \neq j} w_i z_i - w_j(z_j) z_j$$

und die Optimalbedingung für den Einsatz des Faktors j lautet:

(30) $$\frac{\delta G}{\delta z_j} = 0 = \left(p + \frac{dp}{dy} y \right) \frac{\delta y}{\delta z_j} - \left(w_j + \frac{dw_j}{dz_j} z_j \right)$$

$$\Leftrightarrow \left(p + \frac{dp}{dy} y \right) \frac{\delta y}{\delta z_j} = \left(w_j + \frac{dw_j}{dz_j} z_j \right)$$

Da $dw_j/dz_j > 0$, ist die Entlohnung für den Faktor j, w_j, *geringer* als dessen Wertgrenzprodukt. *Robinson* spricht von „monopsonistic exploitation" in Höhe der Differenz zwischen Wertgrenzprodukt und tatsächlicher Faktorentlohnung. In diesem Fall ändert sich auch die Produktionsstruktur, da für den Faktor j im Gegensatz zu den anderen Produktionsfaktoren (vgl. Gleichung 19)

(31) $$\frac{w_j + (dw_j/dz_j)z_j}{\delta y/\delta z_j} = \lambda$$

---

[41] Dies ist nicht ganz einzusehen, da die Faktoren ja einen Lohn in Höhe ihres Wertgrenzproduktes erhalten. Für *Robinson* besteht die „Ausbeutung" offenbar darin, daß dieses Wertgrenzprodukt geringer als im Fall des Polypols ist.

gilt.[42] Folglich wäre bei gleichem Output die Produktionsstruktur im Vergleich zu wettbewerblichen Faktormärkten eine andere (von den Faktoren, deren Preis beeinflußt werden kann, wird relativ weniger, von den anderen Faktoren relativ mehr eingesetzt), da der Monopsonist den Einfluß seiner Faktornachfrage auf die Faktorpreise berücksichtigt.

Zweitens zeigte *Robinson* (1933, Kap. 15), daß Monopolisten ihren Gewinn durch Aufspaltung des Marktes und Preisdifferenzierung im Vergleich zu dem von *Cournot* behandelten einheitlichen Markt erhöhen können.[43] Man spricht hier (im Gegensatz zum *homogenen Monopol*) von einem *heterogenen Monopol*. Die Voraussetzung hierfür ist, daß der Monopolist die Nachfrager nach der Preiselastizität ihrer Nachfrage unterscheiden, den Gesamtmarkt in unterschiedliche Teilmärkte aufspalten und unterschiedliche Preise berechnen kann. Beispielsweise könnte ein Hotel, das in einem bestimmten Ort eine Monopolstellung genießt, seine Gäste in zwei Gruppen – Touristen und Geschäftsreisende – einstufen und unterschiedliche Preise (p_T und p_G) für das (im wesentlichen) gleiche Gut fordern; denn die Preiselastizität der Nachfrage wird bei Touristen deutlich geringer (absolut höher) als bei Geschäftsreisenden sein. Der Gewinn des Hotels

(32) $\quad G = p_T(y_T)y_T + p_G(y_G)y_G - c(y_T + y_G, \mathbf{w})$

ist maximal, wenn

(33)
$$\frac{dc}{d(y_T + y_G)} = p_T + \frac{dp_T}{dy_T}y_T = p_T\left(1 + \frac{1}{\varepsilon_{x,p}^T}\right),$$
$$\frac{dc}{d(y_T + y_G)} = p_G + \frac{dp_G}{dy_G}y_G = p_G\left(1 + \frac{1}{\varepsilon_{x,p}^G}\right).$$

In diesen Gewinnmaximierungsbedingungen bezeichnet $\varepsilon_{x,p}^T$ ($\varepsilon_{x,p}^G$) die Preiselastizität der Nachfrage für den Teilmarkt der Touristen (Geschäftsleute). Das Hotel wird bestrebt sein, die Grenzkosten seines gesamten Angebots mit dem Grenzerlös auf dem Teilmarkt der Touristen *und* mit dem Grenzerlös auf dem Teilmarkt der Geschäftsreisenden in Übereinstimmung

---

[42] Diese Bedingung ergibt sich durch die Kostenminimierung bei gegebenen Output (vgl. Teil IV.2.1.2.1).

[43] Vor *Robinson* beschäftigte sich schon *Edgeworth* (1912) mit der monopolistischen Preisdifferenzierung; seine Arbeit hatte allerdings weniger Einfluß als die von *Robinson*.

zu bringen. Dies impliziert, daß sich die Preise entsprechend der Preiselastizität der Nachfrage unterscheiden; der Preis für Touristen muß aufgrund deren niedrigerer Preiselastizität geringer sein als der für Geschäftsreisende.

Im Extremfall könnte ein Monopolist *perfekte Preisdifferenzierung* betreiben und *jedem* Nachfrager einen genau seiner (maximalen) Zahlungsbereitschaft entsprechenden Preis berechnen, so daß die gesamte Konsumentenrente abgeschöpft werden würde.

Abb. 13: Perfekte Preisdifferenzierung

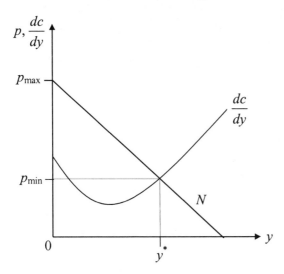

Wie man sich anhand obiger Abbildung unschwer überzeugen kann, wird der Monopolist seine Produktion bis y^* ausdehnen und Preise zwischen p_{min} und p_{max} fordern. Jenseits von y^* sinkt die Zahlungsbereitschaft der Nachfrager unter die Kosten einer Ausdehnung der Produktion, so daß selbst bei perfekter Preisdifferenzierung der Gewinn geschmälert werden würde. Da bei polypolistischem Verhalten auch y^* (allerdings zum einheitlichen Preis von p_{min}) angeboten werden würde, entsprechen sich perfekte Preisdifferenzierung und polypolistisches Verhalten in *allokativer* Hinsicht, wohingegen sich natürlich – aufgrund der Abschöpfung der Konsumentenrente bei perfekter Preisdifferenzierung – erhebliche *distributive* Unterschiede ergeben.

c) Edward H. Chamberlin

In „The Theory of Monopolistic Competition" geht *Edward H. Chamberlin* (1899-1967) von Produktdifferenzierung, d.h. heterogenen Gütern, aus, die es den Anbietern ermöglicht, ihren gewinnmaximierenden Preis – wie ein Monopolist – durchzusetzen (*Chamberlin* 1933, Kap. IV). Dabei unterstellt jeder Anbieter, daß sich seine Handlungen nicht auf das Verhalten der Konkurrenz auswirken, weil es relativ viele Anbieter gibt und der Marktanteil eines jeden relativ gering ist. Allerdings werden Gewinne neue Unternehmen in den Markt locken, da keine Markteintrittsschranken bestehen. Die Situation, die *Chamberlin* beschreibt, stellt folglich ein Oligopol mit freiem Marktzutritt dar.

Abb. 14: Monopolistische Konkurrenz

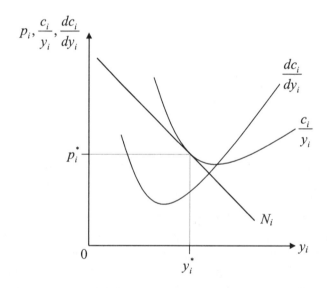

Die obige Abbildung beschreibt die Situation eines Anbieters i, nachdem sich ein langfristiges Gleichgewicht eingestellt hat (*Chamberlin* 1933, Kap. V).[44] Jeder Anbieter geht von einer auf ihn entfallenden Nachfrage aus (N_i);

---

[44] *Chamberlin* unterstellt identische Kosten- und Nachfragefunktionen für alle Unternehmen; die Ergebnisse seiner Analyse hängen jedoch nicht von diesen restriktiven und unplausiblen Annahmen ab.

er maximiert seinen Gewinn unter der Annahme unveränderten Verhaltens der Konkurrenz (vgl. Teil IV.2.1.3.2.a), d.h. er realisiert

(34) $\quad \dfrac{dc_i}{dy_i} = p_i + \dfrac{dp_i}{dy_i} y_i = p_i \left(1 + \dfrac{1}{\varepsilon_{x,p}^i}\right).$

Dabei bezeichnet $\varepsilon_{x,p}^i$ die Preiselastizität der auf i entfallenden Nachfrage. Etwaige Gewinne von i führen zum Eintritt von Neuanbietern in den Markt, so daß die auf i entfallende Nachfrage abnimmt – und zwar solange, bis er gewinnlos ist, d.h. bis der Preis p_i den Durchschnittskosten entspricht. Dies ist bei p_i^* und der Menge y_i^* der Fall; hier tangiert die Durchschnittskosten- die Nachfragekurve. Läge N_i weiter rechts (wäre die auf i entfallende Nachfrage größer), würde i Gewinne erzielen und Neuanbieter würden in den Markt eintreten, so daß sich N_i nach links verschieben würde (die auf i entfallende Nachfrage abnähme). Läge dagegen N_i weiter links, entstünden Verluste, i würde aus dem Markt ausscheiden und die Nachfrage, die auf die noch im Markt verbleibenden Anbieter entfiele, würde zunehmen. Im langfristigen Gleichgewicht erzielt also kein Anbieter Gewinne.

> „Although the equilibrium price is higher under monopolistic competition than under pure competition, the result is not, therefore (as might be expected), a discrepancy between cost and price." (*Chamberlin* 1933, 115)

Chamberlin zeigt damit, daß für die Höhe der Gewinne weniger die Marktform (vollkommene oder monopolistische Konkurrenz), sondern vielmehr die Möglichkeit des freien Marktzutritts entscheidend ist. Ist dieser gewährleistet, so gibt es auch bei der monopolistischen Konkurrenz langfristig keine Gewinne.

Trotz der Gewinnlosigkeit gibt es aber einen wichtigen Unterschied zum Polypol: Die Produktion ist ineffizienter im *chamberlinschen Tangentenfall*, da nicht im Minimum der Durchschnittskosten produziert wird. Je niedriger (absolut höher) die Preiselastizität der Nachfrage ist, d.h. je homogener die angebotenen Güter sind, desto geringer ist die Abweichung vom Wettbewerbsfall. Wären die Güter – wie bei vollkommenem Wettbewerb – homogen, so sähe sich jeder Anbieter einer horizontalen, d.h. unendlich elastischen Nachfrage gegenüber und es würde sich das übliche Polypolergebnis einstellen, d.h. es würden keine Gewinne anfallen *und* es würde im Durchschnittskostenminimum produziert werden (vgl. Teil IV.2.1.3.1.c).

Die Einsichten *Chamberlins* wurden von *Baumol, Panzar und Willig* (1982) aufgegriffen und zur Theorie der „contestable markets" weiterentwickelt. Sie zeigten, daß unter bestimmten Umständen die Zahl der Anbieter irrelevant für das Marktergebnis ist: Solange keine Markteintritts- und Marktaustrittsschranken bestehen, würde wie im Fall der vollkommenen Konkurrenz effizient produziert und angeboten.

2.1.3.3. Oligopol

Das Oligopol ist der realitätsnäheste, aber zugleich der schwierigste von der Preistheorie behandelte Fall. Von einem Oligopol spricht man, wenn es mehrere Anbieter gibt, von denen jeder groß genug ist, um durch seine Produktionsentscheidungen einen Einfluß auf den Preis auszuüben. Die verschiedenen Anbieter beeinflussen sich gegenseitig und eine Analyse ihrer Interaktionen ist unabdingbar – im Gegensatz zum Monopol, wo es ohnehin nur einen Anbieter gibt, und auch im Gegensatz zum Polypol, wo es zwar mehrere Anbieter gibt, aber eine Interaktion zwischen denselben nicht stattfindet, weil die einzelnen Anbieter den Preis nicht beeinflussen können. Die im folgenden vorgestellten Ansätze von *Cournot*, *Launhardt* und *Stackelberg* beschränken sich allesamt auf den einfachsten Oligopolfall, das Oligopol mit nur zwei Anbietern, also das *Duopol* (oder auch *Dyopol*). Außerdem arbeiten sie mit sehr restriktiven Annahmen, die die Gültigkeit ihrer Ergebnisse – selbst für den Duopolfall – stark einschränken. Eine allgemeine und befriedigende Analyse des oligopolistischen Verhaltens gelang erst der modernen Spieltheorie (vgl. Teil VIII.3.1).

a) Augustin A. Cournot

Auch für den Fall des Oligopols stammt die Pionierleistung von *Cournot* (1838, Kap. VII). Ausgehend vom Monopol führt er einen zweiten Anbieter ein und behandelt das Duopol als Zwischenschritt auf dem Weg zum Polypol mit sehr vielen Anbietern.

Cournot geht davon aus, daß die Duopolisten ein homogenes Gut produzieren und jeweils eine *autonome* Strategie verfolgen, bei der jeder das Verhalten des anderen als von der eigenen Entscheidung unabhängig ansieht. Diese Annahme führt zwar zu einer erheblichen Vereinfachung der Duopolanalyse, ist aber unbefriedigend, weil den Duopolisten damit eine absolute Lernunfähigkeit unterstellt wird. Beispielsweise geht Duopolist 2 von der

Produktionsmenge y_1^1 des ersten Duopolisten aus und bestimmt unter der Voraussetzung, daß sich y_1 nicht ändert, (erstmalig) seinen gewinnmaximierenden Output y_2^1. Da der Duopolist 1 aber seinerseits bei der Bestimmung von y_1^1 davon ausgegangen ist, daß $y_2 = 0$, und wie ein Monopolist gehandelt hat, ist y_1^1 bei Produktionsaufnahme von 2 nicht mehr optimal und 1 ändert seinen Output dementsprechend (y_1^2), wobei er aber unterstellt, daß sich diese Outputänderung nicht auf das Verhalten von 2 auswirken wird. Aber 2 wird sich an die neue Situation anpassen, worauf wiederum 1 seinen Output ändert – und so weiter, bis ein Gleichgewicht erreicht ist, in dem keiner der Duopolisten einen Anlaß hat, seine Produktionsmenge zu ändern, d.h. in dem die Produktion des einen Duopolisten die optimale Reaktion auf die des anderen darstellt und umgekehrt.[45]

Abb. 15: Die Cournotsche Duopollösung

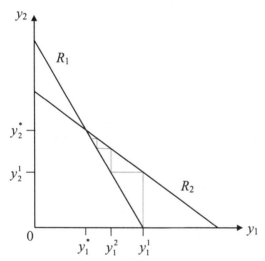

Graphisch läßt sich dies durch die Reaktionskurven R_1 und R_2 der beiden Duopolisten darstellen, die den gewinnmaximierenden Output von 1 bzw. 2 für jeden möglichen Output des jeweils anderen Duopolisten angeben. Das Gleichgewicht ist im Schnittpunkt von R_1 und R_2 bei den Mengen y_1^* und y_2^* erreicht.

Cournot (1838, 91) weist darauf hin, daß ein stabiles Gleichgewicht nur

---

[45] Ein solches Gleichgewicht wird heute als *Nash-Gleichgewicht* bezeichnet (vgl. Teil VIII.3.2.1).

unter gewissen Voraussetzungen erreicht wird, die für Abbildung 15 besagen, daß R_1 steiler als R_2 sein muß; andernfalls wäre das Gleichgewicht instabil. „This observation marks an important point in the history of economic analysis. For the first time a stability requirement was explicitly used to derive properties of a static model" (*Niehans* 1990, 185).

Des weiteren erkennt *Cournot* (1838, 92f), daß der gemeinsame Gewinn der Duopolisten im Gleichgewicht *niedriger* als der Gewinn eines Monopolisten auf diesem Markt ist, so daß ein Anreiz zur Bildung eines Monopols besteht. Eine gemeinsame Gewinnmaximierung – etwa in Form eines Kartells – wäre dagegen nicht auf Dauer durchzuhalten, da jeder Duopolist einen Anreiz hätte, von der Kartellvereinbarung abzuweichen und die Produktion und somit seinen Gewinnanteil zu erhöhen – obwohl durch ein solches Verhalten der *gemeinsame* Gewinn unter das mögliche Maximum gesenkt wird.

b) Wilhelm Launhardt

Auch *Wilhelm Launhardt* (1832-1918) verwendet die Annahme einer autonomen Strategie – allerdings nicht wie *Cournot* in bezug auf die Menge, sondern in bezug auf den Preis (*Launhardt* 1885, §28). Er geht folglich von heterogenen Gütern aus, die sich im Preis unterscheiden können; dabei betrachtet er vor allem die räumliche Produktdifferenzierung, d.h. das Angebot sonst identischer Güter an unterschiedlichen Orten. Jeder Duopolist, so nimmt *Launhardt* an, geht bei der eigenen Preissetzung davon aus, daß der Preis des jeweiligen Konkurrenten gegeben ist, d.h. jeder behandelt den jeweils anderen als *Preisführer* und handelt selbst als *Preisfolger* – eine Annahme, die genauso problematisch ist wie die entsprechende Annahme *Cournots*. Wesentliche Unterschiede zur Methode und zum Ergebnis *Cournots* gibt es nicht: Anstelle von Mengenreaktionskurven und einem Mengengleichgewicht findet man bei *Launhardt* Preisreaktionskurven und ein Preisgleichgewicht.

c) Heinrich von Stackelberg

Im Gegensatz zu *Cournot* und *Launhardt* unterstellt *Heinrich von Stackelberg* (1905-1946) für einen der beiden Duopolisten *heteronomes* Verhalten (*Stackelberg* 1934, Kap. 4). Dieser Anbieter erkennt, daß sein Verhalten das Angebot des anderen Anbieters beeinflußt, während jener weiterhin davon ausgeht, daß das Angebot seines Konkurrenten gegeben ist. Der sich heteronom verhaltende Duopolist bestimmt seinen gewinnmaximierenden Preis unter Berücksichtigung der Reaktionsfunktion seines Gegenübers (es wird also angenommen, daß der heteronome Duopolist diese Reaktionsfunktion kennt); er nimmt die *Unabhängigkeitsposition* ein und agiert als Preisführer; der bei autonomen Verhalten verharrende Duopolist ist dagegen als Preisfolger in der *Abhängigkeitsposition*.

Während die Lösungen *Cournots* und *Launhardts* symmetrisch sind, liegt bei *Stackelberg* ein asymmetrisches Gleichgewicht vor – wobei die Rollenverteilung freilich unerklärt bleibt. „In dieser merkwürdigen Verschiedenheit der tatsächlichen Positionen der beiden Anbieter liegt das eigentliche Problem des Dyopols und darüber hinaus des Oligopols beschlossen" (*Stackelberg* 1934, 18). Nur wenn ein Duopolist die Abhängigkeitsposition und der andere die Unabhängigkeitsposition einnimmt, ergibt sich ein Gleichgewicht, das langfristig stabil ist in dem Sinne, daß keiner der Beteiligten seine Erwartungen enttäuscht sieht. Wenn beide als Preisführer oder wenn beide als Preisfolger agieren, stehen die Erwartungen der beiden Konkurrenten im Widerspruch zueinander und (mindestens) einer der beiden muß im Irrtum sein. Einen Ausweg aus dieser Situation bietet die Lernunfähigkeitsannahme *Cournots* oder *Launhardts* (wenn beide sich als Preisfolger verhalten) – oder eben eine spieltheoretische Analyse (wenn beide sich als Preisführer verhalten).

2.1.4. Die Produktionsfaktoren

Haushalte treten nicht nur als Nachfrager von Konsumgütern, sondern auch als Anbieter von Produktionsfaktoren in Erscheinung. In diesem Abschnitt soll kurz auf die Faktoren Arbeit (Teil IV.2.1.4.1) und Boden (Teil IV.2.1.4.2) und ausführlicher auf den Faktor Kapital (Teil IV.2.1.4.3) eingegangen werden. Dabei wird sich zeigen, daß das Faktorangebot nicht isoliert gesehen werden kann; vielmehr besteht ein enger Zusammenhang mit der Konsumgutnachfrage der Haushalte.

2.1.4.1. Arbeit

Schon *Gossen* (1854, 34ff) wandte die Grenznutzentheorie nicht nur auf die Konsumgutnachfrage, sondern auch auf das Angebot des Produktionsfaktors Arbeit an; die erste moderne Darstellung dieser Arbeitsangebotstheorie stammt jedoch von *Jevons* (1871, Kap. V), auf die später auch *Marshall* (1890, Buch IV, Kap. I) zurückgriff.

Wenn man davon ausgeht, daß die Haushalte *kein* exogenes Einkommen beziehen, sondern nur ein Arbeitseinkommen, so hängt die Höhe dieses Einkommens vom Lohnsatz w und der Arbeitszeit ab. Das bei einem gegebenen Lohnsatz maximal erzielbare Arbeitseinkommen (d.h. wenn 24 Stunden am Tag gearbeitet wird) sei m_w^{max}. Das tatsächliche Arbeitseinkommen ergibt sich als Differenz zwischen m_w^{max} und dem durch den „Konsum" von Freizeit F verursachten Verdienstausfall wF. Unterstellt wird, daß die Freizeit Nutzen stiftet und die Arbeit infolge der Verminderung der zur Verfügung stehenden Freizeit diesen Nutzen senkt; von einer möglichen Freude an der Arbeit wird abgesehen. Wie bei anderen Konsumgütern wird auch beim Gut Freizeit von einem sinkenden Grenznutzen ausgegangen.

Das Nutzenmaximierungsproblem (3) aus Teil IV.2.1.1.1 ändert sich also wie folgt:

(35) $\quad L = U(F, x_1, x_2) + \lambda(m_w^{max} - wF - p_1 x_1 - p_2 x_2)$

Für die Nachfrage nach Freizeit und damit das Angebot an Arbeit ergibt sich

(36) $\quad \dfrac{\delta L}{\delta F} = 0 = \dfrac{\delta U}{\delta F} - \lambda w \quad \Leftrightarrow \quad \dfrac{\delta U / \delta F}{w} = \lambda$.

Für das Gut Freizeit gilt somit eine Optimalbedingung, die den Bedingungen für den Konsum von x_1 und x_2 entspricht (vgl. Gleichung 6 in Teil IV.2.1.1.1). Der einzige Unterschied liegt darin, daß der Preis für Freizeit nicht tatsächlich gezahlt wird, sondern aus dem Verzicht auf sonst erzielbaren Lohn besteht. Das Arbeitsangebot hängt ab vom Verhältnis zwischen dem Nutzen der Freizeit (d.h. dem Leid der Arbeit) und dem Nutzen der Konsumgüter (d.h. dem Nutzen der Arbeit). Folglich haben die Lohnkosten *subjektiven* Charakter.

Nur kurz erwähnt werden soll *Thünens* (1850, §15) Konzept des „naturgemäßen Lohns", welches höchst umstritten ist.

Kritik an Hayek
↳ Was sind die Konsequenzen, wie messen?

Hayek und die Ordo-Schule

Thünen (1850, 154) definiert diesen naturgemäßen Lohn als

(37) $\quad w_n = \sqrt{w^* y}$,

wobei w^* der Subsistenzlohn und y die Pro-Kopf-Produktion bezeichnet. Der naturgemäße Lohn resultiert aus dem wirtschaftspolitisch motivierten Ziel der Maximierung der Zinserträge (für welches *Thünen* keine überzeugende Begründung gibt). Er ist folglich normativer Natur und erklärt die Lohnhöhe nicht; deshalb überrascht es kaum, daß er mit *Thünens* Theorie der Entlohnung nach der Grenzproduktivität nicht (oder doch nur unter ganz speziellen Bedingungen) vereinbar ist.

2.1.4.2. Boden

Im folgenden soll auf die Beiträge *Thünens* und *Marshalls* zur Nutzung des Bodens bzw. zur Bestimmung der Grundrente eingegangen werde

a) Johann Heinrich von Thünen

Thünen ist heute weniger durch seine Pionierleistung auf dem Gebiet der Produktionstheorie bekannt (vgl. Teil IV.2.1.2.1), sondern eher als Begründer der Standorttheorie (*Thünen* 1826). Im Gegensatz zu *Ricardo* berücksichtigt *Thünen* auch die Entfernung zwischen Produktions- und Absatzort landwirtschaftlicher Erzeugnisse.

> „Man denke sich eine sehr große Stadt in der Mitte einer fruchtbaren Ebene gelegen, die von keinem schiffbaren Flusse oder Kanal durchströmt wird. Die Ebene selbst bestehe aus einem durchaus gleichförmigen Boden, der überall der Kultur fähig ist. In großer Entfernung von der Stadt endige sich die Ebene in eine unkultivirte Wildniß, wodurch dieser Staat von der übrigen Welt gänzlich getrennt wird. (...) Es entsteht nun die Frage: wie wird sich unter diesen Verhältnissen der Ackerbau gestalten, und wie wird die größere oder geringere Entfernung von der Stadt auf den Landbau einwirken, wenn dieser mit der höchsten Konsequenz betrieben wird." (*Thünen* 1826, 1f)

Zur Beantwortung dieser Frage untersucht *Thünen* zunächst den Ein-Güter-Fall, wobei er sich auf Weizen bezieht (*Thünen* 1826, 5ff). Um den von den Bauern effektiv erzielten Getreidepreis zu erhalten, sind die Transportkosten vom Standort des landwirtschaftlichen Gutes zur Stadt vom Getreidepreis in der Stadt abzuziehen; der Produzentenpreis nimmt folglich mit zunehmender Entfernung von der Stadt ab. Unterstellt man abnehmende Grenzerträge der Arbeit und einen konstanten Lohn, so nimmt – bei überall gleicher Bodenqualität – die Intensität der Bewirtschaftung ab, je weiter von der Stadt entfernt das betrachtete Gut liegt. Daraus ergibt sich unmittelbar, daß auch die Grundrente mit Zunahme der Entfernung zur Stadt abnimmt.

Thünen interessiert aber vor allem der Fall mehrerer Produkte (*Thünen* 1826, 69ff). Aufgrund unterschiedlicher Transportkosten ergibt sich für jedes Produkt eine charakteristische Beziehung zwischen Höhe der Grundrente und Distanz zum Zentrum. Die Auswahl der anzubauenden Produkte erfolgt mit dem Ziel der Maximierung der Grundrente.

> „Es ist im Allgemeinen klar, daß in der Nähe der Stadt solche Produkte gebauet werden müssen, die im Verhältniß zu ihrem Werth ein großes Gewicht haben, oder einen großen Raum einnehmen, und deren Transportkosten nach der Stadt so bedeutend sind, daß sie aus entfernten Gegenden nicht mehr geliefert werden können; so wie auch solche Produkte, die dem Verderben leicht unterworfen sind und frisch verbraucht werden müssen. Mit der größern Entfernung von der Stadt wird aber das Land immer mehr und mehr auf die Erzeugung derjenigen Produkte verwiesen, die im Verhältniß zu ihrem Werth mindere Transportkosten erfordern. Aus diesem Grunde allein, werden sich um die Stadt ziemlich scharf geschiedene konzentrische Kreise bilden, in welchen diese oder jene Gewächse das Haupterzeugniß ausmachen." (*Thünen* 1826, 2)

Der Übergang von einem „Kreis" zum anderen wird dort erfolgen, wo die Grundrente beim Anbau des einen Gutes beginnt, unter die Grundrente beim Anbau des anderen Gutes zu sinken; innerhalb der Kreise variiert die Intensität der Bewirtschaftung wie im einfachen Weizen-Fall.

b) Alfred Marshall

Während *Thünen* von gegebenen Güterpreisen ausgeht und die Nutzung des landwirtschaftlichen Bodens sowie die Höhe der Grundrente analysiert, greift *Marshall* (1890, 486ff) die ricardianische These von der Grundrente als Residuum auf (vgl. Teil III.3.3.2). Er weist darauf hin, daß die Grundrente nur dann den Preis nicht beeinflußt, sondern von diesem bestimmt wird (also Residuum ist), wenn es nur eine einzige Verwendungsmöglichkeit für Land gibt: die Produktion des Subsistenzkonsumgutes der Arbeiter (d.h. des Gutes, für dessen Konsum die Arbeiter ihren Subsistenzlohn praktisch ausschließlich verwenden). Ist dies nicht der Fall und gibt es unterschiedliche Verwendungsmöglichkeiten, so müssen die Unternehmen, die

Land als Produktionsfaktor einsetzen wollen, um dieses Land konkurrieren. Land wird im Gleichgewicht so genutzt, daß dessen marginale Produktivität in allen Verwendungsmöglichkeiten identisch ist. Unter diesen Umständen ist die Grundrente ebenso wie Lohn oder Zins ein Kostenbestandteil, der vom Preis gedeckt werden muß; d.h. sie beeinflußt die Höhe des Preises. Da anders als bei Arbeit oder Kapital das Angebot an Boden auch langfristig als fix angesehen werden kann, hat die Entlohnung des Faktors Boden dennoch aus gesamtwirtschaftlicher Sicht nicht den Charakter eines Wettbewerbspreises, sondern einer Knappheitsrente (welche die Eigentümer des Bodens auf Dauer erzielen).

2.1.4.3. Kapital

Auf dem Gebiet der Kapitaltheorie sollen die Modelle von *Wicksell* und von *Fisher* sowie die „Cambridge-Kontroverse" diskutiert werden. An dieser Stelle wird auf die Behandlung eines Autors verzichtet, der im Zusammenhang mit der Kapitaltheorie üblicherweise genannt wird: *Böhm-Bawerk*. Auf ihn soll im Rahmen der österreichischen Schule eingegangen werden (vgl. Teil VII.4.1.2).

a) Knut Wicksell

Wicksell (1913, 238ff) präsentiert ein interessantes kapitaltheoretisches Modell, dem wichtige Einsichten in den Zusammenhang zwischen Kapital und Zins zu verdanken sind.

Wicksell geht von einer Produktion aus, bei der alle Inputs am Anfang der Produktionsperiode eingesetzt werden und der gesamte Output an deren Ende anfällt; der Kapitalstock besteht folglich aus einem Bestand unfertiger, „ausreifender" Güter. Als Beispiel dient *Wicksell* Wein, der jung eingelagert wird und mit zunehmendem Alter an Wert gewinnt. Es wird deutlich, daß der Wert des Kapitalstocks von der Höhe des Zinses abhängt, welcher auch die optimale Produktionsdauer, d.h. den gewinnmaximierenden Zeitpunkt für den Verkauf des Weins, beeinflußt.

Die folgende graphische Darstellung wurde von *Niehans* (1990, 253ff) übernommen.

Abb. 16: Die Wicksellsche Kapitaltheorie

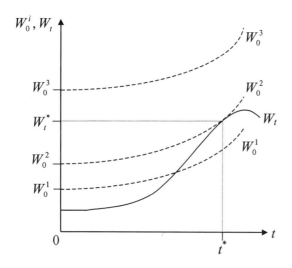

Auf der Abszisse ist die Zeit t ab dem Zeitpunkt der Einlagerung des jungen Weins abgetragen. Auf der Ordinate sind der Verlauf des tatsächlichen Marktwertes des Weinbestands, W_t, sowie drei weitere Kurven (W_0^1, W_0^2, W_0^3) abgetragen; letztere geben die Entwicklung des Marktwertes wider, die notwendig wäre, damit der *Gegenwartswert* des Weinbestandes im Zeitablauf *konstant* bei W_0^1, W_0^2 bzw. W_0^3 bleibt (folglich müssen diese Kurven aufgrund des Zinseszinseffektes exponentiell ansteigen). Der Zinssatz ist vorgegeben. Mit Hilfe der W_0^i-Kurven läßt sich der optimale Verkaufszeitpunkt bzw. die optimale Produktionsdauer ähnlich wie bei der Indifferenzkurvenanalyse ermitteln: Der Gegenwartswert des Weinbestandes ist dann maximal, wenn der Verkaufszeitpunkt so gewählt wird, daß die höchstmögliche W_0^i-Kurve erreicht wird. Dies ist bei t^* der Fall; hier wird der Gegenwartswert W_0^2 bzw. der Marktwert W_t^* realisiert. Findet die Auflösung des Weinlagers früher oder später statt, so sinkt der Gegenwartswert, z.B. auf W_0^1; ein höherer Gegenwartswert als W_0^2 (wie z.B. W_0^3) ist dagegen nicht erreichbar. Die Differenz zwischen dem Marktwert W_t^* und dem entsprechenden Gegenwartswert W_0^2 ist die Verzinsung von W_0^2. Hinsichtlich des vorrätigen Weinbestandes geht man davon aus, daß kontinuierlich produziert wird, also in dem Maße junger Wein eingelagert wird, in dem alter Wein verkauft wird. Es ist also immer eine bestimmte Menge Weins jeden

Alters zwischen $t = 0$ und t^* im Lager vorhanden. Der Kapitalwert K wird in der obigen Abbildung dargestellt durch die Fläche unter W_0^2 zwischen $t = 0$ und t^*. Er ist höher als die Summe der Marktwerte der verschieden alten Weinbestände, welche der Fläche unter W_t zwischen $t = 0$ und t^* entspricht, da der Wert des Weines ja durch die Alterung erhöht wird.

Jedes Unternehmen sieht den Zins als exogen an und entscheidet – durch die Wahl des Verkaufszeitpunkts – über die Höhe seines Kapitalstocks. Dagegen ist gesamtwirtschaftlich der Kapitalstock gegeben und der Zins dient dazu, die Kapitalnachfrage der Unternehmen diesem Kapitalangebot anzupassen. Hier liegt auch das Hauptmanko des Wicksellschen Modells: Die Höhe des gesamtwirtschaftlichen Kapitalstocks, also das Kapitalangebot, bleibt unerklärt.

b) Irving Fisher

Eine vollständige Kapitaltheorie, die sowohl Kapitalangebot als auch Kapitalnachfrage umfaßt, legte *Fisher* (1930) vor; mit ihr verbesserte er in mancherlei Hinsicht die Theorien seiner Vorgänger, zu denen neben *Böhm-Bawerk* auch *John Rae* (1796-1872) gehört. Die Fischersche Kapitaltheorie ist die definitive neoklassische Kapitaltheorie, die auch heute noch weitestgehend akzeptiert wird. Sie soll in Abbildung 17 graphisch dargestellt werden.

C_0 und C_1 bezeichnen Gegenwarts- und Zukunftskonsum. Die Produktionsmöglichkeitskurve T gibt an, auf welchen Gegenwartskonsum verzichtet werden muß, um den Zukunftskonsum zu erhöhen – und vice versa (*Fisher* 1930, Kap. VII). T ist aufgrund der üblichen Annahme sinkender Grenzerträge konkav; die Steigung ist in weiten Bereichen kleiner als -1, da ein bestimmter Konsumverzicht heute in aller Regel einen höheren Mehrkonsum morgen ermöglicht. Man kann dabei z.B. an Korn denken, welches man jetzt in Form von Brot verbrauchen oder aber aussäen („investieren") kann, um später umso mehr Korn bzw. Brot erhalten zu können. I_1 und I_2 sind Nutzenindifferenzkurven, in denen sich die *Zeitpräferenz* widerspiegelt (*Fisher* 1930, Kap. IV): Ihre Steigung entspricht der Grenzrate der *intertemporalen* Substitution, d.h. dem Verhältnis, in dem marginale Abnahme des Zukunftskonsums und marginale Zunahme des Gegenwartskonsums stehen müssen, damit der Nutzen des Konsumenten unverändert bleibt. Meist wird der Gegenwarts- dem Zukunftskonsum vorgezogen, d.h. die Steigung der Indifferenzkurven ist in aller Regel kleiner als -1; das Wirtschaftssubjekt ist folglich bereit, für eine zusätzliche Einheit C_0 mehr als eine Einheit C_1 aufzugeben. Hierfür gibt es zwei Gründe: Zum einen kann das Einkommen und somit die zur Verfügung stehende Gütermenge in der Zukunft höher sein als in der Gegenwart, so daß der Grenznutzen des Konsums in der Zukunft niedriger als in der Gegenwart ist und das Wirtschaftssubjekt deshalb bereit ist, eine große Einbuße am relativ reichlichen Zukunftskonsum zugunsten des relativ spärlichen Gegenwartskonsums hinzunehmen (*Fisher* 1930, 66ff). Zum anderen gibt es auch eine von der intertemporalen Einkommensverteilung unabhängige, *reine* Zeitpräferenz, die aus der menschlichen Ungeduld resultiert (*Fisher* 1930, 63ff). Davon spricht man, wenn die Grenzrate der intertemporalen Substitution auch im Schnittpunkt mit der 45°-Linie, also auch wenn Gegenwarts- und Zukunftskonsum gleich sind, kleiner als -1 ist. Das Wirtschaftssubjekt maximiert seinen Nutzen bei C_0^* und C_1^*, da hier die höchstmögliche Indifferenzkurve erreicht wird. Der zukünftige Konsum, C_1^*, wird ermöglicht durch die Investition der Differenz zwischen C_0^{max} und C_0^* in der Gegenwart, also die Bildung von Kapital.

Abb. 17: Die Fishersche Kapitaltheorie (Ein-Personen-Fall)

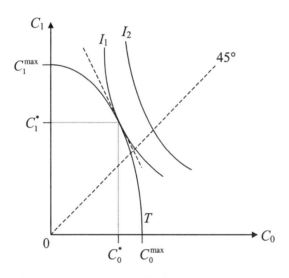

Im Gleichgewicht müssen sich die marginale Rate der Transformation (von Gegenwarts- in Zukunftskonsum) und die Grenzrate der intertemporalen Substitution entsprechen; beide müssen gleich der Steigung der gemeinsamen Tangente von T und I_1 sein. Wenn man diese Steigung mit α bezeichnet, ergibt sich der Gleichgewichtszins i als $-\alpha - 1$.

In Abbildung 17 stimmen Gegenwartskonsum und -produktion sowie Zukunftskonsum und -produktion für das betrachtete Individuum überein. Das gilt zwangsläufig nur für eine Ein-Personen-„Gesellschaft", nicht jedoch für eine Mehr-Personen-Gesellschaft. In einer solchen ist es möglich, daß Individuen in einem bestimmten Zeitraum mehr oder weniger konsumieren als sie produzieren.

Abb. 18: Die Fishersche Kapitaltheorie (Mehr-Personen-Fall)

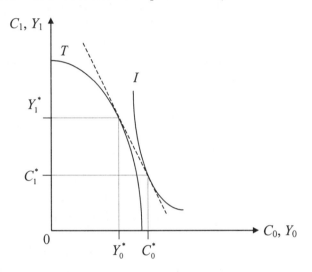

So konsumiert das Individuum in der obigen Abbildung in der Gegenwart mehr als es produziert (C_0^* bzw. Y_0^*), während es in der Zukunft mehr produziert als konsumiert (C_1^* bzw. Y_1^*). Der herrschende Zins, von dem die individuellen Entscheidungen wesentlich abhängen, läßt sich wieder an der gemeinsamen Tangente von I und T ablesen. Der Zins wird solange variiert, bis ein Gleichgewicht erreicht ist, in dem gesamtwirtschaftlich Kapitalangebot und Kapitalnachfrage ausgeglichen sind, d.h. die Summe der gegenwärtigen (zukünftigen) Produktion genau der Summe des gegenwärtigen (zukünftigen) Konsums entspricht.

> „The rate of interest is equal to the degree of impatience upon which the whole community may *concur in order that the market of loans may be exactly cleared.*" (*Fisher* 1930, 120)

Ergänzend ist auf *Fishers* (1896, Teil I) Diskussion des Zusammenhangs zwischen Zinssatz und Inflationsrate hinzuweisen. Die Inflation ist nur dann neutral, d.h. hat nur dann keine Auswirkungen auf reales Kapitalangebot und reale Kapitalnachfrage, wenn der Realzins r unverändert bleibt und der Nominalzins i wie folgt angepaßt wird:

(38) $\quad i = \bar{r} + \dfrac{\Delta P}{P}$

In (38) bezeichnet $\Delta P/P$ die Inflationsrate (P steht für das Preisniveau); es wird eine *kontinuierliche* Zinszahlung vorausgesetzt. *Fisher* ist sich allerdings im klaren darüber, daß diese Anpassung in der Realität aufgrund der Unvorhersehbarkeit der Inflation und der Unterschiedlichkeit der Erwartungen von Kapitalanbietern und -nachfragern meist nicht erfolgt, so daß mit einem Einfluß der Inflation auf den Realzins und somit auf die Ressourcenallokation zu rechnen ist (*Fisher* 1896, Teil II).

c) Joan Robinson und die „Cambridge-Kontroverse"

Die als „Cambridge-Kontroverse" bezeichnete kapitaltheoretische Diskussion der 50er und 60er Jahre trug entscheidend zum Ansehen der Kapitaltheorie als einem der schwierigsten und umstrittensten Gebiete der neoklassischen Theorie bei.

Ausgelöst wurde diese Kontroverse von *Robinson* (1953/54), die auf das Problem der Messung des Kapitalstocks und das „Kapitalparadoxon" hinwies, welche sie als entscheidende Schwachpunkte der neoklassischen Theorie ansah, die diese überhaupt in Frage stellen würden. Gegen diese Angriffe von *Robinson* und ihren Mitstreitern aus Cambridge (England) wurde die Neoklassik verteidigt von Ökonomen aus Cambridge (Massachusetts), zu denen insbesondere *Samuelson* zählte. Nach deren Meinung handelt es sich um keine schwerwiegenden Probleme, sondern um Scheinprobleme oder doch um seltene Ausnahmefälle, die für die neoklassische Theorie ohne größere Bedeutung sind.

Wenden wir uns zunächst der Messung des Kapitalstocks zu: Kapital kann entweder „technisch" oder „wertmäßig" gemessen werden. Im ersten Fall werden einfach die (physischen) Mengen der verschiedenen Kapitalgüter angegeben; im zweiten Fall werden alle Kapitalgüter in Einheiten eines bestimmten Gutes bzw. in Geldeinheiten gemessen. Bezieht man sich allgemein auf den Produktionsfaktor „Kapital" als Aggregat aller Kapitalgüter, so kommt nur eine wertmäßige Messung in Frage, da anders eine Aggregierung offensichtlich nicht möglich ist. Diese ist wiederum Voraussetzung, um eine Profitrate bzw. Kapitalverzinsung zu definieren, welche für die Integration von Kapital in die Verteilungstheorie notwendig zu sein scheint (vgl. Teil IV.2.1.2.1). Folglich ist eine Bewertung von Kapital notwendig, die unabhängig von dessen Preis, d.h. dem Zins, ist. Dieses Problem ist jedoch nicht lösbar. *Wicksell* (1913, 241f) erkannte dies frühzeitig; in seinem Kapitalmodell wird deutlich, daß der Wert des Kapitalstocks von der Höhe des Zinses abhängt. Denn dieser Wert ergibt sich aus der Summe der abdiskontierten zukünftigen Erträge, wozu der Zins als Diskontierungsfaktor benötigt wird. Andererseits soll der Zins gemäß der Grenzproduktivitätstheorie das Ausmaß des Kapitaleinsatzes, d.h. den Wert des Kapitalstocks, erklären, wozu natürlich eine vom Zins unabhängige Messung des Kapitalstocks notwendig ist (*Robinson* 1953/54, 84). Aus Sicht der Neoklassik handelt es sich bei diesem Dilemma aber nur um ein Scheinproblem.

> „Repeatedly (...) I have insisted that capital theory can be rigorously developed without using any Clark-like concept of aggregate ‚capital', instead relying upon a complete analysis of a great variety of heterogeneous physical capital goods and processes through time." (*Samuelson* 1962, 193)

Für die Entscheidung über die intertemporale Allokation von Ressourcen, d.h. die Bildung von Kapital, ist eine Messung des Kapitalstocks, ist die Aggregierung der Kapitalgüter überhaupt nicht notwendig. Hierfür ist, wie das schon *Fisher* (1930) demonstrierte, lediglich die Grenzrate der Transformation zwischen Gegenwarts- und Zukunftskonsum erforderlich. Nicht das Aggregat „Kapital" ist für die neoklassische Produktionstheorie relevant, sondern die Mengen der einzelnen Kapitalgüter. Diese sind die eigentlichen Produktionsfaktoren, die „technisch" gemessen werden können und müssen – denn die Grenzproduktivität bezieht sich immer nur auf technische Kapitalgrößen. In neoklassischen Produktionsfunktionen ist das aggregierte Kapital also nicht notwendig. Allerdings kann im Gleichgewicht, wenn die Preise aller Produktionsfaktoren, also auch die der verschiedenen Kapitalgüter, feststehen, die kostenminimale Produktionsweise realisiert ist und sich Kapitalangebot und -nachfrage beim Gleichgewichtszins entsprechen, der aggregierte Kapitalstock (für einzelne Unternehmen oder die gesamte Volkswirtschaft) berechnet werden und die (einzel- oder gesamtwirtschaftliche) Produktionsfunktion mit Hilfe desselben vereinfacht werden – aber nur ex post und nur zur Beschreibung einer Gleichgewichtssituation.

Das Kapitalparadoxon war schon *Wicksell*, *Fisher* und *Sraffa* bekannt. Es betrifft den Zusammenhang zwischen Faktoreinsatz- und Faktorpreisverhältnis. Es ist möglich, daß z.B. eine Zinserhöhung zunächst – wie erwartet – zu einer arbeitsintensiveren, dann aber – wenn der Zins weiter steigt – zu einer wieder kapitalintensiveren Produktionsweise führt; es kann also zu einem „reswitching" des Faktoreinsatzverhältnisses kommen (*Robinson* 1953/54, 95f). Folglich besteht *keine* eindeutige Beziehung zwischen Faktoreinsatz- und Faktorpreisrelation: Das zentrale Postulat der neoklassischen Produktionstheorie, daß nämlich eine Änderung der Faktorpreise auf eine eindeutige Weise mit einer Änderung des Faktoreinsatzverhältnisses verbunden ist, war damit widerlegt. Der Versuch der Massachusetts-Ökonomen, das Paradoxon als Spezialfall einzustufen, der zwar bei einzelnen Unternehmen auftreten könne, aber gesamtwirtschaftlich bei Vorliegen bestimmter, leicht akzeptabler Bedingungen irrelevant sei (*Levhari* 1965), scheiterte. Es stellte sich nämlich heraus, daß das Kapitalparadoxon weder einzel- noch gesamtwirtschaftlich widerlegt werden und es selbst unter idealen neoklassischen Bedingungen zum „reswitching" kommen kann (*Levhari und Samuelson* 1966).

Obwohl die Aggregierung und Messung von Kapital nicht notwendig ist, um die Möglichkeit des „reswitching" zu zeigen, gibt es Zusammenhänge. Kapital kann einerseits *finanziell* als Fonds von Ressourcen aufgefaßt werden, andererseits *technisch* als Bestand (heterogener) Produktionsmittel. Eine eindeutige inverse Beziehung zwischen Zins und Kapitalnachfrage existiert nur in der finanziellen Sphäre, *nicht* analog zwischen Gewinnrate und „Kapitalmenge" in der technischen Sphäre.

Dennoch muß die neoklassische Theorie nicht aufgegeben werden. Ausreichend ist vielmehr die Aufgabe des Begriffs „Kapital" in der neoklassischen Analyse; er ist lediglich als zusammenfassende Bezeichnung der Produktionsmittelbestände im Gleichgewicht zulässig (und von daher rein *nominalistisch* zu interpretieren). Der Verzicht auf den Faktor „Kapital" läßt zwei Alternativen übrig: Entweder werden kurzfristige Gleichgewichte mit fixen Beständen der jeweiligen Kapitalgüter analysiert – was letztlich auf eine erhebliche Einschränkung des Geltungsbereiches der Kapitaltheorie hinausläuft. Oder man untersucht (disaggregierte) intertemporale Gleichgewichte, bei denen alle Güter (also auch die Kapitalgüter) zusätzlich nach dem Datum ihrer Verwendung unterschieden werden (z.B. gibt es nicht nur ein Gut x, sondern mehrere Güter x^t, die sich nur hinsichtlich des Nutzungszeitpunktes t unterscheiden). Allerdings sind die Annahmen die bei der zweiten Vorgehensweise getroffen werden müssen, sehr problematisch (vgl. Teil IV.2.2.1.2.c). In beiden Fällen ist zwar ein einheitlicher Kapitalbegriff überflüssig, weil ein Transfer von (unspezifiziertem) „Kapital" zwischen verschiedenen Investitionsalternativen ausgeschlossen ist; doch muß dieser Vorteil durch die Inkaufnahme nicht unbeträchtlicher Probleme teuer bezahlt werden.

2.2. Totalanalyse

Die Totalanalyse oder allgemeine Gleichgewichtstheorie untersucht die Volkswirtschaft als Ganzes. Im Gegensatz zur Partialanalyse wird auf die „ceteris paribus"-Annahme und damit auf die Ausklammerung von Interdependenzen verzichtet. Als konstant und gegeben werden lediglich die nicht (im engeren Sinn) ökonomischen Faktoren angenommen wie z.B. die Zahl der Wirtschaftssubjekte, deren Präferenzen, deren Ausstattung mit Produktionsfaktoren und die verfügbaren Technologien.

Die allgemeine Gleichgewichtstheorie stellt das anspruchsvollste und formal rigoroseste Gebiet der Neoklassik dar; aufgrund ihres allgemeinen und umfassenden Ansatzes ist sie der Höhepunkt und das theoretische Zentrum der Neoklassik. Dennoch dominiert sowohl bei theoretischen Fragestellungen als auch im Bereich der angewandten Ökonomie die Partialanalyse, da der theoretische Apparat der Totalanalyse häufig zu komplex und dessen Einsatz nicht unbedingt notwendig ist.

Die allgemeine Gleichgewichtstheorie beschäftigt sich vor allem mit folgenden Fragen: Kann in einer Volkswirtschaft, in der die ökonomischen Entscheidungen dezentral getroffen werden, überhaupt ein Gleichgewicht erreicht werden? Unter welchen Bedingungen kann es zustande kommen? Welche Eigenschaften zeichnen ein solches Gleichgewicht aus? Und wie wird das Gleichgewicht durch eine Änderung der exogenen Faktoren beeinflußt? Schon *Adam Smith* (1776, Vol. II, 35) behauptete, daß ein Marktgleichgewicht existieren und im „publick interest" liegen würde – ist allerdings den Beweis für diese Behauptung schuldig geblieben. *Cournot* erkannte genau, daß aufgrund des Zusammenhangs aller ökonomischen Entscheidungen jede Partialanalyse letztlich unbefriedigend bleiben muß.

> „[E]n réalité, le système économique est un ensemble dont toutes les parties ses tiennent et réagissent les unes sur les autres. (...) Il semble donc que dans la solution complète et rigoureuses des problèmes relatifs à quelques parties du système économique, on ne puisse se dispenser d'embrasser le système tout entier." (*Cournot* 1838, 146)[46]

Er selbst sah sich jedoch außerstande, eine Totalanalyse zu bewerkstelligen (*Cournot* 1838, 146f). Diese Aufgabe blieb *Léon Walras* (1834-1910) über-

---

[46] In der Realität stellt das ökonomische System eine Einheit dar, deren Teile voneinander abhängen und sich gegenseitig beeinflussen. Also scheint man für eine vollständige und genaue Lösung von Problemen, die Teilbereiche des ökonomischen Systems betreffen, nicht darauf verzichten zu können, das gesamte System zu erfassen. [*F.S.*]

lassen, dem Pionier der allgemeinen Gleichgewichtstheorie. Mit seinen 1874 und 1877 in zwei Halbbänden erschienenen „Eléments d'Economie Politique Pure" (*Walras* 1874/77) legte er die Grundlage, auf der alle nachfolgenden Gleichgewichtstheoretiker aufbauten.[47]

Auch heute noch bildet die von ihm initiierte statische allgemeine Gleichgewichtstheorie (Teil IV.2.2.1) das Herzstück der Totalanalyse, wenngleich die aktuellen Forschungsanstrengungen zunehmend der dynamischen Analyse gelten (Teil IV.2.2.2). Von besonderer Bedeutung ist die Diskussion der Rolle des Geldes im Rahmen von Gleichgewichtsmodellen, da hier die Problematik bestimmter gleichgewichtstheoretischer Annahmen klar wird (Teil IV.2.2.3).

2.2.1. Statische allgemeine Gleichgewichtstheorie

Die statische allgemeine Gleichgewichtstheorie befaßt sich mit der Existenz und den Eigenschaften von Gleichgewichten, nicht jedoch mit dem Weg, auf dem diese Gleichgewichte erreicht werden; dynamische Aspekte bleiben also außer acht. Neben dem Walrasschen Grundmodell (Teil IV.2.2.1.1) werden im folgenden auch die wichtigsten darauf aufbauenden Arbeiten (Teil IV.2.2.1.2) vorgestellt.

2.2.1.1. Léon Walras

Walras konstruierte sein Modell einer Marktwirtschaft in zwei Schritten: In einem ersten Schritt beschränkt er sich auf eine reine Tauschwirtschaft, in der es nur Haushalte mit einer bestimmten Anfangsausstattung an Konsumgütern gibt, aber keine Unternehmen und keine Produktion (*Walras* 1874/77, Teil II, Lektionen 19-26).

Er beginnt seine Analyse mit zwei Gütern und erweitert sie immer mehr bis zum allgemeinen Fall von n Gütern x_i ($i = 1,..., n$). Die m Haushalte tauschen nun diese Güter mit dem Ziel, ihren Nutzen zu maximieren. Da selbstverständlich nur *relative* Preise das Verhalten der Haushalte beeinflus-

---

[47] Die „Eléments" waren als erster Teil eines drei Bände umfassenden Gesamtwerkes geplant; die beiden Folgebände sind jedoch nie erschienen.

sen, kann der (absolute) Preis eines Gutes, z.B. von Gut 1, willkürlich gleich 1 gesetzt werden; dieses Gut dient dann als „numéraire", d.h. als Preismaßstab für alle anderen Güter. Jeder Haushalt j ($j = 1,..., m$) maximiert seine Nutzenfunktion

(39) $\quad U_j = U_j(x_1^j, x_2^j, ..., x_n^j)$

unter der Bedingung, daß

(40) $\quad (x_1^j - \bar{x}_1^j) + (x_2^j - \bar{x}_2^j)p_2 + ... + (x_n^j - \bar{x}_n^j)p_n = 0$,

d.h. daß Ausgaben und Einnahmen sich entsprechen; dabei bezeichnet x_i^j den Konsum von Gut i durch den Haushalt j und $\bar{x}_i^j$ die Anfangsausstattung von j mit i.[48] Die Nachfrage eines Haushaltes nach einem Gut, $x_i^j - \bar{x}_i^j$, ist in der Totalanalyse eine Funktion der Preise *aller* Güter:

(41) $\quad x_i^j - \bar{x}_i^j = f_i^j(p_2, ..., p_n)$

Dabei ist eine negative Nachfrage gleichbedeutend mit einem Angebot des betreffenden Gutes. Für jedes Gut können die Nachfragefunktionen der Haushalte zur Gesamtnachfrage aggregiert werden:

(42) $\quad \sum_{j=1}^{m} (x_i^j - \bar{x}_i^j) = f_i(p_2, ..., p_n)$

Ein Tauschgleichgewicht ist durch zwei Bedingungen gekennzeichnet: *Erstens* muß für jeden Konsumenten die Nutzenmaximierungsbedingung des zweiten Gossenschen Gesetzes erfüllt sein:

(43) $\quad \dfrac{\delta U^j}{\delta x_1^j} = \dfrac{\delta U^j / \delta x_2^j}{p_2} = ... = \dfrac{\delta U^j / \delta x_n^j}{p_n}$

---

[48] *Walras* unterstellt eine *additive* Nutzenfunktion; auf diese unwesentliche Restriktion haben wir verzichtet und die allgemeine Formulierung gewählt. Des weiteren sind die Nutzenfunktionen von *Walras* kardinal, was in unserer Darstellung beibehalten wird; allerdings lassen sich die kardinalen problemlos durch ordinale Nutzenfunktionen ersetzen. Vor seiner Analyse der Tauschwirtschaft leitet *Walras* (1874/77, Teil II, Lektionen 9-17) die beiden Gossenschen Gesetze ab – allerdings in einer aus heutiger Sicht wenig überzeugenden Weise.

Zweitens müssen sich für alle Güter Gesamtangebot und Gesamtnachfrage entsprechen:

$$(44) \quad \sum_{j=1}^{m} \bar{x}_i^j = \sum_{j=1}^{m} x_i^j$$

Walras (1874/77, 108) stellt fest, daß aufgrund der Budgetrestriktionen die Gleichgewichte in den einzelnen Märkten nicht unabhängig voneinander sind: Wenn Gesamtangebot und Gesamtnachfrage in $n-1$ Märkten ausgeglichen sind, so muß auch im $n$ten Markt das Gesamtangebot gleich der Gesamtnachfrage sein. Diese Beziehung wurde später unter dem Namen *Walrassches Gesetz* bekannt. Es gibt also nur $n-1$ voneinander unabhängige Gleichungen (42) für n Gütermärkte. Andererseits gibt es aufgrund der Festlegung eines „numéraire" aber auch nur $n-1$ unbekannte Preise. Die Zahl der unabhängigen Gleichungen und die Zahl der zu bestimmenden Preise entsprechen sich also; alle *relativen* Preise können *prinzipiell* bestimmt werden.[49] Die mn von den einzelnen Haushalten nachgefragten Gütermengen ergeben sich aus den mn Haushaltsnachfragefunktionen (41).

Den Prozeß der Findung der Gleichgewichtspreise stellt sich *Walras* (1874/77, 126ff) als langsames „Herantasten" („tâtonnement") mit Hilfe eines *Auktionators* vor. Dieser verkündet mehr oder weniger willkürlich einen Preis für jedes Gut und nimmt die Kauf- und Verkaufwünsche zu diesem Preis entgegen. In aller Regel werden sich zunächst zahlreiche Ungleichgewichte ergeben. Der Auktionator überprüft sämtliche Märkte in der Reihenfolge 1 bis n; bei jedem Markt, der sich nicht im Gleichgewicht befindet, ändert er den ursprünglich genannten Preis entsprechend der Art des Ungleichgewichts; d.h. er senkt bzw. erhöht den Preis bei Überangebot bzw. Übernachfrage. Dieser Prozeß wird solange fortgesetzt, bis sich alle Märkte im Gleichgewicht befinden – was sehr lange dauern kann, da ein einmal erreichtes Gleichgewicht in einem Markt durch später durchgeführte Preisvariationen in einem anderen Markt wieder gestört werden kann (es ist deshalb wahrscheinlich, daß die Reihe der Märkte 1 bis n sehr oft durchgegangen werden muß). Erst bei einem allgemeinen Gleichgewicht werden auch tatsächlich die Transaktionen abgewickelt, d.h. Ungleichgewichtstransaktionen sind ausgeschlossen. Durch die Figur des Auktionators werden im Walrasschen Modell die individuellen Entscheidungen *zentral* koordiniert, was mit den tatsächlichen Marktprozessen offensichtlich sehr wenig zu tun hat.

---

[49] Über die *absoluten* Preise kann keine Aussage getroffen werden; diese können jedoch mit Hilfe der Quantitätsgleichung ermittelt werden (vgl. Teil IV.2.2.3.1).

Im zweiten Schritt berücksichtigt *Walras* (1877, Teil IV) auch die Produktion. Eine unbestimmte Anzahl gewinnmaximierender Unternehmen, die in einem vollkommenen Wettbewerb stehen, stellen die n Güter her nach Maßgabe von n linear-homogenen Produktionsfunktionen

(45) $y_i = y_i(z_1^i, z_2^i, ..., z_k^i)$

mittels der von den Haushalten zur Verfügung gestellten k Produktionsfaktoren z_h ($h = 1, ..., k$).[50] Beim Auftreten von Gewinnen würde die Produktion ausgedehnt werden; käme es zu Verlusten, würde sie eingeschränkt werden. Im Gleichgewicht herrscht folglich Gewinnlosigkeit, d.h. für die Produktion jedes Gutes gilt:

(46) $p_i y_i = \sum_{h=1}^{k} w_h z_h^i$

Die Nachfrage der Unternehmen nach Produktionsfaktoren ist eine Funktion des Outputs und der Faktorpreise:

(47) $z_h^i = z_h^i(w_1, w_2, ..., w_k; y_i)$

Aggregiert man über die gesamte Güterproduktion, so ergeben sich k Gesamtnachfragefunktionen für die Produktionsfaktoren:[51]

(48) $\sum_{i=1}^{n} z_h^i = z_h = z_h(w_1, w_2, ..., w_k; y_1, y_2, ..., y_n)$

Die Haushalte haben keine Anfangsausstattung an Konsumgütern mehr, sondern sie besitzen Produktionsfaktoren, die sie anbieten müssen, um Kon-

---

[50] *Walras* geht ursprünglich von *limitationalen* Produktionsfunktionen, also fixen Faktoreinsatzverhältnissen, aus (dies impliziert lineare Homogenität). Von dieser unwesentlichen Annahme wollen wir hier absehen und stattdessen *substitutionale* (aber gleichfalls linear-homogene) Produktionsfunktionen verwenden. In späteren Auflagen seiner „Eléments" verzichtet *Walras* selbst auf fixe Faktoreinsatzverhältnisse und läßt Faktorsubstituierbarkeit zu. Solange die Produktionsfunktionen linear-homogen sind, ist aber auf jeden Fall die *Anzahl* der Unternehmen irrelevant – zumindest für die Produktionsverhältnisse: Die Faktoreinsatzmengen pro Stück sind unabhängig vom Produktionsvolumen.

[51] Um nicht noch mehr Symbole einführen zu müssen, soll z_h sowohl das Gesamtangebot von als auch die Gesamtnachfrage nach den Produktionsfaktoren bezeichnen; was jeweils gemeint ist, geht aus dem Zusammenhang klar hervor.

sumgüter erwerben zu können. Sie maximieren Nutzenfunktionen folgender Gestalt:

(49) $\quad U_j = U_j(x_1^j, x_2^j,..., x_n^j; \bar{z}_1^j - z_1^j, \bar{z}_2^j - z_2^j,..., \bar{z}_k^j - z_k^j)$

Dabei bezeichnet $\bar{z}_h^j$ ($h = 1,..., k$) die Ausstattung des Haushalts j mit dem Produktionsfaktor h und z_h^j die vom $j$ten Haushalt auf dem Markt angebotene Menge an h; es ist nicht davon auszugehen, daß in jedem Fall $z_h^j = \bar{z}_h^j$, da z.B. die Haushalte einen Teil ihrer Zeit nicht als Arbeitszeit anbieten, sondern als Freizeit genießen werden.

Die Nachfrage nach Konsumgütern und das Angebot an Produktionsfaktoren hängt jeweils von *allen* Güter- bzw. Faktorpreisen ab:

(50) $\quad x_i^j = x_i^j(p_2,..., p_n; w_1, w_2,..., w_n)$

(51) $\quad z_h^j = z_h^j(p_2,..., p_n; w_1, w_2,..., w_n)$

Jeder Haushalt muß eine Budgetrestriktion einhalten:

(52) $\quad \sum_{i=1}^{n} p_i x_i^j = \sum_{h=1}^{k} w_h z_h^j$

Aggregiert man über alle Haushalte, so erhält man n Gesamtnachfragefunktionen für die Konsumgüter und k Gesamtangebotsfunktionen für die Produktionsfaktoren:

(53) $\quad \sum_{j=1}^{m} x_i^j = x_i = x_i(p_2,..., p_n; w_1, w_2,..., w_k)$

(54) $\quad \sum_{j=1}^{m} z_h^j = z_h = z_h(p_2,..., p_n; w_1, w_2,..., w_k)$

Im Gleichgewicht müssen folgende Bedingungen erfüllt sein: *Erstens* müssen die Unternehmen effizient produzieren, also die Produktionsfaktoren so einsetzen, daß Faktorentlohnung und Wertgrenzprodukt übereinstimmen:[52]

---

[52] Bei limitationalen Produktionsfunktionen entfällt die Bedingung (55); es ist ledig-

(55) $\quad \dfrac{\delta y_i}{\delta z_h^i} p_i = w_h$

Zweitens müssen die Haushalte ihren Nutzen maximieren:

(56) $\quad \dfrac{\delta U_j}{\delta x_1^j} = \dfrac{\delta U_j / \delta x_2^j}{p_2} = \ldots = \dfrac{\delta U_j / \delta x_n^j}{p_n} = \dfrac{\delta U / \delta (\bar{z}_1^j - z_1^j)}{w_1} =$
$= \dfrac{\delta U / \delta (\bar{z}_2^j - z_2^j)}{w_2} = \ldots = \dfrac{\delta U / \delta (\bar{z}_k^j - z_k^j)}{w_k}$

Drittens muß für alle Konsumgüter und für alle Produktionsfaktoren jeweils das Gesamtangebot gleich der Gesamtnachfrage sein:

(57) $\quad \displaystyle\sum_{j=1}^{m} z_h^j = \sum_{i=1}^{n} z_h^i$

(58) $\quad y_i = x_i = \displaystyle\sum_{j=1}^{m} x_i^j$

Das System der Gleichungen (45), (47), (50), (51), (57) und (58) besteht aus $n+kn+mn+km+k+(n-1)$ unabhängigen Gleichungen, was der Zahl der Unbekannten entspricht: n Mengen angebotener Güter, kn Mengen der für die Produktion eingesetzten Faktoren, mn Mengen der von den Haushalten nachgefragten Güter, km Mengen der von den Haushalten angebotenen Produktionsfaktoren, k Faktorpreise und $n-1$ Güterpreise. Die Realisierung der Gleichgewichtspreise erfolgt auch hier in einem „tâtonnement"-Prozeß (*Walras* 1877, 252ff).

2.2.1.2. Erweiterungen

Als Erweiterungen des Walrasschen Grundmodells sollen die für die allgemeine Gleichgewichtstheorie relevanten Arbeiten von *Edgeworth*, *Hicks* und *Samuelson* sowie *Arrow* und *Debreu* vorgestellt werden.

---

lich notwendig, daß keine Faktoren verschwendet werden.

a) Francis Y. Edgeworth

Das Preissystem, verkörpert durch den Auktionator, nimmt bei *Walras* und seinen Nachfolgern eine wichtige Rolle ein. Aber ein allgemeines Gleichgewicht kann auch ohne eine preisliche Koordination erreicht werden – nämlich durch Verhandlungen. Während im Normalfall alle Wirtschaftssubjekte die Preise, d.h. die Austauschrelationen, als gegeben hinnehmen und sich mengenmäßig anpassen, werden im Verhandlungsfall die auszutauschenden Mengen – und damit auch die Austauschrelationen – durch bilaterale oder multilaterale Verhandlungen bestimmt.

Francis Y. Edgeworth (1845-1926) schildert in „Mathematical Psychics" (*Edgeworth* 1881, 16ff) die Verhandlungen zweier potentieller Tauschpartner und bezeichnet die Menge der Tauschergebnisse, bei der der eine Tauschpartner nicht mehr besser gestellt werden kann, ohne daß der andere Nutzeneinbußen erleidet, als *Kontraktkurve* (*Edgeworth* 1881, 21). Diese Kontraktkurve ist ein Spezialfall des *Kerns* (*Shubik* 1959). Beim Kern handelt es sich um ein spieltheoretisches Konzept (vgl. Teil VIII.3.3.2); er bezeichnet die Menge derjenigen Ergebnisse von Verhandlungen zwischen m Personen (kooperatives m-Personen-Spiel), die in dem Sinn stabil sind, daß es keiner möglichen Koalition aus der Menge der m Personen gelingen kann, die Position aller ihrer Mitglieder zu verbessern. Es besteht eine enge Beziehung zwischen dem Kern und dem Gleichgewicht einer Tauschwirtschaft: Zum einen sind die wettbewerblichen Gleichgewichtsallokationen eine Teilmenge der im Kern liegenden, durch Verhandlungen erreichbaren Allokationen. Zum anderen nimmt mit Zunahme der Zahl der beteiligten Personen der Kern, d.h. die Zahl der stabilen Koalitionen, immer mehr ab und die zum Kern gehörenden Verhandlungsergebnisse nähern sich immer weiter an die Wettbewerbslösungen an. Im Grenzfall entsprechen sich schließlich die Verhandlungs- und die Wettbewerbslösungen vollständig, d.h. Kern und Menge der Marktgleichgewichte sind identisch (*Debreu und Scarf* 1963). Dieses Ergebnis impliziert, daß unter idealen Bedingungen und bei einer großen Zahl von Marktteilnehmern die wettbewerblichen Gleichgewichte nicht anfällig gegen Kooperation zwischen den Marktteilnehmern sind, da die entsprechenden Koalitionen, mit denen sich bestimmte Gruppen einen Vorteil im Vergleich zum Marktgleichgewicht sichern wollen, instabil sind.[53] Folglich wären staatliche

---

[53] Diese Art der „Stabilität" des Marktgleichgewichts hat nichts mit der Stabilität im mathematischen Sinn zu tun, die im allgemeinen *nicht* garantiert werden kann (vgl. Teil IV.2.2.1.2.c).

Maßnahmen zur Aufrechterhaltung des Wettbewerbs, wie etwa Kartellverbote, eigentlich überflüssig – allerdings nur unter idealen Bedingungen.

b) John R. Hicks und Paul A. Samuelson

Walras nahm praktisch nicht zu den komparativ-statischen Eigenschaften seines Modells Stellung, d.h. dazu, wie es bei einer Änderung der als exogen angenommenen Bestimmungsgrößen reagiert. Die komparativ-statische allgemeine Gleichgewichtsanalyse wurde von *Hicks* (1939b, Teil II) begründet. Sie untersucht die Auswirkungen von Datenänderungen durch den Vergleich des Gleichgewichts vor der Änderung mit dem nach der Änderung. Hierfür sind zwei Eigenschaften von Gleichgewichten wichtig: Zum einen wäre es sehr hilfreich, wenn in jeder Situation ein eindeutiges Gleichgewicht existieren würde; denn sollte es jeweils mehrere Gleichgewichte geben, stellt sich das Problem, *welche* Gleichgewichte miteinander verglichen werden sollen. Zum anderen setzt die komparativ-statische Analyse die Stabilität der Gleichgewichte voraus, d.h. die – schon von *Walras* (1874/77, 126ff) und *Marshall* (1890, 404f) angenommene – Tendenz zum Gleichgewicht, so daß etwaige Abweichungen „automatisch" korrigiert werden. Bei instabilen Gleichgewichten verstärken sich dagegen diese Abweichungen und werden immer größer. In diesem Fall ist es nicht gewährleistet, daß sich bei einer Datenänderung das neue Gleichgewicht auch tatsächlich einstellt: Eine komparativ-statische Analyse wäre sinnlos.

Zur Untersuchung der Stabilität allgemeiner Gleichgewichte (*Hicks* 1939b, Kap. V u. VIII) führt *Hicks* (1939b, 63f) die *Überschußnachfragefunktion* ein (die bei *Walras* allenfalls implizit vorhanden ist). In ihrer über alle Haushalte aggregierten Form gibt die Überschußnachfragefunktion $F(\mathbf{p})$ für jeden Preisvektor $\mathbf{p}$ die etwaigen Überschüsse der Nachfrage über das Angebot für alle Güter an. Auf dieser Grundlage schlägt *Hicks* (1939b, 66f) zwei Stabilitätskriterien vor: Er bezeichnet ein Gleichgewicht als *unvollkommen stabil*, wenn die Überschußnachfrage nach einem Gut bei der Erhöhung (Senkung) von dessen Preis abnimmt (zunimmt) *und* gewährleistet ist, daß sich die Preise aller anderen Güter augenblicklich so anpassen, daß deren Märkte im Gleichgewicht bleiben. Auf die letztgenannte, sehr restriktive Annahme kann verzichtet werden beim Kriterium für *vollkommene Stabilität*, welches fordert, daß die Überschußnachfrage nach einem Gut bei einer Preiserhöhung (Preissenkung) abnimmt (zunimmt), selbst wenn sich nicht die Preise aller anderen Güter anpassen. Dies bedeutet, daß die direkten Preiseffekte die Kreuzpreiseffekte dominieren müssen, daß also ein Anstieg der Nachfrage nach einem Gut dessen Preis und die Preise etwaiger Substitutivgüter erhöht sowie die Preise etwaiger Komplementärgüter mindert.

Samuelson (1941; 1942) zeigt, daß die Hicksschen Stabilitätskriterien weder notwendig noch hinreichend für die Stabilität eines allgemeinen Gleichgewichts sind (außer für einen Spezialfall) und postuliert eine andere Stabilitätsdefinition, die noch heute allgemein anerkannt ist. Da die Stabilität rigoros nur anhand eines explizit dynamischen Modells, welches das Verhalten der Preise *außerhalb* des Gleichgewichts beschreibt, definiert werden kann, hängt die Samuelsonsche Definition im einzelnen von den jeweiligen Modellparametern ab. Intuitiv kann sie dahingehend interpretiert werden, daß ein Gleichgewicht dann stabil ist, wenn die Einkommenseffekte „hinreichend klein" sind (vgl. Teil IV.2.1.1.2.c).

Nach *Samuelson* (1942; 1947, Kap. X) ist die Verbindung zwischen komparativ-statischer und dynamischer Analyse sehr eng und beschränkt sich nicht darauf, daß letztere die Stabilitätskriterien für eine sinnvolle Durchführung ersterer liefern muß: Das Samuelsonsche *Korrespondenzprinzip* besagt, daß sich aus dynamischen Analysen direkt Aussagen ableiten lassen über die komparativ-statischen Eigenschaften der untersuchten Volkswirtschaft. Es zeigte sich jedoch, daß dieser Anspruch zu weit geht; abgesehen von Sonderfällen wie der „Hicksschen Ökonomie" (in der es keine Einkommenseffekte gibt), genügen die dynamischen Resultate *nicht* für substantielle Aussagen über komparativ-statische Gleichgewichte. Nichtsdestotrotz hat sich das Korrespondenzprinzip außerhalb der allgemeinen Gleichgewichtstheorie häufig als recht nützlich erwiesen.

c) Kenneth J. Arrow und Gerard Debreu

Kenneth J. Arrow (geb. 1921) und *Gerard Debreu* (geb. 1921) haben zweifelsohne den größten Anteil an der Weiterentwicklung der allgemeinen Gleichgewichtstheorie im 20. Jahrhundert.[54] Am wichtigsten sind ihre Arbeiten zur Existenz und zu den Eigenschaften von Marktgleichgewichten.

Walras (1874/77, 110f u. 251) begründete die Existenz eines Gleichgewichts noch damit, daß es genausoviele voneinander unabhängige Gleichungen wie zu bestimmende Variable gäbe – womit freilich noch nicht garantiert ist, daß auch eine *ökonomisch sinnvolle* Lösung (mit positiven Preisen

---

[54] *Arrow* erhielt 1972 (zusammen mit *Hicks*) den Ökonomie-Nobelpreis und *Debreu* wurde 1983 mit ihm ausgezeichnet.

und Mengen) existiert. Einen gültigen Existenzbeweis lieferte dann in den 30er Jahren der Mathematiker *Abraham Wald* (1902-1950) in mehreren Aufsätzen.[55]

Der erste allgemeingültige und rigorose Beweis der Existenz eines allgemeinen Gleichgewichts stammt aber von *Arrow und Debreu* (1954).[56] Sie treffen vier Annahmen, die vereinfachend wie folgt beschrieben werden können: (1) Die Produktionsmöglichkeitskurve bzw. -fläche der Volkswirtschaft ist konkav und zunehmende Skalenerträge sind ausgeschlossen. (2) Die Indifferenzkurven bzw. -flächen der Haushalte sind konvex. (3) Haushalte stellen Arbeit zur Verfügung und konsumieren Güter. (4) Die Haushalte verfügen über eine Anfangsausstattung jedes Gutes und kommen in den Genuß etwaiger Unternehmensgewinne. Das Gleichgewicht wird durch vier Bedingungen definiert: (1) Die Unternehmen haben ihre Gewinne maximiert. (2) Die Haushalte haben ihren Nutzen maximiert. (3) Es gibt keine negativen Preise. (4) Der Preis eines Gutes ist gleich Null, falls ein Überangebot existiert. *Arrow und Debreu* (1954) können mit Hilfe topologischer Methoden (der Fixpunkttheoreme von *Brouwer* und *Kakutani*) beweisen, daß unter den genannten Voraussetzungen ein Gleichgewicht (wie von ihnen definiert) existiert. Ihnen gelingt auch ein zweiter Beweis, in dem sie auf die unrealistische Annahme hinsichtlich der Anfangsausstattung mit Gütern verzichten und nur fordern, daß Haushalte über den Produktionsfaktor Arbeit verfügen; allerdings erzwingt diese Abschwächung von Annahme (4) die Verwendung dreier neuer Annahmen.

Nachdem es gelungen war, die Existenz von Gleichgewichten zu beweisen, beschäftigte man sich mit der Stabilität und der Eindeutigkeit derselben. Diese Bemühungen scheiterten jedoch. Die Stabilität oder die Eindeutigkeit konnte nicht unter allgemeinen Bedingungen bewiesen werden. Lediglich für einige wenige Sonderfälle – wie die „Hickssche Ökonomie" – kann bewiesen werden, daß ein stabiles und eindeutiges Gleichgewicht existiert (*Arrow und Hahn* 1971, Kap. 9-12).[57]

Es stellte sich heraus, daß bei der Analyse vieler gleichgewichtstheoretischer Phänomene die von *Hicks* eingeführte (aggregierte) Über-

---

[55] Für eine Zusammenfassung derselben vgl. *Wald* (1936). Der erste Existenzbeweis für ein *dynamisches* allgemeines Gleichgewicht stammt von *Neumann* (vgl. Teil IV.2.2.2.2).

[56] Zur selben Zeit veröffentlichte *L. McKenzie* (1954) einen ähnlichen Beweis, der aber weit weniger Beachtung fand.

[57] Zu einer weiteren Eigenschaft von Gleichgewichten, nämlich ihrer Optimalität aus gesamtwirtschaftlicher Sicht, vgl. Teil IV.3.1.2.3.

schußnachfragefunktion $F(\mathbf{p})$ eine wichtige Rolle spielt. Wenn relativ schwache Annahmen getroffen werden, hat $F(\mathbf{p})$ folgende drei Eigenschaften: Sie ist homogen im Grad Null; sie ist stetig; und sie gehorcht dem Walrasschen Gesetz, d.h. $F(\mathbf{p})\mathbf{p} = 0$. $F(\mathbf{p})$ kann zur Definition und Beschreibung der Eigenschaften von Gleichgewichten herangezogen werden; sie vereinfacht die entsprechenden Untersuchungen erheblich. Aber es gilt auch umgekehrt, daß *jede* Funktion mit den genannten Eigenschaften eine Überschußnachfragefunktion sein, d.h. eine Volkswirtschaft charakterisieren kann. Nach Vorarbeiten von *Sonnenschein* und *Mantel* gelingt *Debreu* (1974) ein allgemeiner Beweis dieses Sachverhalts. Dies impliziert, daß man nur sehr wenig *a priori* über eine Tauschwirtschaft sagen kann; insbesondere ist die Menge der Gleichgewichtspreise sehr unstrukturiert. Die Konsequenzen dieser Ergebnisse, vor allem für die Eignung der wettbewerblichen Tauschwirtschaft als Modell realer Volkswirtschaften, sind noch immer ein wichtiger Diskussionsgegenstand in der Wirtschaftstheorie.

Bislang sind wir davon ausgegangen, daß es für alle Akteure keinerlei Unsicherheiten gibt; sie sind nicht nur über die aktuelle Situation vollkommen informiert, sondern sie haben auch genau zutreffende Erwartungen über die Zukunft. Deshalb können die üblichen Gleichgewichtsmodelle ohne weiteres bis in die fernste Zukunft ausgedehnt werden: Man unterscheidet einfach die Produktionsfaktoren und Güter auch nach dem Zeitpunkt ihrer Lieferung bzw. Verwendung, so daß es neben dem Kassamarkt auch Terminmärkte gibt; alle aktuellen und alle zukünftigen Transaktionen werden im Zeitpunkt Null getätigt, es finden also später keine eigentlichen Transaktionen mehr statt, sondern nur die schon fest vereinbarten Güterlieferungen. Im Fall von Unsicherheit scheint dies nicht zu funktionieren, da ja die Erwartungen der Wirtschaftssubjekte enttäuscht werden können, die anfangs getätigten Transaktionen sich als suboptimal herausstellen können und es deswegen später im Lichte neuer Informationen wieder zu Transaktionen kommen kann. Dieses Problem beseitigt *Debreu* (1959, Kap. 7) – einer Anregung von *Arrow* folgend – auf elegante Weise, mittels des Konzeptes der *kontingenten Güter*.

> „A contract for the transfer of a commodity now specifies, in addition to its physical properties, its location and its date, an event on the occurrence of which the transfer is conditional." (*Debreu* 1959, 98)

Es gibt also für jedes Gut, jeden künftigen Zeitpunkt und jede mögliche künftige Situation einen Markt; für alle diese Märkte stellt der Walrassche Auktionator am Anfang der Zeit ein Gleichgewicht her. Tatsächlich ausgeführt werden nur diejenigen Transaktionen, die sich auf zukünftige Situationen beziehen, die tatsächlich eintreten; alle anderen Vereinbarungen werden gegenstandslos. Eine Revision der einmal vereinbarten Transaktionen ist also nicht notwendig; die Unsicherheit kann in das walrasianische Modell integriert werden – und zwar ohne jeden Rückgriff auf die Wahrscheinlichkeitstheorie. An der Modellkonsistenz gibt es zwar nichts zu bemängeln, doch ist klar, daß es aufgrund seiner ungeheuren Komplexität und der Nichtberücksichtigung echter Überraschungen nur sehr bedingt für die Realität von Relevanz sein kann.

Die Arbeiten von *Arrow* und *Debreu* sind nicht nur für die Entwicklung der allgemeinen Gleichgewichtstheorie von Bedeutung, sondern haben auch entscheidend zur Mathematisierung der Ökonomie beigetragen. „In this respect they established entirely new standards" (*Niehans* 1990, 492).

2.2.2. Dynamische allgemeine Gleichgewichtstheorie

Im Gegensatz zur statischen bzw. komparativ-statischen allgemeinen Gleichgewichtstheorie beschreibt bzw. vergleicht die dynamische allgemeine Gleichgewichtstheorie nicht lediglich verschiedene „zeitlose" Gleichgewichte, sondern beschäftigt sich mit dem Verhalten von Wirtschaftssystemen im Zeitablauf.

> „We may say that *a system is dynamical if its behavior over time is determined by functional equations in which ‚variables at different points of time' are involved in an ‚essential' way.*" (*Samuelson* 1947, 314)

Im folgenden soll auf die zwei einflußreichsten (quasi-) dynamischen Modelle der allgemeinen Gleichgewichtstheorie eingegangen werden: das Modell temporärer Gleichgewichte von *Hicks* (Teil IV.2.2.2.1) und das Modell des Wachstumsgleichgewichts von *Neumann* (Teil IV.2.2.2.2).

2.2.2.1. Das Modell temporärer Gleichgewichte

Das Modell temporärer Gleichgewichte von *Hicks* (1939b, Teile III-IV) ist kein *echtes* dynamisches Modell; es handelt sich vielmehr um den Versuch, dynamische Prozesse mittels statischer Konzepte zu beschreiben. Zu diesem Zweck zerlegt *Hicks* den Zeitablauf in Wochen, die „Hicksschen Wochen". Jeden Montag wird ein Markt eröffnet, auf dem sich alle Wirtschaftssubjekte mit ihren jeweiligen Gütervorräten und Faktorausstattungen treffen und Konsum- bzw. Produktionspläne auf der Grundlage der sich herausbildenden Preise machen; diese werden wie im Walrasschen Modell ermittelt.

> „[W]hen markets close on Monday evenings, they have reached the fullest equilibrium which is possible on that date; not only have prices settled down, but everyone has made the purchases and sales which seem advantageous to him at those prices. The making of these purchases and sales indicates that plans have been adjusted to these prices." (*Hicks* 1939b, 124)

Während der Markt für den Rest der Woche geschlossen ist, bleiben die am Montag festgestellten Gleichgewichtspreise maßgeblich. In diesem Zeitraum werden die Pläne für die betreffende Woche realisiert. Am nächsten Montag findet wieder eine Marktveranstaltung statt, bei der die Wirtschaftssubjekte Gelegenheit zur Revision ihrer Pläne infolge neuer Informationen oder sich ändernder Preise haben; es wird wieder ein temporäres Gleichgewicht realisiert; der Markt wird geschlossen etc.

> „By using the week, we become able to treat a process of change as consisting of a series of temporary equilibria; this enables us still to use equilibrium analysis in the dynamic field. By using the plan, we become able to bring out the relation between those actions devoted to present ends, and those actions which are directed to the future. By supposing plans to unroll themselves during the week, we find ourselves able to conceive of the situation at the end of the week being different from the situation at the beginning; thus the new temporary equilibrium which is established in a second week must be different from that which was established in the first; going on in like manner, we have a process under way." (*Hicks* 1939b, 127)

Hicks (1939b, 205) erkennt, daß die Erwartungen eine wichtige Rolle für die Stabilität der Abfolge von temporären Gleichgewichten spielen; er definiert die *Elastizität der Erwartungen* als das Verhältnis der erwarteten relativen Preisänderung eines Gutes zur aktuellen relativen Preisänderung dieses Gutes. So sind bei einer Elastizität von Null die Erwartungen starr und werden von aktuellen Preisänderungen nicht beeinflußt; eine Elastizität von 1 führt dazu, daß jede aktuelle Preisänderung als permanent angesehen wird. Im allgemeinen gilt, daß ein System temporärer Gleichgewichte umso eher stabil ist, je niedriger diese Elastizitäten sind; „[t]echnically, then, the case where elasticities of expectations are equal to unity marks the dividing line between stability and instability" (*Hicks* 1939b, 255).

Die Weiterentwicklung des Modells temporärer Gleichgewichte setzt hauptsächlich an der Formalisierung der Erwartungsbildung an; die bloße Annahme der Existenz bestimmter, eindeutiger Erwartungen wird ersetzt durch Erwartungsfunktionen, welche die Gegenwarts- und Vergangenheitswerte der Preise (und u.U. anderer Variablen) auf Wahrscheinlichkeitsverteilungen der zukünftigen Werte dieser Variablen abbilden.

Das Hickssche Modell verzichtet auf die extremen Annahmen des Arrow-Debreu-Modells der perfekten Zukunftsmärkte, in dem alle (potentiellen) Transaktionen auf einmal vereinbart werden und keine Notwendigkeit zur Wiedereröffnung der Märkte besteht. Bei *Hicks* werden Pläne und Erwartungen permanent revidiert und durch Transaktionen in einer Reihe von Kassamärkten umgesetzt. Insgesamt gesehen resultiert daraus – im Gegensatz zum Arrow-Debreu-Modell – natürlich kein allumfassendes, totales Gleichgewicht, sondern nur eine Reihe *temporärer* Gleichgewichte. Eine echte dynamische Analyse stellt das Hickssche Modell deshalb nicht dar; der Kunstgriff der nur montäglichen Märkte und die Annahme, daß auf diesen Märkten unverzüglich ein (temporäres) Gleichgewicht realisiert wird, blenden gerade den Prozeß des Übergangs zwischen den Gleichgewichten aus. Im Gegensatz zur Meinung von *Hicks* (1939b, 115) gehört zu einer dynamischen Analyse mehr als nur die Auszeichnung aller Variablen mit Zeitindices.

2.2.2.2. Das Modell des Wachstumsgleichgewichts

Mit seinem Modell des Wachstumsgleichgewichts präsentierte der Mathematiker *Johann von Neumann* (1903-1957) das erste „richtige" dynamische Modell der allgemeinen Gleichgewichtstheorie (*Neumann* 1937).

Neumann betrachtet eine Volkswirtschaft, die gleichmäßig wächst, d.h. in der die Mengen aller n Güter y_i ($i = 1,..., n$) mit derselben konstanten Rate g zunehmen.

(59) $y_i^t = (1+g) y_i^{t+1}$

y_i^t (y_i^{t+1}) bezeichnet die in Periode t ($t+1$) zur Verfügung stehende Menge des Gutes i. Die relativen Preise seien konstant. Die Produktion erfolgt durch m lineare Produktionsprozesse, die konstante Faktorkoeffizienten aufweisen; Substitutionsmöglichkeiten werden durch die Angabe alternativer Produktionsprozesse dargestellt (so daß $m > n$); die Skalenerträge sind selbstverständlich ebenfalls konstant. Alle Prozesse dauern eine Periode; mehrere einperiodige Prozesse können hintereinander geschaltet werden, um Produktionsverfahren, die mehrere Perioden umfassen, zu modellieren. Jedes Gut ist sowohl Output als auch Input; jeder Output wird zum Input der Folgeperiode, wobei die Konsumgüter als Inputs für die „Produktion" von Arbeitskräften aufgefaßt werden. Da es auch für diese „Produktion" verschiedene „Prozesse" gibt, ist Substitution nicht nur in der Produktion, sondern auch im Konsum möglich. Für jedes Gut y_i muß gelten, daß die aus allen Prozessen resultierende Produktion mindestens genauso groß ist wie die in der Folgeperiode als Input benötigte Menge dieses Guts.

$$(60) \quad \sum_{j=1}^{m} a_{ij} y_j^{t+1} \leq y_i^t$$

In (60) bezeichnet a_{ij} den für eine Einheit Output des Prozesses j benötigten Input an y_i und y_j^{t+1} den Gesamtoutput des Prozesses j in der Periode $t+1$. Wenn (60) nicht erfüllt ist, ist der Wachstumsprozeß mit Rate g nicht möglich; wenn (60) andererseits als echte Ungleichung erfüllt ist, übersteigt das Angebot die Nachfrage und das betreffende Gut ist nicht knapp; nur wenn (60) als Gleichung erfüllt ist, ist permanentes Wachstum möglich und ist y_i ein knappes Gut mit einem positivem Preis.

Der Gewinn pro Einheit Output ist für den Prozeß j definiert als

$$(61) \quad G_j = p_j - (1+r) \sum_{i=1}^{n} a_{ij} p_i \, .$$

Da die Produktion Zeit benötigt (nämlich eine Periode), muß der Zins r berücksichtigt werden. Falls Gewinne anfallen, wird die Produktion ausgeweitet, was mit einem gleichmäßigen Wachstums nicht vereinbar ist; Verluste führen dazu, daß der entsprechende Prozeß nicht weiter betrieben wird; für alle tatsächlich aktiven Prozesse gilt also im Gleichgewicht:

$$(62) \quad G_j = 0$$

Neumann gelingt es zu zeigen, daß ein Wachstumsprozeß, der die beschriebenen Eigenschaften hat, tatsächlich existiert. Zu diesem Zweck betrachtet er zwei Teilprobleme: zum einen die Maximierung der Wachstumsrate unter der Bedingung (60) und zum anderen die Minimierung des Zinses unter der Bedingung (62). Beide Teilprobleme entsprechen sich gemäß dem Dualtheorem der linearen Programmicrung; die maximale Wachstumsrate ist genauso hoch wie der minimale Zins. Das Wachstumsgleichgewicht ist ein *Sattelpunkt*.

Zwar muß eingeräumt werden, daß *Neumann* die Nutzenmaximierung der Haushalte nicht mit einbezog, doch gelang ihm der erste Beweis der Existenz eines dynamischen Gleichgewichts. Darüber hinaus gingen von seiner Arbeit wichtige Impulse für die Wachstumstheorie aus, vor allem in bezug auf das Verhältnis zwischen Wachstumsrate und Zins. Schließlich zeigte *Neumann*, daß fortschrittliche mathematische Methoden zur Lösung ökonomischer Probleme durchaus angebracht, ja sogar notwendig sein können. Aber gerade aufgrund der verwandten Mathematik verzögerte sich die Rezeption seines Wachstumsmodells beträchtlich; die mathematischen Anforderungen überstiegen die Fähigkeiten der meisten Ökonomen der damaligen Zeit.

2.2.3. Die Rolle des Geldes in der allgemeinen Gleichgewichtstheorie

Trotz vieler Versuche ist es bislang nicht gelungen, das Geld befriedigend in die allgemeine Gleichgewichtstheorie zu integrieren. Dies ist sowohl für die allgemeine Gleichgewichtstheorie als auch für die Geldtheorie problematisch: Erstere ist entschieden unvollständig, solange sie der Existenz der wichtigen Einrichtung „Geld" nicht angemessen Rechnung tragen kann; letztere ist bislang ohne eine tragfähige theoretische Fundierung und deshalb häufig auf Ad-hoc-Annahmen und Plausibilitätsargumente angewiesen (vgl. Teil V).

Die Behandlung des Geldes im Rahmen der allgemeinen Gleichgewichtstheorie läßt sich vor allem danach unterscheiden, ob von zentraler (Teil IV.2.2.3.1) oder dezentraler (Teil IV.2.2.3.2) Koordination ausgegangen wird.

2.2.3.1. Zentrale Koordination

Im Grundmodell von *Walras* (vgl. Teil IV.2.2.1.1) taucht Geld überhaupt nicht auf; es handelt sich um eine reine Tauschwirtschaft, in der prinzipiell jedes Gut die Rolle des „numéraire" spielen kann und nur die *relativen* Preise von Interesse sind. *Walras* (1874/77, Teil III) führt Geld erst nachträglich ein, indem er ihm die Rolle des „numéraire" zuweist. Zwar ist

Geld *an sich* wertlos, doch gehen die durch Geldbestände vermittelten Verfügungsmöglichkeiten in die Nutzenfunktionen der Haushalte und die Produktionsfunktionen der Unternehmen ein. Sobald nicht alle Transaktionen zum selben Zeitpunkt abgewickelt werden, benötigen die Wirtschaftssubjekte Geld, um mögliche zeitliche Diskrepanzen zwischen Käufen und Verkäufen überbrücken zu können. Dementsprechend leitet *Walras* die Geldnachfrage aus dem Zeitprofil der Transaktionen ab, wobei er davon ausgeht, daß – ceteris paribus – die Geldnachfrage mit zunehmendem Zins abnimmt; allerdings wird weder die Asynchronität zwischen Käufen und Verkäufen noch die behauptete Beziehung zwischen Geldnachfrage und Zins weiter hinterfragt. Mit Hilfe der Quantitätsgleichung lassen sich bei exogenem Geldangebot aus Geldnachfrage bzw. Transaktionsvolumen und Umlaufgeschwindigkeit des Geldes die *absoluten* Preise aller Güter ableiten (vgl. Teil V.1.1).

Geld scheint sich auf diese Weise problemlos in die allgemeine Gleichgewichtstheorie einfügen zu lassen; diese Auffassung wurde insbesondere auch von *Hicks* (1935) vertreten. Allerdings zeigte *Hahn* (1965) für die von *Patinkin* (1956, Teil 1) stammende Weiterentwicklung des Walras-Hicks-Modells, daß auch *nicht-monetäre* Gleichgewichte existieren (d.h. Gleichgewichte, in denen Geld wertlos ist), falls Geld tatsächlich nur aufgrund der Möglichkeit gehalten wird, es gegen andere Güter einzutauschen. Die üblichen Annahmen reichen also *nicht* zur Erklärung der Geldverwendung aus. *Clower* (1967) führte deshalb „cash-in-advance constraints" ein, mit der die üblichen Budgetrestriktionen modifiziert werden. Es wird nun nicht mehr gefordert, daß der Wert aller abgegebenen Güter mindestens genauso hoch sein muß wie der Wert der erhaltenen Güter, sondern daß der Wert aller Käufe nicht den Geldbestand zu Periodenbeginn übersteigen darf. Hierdurch wird die behauptete Überlegenheit monetärer Transaktionen über direkten Gütertausch zwar formalisiert – aber nicht erklärt. Eine mögliche Erklärung könnte in der Existenz von *Transaktionskosten* bestehen. *Hahn* (1973) und *Starret* (1973) zeigten, daß nur *strategische* Transaktionskosten die Verwendung von Geld bedingen. Als „strategisch" werden diejenigen Transaktionskosten bezeichnet, die verhindern, daß der Auktionator die *totalen* Budgetrestriktionen der Individuen (die für die gesamte betrachtete Periode gültig sind) effektiv kontrollieren kann. Nur wenn Geld verwendet wird, lassen sich die totalen ohne Effizienzeinbußen durch *periodische* Budgetrestriktionen (die jeweils nur für eine Teilperiode gültig sind) ersetzen; denn diese sind nur in einer Geld- nicht aber in einer Tauschwirtschaft effizient.[58] In diesem Fall kommt dem Geld eine ähnliche Rolle zu wie bei *Walras*. Erstaunlicherweise genügen aber *technologische* Transaktionskosten, die die Ursache dafür sind, daß der direkte Tausch (z.B. infolge von Transportkosten) i.d.R. aufwendiger ist als die monetäre Transaktion, und an die man als erstes denken wird, *nicht* zur Rechtfertigung der Geldverwendung.

Im Unterschied zu den bisher vorgestellten Ansätzen, die sich auf die Rolle des Geldes als Tauschmittel konzentrieren, stellte *Samuelson* (1958) die Rolle des Geldes als Wertaufbewahrungsmittel in den Mittelpunkt seines Modells überlappender Generationen. In diesem Modell lebt jede Generation zwei Perioden; in der ersten, der Jugend, ist sie aktiv und arbeitet; in der zweiten, dem Alter, ist sie im Ruhestand und konsumiert nur. Es besteht keine Möglichkeit, Güter länger aufzubewahren, so daß die gegenwärtig aktive Generation nicht durch das Horten von Gütern für ihr Alter vorsorgen kann. Unter solchen Bedingungen ist (ohne staatliche Interventionen) ein Gleichgewicht nur dann effizient, wenn Geld existiert und dieses in seiner Eigenschaft als Wertaufbewahrungsmittel zur Altersvorsorge genutzt werden kann. Es handelt sich hier zwar um ein Modell, das die Existenz von Geld elegant erklärt – aber die Beschränkung auf die doch nur sekundäre Wertaufbewahrungsfunktion und die Außerachtlassung der primären Tauschmittelfunktion stehen einer wirklich befriedigenden Gelderklärung entgegen.[59]

2.2.3.2. Dezentrale Koordination

Wie wir gesehen haben, läßt sich Geld in Gleichgewichtsmodellen walrasianischer Prägung nur mittels mehr oder weniger problematischer Annahmen integrieren. Es erscheint deshalb sinnvoll und notwendig, Geld im Rahmen von Gleichgewichtsmodellen mit dezentraler Koordination, also ohne den Walrasschen Auktionator, zu untersuchen; diese Modelle entsprechen ohnehin wesentlich mehr der Realität von Marktwirtschaften.

In der Tat ist in einem System multipler, bilateraler Transaktionen ein

---

[58] Zum Begriff der „Effizienz" bzw. „Optimalität" vgl. Teil IV.3.1.2.1.

[59] Das Modell überlappender Generationen wurde in der Folgezeit auch für makroökonomische Analysen eingesetzt; diese stellen heute seinen Hauptanwendungsbereich dar (vgl. Teil VI.2.2.4.).

Tauschmittel notwendig; hierdurch kann die Existenz und Verwendung von Geld erklärt werden (*Ostroy* 1973; *Ostroy und Starr* 1974). Eine wesentliche Rolle bei dieser Erklärung spielen Informationsprobleme und die daraus resultierende Unsicherheit, der sich die Wirtschaftssubjekte in einer dezentralen Tauschwirtschaft gegenübersehen.

> „To make a substantial number of transactions depend on trading partners' demands, trading partners' trading partners' demands, trading partners' trading partners'... trading partners' demands, would make even the simplest trade depend on the communication of massive amounts of data about who trades with whom, when, and what they want. As long as there is a generally acceptable, universally held medium of exchange, no such communication is necessary. Each trade merely consists in the exchange of a desired commodity for the medium of exchange. All one need know about one's trading partners' trading partners is that, like everyone else, they accept the medium of exchange. The informational requirements of barter imply the need for a central coordination of trade; *the function of a common medium of exchange is to allow decentralization of the trading process.*" (*Ostroy und Starr* 1974, 1093f)

Die Annahme einer dezentralen Koordination bringt aber auch erhebliche Probleme für die neoklassische Modellwelt mit sich: Zum einen sind gewisse zusätzliche Annahmen notwendig, um die Verwendung nur einer Art von Geld zu begründen und auszuschließen, daß jedes Gut als Geld verwendet werden kann. Zum anderen gibt es ein grundsätzliches Problem: In Abwesenheit des Walrasschen Auktionators kann *nicht* davon ausgegangen werden, daß das Gesetz der Preiseinheitlichkeit gilt – auf dem ein Großteil der mikroökonomischen Theorie direkt oder indirekt beruht (vgl. Teil IV.2.1.1.1). Es scheint hier aber einen Ausweg zu geben: Je mehr man nämlich die Zahl und Häufigkeit der (in dezentralen Modellen voneinander unabhängigen) Transaktionen erhöht, desto mehr nähern sich die Ergebnisse dieser Modelle an diejenigen der traditionellen zentralen Modelle an; insbesondere gilt das Gesetz der Preiseinheitlichkeit zumindest annähernd. Allerdings geht gleichzeitig die Geldnachfrage gegen Null, so daß diese Rettung der üblichen mikroökonomischen Resultate durch den Verzicht auf die Erklärung von Geld erkauft wird. Offenbar sind die neoklassische Mikroökonomie und das Phänomen des Geldes nur sehr schwer miteinander zu vereinbaren.

3. Wohlfahrtstheorie

In Teil IV.2 haben wir die Neoklassik als eine *werturteilsfreie* Theorie geschildert, die auf die *Erklärung* ökonomischer Sachverhalte abzielt. Auf diesen *positiven* Grundlagen baut der *normative* Teil der Neoklassik auf – die Wohlfahrtstheorie. Diese postuliert bestimmte gesellschaftliche Ziele, trifft also Wertentscheidungen, *beurteilt* verschiedene ökonomische Situationen danach, inwieweit das vorgegebene Ziel erreicht oder verfehlt wird, und schlägt gegebenenfalls Maßnahmen zur Erhöhung des Zielerreichungsgrades vor.

Im folgenden sollen zunächst die theoretischen Grundlagen der Wohlfahrtsökonomie (Teil IV.3.1) und die Kompensationskriterien der angewandten Wohlfahrtsökonomie (Teil IV.3.2) erläutert werden; daran anschließend werden beispielhaft zwei Teilgebiete der Wohlfahrtstheorie vorgestellt (Teil IV.3.3).

3.1. Grundlagen

Unsere Darstellung der wohlfahrtstheoretischen Grundlagen folgt der üblichen Unterscheidung zwischen alter Wohlfahrtstheorie (Teil IV.3.1.1) und neuer Wohlfahrtstheorie (Teil IV.3.1.2) – eine Unterscheidung, die sich auf den jeweils zugrundegelegten Nutzenbegriff bezieht.

3.1.1. Alte Wohlfahrtstheorie

Die alte Wohlfahrtstheorie stützt sich auf den Nutzenbegriff des klassischen Utilitarismus, wie er vor allem von *Jeremy Bentham* (1748-1832) geprägt wurde (*Bentham* 1789). Dieser unterstellt, daß der Nutzen kardinal meßbar (vgl. Teil IV.2.1.1.2.c) *und* interpersonell vergleichbar ist.[60] Diese An-

---

[60] Es besteht *kein* notwendiger Zusammenhang zwischen Meßbarkeit und Vergleichbarkeit von Nutzen. Zwar gehen meist die Annahmen von kardinaler Meßbarkeit und interpersoneller Vergleichbarkeit bzw. von ordinaler Meßbarkeit und interpersoneller Nichtvergleichbarkeit Hand in Hand, doch sind durchaus auch Nutzenkonzepte möglich, die ordinale Meßbarkeit mit interpersoneller Vergleichbarkeit bzw. kardinale Meßbarkeit mit interpersoneller Nichtvergleichbarkeit verbinden.

nahmen werden benötigt, um die individuellen Nutzenwerte aggregieren zu können, insbesondere um sie zum Gesamtnutzen der Gesellschaft *aufzuaddieren*. Denn in der Maximierung dieses additiven Gesamtnutzens besteht das Ziel der alten Wohlfahrtstheorie. Als deren Hauptvertreter sind *Marshall* (Teil IV.3.1.1.1) und *Pigou* (Teil IV.3.1.1.2) zu nennen.

3.1.1.1. Alfred Marshall

Marshall betrachtete die gesamtwirtschaftliche Wohlfahrt nicht direkt, sondern die Wohlfahrtseffekte *einzelner* Märkte, ging also partialanalytisch vor. Damit Rückschlüsse auf die Gesamtwohlfahrt möglich sind, die ja das eigentliche Ziel ist, muß vorausgesetzt werden, daß wohlfahrtssteigernde Maßnahmen in einem Markt nicht zu Nutzeneinbußen in anderen Märkten führen – eine Annahme, die alles andere als unproblematisch ist.

Marshall bezieht sich auf die Konsumentenrente (und daneben auch auf die Produzentenrente) der jeweils betrachteten Märkte (vgl. Teil IV.2.1.1.2.a). Er untersucht die Auswirkungen der Einführung von Steuern bzw. Subventionen (*Marshall* 1890, Buch V, Kap. VII) und der Monopolisierung von Märkten (*Marshall* 1890, Buch V, Kap. VIII) auf die Höhe der jeweiligen Konsumentenrente und leitet wirtschaftspolititsche Empfehlungen daraus ab.

So zeigt er, daß durch eine geeignete Kombination von Steuern und Subventionen die Wohlfahrt gesteigert werden kann. Im Fall einer Industrie mit sehr schnell zunehmenden Skalenerträgen läßt sich durch eine Subvention eine derartige Produktionsausweitung und Stückkostensenkung erzielen, daß der Zuwachs an Konsumentenrente größer als der Subventionsbetrag ist. Umgekehrt führt die Besteuerung eines Gutes, das unter rapide abnehmenden Skalenerträgen produziert wird, zu einer solchen Produktionseinschränkung und Stückkostenabnahme, daß die Einbuße an Konsumentenrente kleiner ist als die Steuereinnahmen. Folglich läßt sich die Summe der Konsumentenrenten – zumindest theoretisch – im Vergleich mit dem Marktgleichgewicht erhöhen.

> „One simple plan would be the levying of a tax by the community (...) on the production of goods which obey the Law of Diminishing Return, and devoting the tax to a bounty on the production of those goods with regard to which the Law of Increasing Return acts sharply." (*Marshall* 1890, 452)

Die partialanalytische Vorgehensweise muß jedoch letztlich unbefriedigend bleiben, da – wie erwähnt – Rückschlüsse auf die *gesamtgesellschaftliche* Wohlfahrt nur sehr schwer möglich sind.

3.1.1.2. Arthur Cecil Pigou

Im Gegensatz zu *Marshall* beschränkte sich *Arthur Cecil Pigou* (1877-1959) nicht auf Partialanalysen, sondern führte Totalanalysen durch, beschäftigte sich also direkt mit der gesamtgesellschaftlichen Wohlfahrt. Mit seinen „Economics of Welfare" (*Pigou* 1920) kann er als eigentlicher Begründer der Wohlfahrtsökonomie angesehen werden.

Pigou formuliert zwei Hauptforderungen zur Maximierung der gesellschaftlichen Wohlfahrt, die sich beide auf das Volkseinkommen bzw. das Nettosozialprodukt („national dividend" von ihm genannt) beziehen, in welchem er die Hauptbestimmungsgröße der Wohlfahrt sieht (*Pigou* 1920, Teil I, Kap. III). Hinsichtlich der Distribution des Volkseinkommens fordert *Pigou* eine möglichst gleichmäßige Verteilung, da bei gegebenem Volkseinkommen die Wohlfahrt mit zunehmender Gleichverteilung zunehmen würde.

> „*Any cause which increases the proportion of the national dividend received by poor persons, provided that it does not lead to a contraction of the dividend and does not injuriously affect ist variability, will, in general, increase economic welfare.*" (*Pigou* 1920, 53)

Dies wird damit begründet, daß der Grenznutzen des Einkommens mit zunehmenden Einkommen sinke und deshalb der Gesamtnutzen einer Gesellschaft dann maximal ist, wenn – bei gegebenem Volkseinkommen – alle Individuen das gleiche Einkommen erzielen.[61] Voraussetzung hierfür ist aber nicht nur kardinale Meßbarkeit und interpersonelle Vergleichbarkeit des Nutzens, sondern darüber hinaus muß unterstellt werden, daß die Nutzenfunktionen der Individuen *identisch* sind.

Für die Wirtschaftstheorie wichtiger ist aber die zweite Forderung von *Pigou*, die die Allokation betrifft. Bei gegebener Verteilung ist die Wohlfahrt dann maximal, wenn das Volkseinkommen maximal ist (*Pigou* 1920, 47). Und dies wird wiederum dann der Fall sein, wenn die *sozialen* Wert-

---

[61] Ähnliche Vorschläge zur Maximierung der gesellschaftlichen Wohlfahrt finden sich schon bei *Gossen* (1854, 85) und *Fisher* (1892, 99) sowie später auch bei *Lerner* (1944, Kap. 3).

grenzprodukte der Produktionsfaktoren in allen Einsatzmöglichkeiten wertmäßig ausgeglichen sind, die Ressourcenallokation also effizient ist. Unter dem sozialen Wertgrenzprodukt eines Produktionsfaktors werden die dem Produzenten zustehenden, mit dem Produktpreis bewerteten Erträge der letzten eingesetzten Faktoreinheit (privates Wertgrenzprodukt) *und* die eventuell bei Dritten anfallenden, in Preisen ausgedrückten Erträge und Kosten derselben verstanden. Entscheidend ist nun, daß der unbeeinflußte Marktmechanismus nur die Gleichheit der *privaten* Wertgrenzprodukte garantiert, *nicht* jedoch die der *sozialen*.

> „Private self-interest, so far as it is not obstructed, tends to direct resources into various competing channels in such a way that the returns obtainable from further increments of investment are approximately equal in all of them. It must be remembered, indeed, that this tendency has only been proved favourable to the national dividend upon the assumption that the rate of returns to resources in any occupation is equivalent to the value of the marginal social net product there." (*Pigou* 1920, 129)

Sobald also private und soziale Wertgrenzprodukte divergieren, kann der Markt keine Maximierung des (realen) Volkseinkommens, keine effiziente Allokation gewährleisten (*Pigou* 1920, Teil II).

> „[T]he essence of the matter is that one person A, in the course of rendering some service, for which payment is made, to a second person B, incidentally also renders services or disservices to other persons C, D and E, of such a sort that technical considerations prevent payment being exacted from the benefited parties or compensation being enforced on behalf of the injured parties." (*Pigou* 1920, 159)

Die so verursachten Differenzen zwischen privaten und sozialen Wertgrenzprodukten werden heute als *externe Effekte* bezeichnet – ein Ausdruck den *Pigou* selbst nicht verwendet. Beispiele für solche externen Effekte sind die durch Industrieabgase hervorgerufenen Gesundheitsbeeinträchtigungen, die den Nutzen der Anwohner mindern (negative externe Effekte), oder die Nutzensteigerungen, die Spaziergänger beim Anblick eines gepflegten Gartens erfahren (positive externe Effekte). Bei dem Vorliegen externer Effekte sind, so *Pigou* (1920, 129), staatliche Interventionen notwendig, um den Ausgleich der sozialen Wertgrenzprodukte sicherzustellen und das Volkseinkommen zu maximieren. Im Fall negativer externer Effekte sind Steuern zu erheben, um dem Verursacher dieser Externalitäten die entstehenden zusätzlichen Kosten anzulasten (so daß z.B. die Abgasemissionen reduziert werden); im Fall positiver externer Effekte sind dagegen Subventionen zu zahlen, um ihren Verursachern den zusätzlichen Nutzen zu entgelten (und so z.B. die Anlage schöner Gärten zu fördern). Auf diese Weise können die Externalitäten in das Marktsystem *internalisiert* werden, so daß gewährleistet ist, daß bei den Entscheidungen über den Einsatz von Ressourcen *alle* Konsequenzen berücksichtigt werden, also auch die bei Dritten anfallenden Kosten und Nutzen. Aufgrund des *Marktversagens* bei externen Effekten kommt dem Staat eine wichtige Rolle zu, nämlich die Kontrolle des „play of economic forces in such wise as to promote the economic welfare" (*Pigou* 1920, 113).

Das von *Pigou* – der Sache, wenngleich nicht dem Namen nach – eingeführte Konzept der externen Effekte sollte sich als von zentraler Bedeutung für die Wohlfahrtsökonomie erweisen: Allerdings faßt *Pigou*, ebenso wie *Marshall* (vgl. Teil IV.2.1.3.1.b), darunter auch Phänomene, die *keine* echten externen Effekte sind, also *keine* Ineffizienzen verursachen. Die dadurch hervorgerufene Verwirrung wurde erst von *Viner* (1931) geklärt, der zwischen *technologischen* und *pekuniären* externen Effekten unterscheidet. Nur erstere, die eine *direkte und unmittelbare* Beeinflussung der Konsum- oder Produktionsaktivitäten Dritter bezeichnen, vermindern die gesellschaftliche Wohlfahrt. Dagegen sind letztere ein für den Marktmechanismus normales und typisches Phänomen, da Konsum bzw. Produktion nicht direkt, sondern über eine Änderung der Marktpreise beeinflußt werden. Ein Beispiel für einen (negativen) pekuniären externen Effekt wäre die Verteuerung der Produktion eines Unternehmens durch den Preisanstieg der von demselben eingesetzten Produktionsfaktoren, welcher durch die Ausweitung der Produktion (d.h. Erhöhung der Faktornachfrage) anderer Unternehmen hervorgerufen wird.

Die „interventionistische" Position *Pigous* wurde zunächst von *Knight* (1924) und später vor allem von *Coase* (1960) kritisiert. Sie weisen darauf hin, daß es aus ökonomischer Sicht keineswegs eindeutig ist, wer der Verursacher einer Externalität ist. Im Fall der Luftverschmutzung durch eine Fabrik liegt es nahe, diese als Verursacher der Minderung des Nutzens der Anwohner anzusehen – aber man könnte auch den Anwohnern selbst die Schuld geben, da nur durch deren Anwesenheit in der Nähe der Fabrik die Emissionen störend wirken. Von daher kann auf beiden Seiten der Externalität mit Interventionen angesetzt werden, wobei es nicht a priori klar ist, welcher Eingriff kostengünstiger bzw. effizienter ist. Im übrigen sind *Knight* und *Coase* der Meinung, daß es sich beim Vorliegen von Externalitäten nicht um ein Markt-, sondern um ein *Staatsversagen* handelt, da es der Staat versäumt habe, Verfügungsrechte an den betroffenen Gütern zu definieren und zuzuweisen. Würde dies geschehen, so könne unter bestimmten Umständen der externe Effekt durch Verhandlungen der involvierten Wirtschaftssubjekte internalisiert werden und weitere staatliche Eingriffe wären überflüssig. Dies ist der Inhalt des *Coase-Theorems*, auf welches in Teil IV.4.2 noch näher eingegangen wird.

3.1.2. Neue Wohlfahrtstheorie

Seit Beginn des 20. Jahrhunderts gerieten die Annahmen der kardinalen Meßbarkeit und der interpersonellen Vergleichbarkeit des Nutzens zunehmend in die Kritik; sie wurden schließlich (weitgehend) durch das Konzept des nur ordinal meßbaren, interpersonell nicht vergleichbaren Nutzens ersetzt (vgl. Teil IV.2.1.1.2.c). Diese Entwicklung vollzog sich sowohl in der positiven als auch in der normativen Wirtschaftstheorie. Im Falle letzterer bezeichnet der Wechsel der nutzentheoretischen Basis den Übergang von der *alten* zur *neuen* Wohlfahrtstheorie. Zwar dominiert heute die neue Wohlfahrtstheorie eindeutig, doch wird mitunter auch noch der kardinal meßbare, interpersonell vergleichbare Nutzen unterstellt. Dies gilt nicht nur für die angewandte Wohlfahrtsökonomie (vgl. Teil IV.3.2), sondern auch für Teilbereiche der theoretischen Wohlfahrtsökonomie: So wird, wenn es um Fragen intertemporaler Allokation geht, wie z.B. den Umgang mit natürlichen Ressourcen, meist die Summe bzw. das Integral der (abdiskontierten) Wohlfahrtswerte der verschiedenen Generationen zu maximieren gesucht – ein Verfahren, das sowohl kardinale Meßbarkeit als auch interpersonelle Vergleichbarkeit des Nutzens voraussetzt. Dieselben Annahmen werden auch bei den Ansätzen der Theorie der optimalen Besteuerung getroffen, die distributive Gesichtspunkte berücksichtigen.

Die grundlegenden Arbeiten auf dem Gebiet der neuen Wohlfahrtstheorie stammen von *Pareto* (Teil IV.3.1.2.1), *Lerner* (Teil IV.3.1.2.2), *Arrow* (Teil IV.3.1.2.3) und *Meade* (Teil IV.3.1.2.4).

3.1.2.1. Vilfredo Pareto

Als Begründer der neuen Wohlfahrtstheorie kann der italienische Soziologe und Ökonom *Vilfredo Pareto* (1848-1923) gelten, dessen aus ökonomischer Sicht bedeutenstes Werk das „Manuel d'Economie Politique" ist (*Pareto*

1909).[62] Darin entwickelt *Pareto* (1909, Kap. III) zum einen die Konsumtheorie auf der Basis des nur ordinal meßbaren Nutzens, von ihm „ophélimité" genannt. Wenngleich die Grundzüge der ordinalen Konsumtheorie schon bei *Fisher* (1892) zu finden sind, war *Paretos* Darstellung aufgrund ihrer Eleganz und Ausführlichkeit einflußreicher und somit ein wichtiger Schritt auf dem Weg zur endgültigen Durchsetzung des Konzepts des ordinalen Nutzens, die *Hicks* zu verdanken ist (vgl. Teil IV.2.1.1.2.c).

Zum anderen schlägt *Pareto* (1909, 354 u. 617f) das bis heute wichtigste wohlfahrtstheoretische Kriterium vor, welches später nach ihm benannt wurde. Da interpersonelle Nutzenvergleiche abgelehnt werden, können zwei Situationen dann *nicht* miteinander verglichen werden, wenn beim Übergang von der einen zur anderen einige Gesellschaftsmitglieder einen Nutzengewinn erzielen, aber auch einige einen Nutzenverlust erleiden. Dagegen kann von einer Erhöhung (Abnahme) der gesellschaftlichen Wohlfahrt gesprochen werden, wenn mindestens ein Individuum einen Nutzengewinn erfährt und kein Individuum eine Nutzeneinbuße hinnehmen muß (wenn mindestens ein Individuum eine Nutzeneinbuße erleidet und kein Individuum eine Nutzensteigerung erzielt). Eine Situation ist dann *paretooptimal*, wenn es *nicht* mehr möglich ist, den Nutzen mindestens eines Individuums zu steigern, ohne daß dadurch der Nutzen anderer Individuen gemindert wird. Das Paretokriterium erlaubt die getrennte Behandlung von Allokations- und Distributionsproblemen, d.h. die Trennung der Frage, *wie* die zur Verfügung stehenden Ressourcen zu verwenden sind, von der Frage, *von wem* sie zu verwenden sind. Die Ressourcenallokation wird als *effizient* bezeichnet, wenn ein Paretooptimum vorliegt. Das Anstreben eines solchen ist ein einsichtiges und wenig strittiges Ziel; schließlich ist es in einer paretosuboptimalen Situation möglich, den Nutzen eines Individuums zu erhöhen, ohne daß ein anderes darunter leidet; ein Verzicht auf die Herstellung eines Paretooptimums läuft deshalb auf eine Ressoucenverschwendung hinaus. Aber es gibt viele mögliche effiziente Allokationen, d.h. viele Paretooptima, die sich hinsichtlich der Distribution voneinander unterscheiden. Eine Auswahl unter den Paretooptima ist offensichtlich sehr problematisch, da sich bei Verteilungsfragen kaum ein allgemein akzeptables Kriterium finden läßt. Das Paretokriterium ermöglicht also Wohlfahrtstheoretikern die Konzentration auf das weitgehend unstrittige Effizienzziel unter Ausklammerung der sehr kontroversen Verteilungsfragen. Dies geht allerdings zu Lasten der praktischen Relevanz wohlfahrts-

---

[62] Nur die französische Übersetzung, nicht das italienische Original, enthält den für die ökonomische Theorie wichtigen mathematischen Anhang.

theoretischer Analysen – denn in der Wirtschaftspolitik stehen meist Verteilungsaspekte im Vordergrund. Abschließend muß betont werden, daß das Paretokriterium – selbstverständlich – ein *Werturteil* darstellt; trotz seiner Plausibilität und hohen Akzeptabilität handelt es sich keineswegs um einen absolut gültigen, „wissenschaftlichen" Maßstab.

3.1.2.2. Abba P. Lerner

Der in Rußland geborene *Abba P. Lerner* (1903-1982) formulierte erstmals die Bedingungen, die erfüllt sein müssen, wenn ein Paretooptimum realisiert werden soll; er gibt eine zusammenfassende Darstellung dieser Bedingungen in seinem Hauptwerk „The Economics of Control – Principles of Welfare Economics" (*Lerner* 1944).

Es sind insgesamt *drei* Bedingungen, von deren Erfüllung das Vorliegen eines Paretooptimums abhängt. Die erste Bedingung bezieht sich auf den Konsum: Sie besagt, daß die Grenzrate der Substitution zweier Güter für alle Haushalte, die diese Güter konsumieren, gleich sein muß (*Lerner* 1944, 11). Die folgende Abbildung 19, in der der einfachste Fall mit zwei Personen (*A* und *B*) und zwei Gütern (x_1 und x_2) dargestellt ist, soll zur Veranschaulichung dienen.

Die Breite (Höhe) des Rechtecks gibt die Menge des zum Konsum zur Verfügung stehenden Gutes x_1 (x_2) an; die linke untere (rechte obere) Ecke stellt den Ursprung des Indifferenzkurvensystems von *A* (*B*) dar. Jeder Punkt innerhalb des Rechtecks entspricht deshalb einer bestimmten Aufteilung der Menge an x_1 und der Menge an x_2 auf *A* und *B*. Von den Indifferenzkurvensystemen von *A* und *B* sind beispielhaft jeweils drei Indifferenzkurven (I_1^A bis I_3^A und I_1^B bis I_3^B) eingezeichnet. Im Punkt *P* (dem Schnittpunkt von I_3^A und I_2^B) ist die Konsumstruktur offensichtlich suboptimal; durch eine Umverteilung der Konsumgüter ist es möglich, z.B. den Punkt *Q* zu erreichen, also den Nutzen von *B* zu steigern (von I_2^B auf I_3^B), ohne daß der Nutzen von *A* gemindert wird (*A* bleibt weiterhin bei I_3^A). Von *Q* aus ist eine derartige Wohlfahrtsverbesserung nicht mehr möglich; jede Nutzenerhöhung des einen Konsumenten muß durch eine Nutzeneinbuße des anderen erkauft werden. In diesem Punkt schneiden sich die Indifferenzkurven I_3^A und I_3^B nicht, sondern berühren sich, so daß die Grenzrate der Substitution zwischen x_1 und x_2 für *A* und *B* gleich ist. Dies gilt für *alle* Tangentialpunkte der Indifferenzkurven von A und B, die zusammen die *Kontraktkurve* ergeben, d.h. die Kurve aller effizienten Aufteilungen der Konsumgüterbestände zwischen A und B (vgl. Teil IV.2.2.1.2.a).

Abb. 19: Die Optimalbedingung für den Konsum

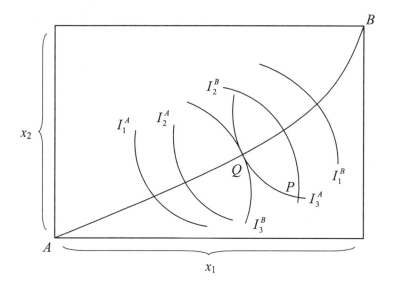

Die zweite Bedingung betrifft die Produktion, welche so zu gestalten ist, daß die Grenzrate der Substitution zweier Produktionsfaktoren für alle Unternehmen, die diese Faktoren einsetzen, gleich ist (*Lerner* 1944, 65). Auch hier soll der einfachste Fall mit zwei Unternehmen (A und B) und zwei Produktionsfaktoren (z_1 und z_2) graphisch dargestellt werden (Abbildung 20). In diesem Fall stellt die Breite (Höhe) des Rechtecks die vorhandene Menge des Produktionsfaktors z_1 (z_2) dar; in der linken unteren (rechten oberen) Ecke liegt der Ursprung des Produktionsisoquantensystems von A (B). Jeder Punkt im Rechteck spiegelt deshalb eine bestimmte Aufteilung der Produktionsfaktormengen auf A und B wider. Sowohl für A als auch für B sind beispielhaft drei Isoquanten eingezeichnet (y_1^A bis y_3^A und y_1^B bis y_3^B). P (der Schnittpunkt von y_3^A und y_2^B) repräsentiert eine suboptimale Produktionsstruktur, da durch eine Reallokation der Produktionsfaktoren z.B. der Punkt Q realisiert werden kann und so die Produktion von B erhöht werden kann (von y_2^B auf y_3^B), ohne daß die Produktion von A

eingeschränkt werden muß (es wird weiterhin y_3^A produziert). Q ist ein Tangentialpunkt der Isoquanten, so daß hier die Grenzrate der Substitution zwischen z_1 und z_2 für A und B gleich ist. Die Menge aller Tangentialpunkte bildet die Menge der effizienten Produktionsstrukturen, die *Effizienzkurve*.

Abb. 20: Die Optimalbedingung für die Produktion

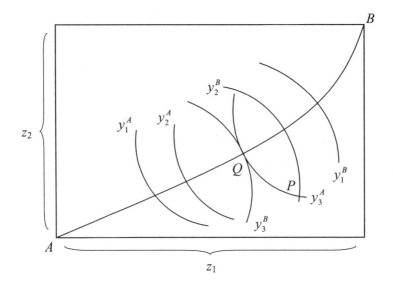

Bei der dritten Bedingung geht es um die Abstimmung von Konsum und Produktion: Es ist notwendig, daß die Grenzrate der Substitution zweier Güter im Konsum gleich der Grenzrate der Transformation dieser beiden Güter in der Produktion ist (*Lerner* 1944, 140f.).

In der folgenden Abbildung findet sich eine vereinfachte Variante von Abbildung 19; sie zeigt, wie eine bestimmte Güterkombination ($\bar{x}_1$ und $\bar{x}_2$) zwischen den Konsumenten A und B aufgeteilt wird. Offensichtlich ist die Effizienzbedingung für den Konsum im Tangentialpunkt von I^A und I^B erfüllt. Im Rest der Abbildung wird die Produktion dieser Güterkombination beschrieben. T stellt die Produktionsmöglichkeits- oder Transformationskurve der betrachteten Ökonomie dar; sie gibt an, welche Kombinationen von x_1 und x_2 bei effizientem Einsatz aller Produktionsfaktoren hergestellt werden können. Sie kann aus der Effizienzkurve von Abb. 20 abgeleitet werden, indem die den Tangentialpunkten der Isoquanten entsprechenden Outputniveaus in das x_1x_2-Koordinatensystem übertragen werden.

Abb. 21: Die Optimalbedingung für die Koordination zwischen Konsum und Produktion

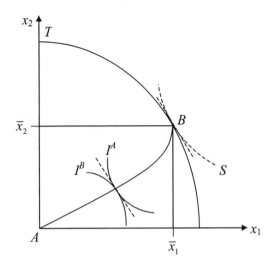

In Abb. 21 ist die Grenzrate der Transformation (veranschaulicht durch die Steigung der Tangente im Punkt B) gleich der Grenzrate der Substitution (veranschaulicht durch die Steigung der Tangente von I^A und I^B), so daß die dritte Bedingung erfüllt ist. In diesem Fall tangiert die *Scitovsky-Indifferenzkurve S* (*Scitovsky* 1941/42b) die Transformationskurve T im Punkt B. S erhält man, indem man I^B an I^A „entlanggleiten" läßt und so den Ursprung des Indifferenzkurvensystems von B verschiebt; S gibt also alle Güterkombinationen wieder, durch die A und B jeweils einen bestimmten Nutzen (repräsentiert durch I^A und I^B) erfahren *und* bei denen die Optimalbedingung für den Konsum erfüllt ist. Wenn S nun T nicht tangieren, sondern schneiden würde, dann könnten die vorgegebenen Nutzenniveaus auch mit einer Güterkombination realisiert werden, die innerhalb von T liegt. Und dies heißt wiederum, daß ineffizient produziert werden würde, da bei einer Umstrukturierung der Produktion zusätzliche, für die Realisierung von I^A und I^B nicht notwendige Güter produziert werden könnten und mit deren Hilfe der Nutzen mindestens eines der Individuen erhöht werden könnte, ohne daß der Nutzen des anderen beeinträchtigt werden müßte. Und S würde T genau dann schneiden, wenn die Grenzraten der Substitution und der Transformation in der Ausgangssituation nicht gleich wären, wenn also die Produktions- nicht an die Konsumstruktur angepaßt wäre.

3.1.2.3. Kenneth J. Arrow

Arrow hatte nicht nur wesentlichen Anteil am Beweis der Existenz von Marktgleichgewichten (vgl. Teil IV.2.2.1.2.c), sondern beschrieb auch deren wesentliche wohlfahrtstheoretische Eigenschaften in den *drei Hauptsätzen der Wohlfahrtstheorie* (*Arrow* 1951a; 1951b).

Der *erste Hauptsatz* besagt, daß (unter bestimmten Bedingungen) das Gleichgewicht einer Wettbewerbswirtschaft paretooptimal ist (*Arrow* 1951a). Damit wurde zum ersten Mal bewiesen, was bislang lediglich behauptet oder allenfalls mit intuitiven Argumenten begründet wurde – die Optimalität marktwirtschaftlicher Systeme. Allerdings wird „Optimalität" hier in einem sehr eingeschränkten Sinn verstanden, nämlich als Paretooptimalität. Dieselbe bezieht sich lediglich auf das *Ergebnis* des Marktprozesses bzw. auf die Eigenschaften des Marktgleichgewichts (das ja erst erreicht wird, wenn die Marktprozesse zum Erliegen gekommen sind). Der Marktprozeß *per se* ist aus dieser Sicht nicht wichtig – es spielt keine Rolle, inwieweit der Markt zur Gewährleistung und Verwirklichung individueller Freiheiten beizutragen oder die Hervorbringung von Innovationen zu fördern vermag. Diese *prozeduralen* Aspekte, die für *Adam Smith* sehr wichtig waren und die in jüngerer Zeit vor allem von Vertretern der österreichischen Schule betont werden (vgl. Teil VII.4.2.3), werden von der neoklassischen Wohlfahrtstheorie fast vollständig vernachlässigt. Auch sind bei der Interpretation des ersten Hauptsatzes gewisse Einschränkungen zu beachten: Er gilt zwar unter sehr allgemeinen Bedingungen, was die Gestalt der Nutzen- und Produktionsfunktionen angeht, setzt aber voraus, daß vollkommene Konkurrenz herrscht und es keinerlei Externalitäten gibt. Da diese Bedingungen in der Realität nie erfüllt sein werden, muß man davon ausgehen, daß reale Marktwirtschaften nie ein Paretooptimum erreichen und es immer Spielraum für wohlfahrtssteigernde Interventionen gibt – wobei dahingestellt sei, inwieweit dieser theoretisch vorhandene Spielraum tatsächlich von der Wirtschaftspolitik genutzt werden kann (vgl. Teil IV.3.1.2.4).

Beim *zweiten Hauptsatz* handelt es sich – cum grano salis – um die Umkehrung des ersten Hauptsatzes (*Arrow* 1951a): In einer Wettbewerbswirtschaft kann (fast) jedes Paretooptimum durch entsprechende Pauschalsteuern und -transfers realisiert werden (wobei an die Gestalt der Nutzen- und Produktionsfunktionen hier höhere Anforderungen als im Fall des ersten Hauptsatzes gestellt werden müssen). Der zweite Hauptsatz ermöglicht (theoretisch) die gleichzeitige Erfüllung von Allokations- und Distributionszielen und somit eine „Versöhnung" zwischen Effizienz und

Gerechtigkeit. Denn gemäß dem ersten Hauptsatz ist ein Marktgleichgewicht zwar paretooptimal und somit effizient; es kann aber aus Distributionsgründen vollkommen inakzeptabel sein. Um ein sowohl effizientes als auch gerechtes Ergebnis zu erzielen, muß nicht nur einfach irgendein Paretooptimum, sondern ein gerechtes bzw. – wenn möglich – das gerechteste Paretooptimum realisiert werden: das „optimum optimorum". Der zweite Hauptsatz impliziert nun, daß eine solche Auswahl unter den Paretooptima möglich ist – daß also die Verteilung nach bestimmten Gerechtigkeitsvorstellungen korrigiert werden kann, *ohne* daß es dadurch zu Effizienzeinbußen kommt. Die Voraussetzung hierfür ist allerdings der Einsatz von Redistributionsinstrumenten, die keinerlei negative Anreizwirkungen entfalten, nämlich von Pauschalsteuern und -transfers (vgl. Teil IV.3.3.1.2).[63] Da solche Instrumente aber in der Realität praktisch nicht zur Verfügung stehen, gilt im Umkehrschluß, daß alle tatsächlich stattfindenden Umverteilungsmaßnahmen zu Lasten der Effizienz gehen, daß also unter realen Bedingungen eine Entscheidung zwischen Gerechtigkeit und Effizienz getroffen oder ein wie auch immer gearteter Kompromiß gefunden werden muß.

Der *dritte Hauptsatz* beschäftigt sich mit der Frage, *wie* das „optimum optimorum" identifiziert werden kann. Zur Veranschaulichung dieses Problems haben *Bergson* (1938) und *Samuelson* (1947, 219ff) die *soziale Wohlfahrtsfunktion* verwandt. Diese stellt die gesellschaftliche Wohlfahrt als Funktion der Nutzenniveaus der einzelnen Gesellschaftsmitglieder dar (kann also als *individualistisch* bezeichnet werden). Die soziale Wohlfahrtsfunktion liefert folglich auch Informationen über die Rangfolge der verschiedenen Paretooptima, so daß das „optimum optimorum" identifiziert werden kann – nämlich als Maximum der sozialen Wohlfahrtsfunktion. Wie kann aber eine solche soziale Wohlfahrtsfunktion konstruiert werden? *Arrow* (1951b) zeigt, daß es bei Verwendung ordinaler, nicht interpersonell vergleichbarer Nutzenfunktionen *keine* Methode zur Konstruktion einer sozialen Wohlfahrtsfunktion gibt, die einige wenige, durchaus sinnvolle Anforderungen erfüllt – wie z.B. die Beachtung des Paretokriteriums oder die Nichtzulässigkeit einer Diktatur. Diese Konstruktionsmethoden werden – etwas mißverständlich – *Arrowsche soziale Wohlfahrtsfunktionen* genannt.[64]

---

[63] Steuern und Transfers werden dann als „pauschal" bezeichnet, wenn ihre Höhe *nicht* von den Steuerzahlern bzw. Transferempfängern beeinflußt werden kann, wenn sie also keine Substitutionseffekte nach sich ziehen.

[64] Eine *Arrowsche* soziale Wohlfahrtsfunktion ist also ein *Verfahren* zur Konstruktion einer *Bergson-Samuelsonschen* sozialen Wohlfahrtsfunktion: Sie sind *nicht* dasselbe!

Das Arrow-Unmöglichkeitstheorem, das den Inhalt des dritten Hauptsatzes bildet, steht am Anfang der *modernen Sozialwahltheorie* („Social Choice"), die sich mit der Aggregation individueller zu kollektiven Präferenzen befaßt. Die Vorgehensweise ist dabei überwiegend – dem Beispiel *Arrows* folgend – normativ: Es werden bestimmte Anforderungen, die ein „akzeptables" Aggregationsverfahren erfüllen muß, in Form von Axiomen vorgegeben, um so den Kreis der möglichen Verfahren einzuschränken. Daneben gibt es aber auch die positive Analyse der verschiedenen Methoden, kollektive Entscheidungen zu treffen (vgl. z.B. *Black* 1948; 1958), was eher dem Ansatz der *alten* Sozialwahltheorie entspricht. Letztere nahm im 18. Jahrhundert ihren Anfang und befaßte sich mit den Eigenschaften verschiedener Abstimmungsregeln. Erwähnenswert ist vor allem der *Marquis de Condorcet* (1743-1794), der das berühmte nach ihm benannte Paradoxon formulierte (*Condorcet* 1785): Danach kann es bei einfacher Mehrheitswahl zu Intransitivitäten kommen; falls z.B. die Personen A, B und C hinsichtlich dreier zur Wahl stehender Alternativen x, y und z die Präferenzreihenfolgen (x, y, z), (y, z, x) und (z, x, y) haben, so kann (bei Anwendung der einfachen Mehrheitswahl) keine eindeutig „beste" Alternative ermittelt werden.

Die Diskussion des Arrow-Theorems, seiner Voraussetzungen und Implikationen hat gezeigt, daß für das negative Ergebnis *Arrows* hauptsächlich die Voraussetzung der interpersonellen Nichtvergleichbarkeit des Nutzens verantwortlich ist; aufgrund der Unzulässigkeit von Nutzenvergleichen besteht ein Mißverhältnis zwischen den (sehr geringen) zur Verfügung stehenden Informationen und den (vergleichsweise hohen) Anforderungen, denen eine Arrowsche soziale Wohlfahrtsfunktion genügen soll (*Sen* 1970a, 123ff). Daneben sind der Sozialwahltheorie wichtige Einblicke in das Verhältnis zwischen der wohlfahrtsökonomischen Orientierung allein am *Ergebnis* gesellschaftlicher Prozesse (d.h. dem Paretooptimum oder dem Maximum der sozialen Wohlfahrtsfunktion) und allgemein akzeptierten Rechten und Freiheiten zu verdanken (*Sen* 1970b).

Auf die Sozialwahltheorie, die sich zu einer eigenständigen Disziplin zwischen Wohlfahrtstheorie und Neuer Politischer Ökonomie (vgl. Teil IV.4.1) entwickelt hat und als deren wichtigster Vertreter *Amartya K. Sen* (geb. 1933) gilt, kann im Rahmen dieser Arbeit nicht näher eingegangen werden.[65]

---

[65] *Sen* erhielt 1998 den Ökonomie-Nobelpreis.

3.1.2.4. James E. Meade

James E. Meade (1907-1996) machte darauf aufmerksam, daß die Marginalbedingungen für Paretooptima (vgl. Teil IV.3.1.2.2) nur sehr eingeschränkt als Anhaltspunkt für die praktische Wirtschaftspolitik dienen können (*Meade* 1955).[66]

Wenn gewisse Abweichungen von den Optimalbedingungen als nicht korrigierbar akzeptiert werden müssen, womit in der Realität eigentlich immer zu rechnen ist, so muß eine „zweitbeste" Politik betrieben werden, d.h. es muß versucht werden, das bei Akzeptanz der betreffenden Ineffizienzen noch mögliche, „zweitbeste" Ergebnis zu realisieren. Aber jede der Paretobedingungen gilt nur dann, wenn alle anderen erfüllt sind (*Meade* 1955, Kap. VII). Es ist also nicht einfach möglich, durch eine *isolierte* Annäherung *einzelner* Preis- bzw. Kostenverhältnisse an ihre Optimalwerte die Gesamtwohlfahrt zu erhöhen.

> „[I]f there are a number of existing divergences between marginal values and costs, the reduction of one of these divergences – the others all remaining unchanged – will not necessarily lead to a increase in economic welfare, but may very well reduce it." (*Meade* 1955, 102)

Weiterentwickelt und präzise mathematisch formuliert wurde dieser Gedanke von *Lipsey und Lancaster* (1956). Die *Theorie des Zweitbesten* impliziert eine erhebliche Komplizierung einer auf Effizienz ausgerichteten Wirtschaftspolitik. Existiert z.B. in einem Markt ein Monopol, das (aus welchen Gründen auch immer) nicht beseitigt werden kann, so verlangt eine zweitbeste Lösung in aller Regel nicht etwa die Erfüllung der Bedingungen für vollkommene Konkurrenz auf allen anderen Märkten, sondern genau definierte Abweichungen von denselben. Wenn also – wovon auszugehen ist – allenfalls ein zweitbestes Resultat erreicht werden kann, dann sind sehr aufwendige und komplizierte Berechnungen schon zur Ermittlung der Bedingungen für dieses zweitbeste Resultat notwendig – die tatsächliche Realisierung dieser Bedingungen ist vollends utopisch. Die reale Wirtschaftspolitik wird also zwangsläufig „inexakt" sein und sich auf pragmatische Vorgaben verlassen müssen, die bestenfalls in die richtige Richtung gehen, aber keineswegs ein optimales oder auch nur zweitbestes Ergebnis garantieren können (*Meade* 1955, Kap. XII-XV u. XXIV).

---

[66] *Meade* wurde 1977 (zusammen mit *Ohlin*) der Nobelpreis für Wirtschaftswissenschaft verliehen.

3.2. Die Kompensationskriterien

Aufgrund der Implikationen der Theorie des Zweitbesten ist eine konsequent am Paretokriterium ausgerichtete Wirtschaftspolitik praktisch unmöglich. Will man aber dennoch eine wohlfahrtsökonomisch orientierte Wirtschaftspolitik betreiben, so kommt als Alternative ein pragmatisches Vorgehen anhand des leichter handhabbaren Entscheidungskriteriums in Frage, welches von *Hicks* (1939a) und *Kaldor* (1939) vorgeschlagen wurde.

Dem *Kaldor-Hicks-Kriterium* zufolge ist eine wirtschaftspolitische Maßnahme dann als wohlfahrtssteigernd anzusehen, wenn die „Gewinner" die „Verlierer" kompensieren können und ihnen noch ein Nettogewinn verbleiben würde. Schon die *Möglichkeit* einer solchen Kompensation ist ausreichend, eine *tatsächliche* Entschädigung ist nicht vorgesehen. Denn diese wäre zum einen praktisch kaum durchführbar und zum anderen ist sie auch gar nicht notwendig – wenn man annimmt, daß Gewinner und Verlierer der verschiedenen wirtschaftspolitischen Maßnahmen im Zeitablauf einander abwechseln und deshalb langfristig jeder profitiert, selbst wenn einzelne Verluste nicht unmittelbar kompensiert werden.

Das Kaldor-Hicks-Kriterium weist allerdings gewisse Probleme auf. *Erstens* können Paradoxa nicht ausgeschlossen werden (*Scitovsky* 1941/42a). Es ist nämlich möglich, daß der Übergang von der Situation *A* zur Situation *B* (infolge eines wirtschaftspolitischen Eingriffs) gemäß dem Kaldor-Hicks-Kriterium als wohlfahrtssteigernd eingestuft wird *und* die Wiederherstellung des alten Zustandes (also die Rückgängigmachung des wirtschaftspolitischen Eingriffs) ebenfalls positiv beurteilt wird. Folglich ist das Kaldor-Hicks-Kriterium durch das *Scitovsky-Kriterium* zu ersetzen, welches verlangt, daß eine Wohlfahrtssteigerung nur dann konstatiert wird, wenn die Durchführung einer Maßnahme das Kaldor-Hicks-Kriterium erfüllt, nicht aber ihre Rückgängigmachung. Es ist deshalb möglich, daß eine bestimmte Maßnahme nicht beurteilt werden kann – wenn sie nur einen der beiden Teile des Scitovsky-Kriteriums erfüllt.

Zweitens muß die Annahme, wonach auf Dauer alle Gesellschaftsmitglieder von wohlfahrtssteigernden Maßnahmen im Sinne des Kaldor-Hicks-Kriteriums (oder auch des Scitovsky-Kriteriums) profitieren werden, nicht unbedingt zutreffen (*Little* 1950, Kap. VI). Der Verzicht auf tatsächliche Kompensationen kann durchaus dazu führen, daß einige Individuen immer gewinnen und andere immer verlieren und die Einkommens- bzw. Vermögensverteilung ungleichmäßiger wird. *Little* postuliert deshalb ein neues Kriterium, wonach für die positive Beurteilung einer wirtschaftspolitischen

Maßnahme erstens die Erfüllung des *zweiten* Teils des Scitovsky-Kriteriums *und* zweitens die Herstellung einer „günstigeren" Verteilungssituation notwendig ist. Die Kritik von *Little* ist zwar berechtigt, sein Vorschlag kann aber nicht überzeugen: Er gibt weder eine Begründung dafür, warum das Scitovsky-Kriterium nur zum Teil erfüllt werden muß, noch führt er aus, was unter einer „günstigeren" Verteilung zu verstehen ist (es kann vermutet werden, daß *Little* „günstig" mit „gleichmäßig" gleichsetzt).[67]

Drittens impliziert das Kaldor-Hicks-Kriterium (ebenso wie das Scitovsky-Kriterium) interpersonelle Nutzenvergleiche und stellt deshalb einen „Rückfall" in die alte Wohlfahrtstheorie dar.

Ungeachtet dieser Kritik spielt das Kaldor-Hicks-Kriterium in der angewandten Wohlfahrtsökonomie, insbesondere in der Kosten-Nutzen-Analyse, eine wichtige Rolle – hauptsächlich aufgrund des Fehlens von Alternativen, die zugleich theoretisch überzeugend und praktikabel sind.

3.3. Teilbereiche der Wohlfahrtstheorie

Neben den theoretischen Grundlagen lassen sich innerhalb der Wohlfahrtsökonomie auch verschiedene Gebiete unterscheiden, die sich mit gewissen „Problemfeldern" befassen, in denen die Realisierung der Paretobedingungen durch den Markt besonders fraglich erscheint. Als Beispiele hierfür sollen die (neue) Finanzwissenschaft (Teil IV.3.3.1) und die Umweltökonomie (Teil IV.3.3.2) vorgestellt werden.

3.3.1. Finanzwissenschaft

Insoweit die Finanzwissenschaft wohlfahrtstheoretische Verfahren anwendet, wird diese als „neue" Finanzwissenschaft bezeichnet; dabei geht es vor allem um das Angebot öffentlicher Güter (Teil IV.3.3.1.1) und die Besteuerung (Teil IV.3.3.1.2). Daneben gibt es auch noch die „alte" Finanzwissenschaft, auf die in Teil IV.3.3.1.3 kurz eingegangen werden soll – wenngleich diese *nicht* der Wohlfahrtsökonomie zuzuordnen ist.

---

[67] In der zweiten Auflage seiner „Critique" von 1957 fordert *Little* nicht mehr die Erfüllung des zweiten Teils des Scitovsky-Kriteriums, sondern die *eines* der beiden Teile desselben (was genauso wenig überzeugt wie die ursprüngliche Formulierung).

3.3.1.1. Die Theorie öffentlicher Güter

Das Problem der Bereitstellung öffentlicher Güter erkannten zwar schon *David Hume* und *Adam Smith*; die exakte Formulierung dieses Problems und seiner Lösung ist jedoch jüngeren Datums: Sie stammt von *Samuelson* (1954; 1955), der als Begründer der Theorie der öffentlichen Güter bezeichnet werden kann.

Samuelson konzentriert sich auf den Extremfall des *reinen öffentlichen Gutes*, das dadurch gekennzeichnet ist, daß der individuelle gleich dem gesamten Konsum ist:

(63) $\quad x_1^i = X_1$

Bei reinen öffentlichen Gütern besteht *keine* Rivalität im Konsum: Durch den Konsum eines Individuums werden die Konsummöglichkeiten anderer Individuen nicht beeinträchtigt. Die Landesverteidigung oder der Rundfunk sind Beispiele für solche Güter. Im Gegensatz dazu herrscht bei rein privaten Gütern vollkommene Konsumrivalität, d.h. sobald ein solches Gut (z.B. Brot) von einem Individuum konsumiert wird, kann dieses Gut nicht mehr von anderen konsumiert werden. Dementsprechend ist der Gesamtkonsum gleich der Summe der individuellen Konsummengen:

(64) $\quad \sum x_2^i = X_2$

Während für private Güter die in Teil IV.3.1.2.2 vorgestellten Bedingungen gelten müssen, damit ein Paretooptimum vorliegt, sind im Falle öffentlicher Güter andere Bedingungen relevant. Es läßt sich zeigen, daß im Optimum die *Summe* der individuellen Grenzraten der Substitution im Konsum zwischen dem öffentlichen und dem privaten Gut gleich sein muß der Grenzrate der Transformation in der Produktion zwischen diesen beiden Gütern. Falls das private Gut als „numéraire" (mit dem Preis von 1) dient, entspricht der genannten Bedingung die Gleichheit von der *Summe* der marginalen Zahlungsbereitschaften für das öffentliche Gut und den Grenzkosten der Produktion desselben. Es ergeben sich unterschiedliche Optimalpreise, aber (per definitionem) gleiche Konsummengen für die Individuen – im Gegensatz zu den privaten Gütern, für die die Konsumenten den gleichen Preis zahlen, aber unterschiedliche Mengen konsumieren können.

Im Fall privater Güter werden die Optimalbedingungen „automatisch" durch den Markt realisiert. Anders dagegen bei öffentlichen Gütern: Hier ist in aller Regel ein Angebot durch den Staat notwendig. Denn die Nichtrivalität im Konsum tritt häufig zusammen mit der Nichtausschließbarkeit auf, wie z.B. im Fall der Landesverteidigung. Insoweit Individuen nicht vom Konsum eines Gutes ausgeschlossen werden können, besteht für diese ein Anreiz, ihre Präferenzen und damit ihre Zahlungsbereitschaft für das betreffende Gut *nicht* zu offenbaren und sich als „free rider" zu betätigen (d.h. das Gut zu konsumieren, ohne dafür zu zahlen). Ein Angebot durch den Markt kann unter solchen Bedingungen offensichtlich nicht zustande kommen. Allerdings gibt es auch ausschließbare öffentliche Güter, die marktlich angeboten werden können (z.B. Rundfunksendungen, bei denen Decoder zum Ausschluß von „Schwarzsehern" dienen). Aber auch in solchen Fällen wird das marktliche Angebot meist zu gering sein und die Optimalbedingungen würden verfehlt werden. Im Optimum dürfte nämlich kein Individuum vom Konsum ausgeschlossen werden, das eine Zahlungsbereitschaft von nur etwas über Null hat, da es durch den Konsum einen (wenngleich nur geringen) Nutzenzuwachs erfahren würde, ohne daß der Nutzen anderer Wirtschaftssubjekte dadurch sinken würde. Der Markt kann dies jedoch nur dann gewährleisten, wenn eine *perfekte Preisdifferenzierung* (vgl. Teil IV.2.1.3.2.b) möglich ist – was im Regelfall ausgeschlossen werden kann.

Das Ideal einer vollständigen Aufdeckung der Präferenzen für ein öffentliches Gut beschreibt – in Analogie zum Fall privater Güter – das *Lindahl-Gleichgewicht* (*Lindahl* 1918, 85ff).

Abb. 22: Das Lindahl-Gleichgewicht

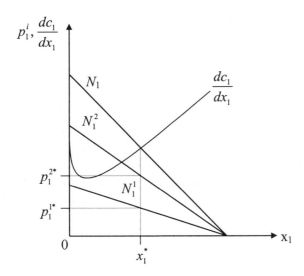

Durch die vertikale Aggregation der individuellen Nachfragen (N_1^1, N_1^2) nach dem öffentlichen Gut (x_1) – d.h. durch die Addition der individuellen Zahlungsbereitschaften – ergibt sich die Gesamtnachfragekurve N_1. Im Schnittpunkt derselben mit der Grenzkostenkurve (dc_1/dx_1) ist das Angebot des öffentlichen Gutes optimal (x_1^*); diese Menge wird von den beiden betrachteten Individuen konsumiert; die eine Person zahlt pro Einheit von x_1 den Preis p_1^{1*}, die andere Person den Preis p_1^{2*}. Das Lindahl-Gleichgewicht ist nicht als Beschreibung des tatsächlichen Marktes für öffentliche Güter zu verstehen, sondern als Darstellung des Idealfalls, der als Maßstab für mögliche Präferenzaufdeckungsmechanismen dienen kann.

Reine öffentliche Güter können auch als vollkommene Konsumexternalitäten aufgefaßt werden, wohingegen reine private Güter keinerlei externe Effekte verursachen. Dazwischen liegen „Mischgüter", die mit positiven externen Effekten verbunden sind, die aber dennoch eine gewisse Rivalität im Konsum aufweisen (so kann eine Autobahn zwar von mehr als einem Autofahrer genutzt werden, doch kommt es mit zunehmender Verkehrsdichte zu gegenseitigen Nutzenbeeinträchtigungen). Aufgrund dieser Zusammenhänge kann die Theorie der öffentlichen Güter auch als Spezialfall der Theorie der externen Effekte interpretiert werden (vgl. Teil IV.3.1.1.2).

3.3.1.2. Die Theorie der optimalen Besteuerung

Steuern können neben dem beabsichtigten *Einkommenseffekt* (d.h. des Einkommenstransfers vom Steuerzahler zum Staat) auch einen *Substitutionseffekt* haben; letzterer wird durch Verzerrungen von Preisrelationen (z.B. der Änderung des Verhältnisses der Preise zweier Konsumgüter, wenn nur eines der beiden besteuert wird) ausgelöst und verursacht *zusätzliche* (d.h. über den Einkommenseffekt hinausgehende) Nutzeneinbußen bei den Besteuerten (*Zusatzbelastung* bzw. „excess burden"). Keine solchen Substitutionseffekte weisen Pauschalsteuern auf, deren Verwendung (neben Pauschaltransfers) gemäß dem zweiten Hauptsatz der Wohlfahrtstheorie Voraussetzung dafür ist, daß ein Paretooptimum auch bei Durchführung redistributiver Maßnahmen verwirklicht werden kann (vgl. Teil IV.3.1.2.3).[68] Unter

---

[68] Auch Steuern auf „reine" Gewinne verursachen keine Substitutionseffekte. Allerdings gilt dies nur bei kurzfristiger, statischer Betrachtung; zudem steht die Ergiebigkeit solcher Steuern in Frage, da der Wettbewerb ja zur Erosion reiner Gewinne führt.

Pauschalsteuern versteht man solche Steuern, die durch Verhaltensänderungen des Besteuerten *nicht* beeinflußt werden können. Das Problem bei Pauschalsteuern liegt darin, daß die notwendigen Informationen zur Bemessung der optimalen Pauschalsteuern nicht vorliegen und Versuche zu deren Ermittlung dazu führen, daß die Steuern eben nicht mehr pauschal sind. Macht man die Steuererhebung z.B. von der Höhe des Einkommens abhängig, so können die Wirtschaftssubjekte die Steuerhöhe offensichtlich durch ihr Verhalten (z.B. dadurch, wieviel sie arbeiten oder sparen) beeinflussen. Andererseits wäre eine realisierbare Pauschalsteuer (wie die Kopfsteuer, bei der alle Individuen den absolut gleichen Steuerbetrag entrichten müssen) höchstwahrscheinlich nicht optimal, weil sie zur Verfehlung des angestrebten Verteilungsziels führen würde.

Dieses Dilemma ist der Ausgangspunkt der Theorie der optimalen Besteuerung: Es wird angenommen, daß Pauschalsteuern *nicht* zur Verfügung stehen und auf nicht neutrale Steuern (Steuern mit Substitutionseffekten) zurückgegriffen werden muß. Das Ziel besteht nun darin, diese Steuern so zu gestalten, daß wenigstens eine zweitbeste Lösung realisiert werden kann.[69] Die Ausgabenseite wird ausgeklammert; es wird ein bestimmter Betrag an zu erzielenden Steuereinnahmen vorgegeben und von den Allokations- bzw. Distributionswirkungen bei deren Verausgabung abgesehen. Die Arbeiten zur optimalen Besteuerung können danach unterschieden werden, ob nur Allokations- oder auch Distributionsziele berücksichtigt werden, d.h. ob ein Paretooptimum oder das „optimum optimorum" als erstbeste Lösung und Referenz angenommen wird. Zwar begann die intensive Auseinandersetzung mit dem Problem der wohlfahrtsmaximierenden Steuerstruktur erst Anfang der 70er Jahre, so daß erst seitdem von der Theorie der optimalen Besteuerung als einem abgegrenzten Teilgebiet der Wohlfahrtsökonomie gesprochen werden kann, doch liegen wichtige grundlegende Beiträge zeitlich weiter zurück.

Diejenigen Arbeiten, die nur auf das Allokationsziel abstellen, betrachten meist die *Verbrauchsbesteuerung* – vermutlich weil die Einkommensteuer schon immer sehr eng mit Verteilungsfragen verbunden war und eine Konzentration auf das Allokationsziel im Fall der Einkommensteuer als wenig sinnvoll angesehen wurde. Das Problem der optimalen Verbrauchsbesteuerung wurde – nach Vorarbeiten von *Dupuit* (1844) – erstmals grundlegend

---

[69] Die Theorie der optimalen Besteuerung kann deshalb auch als Beispiel für die Anwendung der Theorie des Zweitbesten angesehen werden (vgl. Teil IV.3.1.2.4); die zu beachtende Restriktion besteht in diesem Fall in der Nichtverfügbarkeit von Pauschalsteuern.

von *Frank P. Ramsey* (1903-1927) diskutiert, der erkannte, daß die optimalen Verbrauchsteuersätze entscheidend von den Preiselastizitäten der Nachfrage nach den zu besteuernden Gütern abhängen (*Ramsey* 1927). In einer Ein-Konsumenten-Wirtschaft mit einem nicht besteuerbaren Gut (Freizeit) muß die zweitbeste Verbrauchsbesteuerung gemäß der *Ramsey-Regel* zu einem für jedes besteuerte Gut gleichen relativen Rückgang der (kompensierten) Nachfrage führen.[70] Dies impliziert, daß der Steuersatz umso höher sein muß, je geringer die Preiselastizität der Nachfrage ist. Sollte ein Gut existieren, nach welchem die Nachfrage vollkommen unelastisch ist, so müßte dies die gesamte Steuerlast tragen; da eine solche Verbrauchsteuer einer Pauschalsteuer entsprechen würde, könnte auf diese Weise eine neutrale Besteuerung realisiert werden. Wenn nun die Freizeitnachfrage konstant ist, ist zwangsläufig das Arbeitsangebot bzw. (bei gegebenem Lohnsatz) das Arbeitseinkommen und folglich auch die Gesamtnachfrage nach den besteuerbaren Konsumgütern konstant. In diesem Fall wäre eine allgemeine, proportionale Verbrauchsteuer optimal und neutral. Die Ramsey-Regel gilt nur für *infinitesimale* Steuersätze, d.h. ein Steueraufkommen, das gegen Null geht. Für *endliche* Steuersätze ist die allgemeinere Regel anzuwenden, wonach die Verbrauchsbesteuerung dann optimal ist, wenn eine relativ gleiche marginale Variation aller Steuersätze eine relativ gleiche marginale Veränderung der (kompensierten) Nachfrage induziert (*Samuelson* 1986). Genauso allgemein, aber intuitiv einsichtiger ist die *Freizeit-Komplementaritäts-Regel* (*Corlett und Hague* 1959), welche verlangt, Güter umso höher zu besteuern, je größer der Grad ihrer Freizeitkomplementarität ist (wodurch das nicht besteuerbare Gut Freizeit „indirekt" erfaßt werden soll). Nur für einen Spezialfall gültig ist dagegen die bekannte *Inverse-Elastizitäten-Regel*, die häufig mit partialanalytischen Überlegungen gerechtfertigt wird (*U.K. Hicks* 1947, Kap. X, §3): Nur wenn für alle besteuerbaren Güter die Kreuzpreiselastizitäten gleich Null sind, müssen die Steuersätze umgekehrt proportional zu den Preiselastizitäten der Nachfrage sein.[71]

Alle diese Regeln lassen sich jedoch nur dann problemlos auf die Mehr-

---

[70] Könnte auch Freizeit besteuert werden, wäre eine neutrale Besteuerung möglich: Eine derart umfassende Verbrauchsbesteuerung entspricht der Besteuerung der gesamten zur Verfügung stehenden Zeit (die Freizeit wird direkt besteuert und die Arbeitszeit indirekt durch die Besteuerung der mit dem Arbeitseinkommen erworbenen Konsumgüter) – eine Besteuerung, der man offensichtlich nicht ausweichen kann.

[71] Die (ursprüngliche) Ramsey-Regel fordert auch eine zur Preiselastizität der Nachfrage umgekehrt proportionale Besteuerung; sie gilt zwar für alle möglichen Kreuzpreiselastizitäten, dafür aber nur für ein marginales Steueraufkommen. Die Inverse-Elastizitäten-Regel gilt dagegen auch für ein endliches Steueraufkommen.

Konsumenten-Wirtschaft übertragen, wenn alle Konsumenten über identische und homothetische Präferenzen verfügen. Andernfalls ist die Verbrauchsbesteuerung für *jeden* Konsumenten getrennt zu optimieren – unter der Voraussetzung einer für jeden Konsumenten vorgegebenen Zahllast. Da aber zum einen individuell differenzierte Steuersätze impraktikabel sind und zum anderen bei der Verteilung der Steuerzahllast auf die einzelnen Konsumenten Distributionsüberlegungen unvermeidbar sind, erscheint es im Fall der Mehr-Konsumenten-Wirtschaft sinnvoller, von einheitlichen Steuern auszugehen und Verteilungsaspekte mittels einer sozialen Wohlfahrtsfunktion zu berücksichtigen, also ein (zweitbestes) Wohlfahrtsmaximum anzustreben. Die daraus resultierende *Mehr-Personen-Ramsey-Regel* berücksichtigt neben den (durchschnittlichen) Preiselastizitäten der Nachfrage auch die Anteile der Güter an den Ausgaben der verschiedenen Konsumenten sowie deren „Verteilungsgewichte", d.h. die relativen Auswirkungen der Änderung der verschiedenen individuellen Nutzen auf die Gesamtwohlfahrt (*Diamond* 1975; *Mirrlees* 1975). Bei diesem Ansatz (wie bei den weiter unten erörterten Überlegungen zur optimalen Einkommensteuer) werden kardinale Meßbarkeit und interpersonelle Vergleichbarkeit der individuellen Nutzen unterstellt.

Die bisher geschilderten Ergebnisse beruhen auf der Annahme konstanter Produzentenpreise. Gibt man diese Annahme auf und läßt auch die Besteuerung von Produktionsfaktoren zu, so läßt sich das *Produktionseffizienztheorem* beweisen: Dieses besagt, daß durch die Besteuerung die Produktionsstruktur nicht beeinflußt und mithin die Faktorpreisrelationen nicht verzerrt werden dürfen – konstante Skalenerträge oder die vollständige Abschöpfung von Produzentenrenten (d.h. die Besteuerung reiner Gewinne mit 100%) vorausgesetzt (*Diamond und Mirrlees* 1971).

Dieselbe Vorgehensweise wie beim Mehr-Konsumenten-Fall, d.h. die Maximierung einer sozialen Wohlfahrtsfunktion, wird auch bei der Analyse der Einkommensteuer verwandt. Der grundlegende Beitrag hierzu stammt von *James A. Mirrlees* (geb. 1936), der den für die Einkommensteuer typischen Konflikt zwischen Effizienz und Gerechtigkeit erstmals formalisierte (*Mirrlees* 1971).[72] Die Durchsetzung einer gleichmäßigen, „gerechten" Verteilung impliziert tendenziell hohe Grenzsteuersätze und damit Ineffizienzen in Form negativer Anreizeffekte, die zu einem Rückgang des Volkseinkommens führen. Eine die Effizienz möglichst wenig beeinträchtigende Einkommensbesteuerung erfordert dagegen niedrige Grenzsteuer-

---

[72] *Mirrlees* wurde 1996 (zusammen mit *Vickrey*) der Ökonomie-Nobelpreis verliehen.

sätze, die aber nicht mit dem für die gewünschte Umverteilung notwendigen Steueraufkommen vereinbar sind. Dieses Dilemma entsteht dadurch, daß der Staat aufgrund von Informationsbeschränkungen nicht die *Einkommenserzielungskapazitäten* der Individuen besteuern kann (was einer Pauschalsteuer entspräche), sondern nur deren *tatsächlich* erzielte Einkommen. *Mirrlees* zeigt, daß der optimale Einkommensteuertarif wesentlich von den individuellen Nutzenfunktionen und der sozialen Wohlfahrtsfunktion abhängt (wie auch nicht anders zu erwarten war). Seine Resultate hängen im einzelnen wesentlich von den getroffenen Annahmen ab und sind kaum generalisierbar; zudem beruhen sie auf formal recht anspruchsvollen Beweisen. Dies gilt noch in weitaus stärkerem Maße für die spätere Literatur, die verschiedene Annahmen des Mirrlees-Modells verallgemeinert und auch die Kombination von Einkommens- und Verbrauchsbesteuerung untersucht: Intuitive Plausibilität und wirtschaftspolitische Relevanz sind keine hervorragenden Eigenschaften dieser Arbeiten.

3.3.1.3. „Alte" versus „neue" Finanzwissenschaft

Neben der wohlfahrtstheoretisch orientierten „neuen" Finanzwissenschaft, die Gegenstand der Teile IV.3.3.1.1 und IV.3.3.1.2 ist, gibt es noch die „alte" Finanzwissenschaft, die in der Tradition des Kameralismus (vgl. Teil II.4) und der Deutschen Historischen Schule (vgl. Teil VII.2) steht. Diese sieht sich nicht als rein ökonomische Disziplin, sondern verfolgt einen interdisziplinären Ansatz, der neben ökonomischen auch juristische, psychologische, historische und politische Aspekte berücksichtigt; sie hält nicht nur den Gewinn ökonomischer Erkenntnisse, sondern auch die darauf aufbauende Beeinflussung der tatsächlichen Finanz- und Wirtschaftspolitik für ihre Aufgabe, ist also eher praxisorientiert (*Schmölders* 1955, Kap. I).

Neben Effizienz und Gerechtigkeit wird auch, da keynesianische Vorstellungen häufig akzeptiert werden (vgl. Teil VI.1.2), die Konjunkturstabilisierung als wichtiges Ziel staatlichen Handelns angesehen; *Musgrave* (1959, Kap. 1) teilt demgemäß den Staat (fiktiv) in eine Allokations-, eine Distributions- und eine Stabilisierungs-„Abteilung" auf. Ferner werden auch „praktische" Ziele wie politische Akzeptanz und administrative Handhabbarkeit postuliert (*Neumark* 1970). Dieses umfassendere und realistischere Zielsystem ist jedoch theoretisch weniger elegant als die sozialen Wohlfahrtsfunktionen der „neuen" Finanzwissenschaft; ein eindeutiges „optimum optimorum" ist grundsätzlich nicht definierbar, so daß es auch keine eindeutigen Austauschbeziehungen zwischen den verschiedenen Zielen gibt.

Der Pluralismus – und die Unschärfe – der „alten" Finanzwissenschaft zeigt sich auch bei ihrer Methode: Es finden sich neoklassische und wohlfahrtstheoretische Aussagen (ausschließlich partialanalytischer Natur) neben juristischen, politischen oder historischen Argumenten und Plausibilitätsüberlegungen. Im Bereich der Besteuerung etwa wird mit bestimmten Prinzipien, wie dem *Leistungsfähigkeitsprinzip* und dem *Äquivalenzprinzip*, gearbeitet (*Musgrave* 1959, Kap. 4-5; *Neumark* 1970, 121ff) – aus denen sich jedoch kaum konkrete Vorgaben für die Besteuerung ableiten lassen, sondern die eher den Charakter politisch zu interpretierender Leerformeln haben. Im Vergleich zum formalen und konsistenten Analyserahmen der „neuen" Finanzwissenschaft wirkt die Vorgehensweise der „alten" Finanzwissenschaft häufig recht intuitiv und beliebig. Eine Lösung des Konflikts zwischen „alter" und „neuer" Finanzwissenschaft, zwischen wirtschaftspolitischer Relevanz und theoretischer Eleganz ist bis jetzt noch nicht gefunden; sie könnte aber in einer Integration neoinstitutionalistischer Elemente (vgl. Teil IV.4) in die „neue" Finanzwissenschaft bestehen.

3.3.2. Umwelt- und Ressourcenökonomie

Die Umweltökonomie, die sich mit dem Problem der Umweltverschmutzung befaßt (Teil IV.3.3.2.1), und die Ressourcenökonomie, bei der es um die Nutzung natürlicher Ressourcen geht (Teil IV.3.3.2.2), werden zwar meist als voneinander getrennte Disziplinen behandelt. Doch es bestehen wichtige Zusammenhänge zwischen Umweltverschmutzung und Ressourcennutzung, die diese Trennung fragwürdig erscheinen lassen; z.B. wird ein Großteil der Luftverschmutzung durch den Einsatz fossiler Brennstoffe verursacht.

3.3.2.1. Umweltökonomie

Gegenstand der Umweltökonomie ist die Nutzung der Umwelt als Schad- bzw. Reststoffsenke, d.h. als „Auffangbecken" für die Abfallprodukte der Konsum- und Produktionsaktivitäten. Zum Problem wird dies nur insoweit, als die Schadstoffabsorptionsfähigkeit der Umwelt überbeansprucht wird *und* durch die so verursachte Verschlechterung der Umweltqualität Nutzen- und Produktionsfunktionen Dritter (also nicht nur des jeweiligen Emittenten selbst) negativ beeinflußt werden, d.h. soweit *negative externe Effekte* entstehen (vgl. Teil IV.3.1.1.2). Dazu kam es in früheren Zeiten nur in Ausnahmefällen und zwar in den wenigen großen Städten, wo die Ansammlung vieler Kleinemittenten zu lokalen Luft- und Wasserproblemen führen konnte. Zu einem weit verbreiteten Phänomen wurde die Umweltverschmutzung erst im Laufe der Industrialisierung, wobei in der zweiten Hälfte des 20. Jahrhunderts jene dramatische Verschlechterung der Umweltsituation eingetreten ist, die zu einem – zumindest in den westlichen Industrieländern – zunehmenden Umweltbewußtsein der Öffentlichkeit und in der Folge auch zur Etablierung einer effektiven Umweltpolitik geführt hat.

Ähnlich verlief auch die Entwicklung der umweltökonomischen Analyse. Diese beruht zwar auf der Externalitätentheorie *Pigous* von 1920 (vgl. Teil IV.3.1.1.2), doch wurden noch bis Ende der 50er Jahre Externalitäten als seltene und vernachlässigbare Phänomene betrachtet. Dies änderte sich im Lauf der 60er Jahre, als klar wurde, daß zumindest eine Klasse von Externalitäten, die Umweltexternalitäten, weit verbreitet und praktisch unvermeidbar sind (*R.U. Ayres und Kneese* 1969). Erst seitdem kann von der Umweltökonomie als einem eigenständigen Teilgebiet der Ökonomie gesprochen werden.

Aus ökonomischer Sicht stellt sich das Problem der Umweltverschmutzung wie folgt dar: Da die begrenzten natürlichen Schadstoffabsorptionskapazitäten der Natur durch das heutige Ausmaß an konsumtiven und produktiven Emissionen überlastet werden und keine Marktpreise für die betroffenen Umweltressourcen existieren, kommt es zu negativen externen Effekten, so daß der Marktprozeß ein paretooptimales Ergebnis nicht gewährleisten kann. Ein solches wäre dadurch gekennzeichnet, daß die Grenzkosten der Emission eines Schadstoffs (d.h. die durch den Ausstoß einer zusätzlichen Schadstoffeinheit verursachten Nutzeneinbußen bzw. Kostenerhöhungen) gleich dem Grenznutzen dieser Emission (d.h. die durch die zusätzliche Verschmutzung mögliche Kostensenkung bei den emittierenden Produzenten bzw. Nutzenerhöhung bei den emittierenden Konsumenten) sind. Das optimale Emissionsniveau ist also i.d.R. *nicht* gleich Null, sondern positiv; da aus ökonomischer Sicht die Kosten und der Nutzen der Umweltverschmutzung gegeneinander abzuwägen sind, wäre eine vollkommen reine Umwelt unökonomisch, weil zu teuer erkauft. Da jeder Emittent zwar den ihm erwachsenden Vorteil vollständig, die von ihm verursachten Schäden aber nur insoweit berücksichtigt, als sie ihn direkt betreffen, er also externe Effekte in seinem Kalkül vernachlässigt, kommt es zu Schadstoffemissionen, die zwar *individuell* rational, aber *gesamtwirtschaftlich* ineffizient hoch sind.

Es gibt bei Umweltproblemen i.d.R. eine hohe Zahl von Betroffenen, so daß der Coasesche Vorschlag der Schaffung von Verfügungsrechten als Grundlage für eine „private" Lösung der Umweltprobleme auf dem Verhandlungswege kaum in Frage kommt (vgl. Teil IV.4.2). Deshalb stehen „staatliche" Lösungen im Mittelpunkt der umweltökonomischen Analyse. Die traditionelle, schon von *Pigou* vorgeschlagene Maßnahme zur Herstellung eines Paretooptimums besteht darin, eine Steuer (*Pigou-Steuer*) auf die Schadstoffemissionen zu erheben (*Baumol* 1972). Deren Satz muß gerade der Differenz zwischen privaten und sozialen Grenzkosten bei der paretooptimalen Emissionsmenge entsprechen.[73] Auf diese Weise wird erreicht, daß jeder Emittent bei seinen Entscheidungen nicht nur die auf ihn entfallenden Kosten, sondern auch diejenigen Kosten, die er anderen aufbürdet, berücksichtigt; die externen Effekte werden *internalisiert*. Zu dieser Preislösung gibt es die Alternative in Form der *paretooptimalen Auflage*. Hier wird für jeden Emittenten die paretooptimale Emissionsmenge ermittelt und diesem als nicht zu überschreitende Obergrenze vorgegeben. Beide Alternativen sind theoretisch äquivalent, was die Realisierung der optimalen Emissionen angeht; Unterschiede ergeben sich allerdings hinsichtlich der distributiven Wirkungen, da im einen Fall die Nutzung der Umwelt die Emittenten etwas kostet (die Steuerzahlung), im anderen Fall aber nicht; die dadurch verursachten unterschiedlichen Konsequenzen hinsichtlich Markteintritt und -austritt werden jedoch längerfristig auch Auswirkungen auf die Wirtschaftsstruktur, d.h. auch allokative Effekte, haben. Für die Implementierung von sowohl optimaler Steuer als auch optimaler Auflage müssen die zuständigen Behörden über die notwendigen Informationen verfügen, d.h. die Nutzen- bzw. Kostenfunktionen aller Betroffenen genau kennen.

Von den für eine effiziente Umweltpolitik notwendigen Informationen sind diejenigen über die Umweltschäden am schwierigsten zu erhalten. Da für Umweltgüter (wie saubere Luft oder sauberes Wasser) keine Marktpreise existieren, werden diese nicht „automatisch" durch Marktprozesse

---

[73] Die *sozialen* Grenzkosten sind die gesamten der Gesellschaft entstehenden Kosten durch die Emission einer zusätzlichen Einheit des betreffenden Schadstoffs; die *privaten* Grenzkosten sind dagegen diejenigen zusätzlichen Kosten, die den Emittent selbst betreffen. Im Fall von Emissionen infolge der Verbrennung von Kohle wären die privaten Grenzkosten der Marktpreis der zusätzlich eingesetzten Kohle, während zu den sozialen Grenzkosten außerdem die durch die erhöhte Emission verursachten zusätzlichen Belästigungen und Gesundheitsbeeinträchtigungen der Anwohner gehören.

bewertet, sondern es ist zur Wertermittlung bzw. Aufdeckung der Umweltpräferenzen der Einsatz spezieller Verfahren notwendig (wie z.B. die direkte Ermittlung der Zahlungsbereitschaft der Geschädigten durch Befragung). Das Bewertungsproblem wird vermieden, wenn man vom Ziel des Paretooptimums abgeht und sich damit begnügt, eine politisch vorgegebene Emissionsobergrenze kosteneffizient zu realisieren. Auch dieses Ziel läßt sich sowohl durch Steuern als auch durch Auflagen erreichen – zumindest theoretisch. Geht man aber realistischerweise davon aus, daß den Umweltbehörden keine detaillierten Informationen über die den einzelnen Emittenten entstehenden Kosten für den Umweltschutz vorliegen, so ist die Wahl des richtigen umweltpolitischen Instruments von großer Bedeutung. Während eine Auflage in aller Regel unnötige Emissionsreduktionskosten verursacht, da sie in der Praxis nicht die vorhandenen Reduktionskostenunterschiede berücksichtigen kann, ist die Steuer in der Lage, das vorgegebene Emissionsziel mit den geringsten Reduktionskosten zu erreichen – wenngleich u.U. nicht auf einmal, sondern erst nach einem „Herantasten" an den richtigen Steuersatz. Zu diesem von *Baumol und Oates* (1971) vorgeschlagenen *Standard-Preis-Ansatz* gibt es eine Alternative, den *Standard-Mengen-Ansatz* von *Dales* (1968, Kap. VI). Dieser beruht auf der Vergabe von *Emissionszertifikaten* für eine vorgegebene Emissionsmenge durch den Staat (idealerweise mittels einer Auktion). Die Zertifikate werden von denjenigen Emittenten erworben, denen sie am meisten nutzen, d.h. die die höchsten Emissionsreduktionskosten haben. Deshalb können auch Emissionszertifikate Kosteneffizienz gewährleisten; im Vergleich zu Steuern weisen sie den Vorteil auf, daß das angestrebte Emissionsziel aufgrund der direkten Mengenvorgabe sicher und ohne Umwege realisiert werden kann.

3.3.2.2. Ressourcenökonomie

Während sich die Umweltökonomie mit den „Outputs" des Wirtschaftssystems an seine natürliche Umwelt befaßt, sind die natürlichen „Inputs" der Gegenstand der Ressourcenökonomie. Die Ressourcenökonomie ist deutlich älter als die Umweltökonomie: Die Abhängigkeit des Menschen von der Nutzung natürlicher Ressourcen, seien es nun Tiere und Pflanzen oder Rohstoffe, ist offensichtlich – ebenso wie die Tatsache der Endlichkeit der Ressourcenvorräte. Deshalb hat sich die Ökonomie schon seit ihren Anfängen mit der Frage der bestmöglichen Verwendung der Ressourcen beschäftigt. Vor allem die Klassiker haben sich mit dieser Thematik auseinandergesetzt; so war die Landwirtschaft vor allem für *Malthus* und *Ricardo* von großer Bedeutung (vgl. Teil III.3.2 und III.3.3). Im Mittelpunkt der ressourcenökonomischen Analyse von *Jevons* (1865) stand dagegen eine nicht erneuerbare Ressource, nämlich die Kohle; von der Erschöpfung der Vorräte derselben befürchtete er katastrophale Folgen für die britische Industrie.

Auch nach *Jevons* konzentrierte sich die Ressourcenökonomie auf *nicht erneuerbare Ressourcen* und deren Nutzung. Dies gilt auch für *Harold Hotelling* (1895-1973), mit dessen Arbeit „The Economics of Exhaustible Resources" (*Hotelling* 1931) die moderne, neoklassische Ressourcenökonomie beginnt, welche durch die Verwendung der üblichen Optimierungsverfahren gekennzeichnet ist. *Hotelling* vernachlässigt aus Vereinfachungsgründen die Förderkosten, so daß in seinem Modell der Preis der erschöpfbaren Ressource den Nutzungskosten bzw. der Rente für den Ressourceneigner entspricht. Unter Wettbewerbsbedingungen muß der Ressourceneigner in seinem individuellen Optimum indifferent sein zwischen dem Halten der Ressource und der Investition in eine alternative Anlage. Da der Ressourcenbestand an sich (d.h. insoweit er nicht abgebaut wird) nur Erträge in Form von Wertsteigerungen erbringen kann, muß der Ressourcenabbau so erfolgen, daß der Preis der Ressource mit einer Rate zunimmt, die dem herrschenden Zinssatz (dem Ertrag von Alternativanlagen) entspricht. Diese fundamentale Regel wurde später *Hotelling-Regel* genannt. Die Höhe der *absoluten* Preise hängt ab von der insgesamt verfügbaren Menge des betreffenden Rohstoffs, der Nachfrage nach demselben und der Länge des Planungshorizontes des Rohstoffbesitzers – wobei am Ende desselben der Bestand vollkommen aufgebraucht sein muß. Wie aber sind die Ressourcen aus gesellschaftlicher Sicht am besten zu nutzen? Eine effiziente Ressourcenallokation setzt voraus, daß zum einen, was offensichtlich ist, der Ressourcenbestand am Ende des Planungshorizontes erschöpft sein muß – welcher für die Gesellschaft als unendlich angenommen werden kann. Zum anderen muß der Ressourcenabbau so erfolgen, daß es nicht möglich ist, durch eine Änderung des Abbaupfades den Konsum in mindestens einer Periode zu erhöhen, ohne daß dadurch der Konsum in einer anderen Periode beeinträchtigt wird. Dies ist dann gewährleistet, wenn die Grenzproduktivität der Ressource mit einer der Grenzproduktivität des Kapitals entsprechenden Rate wächst. Da dies aber gerade der Hotelling-Regel entspricht, wird eine effiziente Rohstoffnutzung unter Wettbewerbsbedingungen durch den Markt realisiert – falls die privaten Ressourceneigner einen unendlichen Planungshorizont haben (z.B. infolge der Rücksichtnahme auf ihre Nachkommen) und perfekte Zukunftsmärkte existieren bzw. vollkommene Voraussicht gegeben ist.

"[T]here is under free competition in the absence of complicating factors a certain tendency toward maximizing what might be called the ‚total utility' but is better called the ‚social value of the resource'." (*Hotelling* 1931, 143)

Sind diese Bedingungen nicht erfüllt, kann man sich nicht darauf verlassen, daß der Markt eine effiziente Ressourcenallokation bewirkt. Des weiteren ist Effizienz nur eine notwendige, nicht eine hinreichende Bedingung für ein Wohlfahrtsmaximum („optimum optimorum"); hierfür sind zusätzlich Distributionsaspekte zu berücksichtigen, was der Markt keinesfalls leisten kann. Für solche, über Paretooptimalität hinausgehende Fragestellungen werden im wesentlichen zwei Arten von sozialen Wohlfahrtsfunktionen verwandt (vgl. Teil IV.3.1.2.3): Am häufigsten ist die *utilitaristische soziale Wohlfahrtsfunktion*, die auf eine Maximierung des Integrals der abdiskontierten Nutzen aller Generationen abzielt; in diesem Fall ist das Optimum durch eine Ressourcennutzung und einen Konsum gekennzeichnet, die im Zeitablauf gegen Null gehen. Da dies als ungerecht gegenüber künftigen Generationen angesehen wird, wird als Alternative mitunter auch die *Rawlssche soziale Wohlfahrtsfunktion* unterstellt, bei der es darum geht, den Konsum bzw. Nutzen einer repräsentativen Generation zu maximieren – unter der Nebenbedingung, daß der Konsum bzw. Nutzen für alle Generationen gleich sein muß.[74] *Solow* (1974) zeigt, daß dies nur dann möglich ist, wenn die natürliche Ressource so weit durch Kapital substituiert werden kann, daß deren Einsatz ohne Beeinträchtigung der Produktions- und Konsummöglichkeiten gegen Null gehen kann. Kapital steht dann in ausreichender Menge zur Verfügung, wenn – gemäß der *Hartwick-Regel* – alle aus dem (effizienten!) Verbrauch der betreffenden Ressource resultierenden Renten investiert werden (*Hartwick* 1977).

In neuerer Zeit dreht sich die Diskussion vor allem um das Ausmaß der durch Substitution und technischen Fortschritt möglichen Ressourceneinsparung, da hiervon angesichts endlicher Rohstoffvorräte die längerfristigen Wachstumspotentiale ganz entscheidend abhängen. Diese Debatte wurde durch die äußerst pessimistischen „Club of Rome"-Berichte, deren erster (*Meadows et al.* 1972) durch die damalige Ölkrise große Aufmerksamkeit fand, angestoßen. Sie wird bis heute sehr kontrovers geführt und hat großen Anteil an der Weiterentwicklung der Ressourcenökonomie. Schon *Hotelling* erweiterte sein Grundmodell um Wettbewerbsbeschränkungen und Besteuerung; seine Nachfolger berücksich-

---

[74] Diese soziale Wohlfahrtsfunktion ist nach *Rawls* benannt, da sie sich auf bestimmte Elemente seiner Gerechtigkeitstheorie bezieht (*Rawls* 1971).

tigten darüber hinaus auch Komplikationen wie Förderkosten oder Unsicherheit.

Im Vergleich zur Analyse nicht erneuerbarer Ressourcen wird diejenige *erneuerbarer Ressourcen* durch die notwendige Berücksichtigung der Regenerationsraten der jeweiligen Pflanzen- und Tierpopulationen erschwert. Nicht zuletzt deshalb waren die ersten Beiträge zu dieser Thematik nicht formaler Art (vgl. z.B. *Ciriacy-Wantrup* 1952). Das erste ökonomische Optimierungsmodell stammt von *H.S. Gordon* (1954), der sich mit der Nutzung von Fischbeständen befaßte. Dieses Modell verzichtet jedoch auf die eigentlich notwendige dynamische Betrachtung und beschränkt sich auf eine statische Analyse. Ein dynamisches Fischereimodell in Analogie zur Kapitaltheorie wurde aber wenig später von *Scott* (1955) vorgestellt. Als wesentliches Ergebnis dieser Arbeit und ihrer Weiterführung durch *V.L. Smith* (1968) läßt sich festhalten, daß – bei Vernachlässigung von Ernte- bzw. Fangkosten – im Optimum die *Eigenertragsrate* (d.h. die „Verzinsung") einer erneuerbaren Ressource gleich dem Zinssatz am Kapitalmarkt sein muß. Die Ressource muß denselben Ertrag wie eine Alternativanlage bringen: Ist die Eigenertragsrate höher als der Zins, so lohnt sich eine „Investition" in den Ressourcenbestand; umgekehrt sollte bei einer zu niedrigen Eigenertragsrate der Bestand reduziert und der Erlös aus dieser „Desinvestition" am Kapitalmarkt angelegt werden.

Dieses Optimum wird durch gewinnmaximierende Ressourceneigner ohne staatliche Eingriffe realisiert – falls wohldefinierte Verfügungsrechte an der in Frage stehenden Ressource existieren. Ist dies nicht der Fall (wie z.B. bei Meeresfischen und -säugern), kann es zu einer Übernutzung kommen, da jeder Nutzer bestrebt ist, seinen Konkurrenten zuvorzukommen und einen möglichst großen Teil des Ressourcenbestandes für sich zu beanspruchen (*Hardin* 1968). Aber auch im Fall wohldefinierter Verfügungsrechte ist eine Reduktion des Ressourcenbestandes auf Null bzw. eine Ausrottung von Arten nicht ausgeschlossen: Wenn die maximale Eigenertragsrate einer Tier- bzw. Pflanzenpopulation geringer als der herrschende Zins ist, wäre die Ausrottung optimal, da der Erlös aus der Liquidation des betreffenden Ressourcenbestandes am Kapitalmarkt schneller wachsen würde als dies der Bestand selbst je könnte. Insbesondere dieses Resultat wird von Ökologen häufig kritisiert, die die Vernachlässigung des *indirekten Nutzens* von Tier- und Pflanzenarten bemängeln, welcher vor allem in der Stabilisierung von Ökosystemen besteht, die unverzichtbare Funktionen für den Menschen erfüllen, wie die Aufrechterhaltung des globalen Wasserkreislaufs oder angenehmer Wetter- bzw. Klimaverhältnisse. Diesen und ähnlichen Einwänden ist versucht worden, Rechnung zu tragen durch die Berücksichtigung von Unsicherheit und die Erweiterung der ökonomischen Wertbegriffs um verschiedene Arten des indirekten Nutzens. Daneben ist das einfache Grundmodell u.a. durch die Einbeziehung von Fang- bzw. Erntekosten sowie möglichen Wettbewerbsbeschränkungen ausgebaut worden.

Weder erneuerbaren noch nicht erneuerbaren Ressourcen eindeutig zuordenbar ist eine besondere Kategorie natürlicher Ressourcen: Naturschönheiten in Gestalt von z.B. malerischen Landschaften oder Felsformationen. Auf die ökonomische Bedeutung derselben und die Problematik ihrer Erhaltung machte *Krutilla* (1967) in einem weitsichtigen Beitrag aufmerksam.

4. Neoinstitutionalismus

Die Existenz der für das Wirtschaftsleben unverzichtbaren Institutionen wurde von der neoklassischen Theorie lange Zeit nicht thematisiert, sondern einfach vorausgesetzt. Dies gilt nicht nur für eine wichtige Gruppe von Marktteilnehmern, die Unternehmen, sondern auch für die Einrichtung des Marktes selbst und für die Institutionen, welche die für das Funktionieren des Marktes notwendigen Rahmenbedingungen (wie etwa Rechtssicherheit oder Eigentumsgarantie) gewährleisten (also den Staat und dessen Einrichtungen). Der Neoinstitutionalismus versucht, diese Lücke zu schließen durch die Analyse der ökonomisch relevanten Institutionen – und zwar *innerhalb* des neoklassischen Paradigmas, d.h. auf der Grundlage des methodologischen Individualismus und unter der Voraussetzung individueller Rationalität im Sinne von Nutzenmaximierung. Hierin besteht ein wichtiger Unterschied zur Deutschen Historischen Schule (vgl. Teil VII.2) und zum Institutionalismus (vgl. Teil VII.3), für die Institutionen zwar eine sehr bedeutende Rolle spielen, die aber einen grundsätzlich anderen, nicht neoklassischen Ansatz wählten. Erste wichtige neoinstitutionalistische Arbeiten erschienen schon in den 30er Jahren, doch begann der eigentliche Aufschwung des Neoinstitutionalismus erst in den späten 50er und frühen 60er Jahren. Diesem neuen Ansatz ist es zu verdanken, daß die Neoklassik heute nicht mehr „nur" Ökonomie, sondern auch politische Ökonomie ist – und so die im Vergleich zur Klassik recht enge Sicht der traditionellen Neoklassik beträchtlich erweitert werden konnte. Innerhalb des Neoinstitutionalismus lassen sich verschiedene Teildisziplinen unterscheiden: Neue Politische Ökonomie (Teil IV.4.1), Verfügungsrechtstheorie (Teil IV.4.2), ökonomische Analyse des Rechts (Teil IV.4.3) und Kliometrie (Teil IV.4.4).

4.1. Neue Politische Ökonomie

In der Wohlfahrtsökonomie findet sich eine bemerkenswerte Dichotomie der Verhaltensannahmen: Einerseits wird den privaten Akteuren – wie in der Neoklassik üblich – individuelle Nutzenmaximierung unterstellt; andererseits wird aber angenommen, daß sich Regierungsmitglieder und Inhaber öffentlicher Ämter wie platonische Philosophen-Könige verhalten und selbstlos ausschließlich das Allgemeinwohl im Auge haben. Dieses Vorgehen ist nicht nur theoretisch inkonsistent, es widerspricht auch – was das uneigennützige Verhalten der politischen Akteuere angeht – jeder Erfahrung. Die Neue Politische Ökonomie (oder „Public Choice") wendet deshalb die übliche ökonomische Verhaltensannahme einheitlich an, d.h. auch auf die politischen Akteure wie Wähler, Politiker oder Bürokraten. Ihr Gegenstand ist die ökonomische Analyse der Entscheidungen im politischen Bereich; hierfür wird das umfassende, aber tautologische Nutzenkonzept eingeschränkt; Nutzenmaximierung wird meist mit der Verfolgung des unmittelbaren Eigeninteresses, insbesondere mit der Einkommens- bzw. Vermögensmaximierung, gleichgesetzt. Das Attribut „neu" weist einerseits auf die neoklassische Grundlage hin und dient andererseits zur Abgrenzung von der klassischen Ökonomie, die immer politische Ökonomie gewesen ist.

Die erste Anwendung der neoklassischen Theorie im politischen Bereich war das *Medianwähler-Theorem* von *Hotelling* (1929): Dieses besagt, daß sich in einem Zweiparteiensystem beide Parteien auf die Position des Medianwählers zubewegen (d.h. des „mittleren" Wählers, von dessen Position in beide Richtungen des politischen Spektrums jeweils gleich viele Wähler abweichen) und derselben so zum Sieg verhelfen werden.[75]

> „[E]ach party strives to make its platform as much like the other's as possible. Any radical departure would lose many votes, even though it might lead to stronger commendation of the party by some who would vote for it anyhow." (*Hotelling* 1929, 54)

Am Anfang der Neuen Politischen Ökonomie als eigenständiger Disziplin steht aber der Beitrag von *Anthony Downs* (geb. 1930), der das Verhalten von Wählern und Politikern in einer Demokratie nach dem Muster des

---

[75] Dabei wird vorausgesetzt, daß die Wähler die Parteien nur nach einem Kriterium beurteilen (z.B. auf einem Rechts-Links-Spektrum einordnen), daß die individuellen Präferenzen „eingipflig" sind (was impliziert, daß z.B. eine Partei umso schlechter beurteilt wird, je weiter rechts bzw. links sie von der am meisten präferierten Partei steht) und daß die Wähler über das politische Spektrum gleichverteilt sind.

politischen Systems der USA analysiert (*Downs* 1957). Im Modell von *Downs* (1957, Kap. 2) streben Politiker nach Stimmenmaximierung, da sie nur durch Wahlerfolge in den Genuß der Vorteile politischer Ämter kommen können. Die Wähler vergleichen die Positionen der verschiedenen Politiker bzw. Parteien und entscheiden sich bei zwei Alternativen für diejenige Alternative, von der sie sich den höheren Nutzen versprechen; bei mehr als zwei Kandidaten bzw. Parteien muß jeder Wähler bei seiner Entscheidung auch die wahrscheinlichen Entscheidungen der anderen Wähler berücksichtigen, also strategische Überlegungen anstellen (*Downs* 1957, Kap. 3). In aller Regel wird es für die Wähler rational sein, sich nicht sehr sorgfältig zu informieren, da die eigene Stimme höchstwahrscheinlich den Wahlausgang nicht beeinflussen wird; allenfalls bei Fragen, die die persönliche Situation wesentlich betreffen, wird sich der Wähler sorgfältig informieren und versuchen, den politischen Prozeß aktiv zu beeinflussen (*Downs* 1957, Kap.13). Der sehr geringe Einfluß jeder einzelnen Stimme macht es auch schwierig, die Wahlteilnahme selbst zu erklären (*Downs* 1957, Kap. 14). „In fact, since the returns from voting are often minuscule, even low voting costs may cause many partisan citizens to abstain" (*Downs* 1957, 265). Für die Analyse der Ergebnisse des politischen Prozesses greift *Downs* auf *Hotelling* (1929) zurück; er erweitert dessen Medianwähler-Modell um ungleichmäßige Verteilungen der Wähler und zusätzliche Parteien. Bei Mehrparteiensystemen ergibt sich ein stabiles Gleichgewicht des Parteienspektrums nur aufgrund der stabilisierenden Wirkung von Parteiideologien, welche die „Beweglichkeit" der Parteien und ihrer Programme einschränken (*Downs* 1957, Kap. 8). Diese Ideologien sind notwendig, um die Position der Parteien gegenüber den Wählern zu verdeutlichen und deren Informationskosten zu reduzieren (*Downs* 1957, Kap. 7).

Downs vernachlässigt das Abstimmungsverhalten der Politiker nach ihrer Wahl, obwohl es in repräsentativen Demokratien eine wichtige Rolle spielt. Denn in ihrer Stimmabgabe ungebundene Abgeordnete haben die Möglichkeit des Stimmentauschs („logrolling"), d.h. Repräsentanten verschiedener Interessengruppen können sich gegenseitig unterstützen, wodurch deren Minderheitsinteressen zusammen durchgesetzt werden können. Auf die mit diesem Verhalten verbundene Ausgabendynamik hat erstmals *Tullock* (1959) aufmerksam gemacht.

In repräsentativen Demokratien wird es auch am ehesten zur Organisation von Einzelinteressen kommen; Wähler treten nicht mehr als isolierte Individuen, sondern als Gruppen bzw. Verbände auf. Allerdings ist, wie *Mancur Olson* (1932-1998) gezeigt hat, die Etablierung solcher Interessengruppen keineswegs selbstverständlich (*Olson* 1965): In großen Gruppen ist es für jedes Individuum rational, sich als „free rider" zu verhalten und keinen Beitrag zur Organisation der Gruppe zu leisten; dagegen kann es bei kleinen Gruppen durchaus zur freiwilligen Organisation kommen, da das Verhältnis zwischen individuellem Aufwand und individuellem Nutzen hier wesentlich günstiger ist. Dies ist der Grund dafür, daß Spezialinteressen wesentlich wirksamer vertreten werden als die Interessen von großen Gruppen wie den Steuerzahlern oder den Konsumenten oder der größten möglichen Gruppe, der Allgemeinheit.

> „[T]he unorganized groups, the groups that have no lobbies and exert no pressure, are among the largest groups in the nation, and they have some of the most vital common interests." (*Olson* 1965, 165)

Aber nicht nur Wähler und Politiker verfolgen Eigeninteressen, sondern auch diejenigen, die mit der Ausführung und Umsetzung der politischen Entscheidungen betraut sind – die Beamten und Bürokraten. Die grundlegenden Beiträge zur ökonomischen Analyse der Bürokratie stammen von *Tullock* (1965), *Downs* (1967) und *William A. Niskanen* (geb. 1933), von denen allerdings nur der letztgenannte ein explizites ökonomisches Bürokratiemodell vorstellte (*Niskanen* 1971). Alle diese Autoren weisen darauf hin, daß Bürokraten keine passiven Befehlsempfänger sind und über einen gewissen Handlungsspielraum verfügen, der vor allem aus der nur sehr schwer möglichen Kontrolle ihrer Leistung resultiert. Dieser Handlungsspielraum wird nicht (oder zumindest nicht nur) im öffentlichen Interesse, sondern (auch) zur Verfolgung von Eigeninteressen genutzt; dabei unterstellt *Niskanen* (1971, Kap. 4), daß letztere vor allem in der Maximierung des Budgets gesehen werden, weil die Höhe desselben direkt mit Einkommen, Einfluß und Prestige verbunden sei, worin der eigentliche Nutzen der Bürokraten bestehe.

Die bisher behandelten Ansätze sind allesamt *positiv*, d.h. es geht ihnen um die Erklärung verschiedener politischer Phänomene. Daneben gibt es aber auch *normative* Ansätze. Zu verweisen ist hier zunächst auf die (moderne) Sozialwahltheorie, die sich hauptsächlich mit der axiomatischen Analyse von Wahlverfahren befaßt, aber nicht eindeutig der Neuen Politischen Ökonomie zuzurechnen ist (vgl. Teil IV.3.1.2.3). Eindeutig zu dieser gehört dagegen die Theorie der Verfassung („Constitutional Economics"), die es nicht – wie die positiven Ansätze – bei der Analyse der bestehenden politischen Institutionen beläßt, sondern auch danach fragt, wie diese Institutionen aussehen sollten. Im Mittelpunkt steht die institutionelle Grundlage jedes Gemeinwesens – die Verfassung. Angestrebt wird eine möglichst effiziente und gerechte Verfassung, wobei zur Konkretisierung dessen, was unter „effizient" und „gerecht" zu verstehen ist, das Einstimmigkeitskriterium von *Wicksell* (1896, Teil I, Kap. IV) herangezogen wird (dem die modernen Verfassungstheoretiker auch im übrigen viele wichtige Anregungen verdanken). *Wicksell* fordert einstimmige Beschlüsse für die Verabschiedung von Steuergesetzen, d.h. die Zustimmung aller Betroffenen, da nur so ausgeschlossen werden könne, daß Gesetze zu Lasten von Minderheiten durchgesetzt werden. Dadurch wird allerdings dem Status quo ein sehr hoher Grad an Bestandsschutz gewährt. Das Freiwilligkeitspostulat von *Wicksell* weist eine offensichtliche Verwandtschaft einerseits mit dem Paretokriterium der traditionellen Wohlfahrtstheorie, andererseits mit der vertragstheoretischen Schule der politischen Philosophie auf, so daß seine Übernahme als Richtschnur für die konstitutionelle Ökonomie naheliegend war. Das Wicksellsche Einstimmigkeitsprinzip diente als Ausgangspunkt für *James M. Buchanan* (geb. 1919) und *Gordon Tullock* (geb. 1922), die die moderne ökonomische Theorie der Verfassung begründeten (*Buchanan und Tullock* 1962).[76] Obwohl sie Einstimmigkeit als maßgebliches Kriterium akzeptieren (*Buchanan und Tullock* 1962, Kap. 7), weisen sie auf die damit verbundenen hohen Entscheidungskosten hin (*Buchanan und Tullock* 1962, Kap. 8). Deshalb sei nur auf der konstitutionellen Ebene, d.h. bei grundsätzlichen Entscheidungen über die Regeln, nach welchen später konkrete staatliche Maßnahmen beschlossen werden, das Einstimmigkeitsprinzip sinnvoll. Denn die Individuen werden sich aufgrund der Unsicherheit hinsichtlich ihrer zukünftigen Situation eher am Allgemeinwohl als an ihren Partikularinteressen orientieren, so daß ein genereller Konsens zumindest möglich erscheint. Da dies auf der operationalen Ebene, d.h. bei Entscheidungen zu konkreten Einzelfällen (in denen jedem seine persönlichen Vor- und Nachteile klar sind), nicht zu erwarten sei und die Entscheidungskosten der Einstimmigkeitsregel prohibitiv hoch wären, müsse eine Abwägung zwischen den Entscheidungskosten und den Kosten, die infolge von nicht einstimmig getroffenen Beschlüssen Minderheiten entstehen, stattfinden; diese würde höchstwahrscheinlich zur Einigung auf Mehrheitsregeln für die Einzelentscheidungen führen – wobei es sich nicht immer um die einfache Mehrheitsregel handeln muß (*Buchanan und Tullock* 1962, Kap. 6).

Ein wichtiger Anwendungsbereich der Theorie der Verfassung ist die Finanzverfassung (*Buchanan* 1967; *Brennan und Buchanan* 1980).

---

[76] *Buchanan* wurde 1986 mit dem Nobelpreis für Wirtschaftswissenschaft ausgezeichnet.

„How will the reference individual choose among the several possible alternative tax institutions through which he will exercise ordinary fiscal choices as to the amount of resources devoted to public goods and services?" (*Buchanan* 1967, 214)

Sobald der Staat nicht mehr als uneigennütziger Maximierer des Gemeinwohls angesehen wird, sondern als „Leviathan", dem es vor allem um die Maximierung seiner Einnahmen und seines Einflusses geht, erscheint die Vorgabe gewisser Besteuerungsgrundsätze und -regeln auf Verfassungsebene aus Sicht der Bürger sinnvoll, da nur so die „Ausbeutung" der Bürger durch den Staat verhindert werden kann. „[T]he role of fiscal rules is to limit and appropriately direct the coercive power of government, as embodied most conspicuously in its power to tax" (*Brennan und Buchanan* 1980, 8f). Beispielsweise könnte ein fiskalischer Föderalismus durch den Wettbewerb der einzelnen Gebietskörperschaften untereinander die Bürger vor steuerlicher Überlastung schützen.

Intensiv diskutiert werden auch Gerechtigkeitsprinzipien bzw. Umverteilungsgrundsätze; dabei wird vor allem den Thesen von *Rawls* (1971) und dessen Theorie der Gerechtigkeit große Aufmerksamkeit geschenkt; dieser steht, genau wie die ökonomischen Verfassungstheoretiker, in der vertragstheoretischen Tradition der politischen Philosophie.

4.2. Die Theorie der Verfügungsrechte

Das übliche neoklassische Modell setzt implizit voraus, daß die Eigentumsverhältnisse eindeutig geklärt sind, da nur auf deren Grundlage freiwillige Tauschvorgänge möglich sind. Die Theorie der Verfügungsrechte hinterfragt diese rechtlichen Rahmenbedingungen und versucht, die Entstehung und die Struktur der Eigentumsverhältnisse zu erklären sowie die ökonomischen Konsequenzen unterschiedlicher Rechtsstrukturen herauszuarbeiten. Als die wichtigsten Pioniere der Verfügungsrechtstheorie sind neben *Ronald H. Coase* (geb.1910) vor allem *Armen A. Alchian* (geb. 1914) und *Harold Demsetz* (geb. 1930) zu nennen.[77]

Im Mittelpunkt der Analyse stehen nicht Güter, sondern die verschiedenen Nutzungsmöglichkeiten dieser Güter; das Eigentumsrecht an einem Gut umfaßt nämlich im Regelfall ein Bündel von Verfügungsrechten

---

[77] *Coase* erhielt 1991 den Ökonomie-Nobelpreis.

(„property rights"). Eigentum besteht also nicht an dem Gut selbst, sondern an einem Bündel von das Gut betreffenden Verfügungsrechten. Zum Eigentumsrecht an einem Stück Holz gehört z.B. das Recht, es zu verbrennen, das Recht, es als Spazierstock zu benutzen, und das Recht, es zu verkaufen oder zu verschenken, nicht dagegen das Recht, jemand damit zu verprügeln. Die Verfügungsrechte an einem Gut lassen sich unterteilen in Rechte, das Gut zu nutzen, Rechte, es zu verändern bzw. zu verarbeiten, und Rechte, es an Dritte zu übertragen. Es ist klar, daß der Wert eines Gutes wesentlich vom Umfang des ihm zugeordneten Verfügungsrechtsbündels abhängt (*Demsetz* 1964, 11). Ein System von Verfügungsrechten besteht aus der Menge aller Normen, die die erlaubten Nutzungsmöglichkeiten von Gütern festlegen und den Gesellschaftsmitgliedern zuordnen (*Alchian* 1965, 818).

Für die Effizienz eines Wirtschaftssystems ist es entscheidend, daß keine (technologischen) externen Effekte existieren (vgl. Teil IV.3.1.1.2). Dies wiederum impliziert, daß die Inhaber von Verfügungsrechten alle (positiven und negativen) Konsequenzen der Ausübung dieser Rechte selbst tragen müssen (es sei denn, diese sind rein marktlicher Natur). Diese Bedingung ist nur durch *private* Verfügungsrechte zu erfüllen. „This concentration of benefits and costs on owners creates incentives to utilize resources more efficiently" (*Demsetz* 1967, 356). Staatliche oder gemeinschaftliche Verfügungsrechte führen dagegen unvermeidbar zu Externalitäten (*Alchian* 1965, 821ff; *Demsetz* 1967, 354ff). Wenn im Laufe der wirtschaftlichen Entwicklung bisher freie Güter, an denen keine privaten Verfügungsrechte existierten, knapp werden, treten Externalitäten auf, die durch die Schaffung privater Verfügungsrechte internalisiert werden können; „the emergence of new property rights takes place in response to the desires of the interacting persons for adjustment to new benefit-cost possibilities" (*Demsetz* 1967, 350). Allerdings können aus Kostengründen nicht für alle Güter und alle Nutzungsmöglichkeiten private Verfügungsrechte geschaffen werden. „[P]roperty rights develop to internalize externalities when the gains of internalization become larger than the cost of internalization" (*Demsetz* 1967, 350).

Eine wichtige Rolle spielt in diesem Zusammenhang ein Konzept, das untrennbar mit der Verfügungsrechtstheorie verbunden ist, das Konzept der *Transaktionskosten* (*Coase* 1960; *Demsetz* 1964). Unter Transaktionskosten versteht man alle mit der Durchsetzung und mit dem Transfer von Verfügungsrechten verbundenen Kosten, zu denen insbesondere Informations-, Verhandlungs- und Kontrollkosten gehören. Die tatsächliche Durchsetzung von Verfügungsrechten, d.h. der Ausschluß Dritter von der Nutzung eines Gutes, an dem ein entsprechendes privates Verfügungsrecht besteht, ist nicht kostenlos. Ein Verfügungsrecht kann nur dann als *wohldefiniert* bezeichnet werden, wenn es privat *und* exklusiv ist. Exklusivität ist dann gegeben, wenn der Verfügungsrechtsinhaber Dritte effektiv ausschließen kann, d.h. wenn die Kosten des Ausschlusses in einem akzeptablen Verhältnis zum Wert des Verfügungsrechtes stehen. So ist bei einem Grundstück ein privates Verfügungsrecht hinsichtlich des Betretens oder Bebauens durchsetzbar und deshalb sinnvoll, wohingegen ein privates Verfügungsrecht hinsichtlich des Betrachtens dort u.U. wachsender Pflanzen nicht effektiv durchsetzbar wäre, deshalb nur de jure Bestand hätte und de facto zu einem gemeinschaftlichen Verfügungsrecht degenerieren würde. In anderen Fällen, in denen auch private Verfügungsrechte nicht möglich sind, aber ein gemeinschaftliches Verfügungsrecht mit sehr großen Nachteilen verbunden wäre, kommt die staatliche Kontrolle und Regulierung der entsprechenden Nutzungsmöglichkeit, d.h. die Schaffung eines staatlichen Verfügungsrechts, in Frage – z.B. im Fall der Nutzung der Luft als Aufnahmemedium für Abgase (vgl. Teil IV.3.3.2.1). Die Höhe der Transaktionskosten beeinflußt also die effektive Verfügungsrechtsstruktur. So steigt durch eine Senkung von Transaktionskosten (infolge technischen Fortschritts) der Anreiz zur Schaffung neuer bzw. besser definierter Verfügungsrechte, welche wiederum eine effizientere Ressourcenallokation bewirken können.

Coase (1960) zeigt, daß die personelle Zuordnung der Verfügungsrechte keine Rolle für die Effizienz des Marktsystems spielt, sofern von Transaktionskosten abgesehen werden kann. Falls die Verfügungsrechte wohldefiniert und eindeutig zugeordnet sind, kommt es bei Konflikten zwischen den von der Nutzung der jeweiligen Güter Betroffenen zu Verhandlungen, die in jedem Fall (d.h. unabhängig davon, wem die entsprechenden Rechte zugeordnet sind) zu einem effizienten Ergebnis führen;[78] es gibt also auf Dauer keine externen Effekte. Allerdings führen unterschiedliche Rechtszuordnungen zu beträchtlichen Differenzen in distributiver Hinsicht. Das *Coase-Theorem* gilt jedoch nur in einer idealen Welt ohne Transaktionskosten. In der Realität sind diese nie gleich Null, auch nicht annähernd, und sie können deshalb die Durchführung wohlfahrts- bzw. effizienzsteigernder Transaktionen verhindern. Die ursprüngliche personelle Zuordnung von Verfügungsrechten ist also nicht nur für die Distribution, sondern auch für die Allokation, d.h. die Effizienz, von Bedeutung.

---

[78] *Coase* ist der Meinung, daß bei jeder möglichen personellen Verteilung der Verfügungsrechte *dasselbe* effiziente Ergebnis auf dem Verhandlungswege realisiert wird. Dies gilt allerdings nur, wenn die Einkommenseffekte der Rechtszuordnung vernachlässigt werden können – was regelmäßig nicht der Fall ist.

> „In these conditions the initial delimitation of legal rights does have an effect on the efficiency with which the economy operates. One arrangement of rights may bring about a greater value of production than any other. But unless this is the arrangement of rights established by the legal system, the costs of reaching the same result by altering and combining rights through the market may be so great that this optimal arrangement of rights, and the greater value of production which it would bring, may never be achieved." (*Coase* 1960, 16)

Die Transaktionskosten erscheinen folglich als eine wesentliche Determinante der Verfügungsrechtsstruktur einer Gesellschaft: Sie geben Anlaß zur Schaffung von transaktionskostensparenden Verfügungsrechten, d.h. solchen institutionellen Arrangements, die eine möglichst effiziente Ressourcennutzung zulassen. Der Wettbewerbsprozeß führt dazu, daß sich im Laufe der Zeit die kostengünstigsten Strukturen durchsetzen. Eine ökonomische Theorie, die – wie die traditionelle Neoklassik – die Transaktionskosten vernachlässigt bzw. unterstellt, daß diese gleich Null sind, kann Verfügungsrechte (und viele andere Institutionen) nicht erklären, da diese nur bei positiven Transaktionskosten von Bedeutung sind.

Eine wichtige Institution, deren Entstehung deshalb lange Zeit im Dunkeln blieb, ist das Unternehmen. Eine Folge der Existenz von Unternehmen (zumindest solchen, die keine bloßen Ein-Mann-Unternehmen sind) ist die Dichotomie der verwendeten Koordinationsmechanismen:

> „Outside the firm, price movements direct production, which is co-ordinated through a series of exchange transactions on the market. Within a firm, these market transactions are eliminated and in place of the complicated market structure with exchange transactions is substituted the entrepreneur-co-ordinator, who directs production." (*Coase* 1937, 388)

Aber warum sollte die nicht-marktliche Koordination durch Anweisungen überhaupt Verwendung finden? Warum gibt es überhaupt Unternehmen, und warum werden Güter nicht „im Markt" produziert, d.h. von Produktionsfaktoren, deren Einsatz nicht von einem Unternehmer, sondern durch die Variation relativer Preise gesteuert und koordiniert wird? Die Antwort auf diese Fragen besteht laut *Coase* (1937) in der Existenz von Transaktionskosten (von denen er in dem zitierten Aufsatz allerdings *nicht explizit* spricht). „The main reason why it is profitable to establish a firm would seem to be that there is a cost of using the price mechanism" (*Coase* 1937, 390). Sobald die Kosten der marktlichen Koordination größer sind als die der nicht-marktlichen, werden Unternehmen entstehen und sich durchsetzen. Aus dieser Sicht stellt ein Unternehmen ein Geflecht von längerfristigen Vertragsbeziehungen dar, in dessen Zentrum der Unternehmer steht, der den Ressourceneinsatz steuert. Nicht nur die Existenz, auch die Größe von Unternehmen läßt sich mittels des Konzeptes der Transaktionskosten analysieren; ein Unternehmen wird solange wachsen, wie die zusätzlichen Transaktionen innerhalb des Unternehmens billiger als auf dem Markt abgewickelt werden können (*Coase* 1937, 394ff).

Mit der Frage, wie die Organisation innerhalb eines Unternehmens aussieht, beschäftigt sich der wichtige Beitrag von *Alchian und Demsetz* (1972). Ihrer Meinung nach besteht das organisatorische Hauptproblem in der „Drückebergerei", die aufgrund unvollkommener Überwachungs- und Kontrollmöglichkeiten nicht ausgeschlossen werden kann (*Alchian und Demsetz* 1972, 779ff). Zur Lösung dieses Problems dient die klassische kapitalistische Unternehmensorganisation, in der der Unternehmer für die Überwachung der Leistung der Arbeitskräfte zuständig ist, zu diesem Zweck über gewisse Sanktionsmöglichkeiten verfügt und als Anreiz für die möglichst gute Erfüllung dieser Aufgabe Anspruch auf den Gewinn hat (*Alchian und Demsetz* 1972, 782f).[79]

In der Folgezeit wurde das Konzept der Transaktionskosten zur Analyse einer Vielzahl von Institutionen eingesetzt: Neben der Organisation von Unternehmen wurden auch die vertikale Integration oder die Vertragsbeziehungen zwischen Unternehmen analysiert (vgl. z.B. *Williamson* 1975; 1985). Dem Verfügungsrechts- und Transaktionskostenansatz sind zwar viele Einsichten in wichtige ökonomische Phänomene zu verdanken, doch darf dies nicht über eine Schwachstelle hinwegtäuschen: Da Transaktionskosten nicht exakt definierbar und nicht eindeutig von Produktionskosten abgrenzbar sind, besteht leicht die Gefahr tautologischer „Erklärungen" von Institutionen; *ex post* lassen sich (fast) immer Transaktionskosten benennen, die die Entstehung und Gestalt von Verfügungsrechtsstrukturen und anderen Institutionen plausibel „erklären" können.

4.3. Die ökonomische Analyse des Rechts

Die ökonomische Analyse des Rechts („law and economics") begreift rechtliche Normen als Elemente der Rahmenbedingungen ökonomischen

---

[79] Allgemein mit der Frage der effizienten Gestaltung von Vertragsbeziehungen zwischen Auftraggeber („principal") und Auftragnehmer („agent"), wenn eine perfekte Kontrolle des letzteren durch den ersteren nicht möglich ist, befaßt sich die „Principal-Agent"-Theorie (vgl. z.B. *Ross* 1973).

Handelns, d.h. als Nebenbedingungen der individuellen Nutzenmaximierung, die mittels ökonomischer Methoden analysiert werden. Da das Recht als grundsätzlich gestaltbar angesehen wird, wird nicht nur danach gefragt, welche Konsequenzen bestehende Normen haben, sondern auch danach, wie verschiedene Rechtsbereiche gestaltet werden sollen, um eine möglichst effiziente Ressourcenallokation zu erreichen.

Der Zusammenhang zwischen der Theorie der Verfügungsrechte und der ökonomischen Analyse des Rechts ist offensichtlich ein sehr enger. Bei einer sehr weiten Auslegung des Begriffs „Verfügungsrechte" sind beide Disziplinen praktisch deckungsgleich. Selbst das Strafrecht läßt sich verfügungsrechtstheoretisch interpretieren; z.B. kann das Verbot von Mord auch als Beschränkung der Verfügungsrechte an Messern, Revolvern und ähnlichen Instrumenten aufgefaßt werden. Tatsächlich wird aber meist ein engerer Verfügungsrechtsbegriff gewählt, der sich auf Eigentumsrechte und die damit verbundenen Unterlassungsansprüche gegenüber Dritten beschränkt. Demgegenüber umfaßt die ökonomische Analyse des Rechts grundsätzlich sämtliche Rechtsgebiete, sowohl Zivilrecht als auch öffentliches Recht, wenngleich der Großteil der Arbeiten sich mit dem Zivilrecht befaßt. Die Theorie der Verfügungsrechte kann deshalb als Teilbereich der allgemeiner definierten ökonomischen Analyse des Rechts angesehen werden. Diese (und gleichzeitig mit ihr die Theorie der Verfügungsrechte) beginnt mit der Publikation von *Coases* (1960) berühmtem Aufsatz.

Die ökonomische Analyse des Rechts *außerhalb* der Theorie der Verfügungsrechte nahm ihren Anfang nur wenig später, nämlich mit *Guido Calabresis* (geb. 1932) Beitrag zur ökonomischen Analyse des Haftungs- und Schadensersatzrechts („liability rules"), welches seither einen Hauptgegenstand von „law and economics" bildet (*Calabresi* 1961).[80] *Calabresi* argumentiert zugunsten einer verschuldensunabhängigen Haftung, die er als ökonomisch vorteilhaft ansieht.

> „[T]he most desirable system of loss distribution under a strict resource-allocation theory is one in which the prices of goods accurately reflect their full cost to society. The theory therefore requires (...) that the cost of injuries should be borne by the activities which cause them, whether or not fault was involved, because, either way, the injury is a real cost of those activities."
> (*Calabresi* 1961, 505)

---

[80] Zwar behandelt auch *Coase* (1960) Haftungsregeln, doch ist sein Schwerpunkt ein anderer: Während bei ihm die Möglichkeit effizienzfördernder Verhandlungen im Mittelpunkt steht, geht es *Calabresi* (1961) um die Auswirkungen unterschiedlicher Haftungsregeln auf das individuelle Verhalten.

In einem Folgebeitrag (*Calabresi* 1965) stellt er klar, daß es nicht darum geht, riskante Aktivitäten völlig zu verbieten, sondern diese nur insoweit einzuschränken, als die Unfallkosten den Nutzen aus der Ausübung dieser Aktivitäten übersteigen.

> „The best way we can establish the extent to which we want to allow such activities is by a market decision based on the relative price of each of those activities and of their substitutes when each bears the costs of the accidents it causes." (*Calabresi* 1965, 719)

Da in einer Welt positiver Transaktionskosten die Zuordnung der Haftpflicht für die Ressourcenallokation von Bedeutung ist, hat das Haftungsrecht neben der Entschädigung der Unfallopfer auch die Aufgabe, die Unfallkosten zu minimieren (wobei die Identifizierung des Unfallverursachers und die Ermittlung der Unfallkosten nicht immer ganz einfach sind). *Calabresi* (1970, 26ff) unterscheidet drei Arten von Unfallkosten: primäre Kosten (der dem Unfallopfer entstandene Schaden), sekundäre Kosten (die primären Kosten aus gesellschaftlicher Sicht, d.h. deren Bewertung unter Berücksichtigung von Verteilungsaspekten) und tertiäre Kosten (die administrativen Kosten des Haftungsrechts). Er spricht sich weiterhin entschieden für eine verschuldensunabhängige Haftung aus, wobei der Schaden von derjenigen Partei getragen werden sollte, die am ehesten in der Lage ist, (primäre) Unfallkosten zu vermeiden („cheapest cost avoider"); dies kann sowohl der Unfallverursacher als auch das Unfallopfer sein (d.h. die effiziente Haftungsregelung kann auch darin bestehen, daß es keine Haftpflicht gibt).

Calabresi argumentiert zwar ökonomisch und verwendet Zahlenbeispiele, doch eine konsistente theoretische Analyse fehlt. Eine solche wurde zuerst von *Brown* (1973) vorgelegt, der die verschiedenen Haftungsregeln mittels eines Optimierungsmodells vergleicht. Er kommt zu dem Ergebnis, daß die reine (verschuldensunabhängige) Gefährungshaftung („strict liability") nur dann effizient ist, wenn das Unfallopfer Schadenshöhe und -wahrscheinlichkeit nicht beeinflussen kann; andernfalls ist die Gefährdungshaftung um eine Vorsorgepflicht für die Unfallopfer zu ergänzen („complimentary negligence"). Auch die Verschuldenshaftung („negligence rule") ist effizient, falls der Sorgfaltsmaßstab, nach dem sich das Verschulden des Unfallverursachers bemißt, effizient gewählt wurde; bei der Verschuldenshaftung ist es prinzipiell nicht notwendig, das Unfallopfer zu eigener Vorsorge zu verpflichten, da dieses aus eigenem Interesse das optimale Vorsorgeniveau wählen wird (denn der Unfallverursacher wird den effizienten Sorgfaltsmaßstab gerade einhalten, so daß er keinen Schadensersatz leisten muß und sich das Unfallopfer deshalb um Schadenminimierung bemühen wird). Der Ausschluß der Haftung des Unfallverursachers („no liability") ist nur im unwahrscheinlichen Fall der Nichtbeeinflußbarkeit des Schadens durch denselben effizient. *Brown* weist auch darauf hin, daß die „Learned Hand"-Regel, die oft zur Festlegung der Sorgfaltspflicht von Unfallverursacher oder -opfer herangezogen wird, einer Modifikation bedarf. In der ursprünglichen Formulierung durch den Richter *Learned Hand* besagt sie, daß eine Partei schuldhaft handelt, wenn ihre Vorsorgeanstrengungen kleiner sind als das Produkt aus Unfallwahrscheinlichkeit und Schadenshöhe. Ökonomisch korrekt ist jedoch eine marginale Betrachtung, nach der ein Verschulden nur dann vorliegt, wenn der *zusätzliche* Vorsorgeaufwand nicht mindestens genauso groß wie der dadurch vermeidbare zu erwartende *zusätzliche* Schaden (d.h. das Produkt aus Unfallwahrscheinlichkeitsminderung und Schadenshöhe) ist.

Neben dem Haftungsrecht werden auch andere Bereiche des Zivilrechts (wie das Vertragsrecht) und verschiedene Gebiete des öffentlichen Rechts (insbesondere Strafrecht und Verwaltungsrecht) ökonomisch analysiert. Eine wichtige Rolle bei der Entwicklung von „law and economics" spielten neben *Calabresi* und *Coase* auch *Tullock* (1971) und vor allem *Richard A. Posner* (geb. 1939), dessen „Economic Analysis of Law" (*Posner* 1972) sich zur „Bibel" der ökonomischen Analyse des Rechts entwickelte.

Die meisten Beiträge zu „law and economics" enthalten sowohl positive als auch normative Elemente, die nicht immer klar voneinander getrennt sind. So beschränkt sich die ökonomische Analyse des Haftungsrechts nicht nur auf die Untersuchung der Folgen verschiedener Haftungsregeln, sondern gibt auch Empfehlungen zu einer effizienten Gestaltung des Haftungsrechts. Insbesondere am normativen Anspruch entzündet sich die Kritik an der ökonomischen Analyse des Rechts. Erstens besteht aus Sicht der ökonomischen Theorie ein Problem im durchweg partialanalytischen Vorgehen und in der Verwendung des Kaldor-Hicks-Kriteriums zur Ermittlung der effizienten Regeln, da hierdurch interpersonelle Nutzenvergleiche impliziert werden, die nicht unproblematisch sind (vgl. Teil IV.3.2). Zweitens stellt sich die Frage nach der Eignung der Effizienz als wichtigstem oder gar einzigem Ziel der Gestaltung rechtlicher Normen – und zwar unabhängig davon, ob Effizienz partialanalytisch im Sinn des Kaldor-Hicks-Kriteriums oder totalanalytisch im Sinn des Paretokriteriums aufgefaßt wird. Am entschiedensten hat sich wohl *Posner* (1979) zugunsten des Effizienzprinzips (interpretiert als Wohlstandsmaximierung gemäß dem Kaldor-Hicks-Kriterium) ausgesprochen, das nach seiner Meinung das einzige Ziel des Rechtssystems sein sollte. Deshalb fordert er u.a., daß Verfügungsrechte den Individuen zugewiesen werden, die diese am höchsten schätzen, d.h. die am meisten dafür zu zahlen bereit sind (*Posner* 1979, 125). Diese Position wurde nicht nur von Juristen, sondern auch von Ökonomen kritisiert, die *Posner* der Unkenntnis der Grenzen und Probleme der ökonomischen Theorie beschuldigten: So ist das von ihm vorgeschlagene Prinzip zur personellen Zuordnung von Verfügungsrechten schlichtweg inkonsistent, da die Zahlungsbereitschaft der Individuen von ihrem Einkommen bzw. Vermögen und dieses wiederum von der vorhergehenden Zuordnung bestimmter anderer Verfügungsrechte abhängt; es muß also eine anfängliche Rechtszuordnung geben, die nicht auf der Zahlungsbereitschaft basieren kann, sondern sich an anderen Prinzipien orientieren muß. Diese Debatte hat dazu geführt, daß mittlerweile (auch von *Posner*) das Effizienzziel zwar als ein wichtiges, aber nicht mehr als alleiniges Ziel angesehen wird. Dies ändert jedoch nichts an der Berechtigung normativer Analysen: Da Effizienz unbestrittenermaßen wichtig ist, ist es sicher sinnvoll zu wissen, wie effiziente Normen aussehen bzw. welche Effizienzeinbußen bei der Verfolgung anderer Ziele in Kauf genommen werden müssen.

4.4. Kliometrie

Unter „Kliometrie" wird die Anwendung der neoklassischen ökonomischen Theorie in der Wirtschaftsgeschichte, d.h. die Erklärung des historischen Wandels als Ergebnis von Interaktionen nutzenmaximierender Individuen, verstanden.[81] Die Pionierarbeit auf diesem Gebiet wurde von *Robert W. Fogel* (geb. 1926) und *Douglass C. North* (geb. 1920) geleistet.[82]

In einem seiner bekanntesten Werke untersucht *Fogel* (1964) die Rolle der Eisenbahn für die wirtschaftliche Entwicklung der Vereinigten Staaten. Der behauptete große Einfluß der Eisenbahnen hält einer näheren Analyse nicht stand: Aus einem Modell der Wirtschaftsentwicklung der USA im 19. Jahrhundert ergibt sich, daß das Wirtschaftswachstum ohne die Eisenbahn kaum geringer ausgefallen wäre als das tatsächliche Wachstum bei Nutzung des Schienenverkehrs. Auch in einem anderen bekannten Werk geht *Fogel*, zusammen mit *Engerman*, gegen ein Vorurteil an, nämlich das von der Ineffizienz der Sklaverei (*Fogel und Engerman* 1974). Die auf Sklaverei basierende Plantagenwirtschaft der Südstaaten war im Gegenteil deutlich

---

[81] Die Bezeichnung „Kliometrie" geht zurück auf die Muse der Geschichte, *Klio*.

[82] *Fogel* und *North* wurde 1993 der Ökonomie-Nobelpreis verliehen.

produktiver als die Landwirtschaft der Nordstaaten. Deshalb konnten relativ hohe Löhne gezahlt werden, so daß die Sklaven einen Leistungsanreiz hatten und nicht mit Gewalt zur Arbeit gezwungen werden mußten. Im Endeffekt war der Lebensstandard der Sklaven sogar höher als der von freien Landarbeitern – allerdings nur in materieller Hinsicht.

Während *Fogel* sich bei seinen kliometrischen Untersuchungen nicht auf einen bestimmten ökonomischen Ansatz beschränkt, ist die Vorgehensweise von *North* eine wesentlich engere: Er konzentriert sich auf die Theorie der Verfügungsrechte (vgl. Teil IV.4.2), mit deren Hilfe er die langfristige Wirtschaftsentwicklung zu erklären sucht. *North* geht davon aus, daß diese wesentlich vom institutionellen Wandel abhängt; Institutionen begreift er als alle formellen und informellen Beschränkungen, die menschliche Interaktionen strukturieren, wobei er den Verfügungsrechten eine besonders wichtige Rolle einräumt.

> „[E]conomic growth will occur if property rights make it worthwhile to undertake socially productive activity. The creating, specifying and enacting of such property rights are costly, in a degree affected by the state of technology and organization. As the potential grows for private gains to exceed transaction costs, efforts will be made to establish such property rights. Governments take over the protection and enforcement of property rights because they can do so at a lower cost than private volunteer groups. However, the fiscal needs of government may induce the protection of certain property rights which hinder rather than promote growth; therefore we have no guarantee that productive institutional arrangements will emerge." (*North und Thomas* 1973, 8)

Mit Hilfe dieses Ansatzes untersuchen *North und Thomas* (1973) die europäische Wirtschaftsgeschichte zwischen dem zehnten und dem achtzehnten Jahrhundert und erklären den wirtschaftlichen Aufstieg Westeuropas. Während das mittelalterliche Feudalsystem sich bei einer geringen Bevölkerungsdichte als durchaus effizient erwies, wurde es angesichts der im Hochmittelalter wachsenden Bevölkerung zunehmend zu einem Hemmschuh für die wirtschaftliche Entwicklung. Da die möglichen Vorteile aus einer Änderung der Verfügungsrechtsstruktur schließlich deren Kosten bei weitem überstiegen, kam es zu einer Ablösung der Leibeigenschaft durch die Rentengrundherrschaft, die die geänderten Knappheitsverhältnisse zwischen Arbeit und Land widerspiegelte. Für die weitere wirtschaftliche Entwicklung war außerdem die Erleichterung des Güteraustausches von großer Bedeutung, die durch die Etablierung von Märkten, die Sicherung von Transportwegen, die Garantie und den Schutz des Privateigentums und die Einrichtung eines Gerichtswesens zur friedlichen Beilegung von Streitfällen bewerkstelligt wurde. Die auf diese Art und Weise möglichen erheblichen

Transaktionskostenersparnisse wurden allerdings nicht von allen Ländern im selben Maße realisiert. Während in Frankreich und Spanien kurzfristige fiskalische Interessen der Monarchen die Schaffung effizienter Institutionen verhinderten oder zumindest verzögerten, war die Stellung des Königs in England und in den Niederlanden eine wesentlich schwächere, so daß sich in diesen Ländern die auf Wirtschaftswachstum und Handelsbelebung gerichteten Interessen in weit stärkerem Maße durchsetzen und transaktionskostensenkende Reformen der Verfügungsrechte und anderer Institutionen initiieren konnten. Diese unterschiedlichen Verfügungsrechtssysteme waren verantwortlich für das nachhaltige Wachstum in den Niederlanden und in England, die relative Rückständigkeit von Frankreich und die Stagnation und den Niedergang von Spanien (*North und Thomas* 1973, 101).

In der Folgezeit wandte *North* (1981) seinen verfügungsrechtstheoretischen Ansatz noch auf eine Reihe anderer Fälle historischen Wandels an – von der Einführung der Landwirtschaft vor 10000 Jahren über Aufstieg und Fall der antiken Welt bis zur industriellen Revolution. Schließlich legte er eine umfassende Darstellung und Rechtfertigung seines Ansatzes vor, wobei er den Zusammenhang zwischen Institutionen bzw. deren Wandel und ökonomischer Leistungsfähigkeit eingehend erläuterte (*North* 1990).

Die kliometrischen Studien von *Fogel*, *North* und anderen (vgl. z.B. *Olson* 1983) haben ohne Zweifel wesentlich zum Verständnis der Bedeutung der institutionellen Entwicklung für die Wirtschaftskraft eines Landes beigetragen. Gleichzeitig haben sie zu interessanten ökonomischen Erklärungen vieler geschichtlicher Phänomene geführt. Kritisch ist jedoch anzumerken, daß die ökonomische Sichtweise leicht zur Vernachlässigung aller anderen, nicht ökonomischen Einflüsse führen kann. Insbesondere *North* neigt zur Überbetonung der Rolle der Institutionen zu Lasten von Faktoren wie wissenschaftlich-technischem Fortschritt, geographischer Lage, Vorräten an Bodenschätzen etc. Des weiteren besteht aufgrund gewisser Unschärfen des von *North* vertretenen verfügungsrechtstheoretischen Ansatzes (vor allem was die Abgrenzung des Begriffs der Transaktionskosten angeht) die Gefahr von inhaltslosen Pseudoerklärungen, die alles und damit letztendlich nichts erklären.

5. Ökonomischer Imperialismus

Als „ökonomischer Imperialismus" wird die Ausdehnung des Anwendungsbereiches ökonomischer, insbesondere neoklassischer, Konzepte auf praktisch alle Gebiete menschlichen Handelns verstanden – auch auf diejenigen, die mit der Ökonomie, wie man sie üblicherweise versteht, nichts zu tun haben.[83] Die Ökonomie wird hier nicht – wie üblich – nach ihrem Objektbereich, sondern nach ihrer zentralen Analysemethode, der Optimierung unter Nebenbedingungen, interpretiert, d.h. als Entscheidungskalkül (vgl. Teil IV.1). Sie ist also nicht auf die traditionellen Zuständigkeitsbereiche der Ökonomie beschränkt, als da wären Güterproduktion und -konsum, Geld- und Fiskalpolitik etc., sondern läßt sich generell auf alle Entscheidungen anwenden.

> „Economics is the science which studies human behaviour as a relationship between ends and scarce means which have alternative uses." (*Robbins* 1932, 15)

Diesen Anspruch vertritt in neuerer Zeit am deutlichsten der wohl prominenteste ökonomische Imperialist, *Gary S. Becker* (geb. 1930):[84]

> „I contend that the economic approach is uniquely powerful because it can integrate a wide range of human behavior. (...) The economic approach is clearly not restricted to material goods and wants, nor even to the market sector. (...) [T]he economic approach provides a valuable unified framework for understanding *all* human behavior (...). [A]ll human behavior can be viewed as involving participants who maximize their utility from a stable set of preferences and accumulate an optimal amount of information and other inputs in a variety of markets." (*Becker* 1976b, 5ff)

Ausgehend von dieser Sichtweise menschlichen Verhaltens analysiert *Becker* u.a. familiäre Entscheidungen in bezug auf Eheschließung oder Kinderzahl (*Becker* 1973a; 1973b; 1974).

---

[83] Die Bezeichnung „ökonomischer Imperialismus" stammt zwar von den Kritikern eines umfassenden Erklärungsanspruchs der neoklassischen Ökonomie, soll aber aufgrund ihrer Prägnanz und Geläufigkeit verwandt werden – und *nicht* weil der Vorwurf der widerrechtlichen Okkupation fremder Gebiete durch die Ökonomie, der mit diesem Begriff zum Ausdruck gebracht werden sollte, als berechtigt anerkannt wird.

[84] *Becker* erhielt 1992 den Nobelpreis für Wirtschaftswissenschaft.

Eine Fülle origineller und interessanter Beispiele für die Universalität des ökonomischen Ansatzes findet sich bei *R.B. McKenzie und Tullock* (1978), die sich mit so unterschiedlichen Fragen wie Geschlechterdiskriminierung, Steuerhinterziehung und Prostitution auseinandersetzen.

Auf den verschiedenen, von der Ökonomie „eroberten" Gebieten hat sich der ökonomische Ansatz als fruchtbarer erwiesen als etwa soziologische oder politologische Konzepte, die üblicherweise herangezogen wurden; im Gegensatz zu diesen führten ökonomische Analysen zu wesentlich konkreteren und klareren Aussagen. Die generelle Anwendbarkeit der neoklassischen Ökonomie ist deshalb heute kaum mehr umstritten – wenngleich auch von den meisten Ökonomen zugestanden wird, daß auf die Erkenntnisse anderer Disziplinen nicht verzichtet werden kann.

> „[A]lthough a comprehensive *framework* is provided by the economic approach, many of the important concepts and techniques are provided and will continue to be provided by other disciplines." (*Becker* 1976b, 14)

Abschließend sei noch darauf verwiesen, daß eine klare Trennlinie zwischen „normaler" und „imperialistischer" Ökonomie nicht existiert. Während z.B. die Analyse des Oligopolverhaltens eindeutig ersterer und die der Eheschließung ebenso eindeutig letzterer zuzurechnen ist, gibt es eine breite „Grauzone", in der vor allem die verschiedenen neoinstitutionalistischen Teildisziplinen liegen. Ist etwa die Neue Politische Ökonomie „imperialistisch", weil sie sich mit Fragestellungen der Politologie befaßt oder gehört sie zur traditionellen Ökonomie, weil sich mit solchen Fragestellungen auch schon die klassischen Ökonomen (lange bevor die Politologie entstand) auseinandergesetzt haben? Auch hinsichtlich der ökonomischen Analyse des Rechts gibt es keine eindeutige Antwort: Zwar wird man die Analyse des Zivilrechts und die Theorie der Verfügungsrechte noch als „normale" Ökonomie bezeichnen können, doch gilt dies sicher nicht mehr für Untersuchungen zum Strafrecht. Aber diese Unterscheidungen sind ohnehin nur von Bedeutung für die Gliederung von Werken wie dem unsrigen – für die Weiterentwicklung der ökonomischen Theorie und deren Anwendbarkeit spielen sie keine Rolle: Hier ist allein entscheidend, ob überzeugende Erklärungen für die verschiedenen Phänomene menschlichen Verhaltens gefunden werden können – und dies ist der neoklassischen Theorie bislang sehr häufig gelungen.

V. Geldtheorie

Der Geldtheorie ist ein eigener Abschnitt gewidmet, der zwischen Mikroökonomie (Teil IV) und Makroökonomie (Teil VI) steht: Denn die geldtheoretischen Konzepte sind teils mikroökonomischer, teils makroökonomischer Natur, so daß eine eindeutige Zuordnung nicht möglich ist. Unsere Darstellung der verschiedenen Geldtheorien unterscheidet diese danach, ob das Geldangebot als exogen (Teil V.1) oder als endogen (Teil V.2) angenommen wird.

1. Exogenes Geldangebot

Das Geldangebot wird als *exogen* bezeichnet, wenn es von der jeweiligen Geldtheorie nicht erklärt, sondern auf Entscheidungen der Zentralbank zurückgeführt wird, die vorgegeben und nicht Gegenstand der Theorie sind. Man geht also davon aus, daß das Geldangebot durch die Zentralbank kontrolliert wird – entweder direkt (wenn die gesamte Geldmenge aus Zentralbankgeld besteht) oder indirekt (wenn Zentralbankgeld als Grundlage der Geldschöpfung der Geschäftsbanken dient). Erklärt wird folglich nur die *Geldnachfrage*. Die zwei wichtigsten Theorien auf diesem Gebiet sind die Quantitätstheorie (Teil V.1.1) und die keynesianische Geldtheorie (Teil V.1.2). Dem *Geldangebot* und dessen Beschreibung ist Teil V.1.3 gewidmet.

1.1. Quantitätstheorien

Ausgangspunkt aller Quantitätstheorien ist die *Quantitätsgleichung*, die bis auf *Bodin* und *Cantillon* zurückgeht (vgl. Teil II.3), aber in ihrer heute üblichen Formulierung von *Fisher* (1911, 26f) stammt:

(65) $MV = PT$

Das Produkt aus Geldmenge (M) und Umlaufgeschwindigkeit des Geldes

(V) entspricht dem Produkt aus Preisniveau (P) und realem Transaktionsvolumen (T); letzteres dient auch als Maßstab für das reale Sozialprodukt. *Fisher* (1911, 151f) weist darauf hin, daß die Quantitätsgleichung tautologisch ist und keinerlei Aussagen über kausale Beziehungen zwischen den verschiedenen Termen enthält. Für solche Aussagen, die Gegenstand der *Quantitätstheorien* sind, werden gewisse zusätzliche Annahmen benötigt. Bezüglich der Rechtfertigung dieser Annahmen lassen sich die (alte) Quantitätstheorie (Teil V.1.1.1) und die Neoquantitätstheorie (Teil V.1.1.2) unterscheiden.

1.1.1. Quantitätstheorie

Die (alte) Quantitätstheorie existiert in zwei Fassungen – einer mikroökonomischen und einer makroökonomischen.

Letztere stammt von *Fisher* (1911), der die langfristigen Bestimmungsgründe des Preisniveaus untersucht und sich dabei auf gesamtwirtschaftliche Größen bezieht (also nicht näher auf die individuelle Geldnachfrage eingeht). Er nimmt an, daß Änderungen der Geldmenge *keinen* Einfluß auf die Höhe der Umlaufgeschwindigkeit und des Sozialproduktes haben. Die Umlaufgeschwindigkeit hänge vielmehr allein von individuellen Zahlungsgewohnheiten und der Organisation des Geldwesens (zu der z.B. die Dichte des Bankennetzes gehört) ab (*Fisher* 1911, 252ff). Das Sozialprodukt werde hauptsächlich durch reale Größen (wie die Kapitalausstattung oder die Zahl der Arbeitskräfte) bestimmt, so daß Änderungen der Geldmenge allenfalls kurzfristig, d.h. während der Dauer von Anpassungsvorgängen, einen Einfluß auf die Höhe des Sozialprodukts haben könnten (*Fisher* 1911, 154ff). Da *Fisher* (1911, 169ff) außerdem eine Beeinflussung der Geldmenge durch Umlaufgeschwindigkeit, Preisniveau und Sozialproduktshöhe ausschließt, also die Geldmenge als exogen ansieht, ergibt sich (bei Konstanz des Sozialprodukts) folgende Kausalbeziehung als die zentrale Aussage der Quantitätstheorie:

> „[O]ne of the normal effects of an increase in the quantity of money is an exactly proportionate increase in the general level of prices." (Fisher 1911, 157)

Die Fishersche Fassung der Quantitätstheorie enthält wenig wirklich Neues; vielmehr handelt es sich bei ihr um eine umfassende und einheitliche Darstellung der Kernpunkte der klassischen Geldtheorie, wie sie vor allem von

Hume vertreten wurde (vgl. Teil III.1.3); deren wesentliche Annahmen werden zwar verdeutlicht, aber nicht theoretisch überzeugend begründet.

Gleiches gilt (mehr oder weniger) für die mikroökonomische Fassung der Quantitätstheorie, die auf *Pigou* (1917) zurückgeht;[85] sie unterscheidet sich mehr in der Darstellungsweise als in der ökonomischen Substanz von der makroökonomischen Fassung. Ausgangspunkt bildet hier die *individuelle* Geldnachfrage, die sich nicht auf die nominelle Größe M_i, sondern auf die damit verbundene Kaufkraft, die reale Größe M_i/P richtet. Die Haltung von Geld wird als eine Form der Vermögenshaltung aufgefaßt, die u.a. vom Einkommen, den persönlichen Präferenzen und den Renditen von Alternativanlagen abhängt. *Pigou* geht davon aus, daß das Einkommen die Hauptdeterminante der Geldnachfrage ist und die anderen Faktoren keine wesentliche Rolle spielen, weil sie kurz- und mittelfristig konstant seien; er unterstellt also für jedes Individuum i ein (mehr oder weniger) festes Verhältnis k_i zwischen Geldnachfrage und Einkommen (Y_i).

$$(66) \quad \frac{M_i}{P} = \bar{k}_i Y_i$$

Diese Beziehung wird ohne weiteres auf die Volkswirtschaft übertragen, so daß für die gesamtwirtschaftliche Geldnachfrage M/P gilt:

$$(67) \quad \frac{M}{P} = \bar{k} Y$$

Der Kassenhaltungskoeffizient k entspricht dem Kehrwert der Umlaufgeschwindigkeit V und das Volkseinkommen Y dem Transaktionsvolumen T. Beide Abweichungen sind ohne substantielle Bedeutung. Vom Ergebnis her unterscheiden sich mikro- und makroökonomische Quantitätstheorie nicht, lediglich hinsichtlich der Betrachtungsweise. Dies räumt auch *Pigou* ein: „They are both equally true" (*Pigou* 1917, 54).

1.1.2. Neoquantitätstheorie

Die mikroökonomische Fassung der Quantitätstheorie wurde von einer Gruppe Chicagoer Ökonomen um *Milton Friedman* (geb. 1912) zur *Neo*-

---

[85] *Marshall* (1923, 43ff) vertritt eine ähnliche Position wie *Pigou*.

quantitätstheorie weiterentwickelt (*Friedman* 1956).[86] Ähnlich wie *Pigou* und *Marshall* sieht *Friedman* Geld als einen Vermögensgegenstand an, so daß die Entscheidung über die Höhe der Geldhaltung in Zusammenhang mit der Gesamtheit der Vermögensdispositionen der Individuen zu sehen ist. Er unterscheidet sich von seinen Vorgängern im wesentlichen durch eine genauere Analyse der Faktoren, von denen die Geldnachfrage abhängt, und – daraus resultierend – eine differenziertere Sichtweise der Eigenschaften des Kassenhaltungskoeffizienten.

Als Bestimmungsgrößen der Geldnachfrage berücksichtigt *Friedman* die Höhe des Gesamtvermögens und den Anteil des Humanvermögens daran, die Präferenzen der Individuen sowie Kosten und Erträge der Geldhaltung; er analysiert diese Faktoren aber nicht näher, sondern arbeitet mit zahlreichen Vereinfachungen und Plausibilitätsargumenten. Des weiteren geht er davon aus, daß die genannten Faktoren nicht nur für die Geldnachfrage der Haushalte, sondern auch für die der Unternehmen relevant sind, was nicht ganz unproblematisch ist. Aber nur aufgrund dieser Annahme kann er die bisherigen Überlegungen einfach auf die gesamtwirtschaftliche Geldnachfrage übertragen – ohne dabei (wie *Pigou* oder *Marshall*) die Unternehmen völlig zu ignorieren. Der Einfluß der verschiedenen Größen auf die makroökonomische Geldnachfrage wurde durch empirische Untersuchungen quantifiziert (*Cagan* 1956; 1965; *Friedman und Schwarz* 1967; 1982). Dabei stellte sich heraus, daß die Geldnachfrage stabil ist; sieht man von extremen Werten der Inflationsrate und des Zinses ab, so ist der Kassenhaltungskoeffizient zwar nicht konstant, aber die Funktion nur einer Variablen – des *permanenten Einkommens* (d.h. des auf Dauer erwarteten Einkommens).

(68) $k = k(Y^p)$

Praktisch ist k deshalb kurz- und mittelfristig konstant, da sich das erwartete Einkommen nur langfristig ändert.[87] Die Einkommensänderungen führen gemäß dem *Luxusgutcharakter* des Geldes zu gleichgerichteten Änderungen von k. Denn die Geldnachfrage steigt – so wurde festgestellt – mit steigendem Einkommen überproportional an (ähnlich der Nachfrage nach

---

[86] *Friedman* erhielt 1977 den Ökonomie-Nobelpreis.

[87] Da das permanente Einkommen nicht direkt gemessen werden kann, bezieht man k empirisch auf das tatsächliche („transitorische") Einkommen; deshalb kann der so ermittelte Kassenhaltungskoeffizient auch kürzerfristig geringfügig schwanken – soweit nämlich das transitorische vom permanenten Einkommen abweicht.

Luxusgütern). Sieht man von diesen langfristigen und vorhersehbaren Bewegungen ab, so ergibt sich wieder das zentrale quantitätstheoretische Resultat, daß nämlich (bei konstantem Sozialprodukt) eine direkte und proportionale Beziehung zwischen Geldmenge und Preisniveau besteht; werden auch Sozialproduktsänderungen berücksichtigt, so ist in dieser Beziehung die (absolute) Geldmenge durch die Geldmenge pro Sozialproduktseinheit zu ersetzen.

Beim Vergleich zwischen der Neoquantitätstheorie und der (alten) mikroökomischen Quantitätstheorie läßt sich feststellen, daß es sich bei beiden um theoretisch wenig fundierte Ansätze handelt; beiden gemein ist das Aggregationsproblem, das von *Friedman* zwar erkannt, aber letztlich nicht gelöst wird. Aber die Neoquantitätstheorie beruht (im Gegensatz zu ihrer Vorgängerin) nicht mehr nur auf bloßen Ad-hoc-Annahmen, sondern wird immerhin durch gewisse empirische Gesetzmäßigkeiten gestützt.

1.2. Keynesianische Geldtheorie

Bei der keynesianischen Geldtheorie ist zu unterscheiden zwischen den geldtheoretischen Ideen von *Keynes* selbst (Teil V.1.2.1) und deren Weiterentwicklung im Zuge der *neoklassischen Synthese* (Teil V.1.2.2), d.h. der Integration der Keynesschen Konzepte in den neoklassischen „mainstream" (vgl. Teil VI.1.2).

1.2.1. Die Liquiditätspräferenztheorie

Die bekannteste und wichtigste Geldtheorie von *John Maynard Keynes* (1883-1946) ist zweifelsohne seine *Liquiditätspräferenztheorie* (*Keynes* 1936, Kap. 13). Daneben gibt es aber von ihm noch eine zweite, weniger bekannte Geldtheorie (*Keynes* 1930), die sich deutlich von der Liquiditätspräferenztheorie unterscheidet: In dieser älteren Theorie wird zwar die Quantitätstheorie akzeptiert und der Zins als reales Phänomen angesehen (also insoweit eine klassische Position vertreten), aber das Geldangebot wird als endogene Größe in die Theorie integriert. Diese Theorie fand keinen Eingang in den „mainstream", wurde aber von den Postkeynesianern wieder aufgegriffen (vgl. Teil VII.6.3). Im Gegensatz dazu widerspricht die

Liquiditätspräferenztheorie der Quantitätstheorie, faßt den Zins als monetäres Phänomen auf und geht von einem exogenen Geldangebot aus.

Die Liquiditätspräferenztheorie ist mikroökonomischer Natur; die individuelle Geldnachfrage hängt ab von der Liquiditätspräferenz. Diese wiederum wird von drei Motiven bestimmt: dem Transaktions-, dem Vorsichts- und dem Spekulationsmotiv (*Keynes* 1936, 170). Die Transaktionskasse wird zur Abwicklung der geplanten Käufe gehalten; die Vorsichtskasse dient als Puffer für unvorhergesehene Ausgaben; und die Spekulationskasse ist eine Form der Vermögensanlage. Sowohl Transaktions- als auch Vorsichtsmotiv implizieren nach *Keynes* eine stabile, vom Einkommen abhängige Geldnachfrage, die sich kaum von der Pigouschen Geldnachfrage unterscheidet. Erst das Spekulationsmotiv führt zu wesentlichen Abweichungen: Zwar sieht *Keynes* – wie schon *Pigou* vor und *Friedman* nach ihm – Geld (auch) als ein Aktivum, das als Anlageobjekt in Konkurrenz zu anderen Aktiva steht, doch kommt er zu völlig anderen Ergebnissen hinsichtlich der Rolle des Zinses für die Geldnachfrage. Als mögliche Anlageobjekte stellt *Keynes* unverzinsliches Geld verzinslichen Anleihen gegenüber. Ist der Zins niedrig, d.h. liegt er unter dem für „normal" gehaltenen Niveau, so wird auf Zinserhöhungen „spekuliert", die bei den momentan verfügbaren, niedrig verzinslichen Anleihen zu Kursverlusten führen werden; deshalb wird das Vermögen bevorzugt in Form von Geld gehalten. Ist dagegen der Zins hoch, so ist eher mit Zinssenkungen (und Kursgewinnen) zu rechnen; um die hohen Zinsen zu sichern, wird auf Liquidität verzichtet und nicht in Geld, sondern in Anleihen investiert. Diese spekulative Komponente der Geldnachfrage ist zinsabhängig, so daß die Geldnachfrage insgesamt nicht nur vom Einkommen, sondern auch wesentlich vom Zins abhängt.

Der Zins wird von *Keynes* (1936, 166ff) – im Gegensatz zu den Quantitätstheoretikern – nicht als reale Größe, d.h. als Ergebnis von Kapitalangebot und -nachfrage, sondern als monetäre Größe, d.h. als Ergebnis von Geldnachfrage und -angebot bzw. als „Preis" für Liquiditätsverzicht, angesehen.[88] Folglich kann durch eine Änderung des Geldangebots eine Änderung des Zinses herbeigeführt und damit eine Beeinflussung realer Größen bewerkstelligt werden.

Auch *Keynes* überträgt seine mikroökonomischen Überlegungen ohne weiteres auf die gesamtwirtschaftliche Geldnachfrage; als einziger Unter-

---

[88] Trotzdem spielt auch bei der Keynesschen Zinstheorie zumindest ein realer Faktor eine Rolle: das Einkommen, dessen Höhe ja die Geldnachfrage (und damit den Zins) wesentlich beeinflußt.

schied ergibt sich aufgrund der Differenzen bei den individuellen Zinserwartungen gesamtwirtschaftlich eine mit abnehmenden Zins *stetig* zunehmende Nachfrage nach Spekulationskasse, wohingegen individuell die spekulative Geldnachfrage abrupt einsetzt bzw. verschwindet, nämlich bei dem jeweils für „normal" gehaltenen Zins. Im Extremfall kann sich eine vollkommen zinselastische gesamtwirtschaftliche Geldnachfrage ergeben – wenn der Zins ein Niveau erreicht, dessen Unterschreitung von allen Wirtschaftssubjekten für unmöglich gehalten wird und diese ihr gesamtes Vermögen in Geld anlegen (*Keynes* 1936, 172); diese Situation wurde später als *Liquiditätsfalle* bezeichnet.

Graphisch läßt sich die Keynessche Geldnachfrage wie folgt darstellen:

Abb. 23: Die Geldnachfrage nach *Keynes*

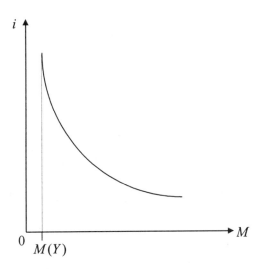

In dieser Abbildung wird die Geldnachfrage (*M*) als Funktion des Zinses (*i*) dargestellt. Der einkommensabhängige Teil der Geldnachfrage (M(Y)), also die Nachfrage nach Transaktions- und Vorsichtskasse, wird durch die *Lage* der Nachfragekurve (deren Abstand von der Ordinate) berücksichtigt; die Nachfrage nach Spekulationskasse kommt dagegen in der *Form* der Nachfragekurve zum Ausdruck.

Zusammenfassend gilt also für die Gesamtgeldnachfrage, daß diese vom Einkommen *und* vom Zins abhängt und daß sie aufgrund der Variabilität der Zinserwartungen nicht als stabil angesehen werden kann. Anzumerken bleibt noch, daß *Keynes* (anders als die Quantitätstheoretiker) nicht zwischen realer und nominaler Geldmenge und nicht zwischen realem und nominalem Zins unterscheidet; er bezieht sich ausschließlich auf nominale Größen, die de facto (da er auf den Einfluß der Inflation nicht näher eingeht) mit realen Größen gleichgesetzt werden.

1.2.2. Die Neoklassische Synthese

Im Rahmen der neoklassischen Synthese (vgl. Teil VI.1.2) wurde auch die Liquiditätspräferenztheorie neoklassisch interpretiert und fortentwickelt.

Baumol (1952) analysiert die Nachfrage nach Transaktionskasse aus lagerhaltungstheoretischer Sicht. Wenn die Wirtschaftssubjekte nicht mehr nur Geld oder (langfristige) Anleihen, sondern auch geldnahe Aktiva (wie Sparguthaben) halten können, hängt die Nachfrage nach Transaktionskasse nicht nur vom Einkommen, sondern auch vom Zins und von gewissen Transaktionskosten ab. Bei der Entscheidung über die Höhe der Transaktionskasse werden die Wirtschaftssubjekte analog zur Entscheidung eines Unternehmens über seine Lagerhaltung vorgehen und Kosten und Nutzen eines „Lagers" von Transaktionskasse gegeneinander abwägen: Kosten entstehen durch den Zinsverlust infolge des Haltens von unverzinslichem Geld anstelle von geldnahen, verzinslichen Aktiva. Der Nutzen resultiert aus der Ersparnis von Umtauschkosten, die immer dann anfallen, wenn die geldnahen Aktiva zur Durchführung von Zahlungsvorgängen in Geld umgetauscht werden müssen.[89]

Eine ähnliche Vorgehensweise wählt *Whalen* (1966) bei seiner Untersuchung der Vorsichtskassenhaltung, in der erstmals die Unsicherheit von Einnahmen und Ausgaben explizit berücksichtigt wurde. Nicht primär das Einkommen, sondern die Kosten einer möglichen Illiquidität, die Opportunitätskosten (d.h. der Zinsverlust) und das durchschnittliche Volumen sowie die Variabilität der Einnahmen und Ausgaben bestimmen die optimale Vorsichtskassenhaltung – wobei freilich das durchschnittliche Zahlungsvolumen direkt vom Einkommen abhängt.

Tsiang (1969) stellt eine Verbindung her zwischen Transaktions- und Vorsichtskasse, indem er darauf hinweist, daß die Nachfrage nach letzterer ceteris paribus umso höher ist, je geringer der Bestand an ersterer ist.

Mit Hilfe der Theorie der Portfolio-Selektion gelang es *James Tobin*

---

[89] Von *Tobin* (1956) stammt eine ähnliche Analyse der Transaktionskassenhaltung, in der er neben fixen auch variable Transaktionskosten berücksichtigt.

(geb. 1918), ein wesentlich differenzierteres Bild der Nachfrage nach Spekulationskasse zu zeichnen (*Tobin* 1958).[90] Er berücksichtigt das Risiko von geldfernen Aktiva (wie z.B. Anleihen), das aus der Möglichkeit von Kursänderungen oder der Zahlungsunfähigkeit von Schuldnern resultiert. Im einfachsten Fall können entweder solche ertragbringenden, aber risikobehafteten Anleihen oder Geld, das sowohl ertrags- als auch risikolos ist, gehalten werden (von möglichen inflationsbedingten Verlusten wird dabei abgesehen). Für die Anlageentscheidung spielt die Risikoneigung des Anlegers eine wesentliche Rolle: Geht man vom Normalfall eines risikoaversen Wirtschaftssubjekts aus, so wird dieses nur dann den Anteil von Anleihen in seinem Portfolio erhöhen, wenn das so erhöhte Risiko des Portfolios durch eine Ertragssteigerung ausgeglichen wird, d.h. wenn der Zins steigt. Da sowohl Ertrag als auch Risiko berücksichtigt wird, enthält das Portfolio eines risikoaversen Individuums in aller Regel (d.h. wenn man extrem hohe oder niedrige Zinssätze ausschließt) sowohl Geld als auch Anleihen. Mit diesem Ergebnis wurde ein wesentlicher Fortschritt gegenüber der Keynesschen Geldtheorie erzielt: Auch auf der Ebene der einzelnen Wirtschaftssubjekte sind „gemischte" Portfolios, wie sie in der Realität unzweifelhaft auftreten, erklärbar, wohingegen bei *Keynes* ein Individuum – je nach Zinserwartung – entweder nur Spekulationskasse oder nur Anleihen hält. Ein Problem des Tobinschen Ansatzes besteht allerdings darin, daß bei Existenz geldnaher Aktiva, die völlig risikolos sind und dennoch eine gewisse Verzinsung bieten, Geld von denselben völlig verdrängt und keinerlei Spekulationskasse mehr gehalten werden würde. Die Geldhaltung wäre dann nur durch das Transaktions- und das Vorsichtsmotiv erklärbar, wodurch freilich aufgrund der Ergebnisse von *Baumol*, *Tsiang* und *Whalen* eine Zinsabhängigkeit der Geldnachfrage nicht ausgeschlossen wäre.

Insgesamt gelang es, die verschiedenen Komponenten der Keynesschen Geldnachfrage durch individuelle Optimierungsentscheidungen zu erklären und dabei deren Bestimmungsfaktoren zu verdeutlichen. Dabei wurde vom Keynesschen Ansatz in einem wesentlichen Punkt abgewichen: Anstelle der von ihm betonten Instabilität der Geldnachfrage (welche aus der Unterschiedlichkeit und Variabilität der individuellen Zinserwartungen resultiert), wurde die Geldnachfrage überwiegend als stabil angesehen (vor allem weil einheitliche und stabile Vorstellungen über die Höhe des Normalzinses angenommen wurden).

---

[90] *Tobin* ist der Träger des Ökonomie-Nobelpreises von 1981.

1.3. Geldangebot

Sowohl die Quantitätstheoretiker als auch *Keynes* (zumindest in seiner „General Theory") und seine Nachfolger gehen von der Kontrolle des Geldangebots durch die Notenbank aus, deren diesbezügliche Entscheidungen als vorgegeben akzeptiert werden. Die Höhe des Geldangebots wird also nicht erklärt. Dies gilt offensichtlich im Fall eines einstufigen Bankensystems, in dem die Zentralbank die gesamte Geldmenge zur Verfügung stellt. Dies gilt aber auch für zweistufige Bankensysteme, in denen die Geldversorgung neben der Zentralbank den Geschäftsbanken obliegt. Denn auch in diesem Fall kontrolliert die Zentralbank das Geldangebot – wenngleich nur indirekt.

Beschrieben werden die Zusammenhänge zwischen dem von der Zentralbank und dem von den Geschäftsbanken zur Verfügung gestellten Teil der gesamten Geldmenge mit Hilfe des Multiplikatorkonzeptes, welches auf *C.A. Phillips* (1920, Teil I) zurückgeht. Zwischen der Zentralbankgeldmenge B (auch Geldbasis genannt), die aus Bargeld (C) und den Einlagen der Banken bei der Zentralbank (R) besteht, und der gesamten Geldmenge M, die das Geld in den Händen der Nichtbanken umfaßt (Bargeld C und Depositen D), besteht folgende Beziehung:

(69) $M = mB$

Der Kreditmultiplikator m bringt zum Ausdruck, wie hoch das Geldschöpfungspotential der Geschäftsbanken bei gegebener Zentralbankgeldmenge ist. Er hängt von der Bargeldneigung der Nichtbanken, c ($c = C/M$), und dem Mindestreservesatz r ($r = R/D$) ab.

(70) $m = \dfrac{1}{c + r(1 - c)}$

Der Mindestreservesatz gibt an, welchen Teil der Kundeneinlagen die Geschäftsbanken als Guthaben bei der Zentralbank halten müssen; es wird davon ausgegangen, daß die Geschäftsbanken darüber hinaus keine Zentralbankeinlagen halten, es also keine Überschußreserven gibt. Sowohl durch die Mindestreserveverpflichtung als auch durch die Bargeldwünsche der Nichtbanken wird der Prozeß der multiplikativen Geldschöpfung der Geschäftsbanken, der auf der Schaffung von Buchgeld durch Kreditvergabe beruht, begrenzt.

Die Bargeldneigung hängt von den Präferenzen der Individuen und ihren Zahlungsgewohnheiten ab und kann als kurz- und mittelfristig konstant angenommen werden. Der Mindestreservesatz kann von der Zentralbank beliebig festgelegt werden, so daß diese letztlich die Höhe des Multiplikators in weiten Grenzen bestimmen kann. Da außerdem die Zentralbankgeldmenge unter der völligen Kontrolle der Zentralbank steht, kann diese im Endeffekt die gesamte Geldmenge nach ihrem Belieben festlegen. Da weder die Höhe von Zentralbankgeldmenge und Mindestreserven noch das Verhalten der Banken näher analysiert wird, wird das Geldangebot vom Multiplikatorkonzept nur beschrieben, keineswegs erklärt. Daran ändert sich nichts, wenn der Multiplikator durch die Differenzierung nach verschiedenen Einlagearten (Sicht-, Termin- und Spareinlagen) und Reservesätzen realitätsnäher gestaltet wird (*Brunner* 1961).

Ein weniger mechanistisches Konzept geht auf *Tobin* zurück, der die Koeffizienten des Kreditmultiplikators portfoliotheoretisch erklärt (*Tobin* 1963; 1969; *Tobin und Brainard* 1963). Diese Koeffizienten werden nicht mehr als vorgegeben akzeptiert, sondern aus dem Optimierungskalkül der Wirtschaftssubjekte abgeleitet. Zum einen wird nicht mehr davon ausgegangen, daß die Banken keine Überschußreserven halten und so die Zentralbank deren Reservehaltung (und damit deren Kreditvergabe) durch die Wahl des Mindestreservesatzes determinieren kann. Vielmehr hängt es von den Erwartungen und der Geschäftspolitik der Banken ab, ob und inwieweit diese einen bestehenden Kreditvergabespielraum auch tatsächlich nutzen. In (70) ist folglich der Mindestreservesatz r durch den effektiven Reservesatz r_e zu ersetzen, wobei $r_e \geq r$ gilt. Zum anderen wird die Bargeldhaltung des Publikums explizit als Portfolioentscheidung modelliert und so eine Verbindung zur Geldnachfrage hergestellt; an der kurz- bis mittelfristigen Konstanz der Bargeldneigung ändert sich dadurch freilich wenig. Die portfoliotheoretische Analyse des Geldangebots ist wesentlich realistischer als das einfache Multiplikatormodell, doch erklärt auch sie das Geldangebot nicht: Dessen Hauptdeterminante, die Höhe der Zentralbankgeldmenge, wird weiterhin (ebenso wie die Höhe der Mindestreservesätze) als exogen angenommen.

2. Endogenes Geldangebot

Als Geldtheorie mit endogenem Geldangebot soll in diesem Teil nur *Wicksells* (1898, Kap. VII-IX; 1922, Kap. IV.9) Theorie des *kumulativen Prozesses* behandelt werden. Die postkeynesianische Geldtheorie, die gleichfalls von einem endogenen Geldangebot ausgeht, wird erst in Teil VII.6.3 dargestellt, da sie *nicht* zur Hauptströmung der Ökonomie gehört. Im Gegensatz zu den Postkeynesianern verneint *Wicksell nicht grundsätzlich* die Exogenität des Geldangebots und die Gültigkeit der Quantitätstheorie (*Wicksell* 1898, Kap. V). Aber seine Theorie des kumulativen Prozesses zielt ab auf eine Fragestellung, für welche die Quantitätstheorie irrelevant ist. Während letztere das Preisniveau durch eine exogene Geldmengenänderung bei endogener Zinsanpassung erklärt, beschreibt die Theorie des kumulativen Prozesses die aus exogenen Zinsänderungen mit endogenen Geldmengenanpassungen resultierenden Preisniveauänderungen.

Aus Vereinfachungsgründen setzt *Wicksell* ein „ideales" Bankensystem voraus, in dem es keine Bargeld- oder Mindestreserverestriktionen gibt, die die Ausdehnung der Geldmenge einschränken können. Folglich kann bei jedem Zinssatz die entsprechende Geldnachfrage befriedigt werden. Die Höhe des Zinssatzes wird von den Banken nach Belieben festgelegt. Aufgrund dieser Annahmen ist die explizite Modellierung von Geldangebot und -nachfrage überflüssig; insbesondere legt sich *Wicksell* nicht auf eine besondere Geldnachfragetheorie fest.

Wesentlich für den kumulativen Prozeß ist die Unterscheidung zwischen zwei Zinssätzen: dem von den Banken bestimmten Marktzins i und dem „natürlichen" oder „normalen" Zins r; letzterer ist eine reale Größe, die gleich der Grenzproduktivität des Kapitals ist, entspricht also dem klassischen Zins. Ein *monetäres Gleichgewicht* existiert laut *Wicksell* nur dann, wenn i gleich r ist; in diesem Fall ist Geld *neutral* (beeinflußt also keine realen Größen) und das Preisniveau konstant. Wenn $i < r$, werden Investitionen attraktiver, da die Produktion von Kapitalgütern billiger als deren Marktpreis ist. Die Kreditnachfrage – und damit die Geldmenge – steigt. Die wachsende Gesamtnachfrage führt zu Preissteigerungen, die den für die Investitionszunahme notwendigen Konsumverzicht der privaten Haushalte in Form unfreiwilliger Ersparnisse induzieren.[91] Der Preisniveauanstieg setzt sich dauernd fort, da es im idealen Bankensystem keinen Mechanismus gibt, der i und r zum Ausgleich bringt. Gilt andererseits $i > r$, dann wird weniger investiert; die Gesamtnachfrage und das Preisniveau gehen zurück; es kommt zu unfreiwilligem Entsparen durch die Haushalte, wodurch der Investitionsrückgang ausgeglichen wird.[92] Auch dieser Prozeß geht permanent

---

[91] Die inflationsbedingte Entwertung des Einkommens der Haushalte führt zu einer Abnahme ihrer realen Konsumausgaben: Dies wird als „unfreiwillige Ersparnis" bezeichnet.

[92] Unter „unfreiwilligem Entsparen" versteht man die durch Deflation verursachte Zunahme der realen Konsumausgaben.

weiter. Der kumulative Prozeß läßt sich recht einfach formal darstellen (*Niehans* 1990, 256f). Bei konstantem Realeinkommen entspricht die Inflationsrate dem Wachstum des Nominaleinkommens Y:

(71) $$\frac{dP/dt}{P} = \frac{dY/dt}{Y}$$

Das Einkommen kann für Konsum (C) oder Investitionen (I) verwandt werden:

(72) $$Y = C + I$$

Im Gleichgewicht wird weder investiert noch gespart, da die Volkswirtschaft annahmegemäß nicht wächst. Die Haushalte passen ihre Konsumausgaben an die Entwicklung des Volkseinkommens allerdings mit einer gewissen zeitlichen Verzögerung an, so daß sich die jeweils letzten Einkommensänderungen nicht auf den Konsum auswirken:

(73) $$C = Y - \frac{dY}{dt}$$

Nur aufgrund dieser Anpassungsverzögerung kann es zu unfreiwilligem Sparen bzw. Entsparen kommen. Die Investitionen (im Verhältnis zum Einkommen) hängen von der Differenz zwischen i und r ab.

(74) $$\frac{I}{Y} = f(i-r)$$

Annahmegemäß sind die Investitionen im Gleichgewicht gleich Null, so daß dann auch gilt: $i = r$. Ist i kleiner (größer) als r, kommt es dagegen zu Investitionen (Desinvestitionen). Aus (71) bis (74) ergibt sich:

(75) $$\frac{dP/dt}{P} = \frac{Y-C}{Y} = \frac{I}{Y} = f(i-r)$$

Die Inflationsrate (Deflationsrate) muß also den durch die Zinsdifferenz verursachten Investitionen (Desinvestitionen), bezogen auf das Einkommen, entsprechen. Durch die Änderung nominaler Größen – zunächst von i und dann des Preisniveaus – wird also eine reale Größe, nämlich die Aufteilung des Volkseinkommens auf Konsum und Investitionen beeinflußt. Zum Stillstand kommt der Inflations- bzw. Deflationsprozeß, wenn wieder ein

Gleichgewicht hergestellt ist, d.h. wenn der Marktzins gleich dem natürlichen Zins ist, das Preisniveau stabil ist und die geplante gleich der tatsächlichen Ersparnis ist. Aufgabe der Geldpolitik ist die Herstellung bzw. Aufrechterhaltung eines solchen Gleichgewichts (*Wicksell* 1898, Kap. XII). Da zwar der Marktzins, nicht jedoch der natürliche Zins direkt beobachtet werden kann, scheidet eine Zinssteuerung aus. Vielmehr sind i und r indirekt dadurch zur Deckung zu bringen, daß i in Abhängigkeit von den (beobachtbaren) Preisniveauänderungen variiert wird:

> „[B]ei unveränderten Preisen würde auch der Zinssatz der Banken unverändert bleiben, bei steigenden Preisen müsste der Bankzins erhöht, bei fallenden Preisen erniedrigt, und jedesmal auf dem so erreichten Stande erhalten werden, bis eine weitere Bewegung der Preise eine neue Veränderung der Zinssätze in dieser oder jener Richtung verlangt." (*Wicksell* 1898, 172f)

Dies kann entweder durch direkte Zinsvorgaben an die Geschäftsbanken oder, falls eine Zentralbank existiert, durch Variation von Zentralbankgeldmenge und Mindestreservesatz geschehen. Im zweiten Fall wäre das Banksystem nicht mehr „ideal" und der expansive Prozeß würde auch ohne eine direkte Intervention der Zentralbank früher oder später infolge von Liquiditätsproblemen der Geschäftsbanken, die diese zu vorsichtigerer Kreditvergabe und damit zu Zinserhöhungen veranlassen würden, zum Erliegen kommen. Auch bei kontraktiven Prozessen gibt es eine Grenze – und zwar sowohl für ideale als auch für nicht ideale Systeme: Angesichts eines laufend abnehmenden Kreditvolumens werden sich die Banken zu Zinssenkungen veranlaßt sehen, um ihre Ausleihungen wieder zu erhöhen und damit ihre Ertragslage zu verbessern.

> „Man kann also mit Sicherheit erwarten, dass der Bankzins oder, allgemeiner gesprochen, der Geldzins sich schliesslich immer dem Stande des natürlichen Kapitalzinses anschliessen wird oder vielmehr – da ja neue Veränderungen des natürlichen Zinsfusses unterdessen eingetreten sein könnten – immer die Tendenz hat, sich demselben anzuschliessen." (*Wicksell* 1898, 108)

Der Ansatz *Wicksells* wurde durch die *Stockholmer Schule* um *Erik Lindahl* (1891-1960), *Gunnar Myrdal* (1898-1987) und *Bertil G. Ohlin* (1899-1979) weiterentwickelt.[93]

Abschließend soll vor der Verwechslung von Nominal- und Realzins bei *Wicksell* mit den entsprechenden Größen bei *Fisher* (vgl. Teil IV.2.1.4.3.b) gewarnt werden. *Fisher* geht von einer *exogenen* Geldmengenänderung aus;

---

[93] *Myrdal* erhielt 1974 (zusammen mit *Hayek*) den Ökonomie-Nobelpreis und *Ohlin* wurde 1977 (zusammen mit *Meade*) damit ausgezeichnet.

diese hat keine realen Effekte, *falls* der Realzins r unverändert bleibt und der Nominalzins i entsprechend der Preisniveauänderung angepaßt wird – was in der Realität keineswegs der Fall sein muß, so daß r sich durchaus (zumindest kurzfristig) bei Geldmengenvariationen ändern kann. Bei *Wicksell* dagegen ist der Marktzins i die *exogene* Größe, die eine Geldmengen- und Preisniveauänderung verursacht und außerdem die reale Größe Investitions- bzw. Konsumquote beeinflußt – auch wenn der natürliche Zins r konstant ist.

VI. Makroökonomie

Im Gegensatz zur Mikroökonomie beschäftigt sich die Makroökonomie mit dem Verhalten *gesamtwirtschaftlicher* Aggregate (wie Volkseinkommen, Investitionsquote oder Beschäftigung), wobei die gesamtwirtschaftliche Entwicklung entweder kurz- oder langfristig betrachtet werden kann, d.h. es können entweder kurzfristige Schwankungen der wirtschaftlichen Aktivität oder die langfristige ökonomische Entwicklung analysiert werden. Unsere Darstellung unterscheidet dementsprechend zwischen der kurzfristigen Makroökonomie bzw. der Makroökonomie i.e.S. (Teil VI.1) und der langfristigen Makroökonomie bzw. der Wachstumstheorie (Teil VI.2). In Teil VI.3 geht es schließlich um die Ökonometrie, die sich hauptsächlich mit der Analyse makroökonomischer Daten beschäftigt.

1. Kurzfristige Makroökonomie

Am Anfang der modernen Makroökonomie steht die „General Theory" von *Keynes* (Teil VI.1.1), von der später wesentliche Teile mit der neoklassischen Mikroökonomie zur *neoklassischen Synthese* verbunden wurden (Teil VI.1.2). Kritik an derselben kam zunächst vom Monetarismus, der weniger die theoretischen Grundlagen als vielmehr die empirische Gültigkeit bestimmter wichtiger Annahmen in Frage stellte (Teil VI.1.3). Wesentlich fundamentaler ist die Kritik, die sowohl an der neoklassischen Synthese als auch am Monetarismus wegen fehlender mikroökonomischer Grundlagen geübt wurde (Teil VI.1.4). Dieses Manko zu beheben sucht die *Neue Klassische Makroökonomie*, die sich als radikale Alternative zur weitgehend keynesianisch geprägten, orthodoxen Makroökonomie sieht (Teil VI.1.5). Dieser alternative Ansatz wird häufig als zu realitätsfern kritisiert; als Reaktion darauf bemüht sich gegenwärtig die *Neue Keynesianische Makroökonomie* um eine Verbindung von Mikrofundierung und Realitätsnähe (Teil VI.1.6).

1.1. Keynes und die „General Theory"

Seit der „marginalistischen Revolution" (vgl. Teil IV.1) stand die Mikroökonomie im Mittelpunkt des wirtschaftswissenschaftlichen Interesses. Makroökonomische Fragestellungen wurden demgegenüber vernachlässigt, wobei das Saysche Gesetz als Rechtfertigung herangezogen wurde, welches einen automatischen Ausgleich von Gesamtangebot und Gesamtnachfrage postuliert, also makroökonomische Ungleichgewichte ausschließt (vgl. Teil III.3.1). Mit der Weltwirtschaftskrise Ende der 20er und Anfang der 30er Jahre, welche die Möglichkeit und die Konsequenzen von Nachfrageausfällen bzw. makroökonomischen Ungleichgewichten deutlich vor Augen führte, schwand allerdings das Vertrauen in die Selbstregulationsfähigkeit der Märkte und die Gültigkeit des Sayschen Gesetzes. Vor diesem Hintergrund ist „The General Theory of Employment, Interest and Money" von *Keynes* (1936) zu sehen, die eine Wiederbelebung der Makroökonomie einleitete. *Keynes* betont darin die Bedeutung der Nachfrage für die wirtschaftliche Entwicklung: Nachfrageschwankungen werden als Ursache von Änderungen nicht nur der Struktur, sondern auch des Niveaus des Sozialprodukts angesehen, da es aufgrund von Preisrigiditäten durchaus zu dauerhafter Unterbeschäftigung kommen könne. Um dies zu verhindern, müsse der Staat Nachfrageausfälle ausgleichen, also eine bewußte makroökonomische Steuerung betreiben.

Neben den Charakteristika des Geldmarktes, welche die Liquiditätspräferenztheorie beschreibt (vgl. Teil V.1.2.1), sind für den Zusammenhang zwischen Gesamtangebot und Gesamtnachfrage im System von *Keynes* natürlich auch die Eigenschaften von Güter- und Arbeitsmarkt von Bedeutung. Bei *Keynes* zeichnet sich der *Arbeitsmarkt* durch eine Besonderheit des Arbeitsangebots aus, die eine wichtige Rolle für die weitere Analyse spielt – die Rigidität der Nominallöhne (*Keynes* 1936, Kap. 2). Ursächlich hierfür ist vor allem die Tatsache, daß am Arbeitsmarkt kein vollkommener Wettbewerb herrscht, sondern der Lohn in Verhandlungen bestimmt und der Lohnspielraum überdies durch gesetzliche Vorschriften eingeengt wird. In den Lohnverhandlungen aber sind Nominallohnsenkungen kaum durchsetzbar, da sich hierdurch die relative Einkommensposition der betroffenen Arbeitnehmer verschlechtern würde. Weniger stark ist der Widerstand gegen Reallohnsenkungen infolge von Preisniveausteigerungen, da hiervon alle Arbeitnehmergruppen betroffen sind. Aus Vereinfachungsgründen nimmt *Keynes* für den Fortgang seiner Überlegungen konstante, d.h. vollkommen starre Arbeitslöhne an. Die Arbeitsnachfrage entspricht dagegen weitestgehend dem üblichen Modell: Arbeitskräfte werden solange nachgefragt, bis das Wertgrenzprodukt der Arbeit gleich dem Nominallohn ist. Aufgrund der Starrheit der Nominallöhne kann es zu unfreiwilliger Arbeitslosigkeit kommen, die entweder durch eine Erhöhung der Arbeitsproduktivität oder durch Preisniveauerhöhungen (d.h. Reallohnsenkungen) beseitigt werden kann. Die erste Möglichkeit wird von *Keynes* nicht näher diskutiert, da sie eine Verbesserung der Kapitalausstattung impliziert, wohingegen *Keynes* in seiner kurzfristigen Analyse einen konstanten Kapitalstock voraussetzt; die *Kapazitätseffekte* von Investitionen werden von ihm also *nicht* berücksichtigt. Unter diesen Voraussetzungen verbleibt lediglich die zweite Alternative zur Bekämpfung der Arbeitslosigkeit. *Keynes* hält im übrigen die Nominallöhne nicht nur für rigide, er behauptet außerdem, daß selbst flexible Nominallöhne nicht in der Lage wären, Vollbeschäftigung herzustellen. Als Hauptargument führt er an, daß bei fallenden Löhnen erwartet werde, diese würden noch weiter fallen und daß deshalb, d.h. weil in Zukunft Arbeitskräfte noch billiger verfügbar sein werden und weil sinkende Löhne auch Nachfrageausfälle nach sich ziehen, nicht mehr, sondern eher noch weniger Arbeitskräfte nachgefragt werden würden (*Keynes* 1936, Kap. 19). Die traditionelle neoklassische – von *Keynes* „klassisch" genannte – Auffassung, wonach Arbeitslosigkeit das Resultat zu hoher Reallöhne sei und bei konstantem Preisniveau durch Senkung der Nominallöhne beseitigt werden könne, wird von *Keynes* (1936, 272ff) anhand der Ausführungen von *Pigou* (1933) kritisiert.

Den *Gütermarkt* unterscheidet *Keynes* (wie vor ihm schon *Wicksell*, vgl. Teil V.2) nach Konsum- und Investitionsgütern. Für die Konsumgutnachfrage postuliert er folgendes „fundamentales psychologisches Gesetz":

> „[M]en are disposed, as a rule and on the average, to increase their consumption as their income increases, but not by as much as the increase in their income." (*Keynes* 1936, 96)

Dieses „Gesetz", für das keine befriedigende Begründung gegeben wird, impliziert eine mit steigendem Einkommen abnehmende Konsumquote. Da das verfügbare Einkommen entweder konsumiert oder gespart werden kann, folgt aus der Einkommensabhängigkeit des Konsums auch die des Sparens. Der Zins wirkt sich nur *indirekt* auf die Höhe der Ersparnis aus – insoweit er das Einkommen beeinflußt (*Keynes* 1936, Kap. 9). Im Gegensatz zur Ersparnis hängen die Investitionen (in üblicher Weise) von der Höhe des Zinssatzes direkt ab; sie werden getätigt, bis die Grenzproduktivität des Kapitals gleich dem Zinssatz ist (*Keynes* 1936, Kap. 11). Die Grenzproduktivität des Kapitals hängt wiederum entscheidend von den zukünftigen, d.h. den erwarteten, Erträgen der betreffenden Investition ab. *Keynes* betont besonders die fundamentale Unsicherheit, die mit diesen Erwartungen verbunden ist, und die sich *nicht* auf wahrscheinlichkeitstheoretische Kalküle, wie die Berechnung von Erwartungswerten, reduzieren läßt. Aufgrund der Instabilität der Erwartungen kommt ihnen eine größere Bedeutung bei Investitionsentscheidungen zu als dem Zins; die Investitionsgüternachfrage ist also relativ zinsunelastisch (*Keynes* 1936, Kap. 12). Entscheidend ist, daß Spar- und Investitionsentscheidungen voneinander unabhängig sind; es existiert kein automatischer Ausgleichsmechanismus, wie der Zins in der neoklassischen Kapitaltheorie (vgl. Teil IV.2.1.4.3.b), der Sparen und Investieren, d.h. Kapitalangebot und -nachfrage zur Deckung bringt. Da Sparen einkommensabhängig und Investieren (bei gegebenen Erwartungen) zinsabhängig ist, können die Spar- und Investitionsentscheidungen durchaus voneinander abweichen. Definitionsgemäß muß jedoch gelten, daß das Spar- gleich dem Investitionsvolumen ist (*Keynes* 1936, Kap. 6); ein solches Gleichgewicht wird bei ex ante divergierenden Spar- und Investitionsplänen durch eine Anpassung des Volkseinkommens zustande gebracht. Kommt es etwa zu einer Erhöhung der Investitionsausgaben, so wird sich das Volkseinkommen bis auf den Wert erhöhen, bei dem die geplante Ersparnis den gestiegenen Investitionen entspricht. Die Auswirkungen einer Änderung der Investitionsgüternachfrage auf das Volkseinkommen wird durch den *Investitionsmultiplikator k* beschrieben (*Keynes* 1936, Kap. 10):[94]

(76) $\quad \Delta Y = k \Delta I$

Im einfachsten Fall gilt:

(77) $\quad k = \dfrac{1}{1-c},$

wobei c die marginale Konsumquote (dC/dY) bezeichnet. Da c im Normalfall kleiner als 1 ist, ist k normalerweise größer als 1, so daß das Volkseinkommen im Fall einer Erhöhung der Investitionen um mehr als den Betrag der zusätzlichen Investitionen zunimmt (umgekehrt gilt dies natürlich auch für die Abnahme des Volkseinkommens aufgrund eines Investitionsrückgangs). Denn durch die Investitionssteigerung kommt es zunächst zu einem Einkommenszuwachs in gleicher Höhe (im Gegensatz zum Kapa-

---

[94] Das Multiplikatorkonzept selbst geht nicht – wie von *Keynes* (1936, 113) behauptet – auf *Kahn* (1931) zurück, sondern auf *Johannsen* (1908; 1913, Teil 2).

zitätseffekt wird der *Einkommenseffekt* von Investitionen von *Keynes* also berücksichtigt!); dieser Einkommenszuwachs führt entsprechend der Konsumneigung zu höheren Konsumausgaben, die wiederum das Volkseinkommen erhöhen; auch diese Einkommenserhöhung zieht zusätzliche Konsumausgaben nach sich, welche ihrerseits eine erneute Einkommenszunahme implizieren... Dieser Prozeß führt freilich nur dann zu einer Zunahme der Beschäftigung und realen Einkommenssteigerungen, solange Unterbeschäftigung herrscht; bei Vollbeschäftigung kommt es nur zu Inflation. Es ist klar, daß sich nach einer Änderung der Investitionsausgaben ein neues Gleichgewicht nicht sofort einstellt, da die geschilderten Anpassungsvorgänge Zeit brauchen. Die dynamischen Aspekte werden von *Keynes* allerdings vernachlässigt; er betrachtet nur verschiedene Gleichgewichte, nicht die Übergänge zwischen ihnen. Es handelt sich also um eine komparativ-statische Analyse – und zwar die erste innerhalb der Makroökonomie.

Die Werte der wichtigsten makroökonomische Größen – Einkommen und Beschäftigung – werden durch das Prinzip der *effektiven Nachfrage* bestimmt (*Keynes* 1936, Kap. 3). Gemäß diesem Prinzip muß im Gleichgewicht die Gesamtnachfrage gleich dem Gesamtangebot zu kostendeckenden Preisen und die Ersparnis gleich den Investitionen sein. Da der Kapitalstock als fix angenommen wird, kann das Angebot nur durch einen Anstieg der Beschäftigung ausgeweitet werden. Aufgrund der konstanten Nominallöhne werden die Unternehmen dazu nur bereit sein, wenn die Erlöse zunehmen und so die steigenden Arbeitskosten gedeckt werden können. Dies impliziert, da ein abnehmender Grenzertrag der Arbeit unterstellt wird, eine Erhöhung der Preise; denn der Output wächst mit zunehmendem Arbeitseinsatz und entsprechend steigenden Kosten nur unterproportional. Andererseits erwarten die Unternehmen für jedes Beschäftigungsniveau eine bestimmte Nachfrage nach Konsum- und Investitionsgütern. Die Konsumgüternachfrage hängt vom Einkommen und damit von der Beschäftigung ab; sie nimmt mit zunehmendem Einkommen bzw. zunehmender Beschäftigung (gemäß dem oben erwähnten Konsumgesetz) nur unterproportional zu. Die Investitionsgüternachfrage ist dagegen unabhängig von Einkommen und Beschäftigung. Insgesamt ergibt sich also mit wachsender Beschäftigung eine unterproportionale Zunahme der Nachfrage. Die Beschäftigung wird nun soweit ausgeweitet, bis sich die Angebotskurve Z (welche die für jedes Beschäftigungniveau *notwendigen* Erlöse angibt) und die Nachfragekurve D (welche die bei jedem Beschäftigungsniveau *erwarteten* Erlöse angibt) schneiden. Die gesamten von den Unternehmen erzielten Erlöse sind natürlich gleich dem (nominalen) Volkseinkommen.

Abb. 24: Die effektive Nachfrage

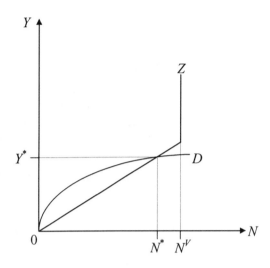

Die Nachfrage im Schnittpunkt beider Kurven ist die *effektive Nachfrage*; hier befindet sich die Wirtschaft im Gleichgewicht. N bezeichnet die Arbeitskräftezahl, N^* und Y^* stehen für Gleichgewichtsbeschäftigung und -volkseinkommen. Aus Y^*, einer *nominalen* Größe, und aus dem der Arbeitskräftezahl N^* entsprechenden *realen* Output läßt sich das jeweilige Gleichgewichtspreisniveau ableiten. Es gibt jedoch keine Garantie dafür, daß bei N^* auch Vollbeschäftigung herrscht. Zwar kann N^* selbstverständlich nicht über dem Vollbeschäftigungsniveau N^V liegen, doch ist es aufgrund der Starrheit der Nominallöhne durchaus möglich (wie in Abbildung 24), daß N^* darunter liegt, also ein Unterbeschäftigungsgleichgewicht vorliegt. In einem solchen Fall wäre die effektive Nachfrage zu gering, d.h. es gäbe (wie sie später genannt wurde) eine *deflationäre Lücke*, und Nachfrageerhöhungen würden zu einer Beschäftigungsausweitung führen (die mit einer Preisniveauerhöhung verbunden ist). Herrscht dagegen schon Vollbeschäftigung, so verläuft Z (ab N^V) vertikal und jede Nachfrageerhöhung würde zu einer *rein nominalen* Einkommenserhöhung führen, d.h. lediglich zu Inflation bzw. einer *inflationären Lücke*.

Entscheidend ist, daß es *keinen Automatismus* gibt, der für Vollbeschäftigung sorgt. Geht man von einem Vollbeschäftigungsgleichgewicht aus und es kommt zu einem Investitionsrückgang (z.B. infolge der Verschlechterung der Ertragserwartungen), so resultiert daraus ein dem Investitionsmultiplikator entsprechender Rückgang des Volkseinkommens und, aufgrund der starren Nominallöhne, unfreiwillige Arbeitslosigkeit. Zwar wird wahrscheinlich der Zins sinken, da die Nachfrage nach (nominaler) Transaktionskasse abnimmt: Denn zum einen geht das Einkommen und damit das (reale) Transaktionsvolumen zurück; und zum anderen kommt es wahrscheinlich zu Preissenkungen, die die Kaufkraft des Geldes erhöhen, so daß selbst bei gleicher realer Geldnachfrage nominal weniger nachgefragt wird. Die so ausgelöste Zinssenkung, welche später als *Keynes-Effekt* bezeichnet wurde, wird allerdings die Investitionsgüternachfrage nicht wesentlich beleben; erstens weil diese zinsunelastisch ist und die negativen Erwartungen schwerer wiegen, zweitens weil die Preissenkungen eine Erhöhung der Reallöhne implizieren (*Keynes* 1936, 263f). Früher oder später werden zwar die Nominallöhne sinken, doch führt auch dies zu keiner Erholung, da durch sinkende Löhne und Preise Deflationserwartungen induziert werden und das Investitionsklima sich eher noch verschlechtert (*Keynes* 1936, 265f).

Solche oder ähnliche Nachfrageausfälle sind für *Keynes* keine seltenen Ausnahmen. Aufgrund verschiedener Instabilitäten (insbesondere der für die Investitionen wichtigen Erwartungen) kommt es vielmehr regelmäßig zu Nachfrage- und entsprechenden Beschäftigungsschwankungen (*Keynes* 1936, 249ff). *Keynes* (1936, Kap. 22) zieht hieraus die wirtschaftspolitische Konsequenz, dem Staat eine wichtige Rolle bei der Stabilisierung der Wirtschaft einzuräumen:

> „In conditions of *laissez-faire* the avoidance of wide fluctuations in employment may, therefore, prove impossible without a far-reaching change in the psychology of investment markets such as there is no reason to expect. I conclude that the duty of ordering the current volume of investment cannot safely left in private hands." (*Keynes* 1936, 320)

Welcher Art die staatlichen Eingriffe sein sollen, wird von *Keynes* nicht explizit ausgeführt, doch lassen sie sich unschwer aus seinen bisherigen Überlegungen ableiten. Nachfrageausfälle sind durch entsprechende Steigerungen der staatlichen Nachfrage zu schließen; allgemeiner formuliert: der Staat muß seine Ausgaben gegenläufig zur Entwicklung der privaten Nachfrage variieren, um die Gesamtnachfrage in der für die Vollbeschäftigung notwendigen Höhe zu halten; es ist also eine *antizyklische Fiskalpolitik* zu betreiben. Im Gegensatz zur Fiskalpolitik würde sich eine expansive Geldpolitik als wenig wirksam erweisen, da zum einen die erwünschten Zinssenkungen vielleicht nicht zustande kommen (wenn der Zins nämlich schon so niedrig ist, daß die Nachfrage nach Spekulationskasse sehr zinselastisch ist) und zum anderen Zinssenkungen nicht unbedingt zu einer merklichen Steigerung der Investitionsausgaben führen. Bei kontraktiven Maßnahmen, d.h. wenn die Gesamtnachfrage im Fall eines inflationären Booms gedämpft werden soll, existiert eine solche wirtschaftspolitische Asymmetrie dagegen nicht: Nach oben gibt es keine Grenze für eine Zinserhöhung und selbst noch so gute Ertragserwartungen der Investoren können durch eine entsprechend starke Zinserhöhung konterkariert werden (*Keynes* 1936, 320). Aber für *Keynes* steht ohnehin die Vermeidung von Rezessionen und nicht die Eindämmung der Hochkonjunktur im Vordergrund.

> „The right remedy for the trade cycle is not to be found in abolishing booms and thus keeping us permanently in a semi-slump; but in abolishing slumps and thus keeping us permanently in a quasi-boom." (*Keynes* 1936, 322)

Deshalb favorisiert *Keynes* in Zeiten der Hochkonjunktur umverteilende Maßnahmen, die eine Erhöhung der Konsumneigung bewirken sollen; er sieht als Hauptproblem in einem Boom nicht Überinvestitionen, sondern Unterkonsumtion (*Keynes* 1936, 324).

Aus theoretischer Sicht erscheint es vor allem bemerkenswert, daß *Keynes* mit dem Prinzip der effektiven Nachfrage eine Vereinheitlichung von monetärer und realer Analyse unternimmt (*Keynes* 1936, Kap. 21). Er steht damit im klaren Gegensatz zu den Neoklassikern, die strikt zwischen realem und monetärem Bereich unterscheiden: Während die relativen Preise allein durch reale Faktoren bestimmt werden, resultiert das Preisniveau nach Maßgabe der Quantitätstheorie aus dem Umfang der Geldmenge, die (außer sehr kurzfristig) keinerlei Auswirkungen auf reale Größen bzw. relative Preise hat. Im System von *Keynes* können dagegen monetäre und reale Aspekte des Wirtschaftsgeschehens nicht unabhängig voneinander gesehen werden: Zum einen ist der Zins aus Sicht der Liquiditätspräferenztheorie eine monetäre Größe (vgl. Teil V.1.2.1), so daß die Geldmenge über den Zins reale Größen (wie die Höhe der Investitionen) beeinflußt. Zum anderen wirken sich Geldmenge und Preisniveau aufgrund der Rigidität der Nominallöhne auf die Höhe der Reallöhne und damit auf die Beschäftigung aus.

Die These, daß Geld reale Wirkungen habe, war allerdings nicht gerade neu: Sie wurde schon von den Merkantilisten vertreten und bildete die Grundlage ihrer wirtschaftspolitischen Forderungen (vgl. Teil II.3); dies wird auch von *Keynes* (1936, 335ff) eingeräumt, der eine theoretische Fundierung der merkantilistischen Position vermißt. Auch andere wichtige Elemente des Keynesschen Systems gab es schon früher: Das Multiplikatorkonzept stammt von *Johannsen* (1908; 1913) und die Tatsache, daß Reallöhne, die oberhalb ihres Gleichgewichtsniveaus gehalten werden, zu unfreiwilliger Arbeitslosigkeit führen, war allgemein bekannt und wurde z.B. von dem von *Keynes* kritisierten *Pigou* (1933, Teil V, Kap. III-IV) klar dargestellt. Andere Bestandteile der „General Theory" basieren auf bloßen

Mutmaßungen oder Plausibilitätsüberlegungen, was neben der Konsumfunktion vor allem für die Liquiditätspräferenztheorie gilt. Für seine Nachfolger hinterließ *Keynes* viel Arbeit in Form der notwendigen Ergänzungen und Interpretationen. Insbesondere ein grundsätzliches Problem sollte die Makroökonomie bis heute beschäftigen: Der Preismechanismus wird von *Keynes* zwar als Mittel zu einer effizienten Ressourcenallokation akzeptiert, aber gleichzeitig wird dessen Eignung zur Sicherstellung auch einer vollständigen Nutzung aller Ressourcen angezweifelt – obgleich es sich hier um zwei Seiten derselben Medaille handelt! Was fehlt, ist eine *mikroökonomische Fundierung* der Makroökonomie (vgl. Teil IV.1.4).

Die *theoretische* Leistung von *Keynes* entspricht deshalb bei weitem nicht seinem Einfluß auf die weitere Entwicklung der Wirtschaftswissenschaft und auf die Wirtschaftspolitik nach dem zweiten Weltkrieg. Erklärlich ist dieser große Einfluß damit, daß *Keynes* als erstem eine einheitliche, plausible und packend geschriebene Analyse eines Phänomens gelang, das damals die Öffentlichkeit sehr bewegte: die Konjunktur mit den sie begleitenden Beschäftigungsschwankungen.

1.2. Die neoklassische Synthese

Mit dem Begriff „neoklassische Synthese" wird die Verbindung Keynesscher und neoklassischer Elemente bezeichnet, die kurz nach Veröffentlichung der „General Theory" in Angriff genommen wurde und ihren Höhepunkt in den 50er Jahren erreichte. Diese Integration der Ideen von *Keynes* in den neoklassischen „mainstream" erfolgte vor dem Hintergrund einer bestimmten Vorstellung von Struktur und Ablauf des Wirtschaftsprozesses: Demnach sei der Preismechanismus prinzipiell effizient und auch in der Lage, für eine vollständige Nutzung der Ressourcen zu sorgen. Allerdings arbeite er nicht völlig friktionsfrei, so daß es zu gewissen kurzfristigen Anpassungsverzögerungen kommen könne. Beispielsweise seien die Nominallöhne nur allmählich veränderbar. Grundsätzlich gelten also die Aussagen der allgemeinen Gleichgewichtstheorie (die ja u.a. die Gültigkeit des Sayschen Gesetzes impliziert); für die Analyse *kurzfristiger* Fluktuationen ist dagegen die Anwendung Keynesscher Konzepte notwendig. Die Protagonisten der neoklassischen Synthese verkannten bzw. vernachlässigten allerdings die mit dieser Dichotomie einhergehenden fundamentalen Konsistenzprobleme (die bereits am Ende des vorangehenden Abschnitts kurz angesprochen wurden; vgl. Teil VI.1.4). Unsere Darstellung der neoklassischen Synthese umfaßt die allgemeine Formalisierung der „General Theory" (Teil IV.1.2.1), die wichtigsten Bestandteile der neoklassischen Synthese (Teil IV.1.2.2) und die theoretische Analyse der auf dieser Synthese beruhenden Wirtschaftspolitik (Teil IV.1.2.3).

1.2.1. Die Formalisierung der „General Theory"

Den ersten und wichtigsten Schritt zur Formalisierung der „General Theory" unternahm, bereits ein Jahr nach deren Veröffentlichung, *Hicks* (1937) mit der Vorstellung seines *ISLL*-Schemas, welches später sehr populär wurde.

Abb. 25: Das *ISLL*-Schema

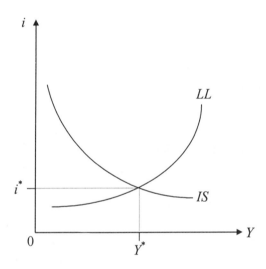

Bei der Konstruktion des *ISLL*-Schemas werden u.a. konstante Nominallöhne und ein fixes Geldangebot vorausgesetzt. Die *IS*-Kurve repräsentiert alle Zins-Einkommens-Kombinationen (i, Y), bei denen die *Gütermärkte* im Gleichgewicht sind, d.h. geplante Investitionen (I) und Ersparnisse (S) übereinstimmen. Sie wird aus der Investitionsfunktion (die das Investitionsvolumen in Abhängigkeit vom Zins beschreibt) und der Sparfunktion (die das Sparvolumen in Abhängigkeit vom Einkommen beschreibt) abgeleitet; ihre Steigung ist negativ, da mit abnehmenden Zins die Investitionen und damit auch das Volkseinkommen zunehmen. Die *LL*-Kurve gibt an, bei welchen

Zins-Einkommens-Kombinationen der *Geldmarkt* im Gleichgewicht ist, d.h. Geldangebot gleich Geldnachfrage ist.[95] Sie resultiert aus der Gegenüberstellung eines exogenen Geldangebots mit den den verschiedenen Einkommensniveaus entsprechenden Geldnachfragefunktionen (von denen jede einzelne die Geldnachfrage in Abhängigkeit vom Zins beschreibt); die *LL*-Kurve weist eine positive Steigung auf, da ein höheres Einkommen eine Steigerung der Transaktions- und Vorsichtskassenhaltung, d.h. bei gegebenem Geldangebot eine Abnahme der Spekulationskassenhaltung, bedingt; zu letzterer kommt es wiederum nur, wenn der Zins steigt. Ein gesamtwirtschaftliches Gleichgewicht, bei dem Geld- *und* Gütermärkte im Gleichgewicht sind, wird durch den Schnittpunkt von *IS*- und *LL*-Kurve bei i^* und Y^* beschrieben.

Die *ISLL*-Analyse unterscheidet sich wesentlich vom Grundtenor der „General Theory". Während *Keynes* die Unmöglichkeit bzw. Unwahrscheinlichkeit simultaner Gleichgewichte auf allen Märkten, d.h. eines Vollbeschäftigungsgleichgewichts der Volkswirtschaft, betonte, ist im *ISLL*-Schema kein Anhaltspunkt dafür zu finden, warum sich ein solches Gleichgewicht (repräsentiert durch den Schnittpunkt von *IS*- und *LL*-Kurve) nicht tatsächlich einstellen sollte. Auf der Grundlage des *ISLL*-Modells analysierte *Patinkin* (1956, Teil 2) die Interdependenzen zwischen Konsumgüter-, Investitionsgüter-, Arbeits- und Geldmarkt. Dabei argumentierte er u.a. mit dem *Realkassen-* oder *Pigou-Effekt*, der zu einem „automatischen" Ausgleich eventueller Nachfrageausfälle führen könne: Wenn es zu Nachfrageeinbrüchen kommt, sinken die Preise und der reale Wert der Kassenhaltung steigt; die so bewirkte Erhöhung des Realvermögens kann nun eine Steigerung der Nachfrage auslösen (*Patinkin* 1956, 214ff).[96] Insgesamt kam er zu dem Ergebnis, daß die Märkte grundsätzlich zum Gleichgewicht tendieren, räumte aber ein, daß die Anpassungsvorgänge aufgrund von Nominallohnrigiditäten oder inflexiblem Konsumenten- und Investorenverhalten relativ lange dauern könnten und daß es deshalb zwischenzeitlich durchaus zu unfreiwilliger Arbeitslosigkeit infolge von Nachfrageausfällen kommen könne (*Patinkin* 1956, 236f).

Eine theoretische Frage, auf die *Keynes* viel Wert gelegt hatte, wurde

---

[95] Diese Kurve wurde später *LM*-Kurve (*L*: Geldnachfrage; *M*: Geldangebot) genannt, damit nicht der gleiche Buchstabe (*L*) sowohl für Geldangebot als auch für Geldnachfrage steht.

[96] *Keynes* beschrieb einen ähnlichen Mechanismus (*Keynes-Effekt*), legte das Schwergewicht aber nicht auf die Vermögens-, sondern die Zinswirkung der gestiegenen Realkasse (vgl. Teil VI.1.1).

durch die Konzentration auf das Gleichgewicht im *ISLL*-Modell ausgeblendet: die Frage nach der Natur des Zinses. *Keynes* sah den Zins als monetäres, nicht als reales Phänomen an. Aber im *ISLL*-Modell spielt diese Unterscheidung kaum eine Rolle; da beim Gleichgewichtszins i^* sowohl Geld- als auch Gütermärkte im Gleichgewicht sind, kann der Zins (im Gleichgewicht!) sowohl als reale als auch als monetäre Größe interpretiert werden.

1.2.2. Die Elemente der neoklassischen Synthese

Nicht nur der Gesamtzusammenhang der „General Theory" wurde neoklassisch formalisiert und interpretiert – auch ihre verschiedenen Bestandteile wurden deutlich modifiziert. Neben der Geldnachfrage, deren Weiterentwicklung bereits in Teil V.1.2.2 diskutiert wurde, standen die Investitionsfunktion (Teil VI.1.2.2.1), die Konsumfunktion (Teil VI.1.2.2.2), die realen Effekte von Geldmengenänderungen (Teil VI.1.2.2.3) und der Arbeitsmarkt (Teil VI.1.2.2.4) im Mittelpunkt des Interesses.

1.2.2.1. Investitionstheorie

Im Bereich der Investitionstheorie wurden die geringsten Fortschritte im Vergleich zu *Keynes* erzielt. Insbesondere konnten die Versuche *Jorgensons* (1963), Investitionen durch ein Modell optimaler Kapitalakkumulation zu erklären, kaum überzeugen. Dies lag zum einen an grundlegenden kapitaltheoretischen Problemen, die die Formulierung einer neoklassischen Investitionstheorie, die sich nicht auf einzelne Investitionsgüter, sondern auf Kapital im allgemeinen bezieht, erschwerten (vgl. Teil IV.2.1.4.3.c). Zum anderen war (und ist) die angemessene Modellierung des Preisverhaltens der Unternehmer unklar und umstritten; fraglich ist, ob die Annahme der allgemeinen Gleichgewichtstheorie, daß Unternehmen grundsätzlich Preisnehmer sind, ersetzt werden muß und, wenn diese Frage bejaht wird, welche andere Hypothese am sinnvollsten ist.

Deshalb wird in der neoklassischen Synthese auch meist die einfache Keynessche Annahme der Zinsabhängigkeit der Investitionsgüternachfrage unterstellt; im Gegensatz zu *Keynes* wird aber die Unsicherheit hinsichtlich der Renditeerwartungen weitgehend vernachlässigt.

Tobin führte zur Beschreibung der Investitionsgüternachfrage die Größe q ein (*Brainard und Tobin* 1968), die eine gewisse Popularität erlangt hat. Mit q wird das Verhältnis zwischen dem Marktpreis und den Wiederbeschaffungskosten von Investitionsgütern bezeichnet.

> „[T]he market valuation of equities, relative to the replacement cost of the physical assets they represent, is the major determinant of new investment. Investment is stimulated when capital is valued more highly in the market than it costs to produce it, and discouraged when the valuation is less than its replacement cost." (*Brainard und Tobin* 1968, 103f)

Zu einer Zunahme von q kann es zum einen durch die Erhöhung der Kapitalproduktivität infolge technischen Fortschritts kommen (wodurch der Marktpreis von Investitionsgütern steigt); zum anderen kann aber q auch durch eine Senkung des Marktzinses, d.h. der Wiederbeschaffungskosten, erhöht werden. Deshalb kann q als Bindeglied zwischen Geldpolitik und Investitionsgutnachfrage angesehen werden, denn „the valuation of investment goods relative to their cost is the prime indicator and proper target of monetary policy" (*Brainard und Tobin* 1968, 104). Bei *Tobins q* handelt es sich allerdings nur um eine *Umformulierung* der Aussagen von *Keynes* zur Zinsabhängigkeit der Investitionen. Es macht inhaltlich keinen Unterschied, ob Marktpreis und Wiederbeschaffungskosten oder ob Kapitalrendite und Marktzins miteinander verglichen werden.

Samuelson (1939) verwandte das auf *Aftalion* und *J.M. Clark* (vgl. Teil VII.3.1) zurückgehende Konzept des *Akzelerators*, um die Renditeerwartungen der Investoren (indirekt) zu endogenisieren. Der Akzelerator beschreibt das Verhältnis zwischen der Änderung von Investitionsausgaben und derjenigen von Konsumausgaben (welches im allgemeinen als größer als 1 angenommen wird) und stellt damit eine Verbindung her zwischen Konsum und Investitionen; dabei wird angenommen, daß die Änderungen der Investitionsausgaben durch die Änderungen der Konsumausgaben verursacht werden. Auf diese Art und Weise lassen sich Investitionsschwankungen auch bei konstantem Zins erklären. Interessanterweise können sich – je nach den für Investitionsmultiplikator, Investitionsakzelerator und Konsumneigung zugrunde gelegten Werten – bei einer einmaligen Datenänderung fortlaufende Konjunkturoszillationen ergeben, d.h. ein gesamtwirtschaftliches Gleichgewicht wird nicht unbedingt von selbst wieder hergestellt. Eine neoklassisch befriedigende, d.h. auf individueller Nutzen- bzw. Gewinnmaximierung beruhende, Erklärung des Investitionsverhaltens stellt aber auch das Modell von *Samuelson* nicht dar; denn der Wert des Akzelerators selbst wird nicht näher erläutert.

1.2.2.2. Konsumtheorie

Die Keynessche Konsumfunktion impliziert gesamtwirtschaftlich eine mit steigendem Volkseinkommen sinkende Konsumquote. Dies gab Anlaß zu Warnungen vor langfristiger ökonomischer Stagnation infolge von immer größer werdenden Nachfrageausfällen, die nur der Staat durch eine ständige Ausdehnung seiner Nachfrage schließen könne (*Hansen* 1939). Empirische Untersuchungen zeigten jedoch sehr bald, daß die befürchteten Stagnationstendenzen nicht existieren und daß deshalb die von *Keynes* postulierte Konsumfunktion nicht haltbar ist: Die Konsumquote erwies sich als im Zeitablauf stabil; sie reagiert nicht oder kaum auf Änderungen des Volkseinkommens. Nur auf Ebene der *einzelnen* Konsumenten bzw. Haushalte zeigte sich eine deutliche Einkommensabhängigkeit des Konsums – dergestalt daß die Konsumquote mit zunehmendem Einkommen abnimmt (*Kuznets* 1952).[97]

Zur Erklärung dieser Sachverhalte war die Entwicklung einer alternativen Konsumtheorie notwendig. Im Rahmen der neoklassischen Synthese kamen hierfür nur Ansätze in Frage, die auf dem Konzept der intertemporalen Nutzenmaximierung basieren.

Einen solchen Ansatz präsentierte erstmals *Franco Modigliani* (geb. 1918) zusammen mit *Brumberg* (*Modigliani und Brumberg* 1954).[98] In deren *Lebenszyklus-Modell* maximiert jedes Individuum eine Nutzenfunktion, die von seinem Konsum in allen Lebensperioden und seinem Nachlaß abhängt; dabei ist selbstverständlich eine Budgetrestriktion nach Maßgabe des verfügbaren Einkommens zu beachten. Die Konsum- bzw. Sparentscheidungen werden so getroffen, daß der Gesamtnutzen aus dem Lebenseinkommen maximiert wird. Gespart wird, wenn ein gewisses Vermächtnis hinterlassen werden soll oder wenn über den Lebenszyklus die nutzenmaximierende Verteilung der Konsumausgaben von der Verteilung des Einkommens abweicht. Es wird unterstellt, daß entweder vollständige Informationen oder eindeutige Erwartungswerte und risikoneutrales Verhalten vorliegen, so daß Sparmotive, die aus der Unsicherheit über die Zukunft an sich resultieren, nicht beachtet werden müssen. Um aus diesem allgemeinen Modell empirisch überprüfbare Aussagen zu gewinnen, treffen *Modigliani und Brumberg* noch einige zusätzliche, vereinfachende

---

[97] *Simon Kuznets* (1901-1985) wurde 1971 der Nobelpreis für Wirtschaftswissenschaft verliehen.

[98] *Modigliani* erhielt 1985 den Ökonomie-Nobelpreis.

Annahmen: Zum einen wird das Vermächtnismotiv ausgeschlossen, so daß das gesamte Lebenseinkommen auch konsumiert wird; gespart bzw. entspart wird also nur, wenn der geplante Konsum einer Periode vom jeweiligen Einkommen dieser Periode abweicht. Zum anderen werden bestimmte Einschränkungen der zulässigen Nutzenfunktionen gemacht, wonach eine möglichst gleichmäßige Verteilung des Konsums über die Lebenszeit anzustreben ist. Im Ergebnis hängt die individuelle Konsumquote (die sich auf das tatsächliche Einkommen bezieht) vom Alter ab, da typischerweise im Lebenszyklus eine bestimmte Verteilung des Einkommens zu erwarten ist; insbesondere kann davon ausgegangen werden, daß der Großteil des Einkommens in den „mittleren" Lebensjahren erzielt wird. Deshalb ist in dieser Phase Ersparnisbildung, am Anfang und Ende des Lebens dagegen Kreditaufnahme bzw. Entsparen zu beobachten. Da sich die absolute Höhe der Konsumausgaben am erwarteten durchschnittlichen Einkommen orientiert, spielen die (erwarteten) Schwankungen des tatsächlichen Einkommens um das langfristige Durchschnittseinkommen eine große Rolle für die Entwicklung der Konsumquote. Die mit steigendem Einkommen abnehmende individuelle Konsumquote läßt sich auf diese Weise erklären.

> „[H]ouseholds whose income is above the level to which they are adjusted save an abnormally large proportion and those whose income is below this level save an abnormally low proportion, or even dissave." (*Modigliani und Brumberg* 1954, 418)

Gesamtwirtschaftlich kommt es nur zu Ersparnisbildung, wenn die jüngere Generation (deren Mitglieder sich in der „Sparphase" ihres Lebenszyklus befinden) relativ zur älteren Generation (die vorwiegend entspart) zahlreicher oder wohlhabender ist, so daß die Ersparnisbildung der einen das Entsparen der anderen überkompensieren kann.[99] Da die hierfür relevanten Faktoren (im wesentlichen Bevölkerungsentwicklung und Wachstumstrend) kurz- und mittelfristig kaum schwanken, wird die gesamtwirtschaftliche Konsum- bzw. Sparquote stabil und relativ unabhängig von der Entwicklung des Volkseinkommens sein.

Zu ähnlichen Resultaten gelangte auch *Friedman* (1957) mit seinem Modell des *permanenten Einkommens*. Im Gegensatz zu *Modigliani und Brumberg* betont *Friedman* stochastische Einkommensschwankungen und das Vermächtnismotiv. Er postuliert ein festes Verhältnis zwischen permanentem Konsum und permanentem Einkommen, das u.a. von den persön-

---

[99] Darüber hinaus können auch die vernachlässigten Vorsichts- und Vermächtnismotive zu gesamtwirtschaftlicher Ersparnis führen.

lichen Präferenzen und vom Zins, *nicht* jedoch vom permanenten Einkommen selbst abhängt. Neben permanentem Einkommen und Konsum gibt es auch *transitorisches* Einkommen und *transitorischen* Konsum, die nicht miteinander in Beziehung stehen und den Charakter von Zufallsschwankungen um die jeweiligen permanenten, d.h. auf Dauer erwarteten, Größen haben. Zusammen ergeben permanentes und transitorisches Einkommen (permanenter und transitorischer Konsum) das tatsächliche Einkommen (den tatsächlichen Konsum). Das Vermächtnismotiv dient zur Rechtfertigung einer wichtigen, vereinfachenden Annahme *Friedmans*. In seinem Modell sparen die Individuen einen gewissen Teil ihres Einkommens, um – im Sinne der Fisherschen Kapitaltheorie (vgl. Teil IV.2.1.4.3.b) – das für den jeweils herrschenden Marktzins optimale Verhältnis zwischen Gegenwarts- und Zukunftskonsum zu realisieren; eine Auflösung der Ersparnisse im Hinblick auf das Lebensende wird dagegen nicht berücksichtigt. Dieses Verhalten erklärt *Friedman* – da die Menschen ja nicht ewig leben – durch das Vermächtnismotiv, welches letztendlich auch für die gesamtwirtschaftliche Ersparnisbildung verantwortlich ist. Im Endeffekt ergibt sich eine stabile gesamtwirtschaftliche Konsumfunktion, auf die sich *Friedman* bei der Begründung seiner Geldnachfragetheorie bezieht (vgl. Teil V.1.1.2). Problematisch ist bei *Friedman* vor allem, daß das zentrale Element seiner Theorie – das feste Verhältnis zwischen permanentem Konsum und permanentem Einkommen – nicht erklärt, sondern einfach vorausgesetzt wird. Aufgrund der Schwierigkeit der Messung der permanenten Größen ist es auch unklar, inwieweit die Theorie *Friedmans* tatsächlich durch die von der Empirie festgestellte langfristig konstante und einkommensunabhängige Konsumquote gestützt wird.

1.2.2.3. Die realen Effekte von Geldmengenänderungen

Eine wesentliche Neuerung von *Keynes* bestand in seiner Sicht des Zinses: Für ihn war der Zins ein monetäres Phänomen, während er vor *Keynes* üblicherweise real interpretiert wurde. Demgemäß wurde ein Einfluß von Geldmengenänderungen auf die Höhe des Zinses (und damit eine Beeinflussung realer Größen durch die Geldmengenvariation) von *Keynes* bejaht, von seinen Vorgängern dagegen verneint. Allerdings sollte dieser Unterschied nicht verabsolutiert werden: Auch *Keynes* hielt es für möglich, daß eine Geldmengenänderung ohne realen Effekt bleibt – insbesondere dann, wenn der Zinssatz so niedrig ist, daß die Spekulationskassennachfrage sehr zinselastisch ist und deshalb eine weitere Geldmengenausdehnung nicht mehr zu einer Zinssenkung führt (vgl. Teil V.1.2.1). Und spätestens seit *Hume* war (neo-) klassischen Ökonomen klar, daß Geldmengenänderungen *kurzfristig* reale Effekte haben, also z.B. den Realzins beeinflussen können (vgl. Teil III.1.3).

Einen wichtigen Beitrag zur Klärung der „Natur des Zinses" leistete *Lloyd A. Metzler* (1913-1980), der erstmals auf die Bedeutung der *Art und Weise* einer Geldmengenänderung aufmerksam machte (*Metzler* 1951). Er geht von einer vollbeschäftigten Volkswirtschaft aus, in der Preisflexibilität herrscht, Investitionen vom Realzins (r) abhängen und Sparen sowohl vom Realzins als auch vom Realwert des Vermögens (W) abhängt (wobei die Ersparnisbildung bei steigendem Zins und bei abnehmenden Vermögen zunimmt). Vermögen kann in Form von Wertpapieren, die Realkapital repräsentieren, und in Form von Realkasse (M/P) gehalten werden.

Die graphische Analyse *Metzlers* wird vereinfacht (unter der Annahme eines fixen Wertpapierbestandes) in der folgenden Abbildung dargestellt (*Niehans* 1990, 467f):

Abb. 26: Geldmengenänderung und Realzins

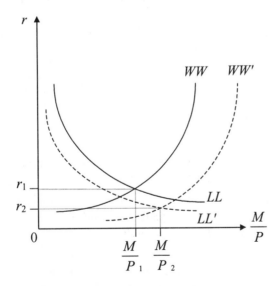

Die *WW*-Kurve gibt alle Kombinationen von r und M/P an, für die Ersparnis gleich Investition ist. Sie hat eine positive Steigung, da mit zunehmenden Zins nicht nur die Investitionen, sondern auch die Ersparnisse abnehmen müssen; letzteres wird aber nur dann der Fall sein, wenn der Realwert des Vermögens steigt, d.h. die Realkassenbestände zunehmen (denn der reale Wertpapierbestand ist annahmegemäß konstant). Die *LL*-Kurve bezieht sich auf die Zusammensetzung von *W*; sie stellt die Kombinationen von *r* und *M/P* dar, bei denen die Wirtschaftssubjekte mit der Zusammensetzung ihres Vermögens zufrieden sind: Es können entweder Anleihen oder Geld gehalten werden; entsprechend der Liquiditätspräferenztheorie wird unterstellt, daß mit steigendem Zins der Anteil der Kassenhaltung am Gesamtvermögen (daß also bei konstanten Wertpapierbeständen die Realkassenhaltung absolut) abnimmt. Folglich hat die *LL*-Kurve eine negative Steigung. Ausgehend von einem Gleichgewicht bei r_1 und M/P_1 können nun die Effekte einer Geldmengenexpansion untersucht werden. Es soll zuerst eine „direkte" Geldmengenerhöhung betrachtet werden, bei der die Zentralbank das zusätzliche Geld z.B. in Form von Transfers an die Wirtschaftssubjekte verteilt. In diesem Fall wird es *nicht* zu realen Konsequenzen kommen: Zwar steigt zunächst die Realkassenhaltung, doch wird diese durch eine erhöhte Wertpapiernachfrage reduziert, um das gewünschte Verhältnis zwischen Geld und Wertpapieren wieder herzustellen; durch die Preissteigerungen bei Wertpapieren sinkt der Zins und die Investitionsgüternachfrage nimmt zu, wohingegen die Ersparnis aufgrund der Zinssenkung und aufgrund der ursprünglichen Erhöhung des Wertes der Realkasse zurückgeht; folglich übersteigt die gesamtwirtschaftliche Nachfrage das gesamtwirtschaftliche Angebot und es kommt zu einer Erhöhung des Preisniveaus.

> „The real variables of the system all return to their former equilibrium levels. The rate of interest, the real value of saving and investment, and the real value of cash balances, are all the same in the new equilibrium as before the monetary disturbance occurred. The only permanent effect of increasing the quantity of money is a proportionate increase in the general level of prices and costs." (*Metzler* 1951, 106f)

Anders sieht es aus, wenn die Zentralbank Offenmarktpolitik betreibt, also die Geldmenge durch den Ankauf von Wertpapieren erhöht – was sicherlich der weitaus realistischere Fall sein dürfte. Die *WW*-Kurve verschiebt sich nach rechts (*WW'*), weil die Wirtschaftssubjekte aufgrund der Verringerung ihrer Wertpapierbestände mehr Realkasse halten müssen, damit die Ersparnis weiterhin gleich den Investitionen ist. Andererseits verschiebt sich die *LL*-Kurve nach links (*LL'*), da die Abnahme der Wertpapierbestände eine Verringerung der Realkassenhaltung erfordert, damit sich die Vermögenszusammensetzung nicht ändert. Es kommt also zu einer Änderung des Realzinses; er sinkt von r_1 auf r_2 (ob und wie sich die Höhe der

Realkassenbestände ändert, hängt von den Umständen des jeweiligen Einzelfalls ab; in Abbildung 26 kommt es zu einer Erhöhung auf M/P_2).

> „Assuming that saving depends upon the real value of private wealth as well as upon the interest rate, (...) the equilibrium interest rate is partly a real rate, as in the classical theory, and partly a monetary rate as in Keynes's theory. Monetary disturbances of one type affect the equilibrium interest rate of the system, while disturbances of another type do not." (*Metzler* 1951, 111)

Die durch *Metzlers* Modell ausgelöste Diskussion drehte sich vor allem um das Ausmaß und die Beständigkeit möglicher Realzinsänderungen. Die Frage, ob sie tatsächlich, wie von *Metzler* behauptet, relativ groß und dauerhaft sind, war in der Debatte zwischen Keynesianern und Monetaristen häufig umstritten (vgl. Teil VI.1.3).

1.2.2.4. Der Arbeitsmarkt

Die Analyse der Verhältnisse auf dem Arbeitsmarkt war kaum theoretischer, sondern vor allem empirischer Natur. Insbesondere die *Phillips-Kurve* spielte dabei eine entscheidende Rolle.

Abb. 27: Die Phillips-Kurve

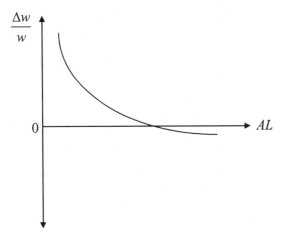

A.W. Phillips (1958) untersuchte für den Zeitraum von 1861 bis 1957 den Zusammenhang zwischen Nominallohnentwicklung und Arbeitslosigkeit in

Großbritannien. Er ging davon aus, daß es bei einer Knappheit an Arbeitskräften, d.h. bei geringer Arbeitslosigkeit, zu relativ hohen Lohnsteigerungen kommt – und vice versa. Diese Hypothese konnte er weitgehend bestätigen, da sich aus den ihm vorliegenden Daten das in Abbildung 27 dargestellte Bild ergab (die Arbeitslosenquote wird mit AL und die relative Nominallohnänderung mit $\Delta w/w$ bezeichnet): „[T]he rate of change of money wage rates can be explained by the level of unemployment" (*A.W. Phillips* 1958, 299). Bei der Unterstellung von jährlichen Produktivitätssteigerungen von 2% war Preisniveaustabilität (d.h. eine Erhöhung der Nominallöhne im Ausmaß der Produktivitätssteigerung) mit einer Arbeitslosenrate von etwa 2,5% verbunden; die Arbeitslosigkeit hätte auf ca. 5,5% steigen müssen, wenn Lohnsteigerungen hätten vermieden werden sollen (*A.W. Phillips* 1958, 299).

Die plausible Aussage der Phillips-Kurve, daß es umso eher zu Lohnerhöhungen kommt, je stärker die Nachfrage nach Arbeitskräften bzw. je geringer die Arbeitslosigkeit ist, wurde im Sinn der „General Theory" interpretiert: *Keynes* hatte behauptet, daß Nominallöhne rigide seien und daß es deshalb zu unfreiwilliger Arbeitslosigkeit kommen könne, soweit sich der Nominallohn nicht oder nur langsam auf den (niedrigeren) Gleichgewichtslohn zubewegt. Diese Auffassung wurde allgemein akzeptiert und die Nachfolger von *Keynes* zogen daraus die naheliegende Schlußfolgerung, daß ein zu hoher Nominallohn relativ rasch durch Inflation real gesenkt und so die Beschäftigung erhöht werden könne. Um diese Position zu stützen, wurde die Phillips-Kurve wie folgt modifiziert: Mittels einer Hilfshypothese zur Preisbildung (wie z.B. derjenigen der Kostenaufschlagskalkulation) und unter Berücksichtigung der zu erwartenden Produktivitätssteigerungen wurden Nominallohn- in Preisniveauänderungen „übersetzt". Die dergestalt modifizierte Phillips-Kurve beschreibt nun die Relation zwischen Inflation und Arbeitslosigkeit (*Samuelson und Solow* 1960, 192). Implizit wurde die Stabilität dieser Relation angenommen, so daß prinzipiell die Möglichkeit zu bestehen schien, die Position einer Volkswirtschaft auf der (modifizierten) Phillips-Kurve durch eine entsprechende Wirtschaftspolitik mehr oder weniger frei zu wählen. Es wäre also möglich, z.B. eine niedrige Arbeitslosigkeit durch eine hohe Inflationsrate zu „erkaufen".[100]

---

[100] Nicht klar ist der Mechanismus, durch den es zu inflationsbedingten Reallohnsenkungen kommen soll: Die Hypothese der Kostenaufschlagskalkulation impliziert, daß bei konstantem Nominallohn die Preise nur dann steigen, wenn die Produktivität zurückgeht (was unrealistisch erscheint) oder die Aufschlagssätze erhöht werden (wofür es keine überzeugende Erklärung gibt).

Wenngleich die (modifizierte) Phillips-Kurve in den 50er und 60er Jahren empirisch und wirtschaftspolitisch durchaus erfolgreich war, gab es einige ungeklärte theoretische Probleme: Warum sind die Nominallöhne überhaupt rigide? Wie erfolgt die Preis- und die Lohnbildung? Ist die Phillips-Kurve tatsächlich stabil? Beim Versuch der Beantwortung dieser Fragen tauchten Zweifel nicht nur an der Phillips-Kurve, sondern an der neoklassischen Synthese überhaupt auf – Zweifel, die einerseits zur monetaristischen „Gegenrevolution" (vgl. Teil VI.1.3), andererseits zur Neuen Klassischen Makroökonomie (vgl. Teil VI.1.5) führten.

1.2.2.5. Geld- und Fiskalpolitik in offenen Volkswirtschaften

Keynes ging in seiner „General Theory" (implizit) von einer *geschlossenen Volkswirtschaft* aus; dieselbe Annahme findet sich auch in vielen Arbeiten zur neoklassischen Synthese. Erst zu Beginn der 60er Jahre wurden internationaler Handel und internationaler Kapitalverkehr in die keynesianische Makroökonomie integriert.

Wegweisend hierfür waren die Arbeiten von *Robert A. Mundell* (geb. 1932).[101] Besonders einflußreich wurde seine Analyse des Einflusses des Wechselkursregimes auf die Wirksamkeit von Geld- und Fiskalpolitik (*Mundell* 1963).[102] In der von ihm betrachteten *offenen Volkswirtschaft* gibt es einen freien Güter- und Kapitalverkehr. Was letzteren angeht, so unterstellt *Mundell* aus Vereinfachungsgründen *perfekte Kapitalmobilität*, d.h. unendliche Zinselastizität von Kapitalimporten bzw. -exporten. Folglich kann der inländische Zins nicht vom (als exogen angenommenen) Weltmarktzins abweichen, da etwaige Zinsdifferenzen umgehend durch entsprechende Kapitalzuflüsse bzw. -abflüsse ausgeglichen werden würden.

Mundell zeigt, daß unter diesen Bedingungen die stabilisierungspolitische Eignung von Geld- und Fiskalpolitik entscheidend vom jeweiligen Wechselkursregime abhängt. Dabei geht er von Unterbeschäftigung (also unausgelasteten Kapazitäten) und Preisstabilität aus, so daß eine expansive Stabilisierungspolitik zu betreiben ist, deren Ziel in einer Erhöhung von Volkseinkommen und Beschäftigung besteht. Die wichtigsten Ergebnisse

---

[101] *Mundell* wurde 1999 mit dem Nobelpreis für Wirtschaftswissenschaft geehrt.

[102] Neben *Mundell* befaßte sich auch *Fleming* (1962) mit der Stabilisierungspolitik in offenen Volkswirtschaften; man spricht deshalb auch vom *Mundell-Fleming-Modell*.

Mundells werden im folgenden anhand der von ihm verwendeten Graphiken (die vereinfacht und geringfügig modifiziert wurden) erläutert.

Kommen wir zunächst zur *Geldpolitik*, deren Wirkungen in Abbildung 28 dargestellt werden.

Abb. 28: Geldpolitik bei flexiblen und bei fixen Wechselkursen

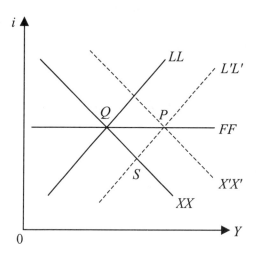

Die obige Abbildung ist das Gegenstück zum *ISLL*-Schema der geschlossenen Volkswirtschaft (vgl. Teil VI.1.2.1). Die *XX*-Kurve entspricht der *IS*-Kurve und gibt die Kombinationen von Einkommen (Y) und Zins (i) an, bei denen ein Gütermarktgleichgewicht herrscht, d.h. das Angebot genauso hoch wie die Nachfrage ist. Dabei ist zu beachten, daß in einer offenen Volkswirtschaft das gesamte Angebot die inländische Produktion um die Importe übersteigt und die Gesamtnachfrage im Ausmaß der Exporte höher ist als die inländische Nachfrage. Eine ähnliche Relation wird von der *LL*-Kurve für den Geldmarkt beschrieben; dieser befindet sich im Gleichgewicht, wenn Geldnachfrage und Geldangebot sich entsprechen, wobei letzteres in einer offenen Volkswirtschaft neben der inländischen Komponente (d.h. der inländischen Kreditvergabe; vgl. Teil V.1.3) auch eine ausländische Komponente (den Bestand an Währungsreserven der Zentralbank) aufweist. Schließlich repräsentiert die *FF*-Kurve die Zins-Einkommens-Kombinationen, bei denen die Zahlungsbilanz im Gleichgewicht ist, d.h. ein Überschuß (Defizit) im Güterverkehr mit dem Ausland genau durch Nettokapitalexporte (Nettokapitalimporte) bzw. Zunahme (Abnahme) der Währungsreserven ausgeglichen wird. Die *FF*-Kurve verläuft horizontal, da bei vollkommener Kapitalmobilität schon marginale Abweichungen des inländischen Zinses vom (gegebenen) Weltmarktzins die für den Zahlungsbilanzausgleich notwendigen Kapitalbewegungen induzieren können.[103]

Q repräsentiere das Unterbeschäftigungsgleichgewicht. Durch eine expansive Geldpolitik, d.h. die Ausweitung der Geldmenge, verschiebt sich die LL-Kurve nach rechts ($L'L'$). Diese Erhöhung der Liquidität löst eine Zinssenkungstendenz im Inland aus, die in einer geschlossenen Volkswirtschaft zu einem neuen Gleichgewicht (S) führen würde, welches infolge gestiegener Investitionen mit einem höheren Einkommen (und damit auch höherer Beschäftigung) verbunden ist. In einer offenen Volkswirtschaft kommt es dagegen nicht zu einer (dauerhaften) Zinssenkung, da einer solchen Kapitalexporte entgegenwirken. Dieselben führen bei *flexiblen Wechselkursen* zu einer Abwertung der inländischen Währung, wodurch wiederum die Exporte (die in ausländischer Währung billiger werden) zunehmen und die Importe (die im Inland teurer werden) abnehmen: Die gesamtwirtschaftliche Nachfrage steigt, XX verschiebt sich nach $X'X'$ und das neue Gleichgewicht liegt bei P: Volkseinkommen und Beschäftigung sind gestiegen.

> „Monetary policy therefore has a strong effect on the level of income and employment, not because it alters the rate of interest, but because it induces a capital outflow, depreciates the exchange rate, and causes an export surplus."
> (*Mundell* 1963, 478)

Anders sieht es im Fall *fixer Wechselkurse* aus, bei denen die Zentralbank dazu verpflichtet ist, durch Devisenkäufe und -verkäufe den festgelegten Wechselkurs zu verteidigen. Auf die Kapitalexporte und den Abwertungsdruck muß die Zentralbank folglich reagieren, indem sie die Nachfrage nach der inländischen Währung erhöht, also diese gegen ausländische Währung ankauft. Dadurch wird aber die Geldmenge wieder verringert, d.h. $L'L'$ verschiebt sich zurück nach LL und das ursprüngliche Gleichgewicht Q wird wieder hergestellt: Die Geldpolitik hat keine (dauerhafte) Wirkung erzielt.

Genau entgegengesetzt ist es um die Wirksamkeit der *Fiskalpolitik* bestellt, die anhand von Abbildung 29 erläutert werden soll.

---

[103] Zum Verlauf von LL- und XX- bzw. IS-Kurve vgl. Teil VI.1.2.1.

Abb. 29: Fiskalpolitik bei flexiblen und fixen Wechselkursen

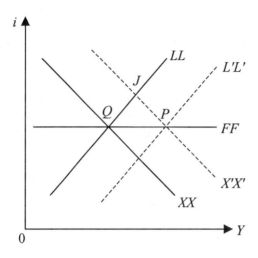

Eine expansive Fiskalpolitik, d.h. eine (kreditfinanzierte) Erhöhung der Staatsausgaben verschiebt die *XX*-Kurve nach rechts (*X'X'*), wodurch es zu Zinserhöhungstendenzen kommt. Folglich würde in einer geschlossenen Volkswirtschaft das neue Gleichgewicht *J* realisiert werden (wobei der expansive Effekt der Fiskalpolitik aber durch den negativen Einfluß der Zinserhöhung auf die Investitionen zum Teil konterkariert werden würde). In einer offenen Volkswirtschaft werden jedoch Zinserhöhungen durch Kapitalzuflüsse aus dem Ausland verhindert. Bei *flexiblen Wechselkursen* muß die Geldpolitik hierauf nicht reagieren und die *LL*-Kurve kann unverändert bleiben. Dementsprechend führen die Kapitalimporte zu einer Aufwertung der inländischen Währung, welche ihrerseits einen Rückgang der Exporte und eine Erhöhung der Importe und damit eine Abnahme der gesamtwirtschaftlichen Nachfrage auslöst: *X'X'* verschiebt sich wieder nach *XX*, auf Dauer bleibt es beim alten Gleichgewicht *Q* und die Fiskalpolitik hat keinen Einfluß auf das Niveau des inländischen Einkommens.

Im Fall *fixer Wechselkurse* muß die Zentralbank die zinsbedingte Aufwertung der inländischen Währung verhindern. Sie wird dieselbe also verkaufen und ihren Bestand an Währungsreserven erhöhen. Dadurch nimmt die inländische Geldmenge zu (*LL*→*L'L'*), es kommt zu keiner Aufwertung und dementsprechend weder zu Exportrückgängen noch zu Importsteigerungen. Die Fiskalpolitik ist uneingeschränkt wirksam und vermag das neue Gleichgewicht *P*, bei welchem Einkommen und Beschäftigung höher sind, zu realisieren.

Die Analyse *Mundells* zeugt von bemerkenswerter Weitsicht: Anfang der 60er Jahre konnte von internationaler Kapitalmobilität noch keine Rede sein und flexible Wechselkurse wurden nicht als ernst zu nehmende Alternative zum etablierten System fester Wechselkurse angesehen. Erst im Lauf der folgenden Jahrzehnte wurde die große wirtschaftspolitische Relevanz des Mundell-Modells deutlich.

1.2.3. Die Theorie der Wirtschaftspolitik

Aufgrund von möglichen Nachfrageausfällen und Unterbeschäftigungsgleichgewichten im Keynesschen System ergibt sich die Notwendigkeit einer aktiven Wirtschaftspolitik. Auf dem Gebiet der theoretischen Analyse einer solchen Wirtschaftspolitik hat *Jan Tinbergen* (1903-1994) Pionierarbeit geleistet.[104] Er legte in „On the Theory of Economic Policy" (*Tinbergen* 1952) die Grundlagen einer Theorie der Wirtschaftspolitik, die er später weiterentwickelte und ausbaute (*Tinbergen* 1956).

Tinbergen sieht als Hauptziel der Wirtschaftspolitik die Maximierung der gesellschaftlichen Wohlfahrt Ω an, die er als eine Funktion verschiedener Einzelziele auffaßt (*Tinbergen* 1952, Kap. I). Dies impliziert die Notwendigkeit der Abwägung zwischen diesen Zielen; die Gewichtung der verschiedenen Ziele sollte dabei entsprechend ihrem jeweiligen Beitrag zur Gesamtwohlfahrt erfolgen. Aufgrund der Probleme einer Formulierung von Ω geht *Tinbergen* aber dennoch von (nebeneinander stehenden) Einzelzielen aus und konzentriert sich auf die Frage nach der Möglichkeit, verschiedene wirtschaftspolitische Ziele gleichzeitig zu erreichen bzw. miteinander zu vereinbaren.

Für die Wirtschaftspolitik sind neben Daten in Form von z.B. Bevölkerungszahl und technischen Möglichkeiten drei verschiedene Arten von Variablen von Bedeutung (*Tinbergen* 1952, Kap. II): die *Zielvariablen* y_k ($k = 1,..., n$), zu denen z.B. Wachstumsrate, Inflationsrate, Beschäftigungsgrad oder Zahlungsbilanzsaldo gehören; die *Instrument-* oder *Politikvariablen* z_l ($l = 0,..., n'$), die u.a. Steuersätze und Staatsausgaben umfassen; und schließlich die *irrelevanten Variablen* x_j ($j = 1,..., N$), womit diejenigen Variablen

---

[104] *Tinbergen* erhielt 1969 (zusammen mit *Frisch*) den ersten Ökonomie-Nobelpreis.

bezeichnet werden, die weder Ziel- noch Politikvariable sind (die aber keineswegs für das jeweilige ökonomische Problem bedeutungslos sind!). „The logic of economic policy is largely determined by the *nature and number of relations* existing between the various types of variables" (*Tinbergen* 1952, 13). Die Zahl dieser *strukturellen Relationen* wird N' genannt (*Tinbergen* 1952, Kap. III). Üblicherweise sind bei theoretischen Problemen die Politikvariablen (oder Instrumente) gegeben und die Werte der Zielvariablen und der „irrelevanten" Variablen sollen berechnet werden. Eine eindeutige Lösung ergibt sich nur, wenn die Zahl der Gleichungen (N') der Summe aus der Zahl der Zielvariablen (n) und der Zahl der „irrelevanten" Variablen (N) entspricht. Falls $N' > n+N$, ist das Modell überdeterminiert und deshalb möglicherweise inkonsistent. Ist dagegen $N' < n+N$, ist das Modell unterdeterminiert, so daß sich keine Lösung finden läßt. Für wirtschaftspolitische Probleme tauschen Ziel- und Politikvariablen die Rollen: Erstere werden festgelegt und letztere zu bestimmen gesucht (*Tinbergen* 1952, 14). Durch N' Gleichungen sind also n' Politikvariablen und N „irrelevante" Variablen zu bestimmen. Ein eindeutiges Ergebnis erhält man nur, falls $N' = n'+N$; ist N' kleiner als $n'+N$, so gibt es verschiedene Möglichkeiten, die vorgegebenen Ziele zu erreichen; ist dagegen N' größer als $n'+N$, so können dieselben nicht gleichzeitig erreicht werden. Notwendig ist also, daß

(78) $\quad N' \leq n' + N$.

Außerdem muß – analog zu den theoretischen Fragestellungen – auch das zugrundeliegende Modell analytisch determiniert sein, d.h. $N' = n+N$; nur dann sind die Resultate der Wirtschaftspolitik auch vorhersagbar, weil sich nur dann bei einer bestimmten Instrumentenkombination ein eindeutiges Ergebnis ergibt. Insgesamt muß also folgende Bedingung für eine konsistente Wirtschaftspolitik erfüllt sein (*Tinbergen* 1952, Kap. IV-V):

(79) $\quad n \leq n'$

Die Zahl der Zielvariablen darf also höchstens so groß sein wie die der Politikvariablen. Ist $n = n'$, dann existiert genau eine mögliche Politik zur Realisierung der angestrebten Ziele; ist $n < n'$, dann können diese Ziele auf verschiedenen Wegen erreicht werden (es könnte auch auf mindestens ein Instrument verzichtet oder mindestens ein zusätzliches Ziel gewählt werden); ist aber $n > n'$, dann bestehen Zielkonflikte.

"This situation is less unusual than the economist would believe at first sight. In practical political life it often happens that policies are defended which, if worked out accurately, would appear to be inconsistent." (*Tinbergen* 1952, 40)

Diese Konflikte können entweder durch den Verzicht auf einen Teil der Ziele oder aber durch den Einsatz zusätzlicher Instrumente beseitigt werden. *Tinbergen* (1952, Kap. VI) weist darauf hin, daß es nicht nur auf die *Zahl* der Instrumente ankommt, sondern daß auch bestimmte Einschränkungen hinsichtlich der *Werte*, die die Politikvariablen annehmen können, zu beachten sind. Sobald die Lösung eines Politikproblems einen unmöglichen Wert für eine Instrumentvariable voraussetzen würde (z.B. einen negativen Wert für die Geldmenge oder einen Einkommensteuersatz von über 100%), steht das betreffende Instrument de facto nicht zur Verfügung und es muß eine andere Lösung gesucht werden.

1.3. Monetarismus

Die keynesianische Makroökonomie geriet seit Mitte der 60er Jahre zunehmend in die Kritik von Ökonomen, die die Bedeutung der Geldmenge und deren Veränderung betonten: die *Monetaristen*. Da die „General Theory" von *Keynes* die Ökonomie revolutioniert hatte, sprach man im Zusammenhang mit dieser Kritik auch von der *monetaristischen Gegenrevolution*. Die monetaristische Position gewann vor allem seit Anfang der 70er Jahre an Einfluß, als im Gefolge der Ölpreisschocks gleichzeitig Arbeitslosigkeit und Inflation auftraten („Stagflation"), wodurch die von Keynesianern behauptete Stabilität der Phillips-Kurve empirisch widerlegt wurde. Neben *Milton Friedman* als ihrem bekanntesten Vertreter gehören zu den Monetaristen u.a. *Karl Brunner* (1916-1989) und *Allan H. Meltzer* (geb. 1928); Brunner (1968) war es, der den Begriff „Monetarismus" prägte.

Die wesentliche Grundlage des Monetarismus bildet die Neoquantitätstheorie (vgl. Teil V.1.1.2) und die eng mit ihr zusammenhängende Unterscheidung zwischen realen und nominalen Größen (welche z.B. von *Keynes* völlig vernachlässigt wurde). Aus der Neoquantitätstheorie, die die Geldnachfrage als auf reale Kaufkraft gerichtet, stabil und relativ zinsunelastisch ansieht, lassen sich wichtige Schlußfolgerungen ziehen (*Brunner* 1968; *Friedman* 1960; 1968). So haben Geldmengenänderungen *kurzfristig* erheblichen Einfluß auf die Wirtschaftsaktivität, sind also *real* wirksam. Beispielsweise führt eine Geldmengenerhöhung zunächst zu einer Erhöhung der realen Kassenbestände. Da hierdurch die Gleichgewichtsposition der Wirtschaftssubjekte gestört wird, versuchen diese, durch Anpassung ihrer Ausgaben den gewünschten Realkassenbestand bzw. die angestrebte Vermögensstruktur wiederherzustellen. Dadurch kommt es zu einem Preiserhöhungsimpuls, der sich durch alle Sektoren der Volkswirtschaft fortpflanzt und dort kurzfristig entsprechende Angebotsreaktionen auslöst. Sobald alle Anpassungsvorgänge abgeschlossen sind, ist der vorherige Zustand *real* wiederhergestellt – allerdings auf höherem Preisniveau. *Langfristig* ist Geld also *neutral*, es kommt nur zu Preiseffekten. Umgekehrt wird Inflation oder Deflation als rein monetäres Phänomen angesehen; es sind zwangsläufig Geldmengenänderungen, die für eine dauerhafte Beeinflussung des Preisniveaus verantwortlich sind.

Die nur kurzfristige reale Wirkung geldpolitischer Maßnahmen erläutert *Friedman* (1968, 7ff) am Beispiel der (modifizierten) Phillips-Kurve: Er bezweifelt deren Stabilität und damit die Möglichkeit, auf Dauer Vollbeschäftigung durch Inflation zu erkaufen. Eine expansive Geldpolitik werde zwar zunächst Nachfrage und Beschäftigung erhöhen. Doch würden die durch steigende Güterpreise (bei konstanten Nominallöhnen) sinkenden Reallöhne von den Arbeitnehmern nicht akzeptiert werden. Da sich diese an den Real- und nicht an den Nominallöhnen orientieren würden, also keiner „Geldillusion" unterlägen, würden sie eine Anpassung der Nominallöhne fordern, wodurch der anfängliche Beschäftigungseffekt schließlich wieder beseitigt werden würde. Ein dauerhafter Anstieg der Beschäftigung würde eine dauerhafte Reallohnsenkung voraussetzen, was wiederum eine dauerhafte Inflation erfordern würde, deren Rate ständig zunehmen müßte, da eine konstante Rate bald in den Lohnverhandlungen antizipiert werden würde und keine Reallohneffekte mehr hätte.

> „[T]here is always a temporary trade-off between inflation and unemployment; there is no permanent trade-off. The temporary trade-off comes not from inflation per se, but from unanticipated inflation, which generally means, from a rising rate of inflation." (*Friedman* 1968, 11)

Die *langfristige* Phillips-Kurve ist also *senkrecht*: Unabhängig von der Inflationsrate wird schließlich immer eine gewisse Arbeitslosigkeit herrschen, die von *Friedman* als „natürlich" bezeichnet wird.

> „The ‚natural rate of unemployment' (...) is the level that would be ground out by the Walrasian system of general equilibrium equations, provided there is embedded in them the actual structural characteristics of the labor and commodity markets, including market imperfections, stochastic variability in

demands and supplies, the cost of gathering information about job vacancies and labor availabilities, the costs of mobility, and so on." (*Friedman* 1968, 8)

Die kurzfristige Wirksamkeit geldpolitischer Maßnahmen impliziert also *nicht*, daß dieselben sinnvoll oder notwendig sind – im Gegenteil: Die durch Geldmengenänderungen ausgelösten Anpassungsvorgänge haben den Charakter von Störungen; sie sind ineffizient, weil sie auf keiner realen Grundlage, sondern auf einer Täuschung der Wirtschaftssubjekte beruhen, die nominale für reale Änderungen halten (und die ihr Verhalten deshalb wieder korrigieren, sobald ihnen ihr Irrtum bewußt wird). Zudem sind gezielte Interventionen aufgrund der relativ langen Verzögerungen und Unsicherheiten der Wirkungen geldpolitischer Maßnahmen kaum möglich. Die Hauptrolle der Geldpolitik ist deshalb eine *negative*: „[M]onetary policy can prevent money itself from being a major source of economic disturbance" (*Friedman* 1968, 12). Empfohlen wird von den Monetaristen vor allem eine Verstetigung der Geldpolitik. Deren Ziel müsse die Preisniveau- bzw. Geldwertstabilität sein. Zur Erreichung dieses Ziels solle sich die Zentralbank auf die von ihr direkt kontrollierbare Größe konzentrieren, die Geldmenge. Diese solle mit einer kurz- und mittelfristig konstanten Rate wachsen, die dem Wachstum des Produktionspotentials entspricht (und außerdem einer etwaigen Abnahme der Geldumlaufgeschwindigkeit im Zuge der Zunahme des Volkseinkommens Rechnung trägt). Änderungen dieser Rate wären nur bei dauerhaften Veränderungen dieser Größen zulässig (*Friedman* 1960, 84ff). Unterstellt wird dabei ein exogenes Geldangebot, d.h. die Kontrollierbarkeit der Geldmenge durch die Zentralbank. Um ihr diese Kontrolle zu erleichtern, schlägt *Friedman* (1960, 65ff) die Einführung eines 100%-Mindestreserve-Systems vor, in dem die Geschäftsbanken *kein* Buchgeld schaffen können und die Geldversorgung allein in der Hand der Zentralbank liegt.

Die zentralen Punkte der monetaristischen Position faßt *Brunner* (1968, 24) wie folgt zusammen: Erstens, die Zentralbank kontrolliert die Zentralbankgeldmenge; zweitens, durch die Zentralbankgeldmenge kann die gesamte Geldmenge kontrolliert werden; und drittens, Geldmengenschwankungen führen zu entsprechenden Schwankungen der wirtschaftlichen Aktivität. Die monetaristische Position geht aber über die mit der Geldmenge unmittelbar zusammenhängenden Fragen hinaus. Wichtig ist auch die Annahme einer grundsätzlichen Stabilität des Privatsektors – eine Annahme, mit der sich die Monetaristen in der (neo-) klassischen Tradition befinden. Nicht nur die Geldnachfrage, auch Konsumgüter- und Investitionsgüternachfrage werden als stabil angesehen; eventuelle Störungen würden automatisch beseitigt werden, so daß sich ein Vollbeschäftigungsgleichgewicht immer wieder einstellen würde. Folglich wird die Notwendigkeit einer aktiven Stabilisierungspolitik verneint; diese wird vielmehr als schädlich, weil erst den Privatsektor destabilisierend, angesehen.

Zwischen Keynesianern und Monetaristen gab es viele kontroverse und mitunter recht heftige Diskussionen. Wo liegen nun aber die Unterschiede und die Gemeinsamkeiten zwischen beiden Positionen? Beide Lager stimmen darin überein, daß Geld kurzfristig real wirksam, aber langfristig neutral ist; umstritten ist aber, wie lange „kurzfristig" ist. Dies gilt für die Frage nach den Auswirkungen von Geldmengenänderungen auf den Realzins (vgl. Teil VI.1.2.2.3) genauso wie für die Frage nach der Stabilität der Phillips-Kurve (vgl. Teil VI.1.2.2.4). In beiden Fällen gestehen Monetaristen zu, daß es kurzfristige Realzins- und Beschäftigungseffekte gibt, bestreiten aber, daß diese lange genug andauern, um eine entsprechende Geldpolitik zu rechtfertigen. Ähnliches gilt für die Wirksamkeit von fiskalpolitischen Maßnahmen: Umstritten ist nicht die Wirksamkeit per se, sondern deren Ausmaß. Während Keynesianer die Fiskalpolitik durchaus für geeignet halten, die Nachfrage und damit das Beschäftigungsniveau deutlich und dauerhaft zu beeinflussen, sehen Monetaristen nur geringfügige und vorübergehende Effekte. Im Hintergrund stehen auch hier die unterschiedlichen Stabilitätsannahmen: Die Keynesianer gehen (wie *Keynes* selbst) von einem durch diverse Instabilitäten (insbesondere hinsichtlich der Investitionsgüter- und der Geldnachfrage) gekennzeichneten Privatsektor aus, der zur Stabilisierung staatlicher Interventionen bedürfe; diese sollten sich aufgrund der zinselastischen Geldnachfrage und der zinsunelastischen Investitionsgüternachfrage vor allem auf die Beeinflussung der Gesamtnachfrage mittels staatlicher Ausgaben richten. Im Gegensatz dazu ist für die Monetaristen der Privatsektor stabil. Staatliche Interventionen wirkten deshalb destabilisierend – im Fall der Geldpolitik und auch im Fall der Fiskalpolitik: Eine Erhöhung der staatlichen Ausgaben könne leicht zu einer „Verdrängung" privater Ausgaben führen (z.B. würde ein kreditfinanziertes Ausgabenprogramm des Staates in einer Erhöhung der Zinsen und damit in einer Abnahme privater Investitionen resultieren), so daß die beabsichtigte gesamtwirtschaftliche Nachfrageerhöhung vielleicht gar nicht zustande käme.

Insgesamt ist aber folgender Aussage eines führenden Keynesianers zuzustimmen: „There are in reality no serious analytical disagreements between leading monetarists and leading nonmonetarists" (*Modigliani* 1977, 1). In *theoretischer* Hinsicht gibt es nämlich tatsächlich *keine* erwähnenswerten Differenzen – wenn man davon absieht, daß der *Ansatzpunkt* der Analyse jeweils ein anderer ist: Während sich die Keynesianer auf die verschiedenen Komponenten der Gesamtnachfrage konzentrieren, beschäftigen sich die Monetaristen vor allem mit dem Zusammenhang von Gesamtnachfrage und Geldmenge. Die Differenzen, die es gibt, haben empirischen bzw. wirtschaftspolitischen Charakter: Sie betreffen zum einen den Charakter kurzfristiger Anpassungsreaktionen: Neben der Höhe kurzfristiger Elastizitäten, insbesondere der Zinselastizität der Geldnachfrage, wird der geldpolitische Transmissionsmechanismus unterschiedlich gesehen. Aus keynesianischer Sicht beeinflußt die Geldpolitik zunächst den Zins und damit *indirekt* die Gesamtnachfrage, wohingegen aus monetaristischer Sicht eine *direkte* Beeinflussung vorliegt. Zum anderen ist die Frage der Stabilität des Privatsektors bzw. der Volkswirtschaft insgesamt und damit die Notwendigkeit einer aktiven Stabilisierungspolitik umstritten.

Angesichts der allenfalls marginalen theoretischen Differenzen erscheinen viele der Kontroversen zwischen Monetaristen und Keynesianern übertrieben. Beide „Schulen" lassen sich der neoklassischen Synthese zuordnen – man kann allenfalls innerhalb derselben von einer keynesianischen (oder fiskalistischen) und einer monetaristischen Richtung sprechen. Die neoklassische Gegenrevolution war keine richtige Revolution, sondern eine wirtschaftspolitische Kontroverse – die wirkliche theoretische Revolution fand später statt (vgl. Teil VI.1.5).

1.4. Die mikroökonomische Fundierung der Makroökonomie

Während sich der Konflikt zwischen Keynesianern und Monetaristen an der Oberfläche der neoklassischen Synthese abspielte, wurde das Fundament dieser Synthese zunehmender Kritik ausgesetzt – und somit die theoretische Grundlage von sowohl Keynesianismus als auch Monetarismus in Frage gestellt. Die Kritik entzündete sich an der wesentlichen Schwachstelle der neoklassischen Synthese, nämlich ihrer fehlenden mikroökonomischen Fundierung. Denn die makroökonomischen Phänomene, die den Gegenstand der neoklassischen Synthese bilden, konnten nur mit Hilfe gewisser Annahmen „erklärt" werden, welche selbst *nicht* mikroökonomisch begründet, d.h. aus dem Maximierungskalkül der beteiligten Individuen abgeleitet, werden konnten. An erster Stelle sind hier die verschiedenen Lohn- bzw. Preisrigiditäten zu nennen, die eine wichtige Rolle spielen, die aber einer theoretisch befriedigenden Begründung entbehren. Ohne eine solche muß das Verhalten der Individuen als (zumindest teilweise) irrational bezeichnet werden, was natürlich im diametralen Gegensatz zu den Grundannahmen der Mikroökonomie steht. Andere wichtige Elemente der neoklassischen Synthese, wie die Konsumfunktion, erwiesen sich ebenfalls als problematisch. Das Bemühen um eine Mikrofundierung der Makroökonomie sollte sich als Hauptantrieb für die Weiterentwicklung der Makroökonomie erweisen.

Einen wichtigen ersten Beitrag leistete *Don Patinkin* (1922-1995), der eine Ungleichgewichtslösung für den Arbeitsmarkt präsentierte, die *nicht* auf die problematische Annahme überhöhter Reallöhne angewiesen ist (*Patinkin* 1956, Kap. XIII). Es wird stattdessen angenommen, daß die Unternehmen aufgrund einer Nachfrageschwäche nicht ihre gewinnmaximierenden Angebotsmengen absetzen können, daß also ein Überangebot auf dem Gütermarkt herrscht. Die Unternehmen reagieren mit Produktionseinschränkungen und fragen weniger Arbeitskräfte nach. „Both firms and workers are being coerced by the same *force majeure* of insufficient demand in the commodity market. Both are thereby being prevented from achieving their optimum mode of behavior" (*Patinkin* 1956, 219). Es kommt zu Arbeitslosigkeit, die *nicht* durch einen zu hohen Reallohn verursacht wird. Eine Arbeitslohnsenkung würde unter diesen Umständen zwar dazu führen, daß auf dem Arbeitsmarkt wieder ein Gleichgewicht hergestellt wird (weil infolge des Rückgangs des Arbeitsangebots keine unfreiwillige Arbeitslosigkeit mehr herrschen würde), nicht jedoch dazu, daß die Arbeitsnachfrage zunimmt.

Patinkins Beitrag fand recht wenig Beachtung. Erst etliche Jahre später unternahm *Robert W. Clower* (geb. 1926) einen ähnlichen Versuch mit seiner mikroökonomischen Begründung der keynesianischen Konsumfunktion (*Clower* 1965). *Clower* weist darauf hin, daß sowohl die ursprüngliche Keynessche Konsumfunktion als auch die von *Friedman* und *Modigliani* stammenden Weiterentwicklungen derselben einer mikroökonomischen Fundierung entbehren. Denn alle diese Konsumfunktionen verwenden das Einkommen als unabhängige Variable, obwohl dasselbe erst aus den Entscheidungen der einzelnen Haushalte resultiert, die gemäß den Konsumgüter- und Faktorpreisen ihren Nutzen zu maximieren suchen; die Größe „Einkommen" (bzw. das Faktorangebot) ist ein Ergebnis dieser Nutzenmaximierung.

> „[T]he Keynesian consumption function and other market relations involving income as an independent variable cannot be derived explicitly from any existing theory of general equilibrium." (*Clower* 1965, 112)

Clower rechtfertigt die Verwendung solcher Konsumfunktionen mit Ungleichgewichtszuständen auf den betreffenden Märkten. Es ist z.B. möglich, daß die optimalen Größen von Konsumgüternachfrage und Arbeitsangebot nicht verwirklicht werden können, weil aufgrund von Lohnrigiditäten

Arbeitslosigkeit herrscht. In diesem Fall gibt es eine Mengenrestriktion, so daß die Haushalte nicht die Menge an Arbeit anbieten können, die sie beim herrschenden Lohnsatz eigentlich anbieten wollen, sondern diejenige Menge, die unter den gegebenen Umständen auf dem Arbeitsmarkt nachgefragt wird; sie können sich nicht (wie im Modell des vollkommenen Wettbewerbs unterstellt) als reine Mengenanpasser verhalten. Das Einkommen ist folglich de facto gegeben und muß von den Haushalten akzeptiert werden; deren Nutzenmaximierung bezieht sich nur noch auf die optimale Verwendung dieses Einkommens, das als unabhängige Variable in der Nutzenfunktion und damit auch in der Konsumfunktion auftaucht. „[T]he other side of involuntary unemployment would seem to be involuntary under-consumption" (*Clower* 1965, 119).

Die Partialmodelle von *Clower* und *Patinkin* lassen sich zu einem allgemeinen Ungleichgewichtsmodell kombinieren, in welchem ein Nachfrageausfall zu Arbeitslosigkeit führt und diese wiederum einen unfreiwillig niedrigen Konsum nach sich zieht (*Barro und H.I. Grossman* 1971). Ungleichgewichte in einem Markt führen also über Mengenanpassungen zu Ungleichgewichten in anderen Märkten. Zu Mengenanpassungen kommt es, weil diese sehr schnell durchgeführt werden können, wohingegen Preisanpassungen aufgrund angenommener Preisrigiditäten relativ langsam vonstatten gehen. Ursächlich für die Ungleichgewichte im Modell von *Barro und H.I. Grossman* sind also letztlich inflexible Güterpreise – welche allerdings nicht näher erläutert werden.

Damit schien sich eine einfache Lösung des Mikrofundierungsproblems anzubieten: Wenn der herrschende Preisvektor aufgrund exogener Störungen nicht mehr dem Gleichgewichtspreisvektor entspricht, kommt es zu einer Ungleichgewichtssituation, in der Mengenanpassungen dominieren, die den Gegenstand der keynesianischen Analyse bilden. Das Ungleichgewicht induziert Preisveränderungen, welche infolge der Preisrigiditäten nur allmählich zustande kommen. Aber schließlich stellt sich wieder ein Gleichgewicht ein, welches durch die mikroökonomische allgemeine Gleichgewichtstheorie beschrieben wird. Gleichgewichts- und Ungleichgewichtsmodelle sind also miteinander vereinbar.

Die Gültigkeit dieser Konzeption hängt offensichtlich von der Existenz eines adäquaten Preisanpassungsmechanismus ab. Dieser muß ein gewisses Maß an Rigidität aufweisen, darf also weder vollkommen flexibel noch vollkommen starr sein, da er einerseits die Entstehung von Ungleichgewichten und andererseits deren Beseitigung erklären muß. Ein solcher Mechanismus existiert aber nicht in der allgemeinen Gleichgewichtstheorie!

„It is not explained whose decision it is to change prices (...). Each individual participant in the economy is supposed to take prices as given and determine his choices as to purchases and sales accordingly; there is no one left over whose job it is to make a decision on price." (*Arrow* 1959, 43)

Diese Aufgabe fällt dem Auktionator zu, der den Preis solange variiert, bis sich Angebot und Nachfrage entsprechen (vgl. Teil IV.2.2.1.1). Im ursprünglichen Walrasschen Modell sind zwar Ungleichgewichte ausgeschlossen, doch könnte das Verhalten des Auktionators durch geeignete Annahmen ohne weiteres so modifiziert werden, daß erstens Ungleichgewichte auftreten und zweitens diese allmählich abgebaut werden. Da der Auktionator aber in jedem Fall ein bloßes heuristisches Konstrukt ist, das mit der Realität von Märkten nichts zu tun hat, kann auf diese Weise das Problem sicherlich nicht befriedigend gelöst werden. Notwendig erscheint vielmehr ein realistischeres Modell von Preissetzung und -anpassung, welches nicht einer fiktiven zentralen Koordination, sondern der tatsächlichen dezentralen Koordination entsprechen muß.

Ein solches realistisches Modell kann auf der expliziten Berücksichtigung von Informationen beruhen, d.h. auf dem Verzicht auf die walrasianische Prämisse vollkommener Informiertheit aller Marktteilnehmer. In der Realität braucht die Wahrnehmung, Verarbeitung und Übertragung von Informationen Zeit und verursacht Kosten, so daß nicht jeder Marktteilnehmer immer über perfekte Informationen verfügen kann. Vielmehr ist davon auszugehen, daß Informationslücken weit verbreitet sind. Damit können Preisrigiditäten begründet werden, die ihrerseits wieder zu gewissen makroökonomischen Phänomenen führen können. Ein solcher Ansatz wurde von den Autoren des bekannten Sammelbandes „Microeconomic Foundations of Employment and Inflation Theory" (*Phelps et al.* 1970) gewählt, deren Ergebnisse im einleitenden Aufsatz von *Edmund S. Phelps* (geb. 1933) zusammengefaßt werden (*Phelps* 1970). Für den Arbeitsmarkt verwendet *Phelps* (1970, 6ff) das Bild von der Volkswirtschaft als einer Gruppe von Inseln, zwischen denen die Informationsübermittlung nicht kostenlos ist. Kommt es zu einer monetären Störung, z.B. einem Rückgang der nominalen Gesamtnachfrage, müßten Löhne und Preise fallen, damit das Gleichgewicht aufrechterhalten wird. Da die Arbeitnehmer jeder Insel nur über die Situation auf ihrer jeweiligen Insel informiert sind und hinsichtlich der anderen Inseln auf Vermutungen angewiesen sind, ist es wahrscheinlich, daß sie den Nachfragerückgang, den sie ja nur für ihre Insel unmittelbar beobachten können, zumindest zum Teil auf gewisse Besonderheiten ihrer eigenen Insel zurückführen und meinen, auf den anderen Inseln wäre die Nachfrage nicht oder nicht so sehr zurückgegangen. Sie erhoffen sich deshalb auf den anderen

Inseln höhere Löhne und akzeptieren die niedrigeren Löhne auf ihrer Insel nicht, sondern begeben sich auf die Arbeitssuche auf anderen Inseln. Es herrscht jedoch überall die gleiche Situation, so daß Arbeitslosigkeit entsteht. Diese wird in dem Maße wieder abgebaut, in dem die Arbeitnehmer erkennen, daß es sich um einen allgemeinen Nachfragerückgang handelt, und bereit sind, die gesunkenen Nominallöhne zu akzeptieren. „Thus the island scenario suggests a wage-change equation in which the Phillips relation is one element" (*Phelps* 1970, 9). Unvollkommene Information kann auch zur Erklärung von Ungleichgewichten auf den Gütermärkten herangezogen werden (*Phelps* 1970, 18ff). Unternehmen verfügen über eine Art kurzfristiger Monopolmacht: Sie verlieren nicht sofort alle Kunden, wenn sie einen Preis oberhalb des Gleichgewichtspreises fordern und sie werden auch nicht sofort einen Marktanteil von 100% gewinnen, wenn sie den Gleichgewichtspreis unterschreiten; ursächlich hierfür sind Unsicherheiten über die tatsächliche Höhe des Gleichgewichtspreises auf seiten der Nachfrager. Andererseits wissen auch die Unternehmen selbst nicht immer genau, wie hoch dieser ist. Kommt es nun z.B. zu einer Erhöhung der Nominalnachfrage und einer entsprechenden Nominallohnerhöhung, so müssen auch die Preise erhöht werden. Es kann nun aber sein, daß die Vorstellungen der Unternehmen über den Gleichgewichtspreis sich (noch) nicht geändert haben und diese zögern, den Preis in dem notwendigen Umfang anzuheben, weil sie befürchten, auf Dauer Kunden zu verlieren. Dann würden die Preise unterproportional steigen und es käme zu einem Anstieg von Produktion und Beschäftigung – und zwar bei steigenden Reallöhnen.

> „It is easy to see (...) that a Phillips-like relation between the output level (relative to capacity) and the rate of price increase results if each firm continuously adjusts upward its price as it learns that it is not experiencing a net loss of customers from its higher price and as money wage rates keep pace with the general price level." (*Phelps* 1970, 20)

Auf ähnliche Weise lassen sich auch Ungleichgewichtssituationen im Gefolge realer Störungen erklären. Tritt eine reale Störung auf (z.B. eine Verschiebung der Nachfrage), so wird diese zunächst nicht von allen Individuen erkannt, weswegen es zu Ungleichgewichten kommt; Nachfrage- bzw. Angebotsüberschüsse signalisieren die Notwendigkeit einer Ressourcenreallokation und einer Revision der relativen Preise; beides erfolgt erst nach einiger Zeit, d.h. wenn die notwendigen neuen Preisverhältnisse allgemein bekannt sind.

Das wesentliche Merkmal dieses Ansatzes besteht darin, daß die Wirtschaftssubjekte angesichts unvollkommener Informationen gewisse Erwartungen über die relevanten zukünftigen (und auch einen Teil der gegenwärtigen) ökonomischen Daten bilden müssen. Sind diese Erwartungen nicht korrekt, wovon häufig auszugehen ist, so kommt es zu Ungleichgewichten, die eine Erwartungsrevision induzieren, welche dann zum Abbau der Ungleichgewichte führt. Von zentraler Bedeutung sind dabei die Hypothesen zur Erwartungsbildung, die für eine konsequente Mikrofundierung rational begründbar sein müssen. Dies ist jedoch bei den üblicherweise verwendeten Modellen *nicht* der Fall: Es werden „mechanische" Erwartungsbildungsregeln der einen oder anderen Art unterstellt, die zwar meist nicht unplausibel sind und auch die für die Erklärung wichtiger makroökonomischer Phänomene notwendige langsame Erwartungsrevision implizieren, die aber mehr oder weniger willkürlich sind. Dies gilt auch für das am weitesten verbreitete Erwartungsbildungsmodell, das Modell der adaptiven Erwartungen, welches den Erwartungswert einer Variable als gewichteten Durchschnitt der bekannten Vergangenheitswerte auffaßt. Dieses Problem bildete den Ausgangspunkt für die Theorie der rationalen Erwartungen und die darauf aufbauende Neue Klassische Makroökonomie.

1.5. Neue Klassische Makroökonomie

Die wahre „Gegenrevolution" zur keynesianischen Revolution fand Anfang der 70er Jahre statt, als die *Neue Klassische Makroökonomie* entwickelt wurde. Ihre Vertreter, allen voran *Robert E. Lucas* (geb. 1937),[105] schlugen eine radikale Lösung des Mikrofundierungsproblems vor, welches schon seit *Keynes* latent vorhanden war und seit Mitte der 60er Jahre zunehmend in das Zentrum der makroökonomischen theoretischen Diskussion rückte. Unsere Darstellung geht zunächst auf die theoretischen Grundlagen der Neuen Klassischen Makroökonomie ein (Teil VI.1.5.1), wendet sich dann ihren zwei Hauptrichtungen zu, dem monetären und dem realen Ansatz (Teile VI.1.5.2 und VI.1.5.3), und schließt mit den wichtigsten wirtschaftspolitischen Konsequenzen (Teil VI.1.5.4).

---

[105] *Lucas* wurde 1995 mit dem Nobelpreis für Wirtschaftswissenschaft ausgezeichnet.

1.5.1. Grundlagen

Die Neue Klassische Makroökonomie basiert auf zwei zentralen Annahmen, der Rationalität der Erwartungen und der ständigen Ausgeglichenheit aller Märkte.

John F. Muth (geb. 1930) präsentierte mit seiner *Theorie der rationalen Erwartungen* (*Muth* 1961) eine rigorose Alternative zu den traditionellen Modellen der Erwartungsbildung, die – wenn auch erst nach einer Verzögerung von zehn Jahren – die Makroökonomie wesentlich beeinflussen sollte. Als „rational" werden Erwartungen dann bezeichnet, wenn sie sich logisch aus dem Modell ergeben, in dem sie verwendet werden, d.h. wenn die modellierten Wirtschaftssubjekte alle im jeweiligen Modell enthaltenen Informationen verwenden und deshalb zu denselben Prognosen gelangen wie das jeweilige Modell selbst. „[E]xpectations (...) (or, more generally, the subjective probability distribution of outcomes) tend to be distributed, for the same information set, about the predictions of the theory (or the ‚objective' probability distributions of outcomes)" (*Muth* 1961, 316). Es ist also *nicht* notwendig, daß alle Erwartungen identisch und korrekt sind; es darf lediglich *keine systematisch falschen*, d.h. modellinkonsistenten, Erwartungen geben. Da die Erwartungen der Wirtschaftssubjekte aus dem jeweils verwendeten Modell abgeleitet werden, kann auf die bislang üblichen (mehr oder weniger psychologisch motivierten) Hypothesen zur Erwartungsbildung verzichtet werden, die recht willkürlich und deshalb modelltheoretisch höchst problematisch waren: Da die Erwartungsbildung keinen zwingenden theoretischen Restriktionen unterlag, d.h. da *freie Parameter* existierten, konnte man eine Änderung der Werte dieser Parameter (z.B. infolge von Politikänderungen) nicht von vornherein ausschließen. Darunter litt natürlich der Prognose- und Erklärungswert der entsprechenden Makromodelle erheblich (vgl. Teil VI.3.3).

Kommen wir nun zum zweiten Grundpfeiler der Neuen Klassischen Makroökonomie – der *Ausgeglichenheit der Märkte* (eine Annahme, aufgrund derer man die Neue Klassische Makroökonomie auch als „allgemeine Gleichgewichtsmakroökonomie" bezeichnen kann). Es werden Preisflexibilität und die ständige Existenz von Gleichgewichten auf allen Märkten unterstellt. Schwankungen von Produktion oder Beschäftigung werden nicht als Ungleichgewichte interpretiert, sondern als eine Sequenz von Gleichgewichtspositionen, die sich durch die Veränderung der Lage der entsprechenden Angebots- und Nachfragekurven ergibt. Begründet wird diese Annahme damit, daß andere realistischer erscheinende Annahmen zum einen analytisch nicht bewältigbar und zum anderen mehr oder weniger willkürlich wären. Die Gleichgewichtsannahme hat eine wichtige wohlfahrtstheoretische Implikation: Da (in Abwesenheit externer Effekte) Marktgleichgewichte paretooptimal sind (vgl. Teil IV.3.1.2.3), sind auch eventuelle makroökonomische Fluktuationen effizient – insoweit sie eine optimale Anpassung an veränderte realwirtschaftliche Bedingungen darstellen.

1.5.2. Monetärer Ansatz

Im wesentlichen gibt es zwei Richtungen innerhalb der Neuen Klassischen Makroökonomie: den auf der Unvollkommenheit der Informationen beruhenden monetären Ansatz und den mit realen Schocks arbeitenden realen Ansatz (Teil VI.1.5.3). Beiden Ansätzen ist gemein, daß i.d.R. repräsentative Individuen betrachtet und so Aggregationsprobleme, die aus der Heterogenität der Individuen resultieren können, vernachlässigt werden.

Da der grundlegende Aufsatz von *Muth* (1961) zur Theorie der rationalen Erwartungen etliche Jahre vernachlässigt wurde, begann die Neue Klassische Makroökonomie erst richtig mit *Lucas* (1972; 1973). In dessen Modell spielen unvollständige Informationen (ähnlich wie bei *Phelps* 1970; vgl. Teil VI.1.4) eine große Rolle. Für die Entscheidungen der Wirtschaftssubjekte sind eigentlich nur die *relativen* Preise maßgeblich. Da jedoch nicht diese, sondern nur die *absoluten* Preise direkt beobachtet werden können, benötigt man Informationen über das *Preisniveau*, um von den absoluten auf die relativen Preise schließen zu können. Diese Informationen stehen aber nicht im notwendigen Umfang zur Verfügung, so daß das Preisniveau geschätzt werden muß. Wenn man davon ausgeht, daß die Schwankungen von Preisniveau und relativen Preisen unabhängig voneinander und normal verteilt sind und daß die Erwartungen rational sind, dient das gewichtete Mittel von beobachteten absoluten Preisen und durchschnittlichem Preisniveau der Vergangenheit als Schätzgröße für das aktuelle Preisniveau. Folglich wird die Erhöhung des absoluten Preises eines Gutes in Relation zum erwarteten Preisniveau als Zunahme des *relativen* Preises dieses Gutes interpretiert; in einem solchen Fall wird das Angebot des betreffenden Gutes ausgedehnt. Aggregiert man über alle Güter, so ergibt sich eine gesamtwirtschaftliche Angebotsfunktion, die eine Zunahme des Angebots in der Periode t (Y_t) in dem Maße impliziert, wie das tatsächliche Preisniveau (P_t) das erwartete Preisniveau ($\overline{P}_t$) übersteigt (*Lucas* 1972, 117; 1973, 328).

(80) $\quad \ln Y_t = \alpha(\ln P_t - \ln \overline{P}_t) \quad \alpha > 0$

Diese Angebotsfunktion wird auch als *Lucas-Angebotsfunktion* bezeichnet.[106] Sie impliziert einen Zusammenhang zwischen Preisniveauanstieg und Zunahme des Angebots bzw. der Beschäftigung – ähnlich der Phillips-Kurve (vgl. Teil VI.1.2.2.4). Die Erklärung dieses Zusammenhangs ist jedoch eine völlig andere:

> „The conventional Phillips curve account of this observed co-movement says that the terms of the tradeoff arise from relatively stable structural features of the economy, and are thus independent of the nature of the aggregate demand policy pursued. The alternative explanation of the same observed tradeoff is that the positive association of price changes and output arises because suppliers misinterpret general price movements for relative price changes."
> (*Lucas* 1973, 333)

Aus diesem Grund kommt es allenfalls zu kurzfristigen Beschäftigungswirkungen; längerfristig, d.h. sobald die Wirtschaftssubjekte den Anteil von Preisniveaueffekten bei den von ihnen beobachteten Änderungen der absoluten Preise identifiziert haben, sinken Angebot und Beschäftigung wieder, so daß es letztlich bei rein nominalen Effekten bleibt. Zudem hängen auch die kurzfristigen realen Effekte entscheidend davon ab, daß Preisniveauänderungen *unerwartet* sind. Werden diese vorhergesehen, kann es zu keinen Täuschungen über die relativen Preise und damit zu keinen realen Effekten kommen.[107] Die Geldpolitik kann also die Beschäftigung nur insoweit beeinflussen als sie nicht vorhergesehen wird; eine vorhergesehene Geldpolitik ist real völlig wirkungslos. Aus diesem Grund ist auch die von *Friedman* (1968, 10) für möglich gehaltene Senkung der Arbeitslosigkeit unter ihre „natürliche" Rate durch eine sich ständig beschleunigende Inflation nicht durchführbar – die Wirtschaftssubjekte würden früher oder später auch diese Geldpolitik durchschauen.

Die Politikineffektivitätsthese gilt zwar primär für die (vorhergesehene) Geldpolitik, doch wurde sie auch auf die Fiskalpolitik und hier vor allem auf die Frage der Staatsverschuldung übertragen. So behauptet *Barro* (1974) in

---

[106] Eine erste Version der Lucas-Angebotsfunktion findet sich bei *Lucas und Rapping* (1969, 724).

[107] Eine weitere Voraussetzung für das Auftreten realer Effekte von Preisniveauänderungen ist selbstverständlich, daß es überhaupt zu realen Schocks (d.h. zu Änderungen der relativen Preise) kommen kann. Sind diese – aus was für Gründen auch immer – ausgeschlossen, so hat die Geldpolitik in keinem Fall reale Effekte, da die Wirtschaftssubjekte konstante relative Preise unterstellen.

Anlehnung an *Ricardo* (vgl. Teil III.3.3.4), daß die Art der Finanzierung des Staatshaushaltes irrelevant sei: Unter bestimmten (allerdings sehr restriktiven) Bedingungen würde es für rationale Wirtschaftssubjekte keinen Unterschied machen, ob sie sofort durch Steuern oder später durch (höhere) Steuern zur Finanzierung von Zins und Tilgung für eine früher erfolgte Schuldaufnahme belastet werden.

Es ist besonders darauf hinzuweisen, daß es bei *Lucas keine* unfreiwillige Arbeitslosigkeit gibt. Alle Märkte befinden sich ständig im Gleichgewicht, also auch der Arbeitsmarkt. Ein entsprechendes Modell des Arbeitsmarktes wurde von *Lucas und Rapping* (1969) vorgestellt, das zwar noch adaptive (also keine rationalen) Erwartungen verwendet, in dem sich aber schon ein Grundgedanke der späteren Modelle – nämlich die zentrale Rolle des Verhältnisses zwischen tatsächlichen und erwarteten Preisen bzw. Löhnen – findet. Das Lohnverhältnis ist nicht nur wichtig für die Entscheidung zwischen aktuellem Arbeitsangebot und aktueller Freizeit, sondern auch für die intertemporale Allokation von Arbeit und Freizeit: Steigen die aktuellen Löhne über ihren Erwartungswert, kommt es also zu einer als nur vorübergehend interpretierten Lohnsteigerung, so nimmt das Arbeitsangebot zu, da zugunsten des Konsums auf Freizeit verzichtet wird. Zum Ausgleich wird zukünftig, wenn der Lohn wieder zurückgegangen ist, weniger gearbeitet. Im umgekehrten Fall geht das Arbeitsangebot zurück (d.h. die freiwillige Arbeitslosigkeit nimmt zu), weil der Konsum durch Freizeit substituiert wird (*Lucas und Rapping* 1969, 726f). Sofern die Abweichungen der tatsächlichen von den erwarteten Löhnen durch monetäre Schocks verursacht werden, zeigt sich eine Art Phillips-Kurve, die allerdings nur kurzfristig gültig ist: Bei einer monetären Störung kommt es zwar zunächst zu einer deutlichen Arbeitsangebotsreaktion, doch nähert sich das Arbeitsangebot längerfristig wieder dem „normalen" Wert an – sobald erkannt wird, daß der Reallohn sich nicht geändert hat. Ähnliches gilt für reale Störungen; hier wird der anfänglichen Angebotsreaktion durch eine Revision der Lohnerwartungen entgegengewirkt. Dieses Arbeitsangebotsmodell ist also in der Lage, sowohl das langfristig unelastische Arbeitsangebot als auch kurzfristige Fluktuationen zu erklären. Auf dieser Grundlage wurde die „natürliche" Arbeitslosigkeit *Friedmans* (1968, 8) von *Lucas und Prescott* (1974) als freiwillige Sucharbeitslosigkeit aufgrund unvollständiger Informationen über die Höhe der erzielbaren Löhne konzipiert und formalisiert.

Lucas ist es gelungen, erstmals eine klare analytische Begründung der alten, schon von *Hume* vertretenen Hypothese (vgl. Teil III.1.3) zu liefern, wonach Geld kurzfristig reale Effekte hat, aber langfristig neutral ist. Wenngleich die grundlegende Idee auf *Phelps* zurückgeht (vgl. Teil VI.1.4), ist der Ansatz von *Lucas* dem von *Phelps* insoweit überlegen als er ohne dessen problematische Annahmen zur Erwartungsbildung auskommt. Zwar wurde die theoretische Konsistenz und Eleganz der Arbeiten von *Lucas* allgemein anerkannt, doch wurde in inhaltlicher Hinsicht bald Kritik geübt. *Fischer* (1977) etwa wies darauf hin, daß auch vorhergesehene Geldpolitik reale Effekte haben kann – dann nämlich, wenn Verträge (die sich ja auf nominale Größen beziehen) nicht sofort revidiert werden können, z.B. längerfristige Arbeits- oder Lieferverträge abgeschlossen wurden. Es ist also fraglich, ob die Annahme, daß alle Märkte stets im Gleichgewicht sind, haltbar ist. Auch anfängliche empirische Erfolge (*Lucas* 1973; *Barro* 1978) erwiesen sich bald als trügerisch; so konnte gezeigt werden, daß in der Realität nicht nur unvorhergesehene, sondern auch vorhergesehene Geldmengenvariationen reale Effekte haben (*Mishkin* 1983, Kap. 6). Schließlich erscheint es angesichts der genauen und aktuellen Preis- und Geldmengenstatistiken, die in allen Industrieländern verfügbar sind, zweifelhaft, ob es so etwas wie „unvorhergesehene" Geldmengenänderungen tatsächlich gibt. Verneint man aber deren Existenz, dann kann der monetäre Ansatzes der Neuen Klassischen Makroökonomie überhaupt keine makroökonomischen Fluktuationen erklären – da reale Störungen völlig außer acht gelassen werden. Aufgrund dieser Probleme wandte sich die Aufmerksamkeit der Neuen Klassischen Makroökonomie bald den realen Schocks und ihren Konsequenzen zu, was zur Entwicklung des Ansatzes der realen Konjunkturzyklen führte.

1.5.3. Realer Ansatz

Da monetäre Schocks nicht zur Erklärung von Konjunkturschwankungen ausreichten, wurden auch reale Störungen berücksichtigt und Modelle *realer Konjunkturzyklen* konzipiert. Auch am Anfang dieser Entwicklung steht *Lucas* (1975), der seine rein monetären Modelle (*Lucas* 1972; 1973) um reale Aspekte erweiterte. Er geht von einem konventionellen neoklassischen Wachstumsmodell aus (vgl. Teil VI.2.2), in dem auch die Realkassenhaltung als Argument in den Nutzenfunktionen der Haushalte auftaucht; wie üblich unterstellt er unvollständige Informationen und rationale Erwartungen. Auf dieser Grundlage untersucht er die Konsequenzen von monetärfiskalischen Schocks, die durch Geldmengenerhöhungen in Form zusätzlicher Staatsausgaben (also durch Zentralbankkredite finanzierte Staatsausgaben) hervorgerufen werden: Wenn sich die zusätzliche Nachfrage gleichmäßig auf alle Güter verteilt (und die relativen Preise sich nicht ändern), handelt es sich letztlich um eine rein monetäre Störung und man erhält die gleichen Ergebnisse wie in den monetären Modellen. Wird aber die Nachfragestruktur beeinflußt (und ändern sich die relativen Preise), tritt auf jeden Fall ein realer Effekt auf, der umso größer ist, je mehr die neue von der alten Nachfragestruktur abweicht. Die mangelnde Identifizierbarkeit von monetärem und realem Anteil an einer Störung resultiert letztlich in einer prozyklischen Bewegung von Preisen, Investitionsquote und Nominalzins (also typische Konjunkturmerkmale), obwohl alle Märkte im Gleichgewicht sind. Auch diese Konjunkturzyklen sind in einem gewissen Sinne optimal:

> „[A]gents are well aware that the economy goes through recurrent ‚cycles' which distort perceived rates of return. On the other hand, the transitory nature of real investment opportunities forces them to balance the risk of incorrectly responding to spurious price signals against the risk of failing to respond to meaningful signals." (*Lucas* 1975, 1140)

Im Unterschied zu diesem Modell wurden von *Lucas* und anderen Vertretern der Neuen Klassischen Makroökonomie in der Folgezeit erstens monetäre und reale Schocks getrennt behandelt und zweitens nicht nur reale Nachfragestörungen, sondern auch zunehmend angebotsseitige Störungen, insbesondere Produktivitätsschocks, berücksichtigt. So geht *Lucas* (1977) zunächst von rein realen Störungen in Form exogener Präferenzänderungen und Technologiefortschritte aus, die sich bei konstantem Preisniveau nur in Änderungen der relativen Preise niederschlagen; dabei ist unsicher, ob diese Störungen bzw. Änderungen der Preisverhältnisse von Dauer sind oder nicht.

> „[O]ur hypothetical producer is taken to face stochastic price variability, which is describable as a mix of transitory and permanent components, both unobserved. His optimal response to price movements depends on two factors: the way he interprets the information contained in these changes, and his preferences concerning intertemporal substitution of leisure and consumption. Under assumptions consistent with rational behavior and available evidence, his response to an unforeseen price increase is a sizable increase in labor supplied, a decline in finished goods inventory, and an expansion in productive capital accumulation of all kinds. This behavior is symmetric; the responses to price decreases are the opposite." (*Lucas* 1977, 19)

In einem zweiten Schritt werden zusätzlich monetäre Störungen berücksichtigt, die – in derselben Weise wie in *Lucas* (1972; 1973) – ebenfalls zu realen Effekten führen können.

„[F]or the same reason that permanent and transitory relative price movements cannot be sorted out with certainty at the time, neither can relative and general movements be distinguished. General price increases, exactly as will relative price increases, will induce movements in the same direction in employment and investment." (*Lucas* 1977, 21)

Insgesamt werden auch hier Konjunkturschwankungen im Rahmen eines Gleichgewichtsmodells mit rationalen Erwartungen als optimales Ergebnis von monetären und realen Störungen erklärt. Auch in dieser Art von Modellen spielt die intertemporale Substitution von Arbeit und Freizeit nach dem von *Lucas und Rapping* (1969) beschriebenen Muster eine wichtige Rolle, da nur so erklärt werden kann, warum relativ geringe Reallohnschwankungen (kurzfristig) zu relativ starken Reaktionen des Arbeitsangebots führen.

Eines der einflußreichsten „Real Business Cycle"-Modelle wurde von *Kydland und Prescott* (1982) konstruiert und empirisch überprüft; es gilt aufgrund seiner Detailliertheit als Musterbeispiel für diesen Modelltyp. Zwar sind diese Modelle nicht mehr nur auf unvorhergesehene Geldmengenänderungen zur Erklärung makroökonomischer Fluktuationen angewiesen, wodurch ein Hauptproblem der ursprünglichen, rein monetären Modelle der Neuen Klassischen Makroökonomie gelöst wurde.

Ein anderes Problem blieb jedoch bestehen: Die realen Effekte auch vorhergesehener Geldmengenänderungen, die ja empirisch belegt werden konnten, lassen sich auch mit den neuen Modellen nicht vereinbaren; auch in ihnen ist das Geldangebot exogen und nur bei Informationsdefiziten real wirksam. Zur Behebung dieses Mangels wurde von *King und Plosser* (1984) eine Endogenisierung des Geldangebots vorgeschlagen. In deren Modell wird Geld vom Geschäftsbankensektor als Mittel zur Erleichterung von Transaktionen angeboten; es hat also den Charakter einer Vorleistung. Die Nachfrage nach Geld und damit die Geldmenge variiert deshalb zwangsläufig mit der realwirtschaftlichen Entwicklung – ohne daß letztere von der Bewegung monetärer Größen *verursacht* wird. Auf diese Art und Weise läßt sich die Neutralität des Geldes mit den erwähnten Beobachtungen in Einklang bringen; Geld hat *nur scheinbar* reale Effekte.

Neben der Endogenisierung des Geldangebots zielt die Weiterentwicklung der Theorie realer Konjunkturzyklen vor allem ab auf die Endogenisierung von Produktivitäts- bzw. Technologiefortschritten, die bislang nur als (exogene) Schocks in die Modelle Eingang gefunden haben. Aufgrund dieser Bestrebungen ist der Übergang zwischen der Theorie realer Konjunkturzyklen und der neuen neoklassischen Wachstumstheorie fließend; auch letztere bemüht sich um eine Endogenisierung des technischen Fortschritts (vgl. Teil VI.2.3).

1.5.4. Wirtschaftspolitische Konsequenzen

Als wichtigste wirtschaftspolitische Folgerung der Neuen Klassischen Makroökonomie läßt sich die Überlegenheit einer *regelgebundenen* über eine *diskretionäre* Politik nennen.

In einem ersten Schritt ergibt sich dieses Ergebnis unmittelbar aus der Gleichgewichtsannahme: Marktgleichgewichte sind prinzipiell effizient – es sei denn, die Entscheidungen der Wirtschaftssubjekte werden durch „Täuschungen" beeinflußt, also durch vermeidbare Schocks in Form *unvorhergesehener* geld- oder fiskalpolitischer Maßnahmen; und diese kann es bei einer regelgebundenen Politik per definitionem *nicht* geben. Diskretionäre Eingriffe werden damit von vornherein als ineffizient ausgeschlossen.

Für die Geldpolitik wurde die Frage der optimalen Regelgestaltung von *Lucas* (1972, 119ff) und später von *Sargent und Wallace* (1975) diskutiert. Bei rationalen Erwartungen wird jeder geldpolitische Plan früher oder später erkannt und seine Konsequenzen werden antizipiert. Folglich hat der Inhalt der geldpolitischen Regel keine realwirtschaftlichen Konsequenzen – solange die Entwicklung der Geldmenge regelgebunden, d.h. vorhersehbar, ist. Allerdings bleibt der Geldpolitik, auch wenn sie keine *realen* Ziele erreichen kann, ein *nominales* Ziel: die Preisstabilität. Da auch eine vorhergesehene Inflation *gewisse* reale Effekte (wie die Beeinflussung der Höhe der Transaktionskosten und des Ausmaßes der Realkassenhaltung) verursacht, die aufgrund ihrer relativ geringen Bedeutung bisher vernachlässigt wurden, spricht einiges für die Verfolgung des Preisstabilitätszieles. Mit diesem ist jedoch nicht jede beliebige vorhersehbare, sondern nur eine *bestimmte* Geldmengenwachstumsrate vereinbar – nämlich die von *Friedman* empfohlene, an dem Wachstum des Produktionspotentials orientierte Rate (vgl. Teil VI.1.3). Auf diese Weise gelang erstmals eine analytisch befriedigende Begründung der von *Friedman* empfohlenen Geldpolitik, die dieser selbst immer nur intuitiv und mit Plausibilitätsargumenten rechtfertigen konnte.

In einem zweiten Schritt läßt sich zeigen, daß die Regelbindung auch dann überlegen ist, wenn diskretionäre Eingriffe wohlfahrtserhöhend wirken können (also dieselben nicht grundsätzlich ineffizient sind) – etwa weil Marktgleichgewichte aufgrund externer Effekte nicht paretooptimal sind. Der Nachweis der Überlegenheit der Regelbindung wurde für die Wirtschaftspolitik im allgemeinen von *Kydland und Prescott* (1977) geführt. Da die Erwartungen rational (und nicht exogen vorgegeben) sind, werden sie von der angekündigten und der tatsächlich durchgeführten Wirtschaftspolitik beeinflußt, welche wiederum auf diese Erwartungen Rücksicht nehmen muß. Eine diskretionäre Politik sieht sich deshalb dem Problem der *dynamischen Inkonsistenz* gegenüber, welches darin besteht, daß ein anfänglich optimaler wirtschaftspolitischer Plan aufgrund der Erwartungsrevision der Wirtschaftssubjekte in der Folgezeit suboptimal wird und deshalb Abweichungen vom „optimalen" Plan angezeigt sind. Als Beispiel sei die Ausgestaltung einer Steuergutschrift für Investitionen (von denen gewisse positive externe Effekte ausgehen) genannt. Aufgrund des beobachteten Verhaltens der Unternehmen wird eine Steuergutschrift eingeführt, die optimal im Sinne der Maximierung einer bestimmten sozialen Wohlfahrtsfunktion ist. Durch diese Steuergutschrift ändert sich aber das Investitionsverhalten, so daß die Steuergutschrift, die ja auf der Grundlage des ursprünglichen Investitionsverhaltens gestaltet wurde, nicht mehr optimal ist. Sie muß angepaßt werden, worauf sich das Investitionsverhalten wieder ändert etc. Es ist zwar möglich, daß dieser Prozeß konvergiert und eine konsistente Steuerpolitik resultiert, doch ist bei rationalen Erwartungen diese Politik suboptimal – und zwar deshalb, weil die aktuellen Investitionen auch von den Erwartungen über die zukünftige Steuerpolitik beeinflußt werden, diese aber im Fall der diskretionären Politik *nicht festgelegt* ist und die Wirtschaftssubjekte die mögliche Ausnützung dieses Politikspielraums in ihrem Verhalten berücksichtigen. Sie werden also ceteris paribus weniger investieren, wenn die Möglichkeit einer Rücknahme der Steuergutschrift (nachdem irreversible Investitionsentscheidungen getroffen wurden) besteht, als wenn diese Möglichkeit nicht besteht; darunter leidet die Effizienz des Instruments „Steuergutschrift" offensichtlich. Eine regelgebundene ist deshalb einer diskretionären Politik *prinzipiell* überlegen.

> „[P]olicymakers should follow rules rather than have discretion. The reason that they should not have discretion is not that they are stupid or evil but, rather, that discretion implies selecting the decision which is best, given the current situation. Such behavior either results in consistent but suboptimal planning or in economic instability." (*Kydland und Prescott* 1977, 487)

Auf Grundlage dieser Einsichten entwickelten *Barro und D.B. Gordon* (1983) ein vielbeachtetes geldpolitisches Modell. Sie gehen davon aus, daß die Notenbank durch unvorhergesehene Geldmengenerhöhungen die (ineffizient hohe) „natürliche" Arbeitslosenrate senken kann. Aber die Wirtschaftssubjekte rechnen damit, daß die Notenbank diesen Handlungsspielraum ausnutzen wird (sie würden also der bloßen Ankündigung einer restriktiven Geldpolitik keinen Glauben schenken), und nehmen eine gewisse Inflationsrate in ihren Arbeits- bzw. Tarifverträgen vorweg – mit dem Ergebnis, daß eine expansive Geldpolitik ohne realen Effekt bliebe.

Desungeachtet muß die Notenbank de facto eine solche Geldpolitik betreiben, da andernfalls die Arbeitslosigkeit nicht nur nicht sinken, sondern sogar steigen würde (die angesichts der erwarteten Inflation vereinbarten Lohnsteigerungen wären, wenn es nicht zu dieser Inflation käme, gleichbedeutend mit der Erhöhung der realen Lohnkosten). Folglich müssen die Nachteile der Inflation in Kauf genommen werden, ohne daß diese mit Vorteilen für die Beschäftigung verbunden ist. Einen Ausweg aus diesem Dilemma stellt die Regelbindung dar: Wenn sich die Notenbank glaubhaft zu einer stabilitätsorientierten Geldpolitik verpflichtet, so verzichtet sie zwar auf die Beeinflussung der Beschäftigung (was ihr ohnehin allenfalls kurzfristig möglich ist), aber sie kann zumindest verhindern, daß es zu Inflation kommt.

Zum Abschluß unserer Diskussion der Neuen Klassischen Makroökonomie kann folgendes Fazit gezogen werden: Die Neue Klassische Makroökonomie hat in den 70er und 80er Jahren die Entwicklung der Makroökonomie entscheidend vorangebracht. Allgemein durchgesetzt hat sie sich aber nicht – und zwar im wesentlichen aus einem Grund: Ihre Annahme der permanenten Räumung aller Märkte ist zu problematisch und so nicht haltbar; denn im Endeffekt wird dadurch der Großteil der makroökonomischen Probleme einfach wegdefiniert. Im Gegensatz dazu ist die Theorie rationaler Erwartungen allgemein akzeptiert worden; sie folgt unmittelbar aus der Anwendung der grundlegenden mikroökonomischen Verhaltensannahmen auf den Umgang mit Informationen und ist aus einer Makroökonomie, die das Ziel der Mikrofundierung verfolgt, nicht mehr wegzudenken.

1.6. Neue Keynesianische Makroökonomie

Wie erwähnt konnte sich die Neue Klassische Makroökonomie vor allem deshalb nicht durchsetzen, weil die Grundannahme ständiger Räumung aller Märkte als unhaltbar verworfen werden mußte: Angesichts der beobachteten makroökonomischen Phänomene, insbesondere der Arbeitslosigkeit, erschien die Hypothese, daß sich alle Märkte ständig im Gleichgewicht befinden, im höchsten Maße unrealistisch – es sei denn, man würde „Gleichgewicht" so definieren, daß der Begriff bedeutungslos wird und eine Unterscheidung zwischen Gleichgewicht und Ungleichgewicht nicht mehr möglich ist. Da andererseits das Ziel der Neuen Klassischen Makroökonomie, nämlich die Legung fester mikroökonomischer Fundamente für die Makroökonomie, ebenso als sinnvoll und notwendig anerkannt wurde wie die andere Grundannahme dieser Schule, die Rationalität der Erwartungen, etablierte sich ein neues Forschungsprogramm mit dem Ziel der Weiterentwicklung der Neuen Klassischen Makroökonomie unter Verzicht auf die Gleichgewichtsannahme. Erste Anfänge desselben lassen sich – in Form kritischer Anmerkungen zur Neuen Klassischen Makroökonomie – schon Mitte der 70er Jahre ausmachen, doch nahm diese neue Richtung erst in den 80er Jahren als *Neue Keynesianische Makroökonomie* Gestalt an. Im Gegensatz zur Neuen Klassischen Makroökonomie handelt es sich bei der Neuen Keynesianischen Makroökonomie nicht um ein *homogenes* Forschungsprogramm; vielmehr wird unter dieser Bezeichnung eine Vielzahl verschiedener Ansätze zusammengefaßt, die sich z.T. deutlich voneinander unterscheiden. Wichtige Gemeinsamkeiten rechtfertigen aber trotzdem die Zusammenfassung dieser Ansätze: In jedem Fall ist das Ziel eine Mikrofundierung der Makroökonomie, wobei darunter zwar die Rationalität der Erwartungen, nicht aber ein walrasianisches allgemeines Gleichgewicht verstanden wird. Vielmehr werden Marktunvollkommenheiten (d.h. Ungleichgewichte) ausdrücklich berücksichtigt und makroökonomische Phänomene sowohl auf der Grundlage individueller Nutzenmaximierung unter Nebenbedingungen als auch keynesianisch interpretiert. Insbesondere wird die Existenz unfreiwilliger Arbeitslosigkeit und die Wirksamkeit einer staatlichen Beeinflussung der gesamtwirtschaftlichen Nachfrage für möglich gehalten.

Im wesentlichen lassen sich drei Gruppen neokeynesianischer Arbeiten unterscheiden: Ansätze, die von realen Preisrigiditäten ausgehen; Ansätze, die nominale Preisrigiditäten untersuchen; und Ansätze, die sich mit dem möglichen Versagen dezentraler Koordination befassen. Alle diese Arbeiten gehen in der Regel *nicht* von Preisnehmern aus (schließlich muß mit der Ablehnung eines allgemeinen Gleichgewichts auch auf den Walrasschen Auktionator verzichtet werden), sondern unterstellen monopolistische Konkurrenz im Sinne von *Chamberlin* (vgl. Teil IV.2.1.3.2.c), in der die Unternehmen die Preise selbst festsetzen.

Ein Grund, warum es zu Marktungleichgewichten kommen kann, besteht in der möglichen Rigidität *realer*, d.h. relativer, Preise und Löhne, so daß reale Schocks nicht oder nur langsam absorbiert werden. Im Hinblick auf den Arbeitsmarkt gibt es zwei Modelle zur Erklärung rigider Reallöhne als Ursache für unfreiwillige Arbeitslosigkeit. Zum einen zahlen nach der *Effizienzlohn-Hypothese* die Unternehmen deshalb einen höheren Lohn als den markträumenden Gleichgewichtslohn, weil sie befürchten, daß Lohnsenkungen negative Auswirkungen auf die Produktivität ihrer Arbeiter haben

(*Akerlof* 1982; *Solow* 1979). Zum anderen können im *Insider-Outsider-Modell* die Beschäftigten („Insider") die Tatsache, daß ein Personalwechsel mit Kosten für das Unternehmen verbunden ist, zur Durchsetzung von Löhnen benutzen, die höher sind als die, zu denen Nichtbeschäftigte („Outsider") bereit wären zu arbeiten (*Solow* 1985). Aber auch auf anderen Märkten kann es zu Ungleichgewichten kommen, die für den Arbeitsmarkt negative Konsequenzen haben können: Auf dem Kapitalmarkt existiert eine Informationsasymmetrie, dergestalt daß der Kreditnehmer besser über die von ihm geplante Investition informiert ist als der Kreditgeber. Dies kann zur Kreditrationierung und damit zu einem Ungleichgewicht führen, welches wiederum (aus gesamtwirtschaftlicher Sicht) zu geringe Investitionen zur Folge haben kann (*Stiglitz und Weiss* 1981). In Konsumgütermärkten verfolgen die Unternehmen nach Meinung von *Okun* (1975) bewußt eine auf Preisstabilität abzielende Strategie, um langfristige Beziehungen zu ihren Kunden aufzubauen; sie verwenden deshalb eine Kostenaufschlagskalkulation und reagieren bei Nachfrageschocks nicht mit Preis-, sondern mit Mengenänderungen (was natürlich inflexible reale Preise und entsprechende Ungleichgewichte impliziert).

Die bisher vorgestellten Ansätze liefern keine Erklärung für die Nichtneutralität von *monetären* Schocks. Hierzu ist die Berücksichtigung nominaler Preisrigiditäten erforderlich; diese implizieren selbstverständlich reale Rigiditäten (wenn Nominalpreise inflexibel sind, sind dies auch Realpreise; wenn Realpreise inflexibel sind, können die Nominalpreise trotzdem flexibel sein). Eine der ersten Arbeiten, die als neokeynesianisch bezeichnet werden kann, thematisiert solche nominalen Inflexibilitäten: *Fischer* (1977) kritisiert eine zentrale Aussage der Neuen Klassischen Makroökonomie, nämlich daß vorhergesehene Geldmengenänderungen keine realen Effekte hätten, indem er darauf hinweist, daß Verträge, die auf längere Sicht abgeschlossen werden, die also keine umgehenden Nominallohn- bzw. Nominalpreisanpassungen zulassen, ursächlich dafür sein können, daß selbst eine vorhergesehene Geldpolitik effektiv ist (vgl. Teil VI.1.5.2). Es stellt sich nun natürlich die grundsätzliche Frage, warum überhaupt längerfristige Verträge abgeschlossen werden sollten oder, allgemeiner, warum überhaupt nominale Rigiditäten (in welcher Form auch immer) auftreten sollten. Diese Frage beantwortet *Mankiw* (1985) mit seinem *Menükostenansatz*. Wenn es zu nominalen Schocks kommt, dann müßte ein gewinnmaximierender monopolistischer Anbieter eigentlich seinen Preis ändern. Berücksichtigt er jedoch die damit verbundenen Preisänderungskosten („menu costs"), kann es für ihn sinnvoll sein, (zunächst) den Preis beizubehalten und stattdessen die Angebotsmenge anzupassen. Unter diesen Umständen hätte z.B. eine expansive Geldpolitik einen expansiven realen Effekt. *Mankiw* (1985) geht jedoch partialanalytisch vor, so daß wichtige makroökonomische Interaktionen, die für die Beurteilung der (Nicht-) Neutralität der Geldpolitik eine Rolle spielen, außer acht bleiben. Zu einem Totalmodell erweitert wird der Menükostenansatz von *Blanchard und Kiyotaki* (1987). Hierbei zeigt sich, daß auch geringe Menükosten, die zu *einzelwirtschaftlich* unbedeutenden Abweichungen vom Optimum ohne Menükosten führen, deutliche *gesamtwirtschaftliche* Effekte auslösen können. Beide vorgestellten Menükosten-Modelle sind statisch; sie vermögen deshalb zwar, das Unterlassen einer bestimmten Preisanpassung zu erklären, nicht jedoch die Preissetzung der Unternehmen im allgemeinen. Hierfür wird eine *dynamische* Theorie benötigt, wie sie von *Blanchard und Fischer* (1989, Kap. 8) entwickelt wird.

Die innovativsten Arbeiten der Neuen Keynesianischen Makroökonomie kommen *ohne* (reale oder nominale) Preisrigiditäten aus und erklären typisch keynesianische Phänomene (wie die Arbeitslosigkeit) als *Koordinationsversagen*. Grundlegend ist die Vorstellung, daß bei dezentraler Koordination Externalitäten existieren, daß sich also die individuellen Entscheidungen auch auf Nutzen bzw. Kosten Dritter direkt auswirken. Da diese externen Effekte von den Individuen bei ihren Entscheidungen nicht berücksichtigt werden, kommt es zu Gleichgewichten, die im Vergleich zu den theoretisch bei zentraler Koordination (also in Abwesenheit der genannten externen Effekte) möglichen Gleichgewichten paretosuboptimal sind. So kann es *Transaktionsexternalitäten* geben, die darin bestehen, daß der Nutzen bzw. Gewinn einzelner Wirtschaftssubjekte aus marktlichen Transaktionen davon abhängt, wieviele andere Wirtschaftssubjekte ebenfalls aktiv sind; denn mit zunehmender Zahl der Marktteilnehmer können die potentiellen Vorteile von Markttransaktionen leichter realisiert werden. Die sich unter diesen Umständen herausbildenden Marktgleichgewichte können ineffizient sein, so daß staatliche Maßnahmen zur Erhöhung der Gesamtnachfrage (und damit der Zahl der Marktteilnehmer bzw. der Transaktionen) effizienzsteigernd wirken können (*Diamond* 1982; *Howitt* 1985). Allgemein wurde der Mechanismus, der hinter dem Koordinationsversagen steht, in einem spieltheoretischen Modell von *Cooper und John* (1988) erläutert. Dieser neokeynesianische Ansatz unterscheidet sich von den auf Preisrigiditäten basierenden Ansätzen dadurch, daß er *nicht* von Marktungleichgewichten ausgeht; als Ergebnis dezentraler Koordination kommt es nämlich regelmäßig zu einem Gleichgewicht. Allerdings handelt es sich dabei – im Gegensatz zur Neuen Klassischen Makroökonomie – nicht um ein prinzipiell effizientes, sondern um ein in aller Regel ineffizientes Gleichgewicht. Denn die Neue Klassische Makroökonomie unterstellt (implizit) zentrale Koordination (d.h. die Existenz des Walrasschen Koordinators), so daß es nicht zu Externalitäten bzw. Koordinationsversagen kommen kann, wohingegen diese Annahme bei dem hier geschilderten Ansatz keine Verwendung findet. Da aber auch ohne den Auktionator, also dezentral, ein Gleichgewicht zustande kommt, kann von einem „Versagen" der Koordination nur im Hinblick auf die wohlfahrtstheoretische Überlegenheit des (rein hypothetischen!) Gleichgewichts bei zentraler Koordination gesprochen werden.

Die Neue Keynesianische Makroökonomie ist (noch) kein abgeschlossenes Paradigma: Viele Einzelheiten sind noch zu klären; eine Synthese der verschiedenen Ansätze steht noch aus; und auch ein vollständiges neokeynesianisches Makromodell fehlt noch. Gleichwohl hat die Neue Keynesianische Makroökonomie gute Aussichten, das Problem der Mikrofundierung der Makroökonomie befriedigend zu lösen und somit eine sinnvolle und konsistente Integration von Mikro- und Makroökonomie zu erreichen. Im Mittelpunkt dieser Bemühungen stehen in letzter Zeit Ansätze, die das Modell realer Konjunkturzyklen mit keynesianischen Elementen der einen oder anderen Art kombinieren. Damit zeichnet sich eine neue neoklassische Synthese ab – die im Gegensatz zur alten diesen Namen auch wirklich verdient.

2. Langfristige Makroökonomie: Wachstumstheorie

Während die langfristige Entwicklung der Volkswirtschaft im Mittelpunkt der klassischen Theorie stand, wurde sie – wie die Makroökonomie überhaupt – seit der „marginalistischen Revolution" lange Zeit weitgehend vernachlässigt. Auch *Keynes* ließ die langfristigen Implikationen seiner Theorie außer acht – die Analyse derselben und damit die Schaffung der keynesianischen Wachstumstheorie blieb seinen Nachfolgern vorbehalten (Teil VI.2.1). Aber auch auf der Grundlage neoklassischer Vorstellungen wurden Wachstumstheorien entwickelt; hier lassen sich eine „alte" und eine „neue" Richtung voneinander unterscheiden (Teile VI.2.2 und VI.2.3). Sowohl die keynesianische als auch die alte neoklassische Wachstumstheorie identifizieren lediglich die Bedingungen für ein gleichgewichtiges Wachstum – sie erklären das tatsächliche Wachstum nicht. Eine solche Erklärung wird erst von der neuen neoklassischen Wachstumstheorie unternommen.

2.1. Keynesianische Wachstumstheorie

Keynes beschäftigte sich vor allem mit der Frage, wie *kurzfristig* ein Vollbeschäftigungsgleichgewicht erreicht werden kann; deshalb vernachlässigte er den Kapazitätseffekt von Investitionen und berücksichtigte nur deren Einkommenseffekt. Bei längerfristiger Betrachtung ist dies jedoch nicht mehr möglich; in diesem Fall muß der Kapazitätseffekt (d.h. das Wachstum der Produktionskapazität) mit einbezogen werden. Dann geht es nicht mehr um die für kurzfristige Vollbeschäftigung notwendige (absolute) Höhe der Investitionen, sondern darum, wie hoch das Wachstum des Volkseinkommens sein muß, um dauerhaft Vollbeschäftigung zu erreichen, d.h. um ein dauerhaftes Gleichgewicht zwischen Einkommen, tatsächlicher Produktion und Produktionskapazität sicherzustellen. Wenngleich sie nicht die ersten waren, die sich mit dieser Problematik auseinandersetzten (es gab einige wenig beachtete Vorläufer), sind doch die Arbeiten von *Roy Harrod* (1900-1978) und *Evsay Domar* (geb. 1914) am einflußreichsten gewesen (*Harrod* 1939; *Domar* 1946; 1947); man spricht deshalb auch vom *Harrod-Domar-Wachstumsmodell*. Da es keine wesentlichen Unterschiede zwischen den beiden Ansätzen gibt, soll hier nur das Modell von *Harrod* behandelt werden.

Harrod geht von einer gesamtwirtschaftlichen Produktionsfunktion $Y = f(K, L)$ aus, die sich durch ein *festes Faktoreinsatzverhältnis* auszeichnet, d.h. limitational ist. Dies kann begründet werden mit entsprechenden technologischen Bedingungen, aber auch durch die Rigidität der Preise für die Produktionsfaktoren Arbeit (L) und Kapital (K). Letzteres ist eher im Sinne von *Keynes* – und dient auch zur Rechtfertigung der Bezeichnung „keynesianisch" für diese Wachstumstheorie (wenngleich *Keynes* selbst in seiner „General Theory" *nicht* von einem konstanten Faktoreinsatzverhältnis ausgegangen ist).

Die Wachstumsrate g des Volkseinkommens Y ist definiert als:

$$(81) \quad g = \frac{\Delta Y}{Y}$$

Da Sparen (S) und Investitionen (I) ex post identisch sein müssen, und letztere eine Erhöhung des Kapitalstocks bewirken (von Abschreibungen wird abgesehen), läßt sich die Sparquote s wie folgt schreiben:

$$(82) \quad s = \frac{S}{Y} = \frac{I}{Y} = \frac{\Delta K}{Y}$$

Eine zentrale Rolle spielt der Kapitalkoeffizient k, der angibt, in welchem Verhältnis Investitionen und Einkommenswachstum zueinander stehen müssen:[108]

$$(83) \quad k = \frac{\Delta K}{\Delta Y} = \frac{I}{\Delta Y}$$

Da

$$(84) \quad \frac{dY}{Y} = \frac{\Delta K / Y}{\Delta K / \Delta Y},$$

gilt offensichtlich:

$$(85) \quad g = \frac{s}{k}$$

Auf der Grundlage dieser Zusammenhänge leitet *Harrod* zwei Bedingungen für eine langfristige Vollbeschäftigung ab.[109]

Erstens muß die tatsächliche Wachstumsrate der *befriedigenden Wachstumsrate* g_w („warranted rate of growth") entsprechen, die sich ergibt, weil k als konstant angenommen wird (um dem fixen Faktoreinsatzverhältnis Rechnung zu tragen):

$$(86) \quad g_w = \frac{s}{k}$$

Investitionen müssen also im erforderlichen Ausmaß getätigt werden (d.h. in Höhe der Ersparnisbildung beim Vollbeschäftigungseinkommen), so daß der tatsächliche stets gleich dem gewünschten Kapitalstock ist.

Zweitens muß die tatsächliche Wachstumsrate auch genauso groß sein wie die *natürliche Wachstumsrate* g_n („natural rate of growth"):

„This is the maximum rate of growth allowed by the increase of population, accumulation of capital, technological improvement and the work/leisure

---

[108] *Harrod* interpretiert den Kapitalkoeffizienten k im Sinn einer Verhaltensannahme; d.h. k gibt an, in welchem Umfang Investitionen durch das Wachstum des Einkommens ausgelöst werden. *Domar* sieht k dagegen eher als produktionstechnische Größe an, die angibt, wieviel zusätzliches Kapital zur Produktions- bzw. Einkommenssteigerung notwendig ist.

[109] Die zweite Bedingung findet sich nur bei *Harrod*, nicht bei *Domar*.

preference schedule, supposing that there is always full employment in some sense." (*Harrod* 1939, 30)

Diese Rate stellt die langfristige Obergrenze des Wachstums dar. Ein Gleichgewicht ergibt sich also nur, wenn gilt:

(87) $g = g_w = g_n$

Eine solche Situation kann sich zwar durchaus einstellen, doch wäre dies reiner Zufall. Bei Erfüllung der ersten Bedingung ($g = g_w$) liegt zwar ein Gleichgewicht vor, dieses ist aber instabil; denn etwaige Abweichungen zwischen g und g_w haben einen sich selbst verstärkenden Effekt. Ist $g > g_w$, so sinkt der tatsächliche unter den gewünschten Kapitalbestand (weil weniger gespart wird, als angesichts des tatsächlichen Wachstums investiert werden müßte); daraufhin werden verstärkt Investitionen getätigt, wodurch g weiter steigt. Ist dagegen $g < g_w$, so ist der Kapitalbestand zu hoch (weil mehr gespart wird, als investiert werden müßte); es wird weniger investiert und g nimmt deshalb weiter ab. „Departure from the warranted line sets up an inducement to depart further from it. The moving equilibrium of advance is thus a highly unstable one" (*Harrod* 1939, 23). Selbst wenn $g = g_w$, so muß noch der zweite Teil der Bedingung (87), $g_w = g_n$, erfüllt werden. Dies ist keineswegs immer der Fall, denn es gibt keinen unmittelbaren Zusammenhang zwischen befriedigender und natürlicher Wachstumsrate. Sollte etwa $g_w < g_n$ gelten, so kann das Wachstum zwar infolge der Übernachfrage nach Kapital vorübergehend über g_w liegen; es wird aber inflationärer Art sein, da auf die Dauer nicht alle Arbeitskräfte mit ausreichend Kapital ausgestattet werden können; strukturelle Arbeitslosigkeit ist schließlich unvermeidlich. Falls andererseits $g_n < g_w$ gilt, kann das Wachstum nie die befriedigende Rate erreichen, ein Teil des Kapitals kann aufgrund fehlender Arbeitskräfte nicht ausgelastet werden, woraus eine Abnahme der Investitionen und entsprechende rezessive Tendenzen resultieren.

Aufgrund der Instabilität und Zufälligkeit eines dauerhaften Vollbeschäftigungsgleichgewichts hält *Harrod* – neben der kurzfristigen Konjunkturpolitik – auch eine langfristig angelegte Wachstumspolitik für notwendig: „The ideal policy would be to manipulate the proper warranted rate so that it should be equal to the natural rate" (*Harrod* 1939, 32). Er geht damit deutlich weiter als *Keynes*, der immerhin eine *langfristige* Tendenz zum Vollbeschäftigungsgleichgewicht bejaht hatte; selbst diese wird von *Harrod* verneint: Die Marktwirtschaft führt weder kurz- noch langfristig von selbst zu befriedigenden Ergebnissen.

2.2. Alte Neoklassische Wachstumstheorie

Die Annahme eines konstanten Faktoreinsatzverhältnisses in der keynesianischen Wachstumstheorie ist entscheidend für deren Ergebnisse – und stellt gleichzeitig deren wesentlichen Schwachpunkt dar: Denn eine überzeugende Begründung für eine langfristige Gültigkeit dieser Annahme gibt es nicht. Sinnvoller und realitätsnäher erscheint vielmehr die entgegengesetzte Annahme, nämlich die der grundsätzlich möglichen Substituierbarkeit der Produktionsfaktoren, wie sie in der neoklassischen Theorie üblich ist. Diese Substituierbarkeitsannahme bildete den Ausgangspunkt für die neoklassische Wachstumstheorie. Allerdings können das Grundmodell von *Solow* (Teil VI.2.2.1) und die darauf aufbauende *Goldene Regel der Akkumulation* (Teil VI.2.2.2) nicht als vollständig neoklassisch bezeichnet werden, da nur das Faktoreinsatzverhältnis erklärt (und gewissermaßen „endogenisiert") wird, nicht aber Sparverhalten und technischer Fortschritt, die (wie in der keynesianischen Wachstumstheorie auch) als exogene Faktoren behandelt werden. Während recht bald eine endogene Sparquote eingeführt wurde (Teil VI.2.2.3), blieb das Problem der angemessenen Berücksichtigung des technischen Fortschritts lange Zeit ungelöst (Teil VI.2.2.4).

2.2.1. Das Grundmodell

Die grundlegende Arbeit zur alten neoklassischen Wachstumstheorie wurde von *Robert M. Solow* (geb. 1924) vorgelegt (*Solow* 1956); weit weniger bekannt wurden ähnliche Modelle von *Tinbergen* (1942) und *Swan* (1956).[110]

Solow verwendet eine linear-homogene gesamtwirtschaftliche Produktionsfunktion; d.h. die Skalenerträge sind konstant. Für die Produktionsfaktoren Arbeit (L) und Kapital (K) werden wie üblich abnehmende Grenzerträge unterstellt. Die Produktionsfaktoren sind substituierbar, so daß das Faktoreinsatzverhältnis flexibel ist.[111] Aus der gesamtwirtschaftlichen Produktionsfunktion

(88) $\quad Y = f(K, L)$

---

[110] *Solow* wurde 1987 der Ökonomie-Nobelpreis verliehen.

[111] Durch die Flexibilität des Faktoreinsatzverhältnisses ist die natürliche immer gleich der befriedigenden Wachstumsrate.

läßt sich die Pro-Kopf-Produktion

(89) $\quad y = \dfrac{Y}{L} = f(k)$

ableiten, die eine Funktion der Kapitalintensität

(90) $\quad k = \dfrac{K}{L}$

ist. Die Wachstumsrate der Bevölkerung bzw. des Arbeitskräfteangebots sei

(91) $\quad n = \dfrac{dL/dt}{L}$.

Bei einer konstanten Sparquote (s) beträgt die Ersparnis

(92) $\quad S = sY$.

Vernachlässigt man Abschreibungen, so nimmt der Kapitalbestand entsprechend der Ersparnisbildung zu:

(93) $\quad dK/dt = sY$

Leitet man k nach der Zeit ab, so erhält man folgendes Verhältnis zwischen den Wachstumsraten von Kapitalintensität, Kapitalbestand und Arbeitskräftebestand:

(94) $\quad \dfrac{dk/dt}{k} = \dfrac{dK/dt}{K} - \dfrac{dL/dt}{L} = \dfrac{sY}{K} - n$

Multipliziert man (94) mit k (d.h. mit K/L), so ergibt sich *Solows* (1956, 69) „fundamental equation":

(95) $\quad \dfrac{dk}{dt} = sy - nk$

Gleichung 95 beschreibt die Entwicklung der Kapitalintensität im Zeitablauf. Von einem gleichgewichtigen Wachstum („balanced growth") spricht *Solow* (1956, 69), wenn die Kapitalintensität gleich bleibt, d.h. wenn

(96) $\dfrac{dk}{dt} = 0 \Leftrightarrow sy = nk$.

In diesem Fall ändert sich die Struktur der Wirtschaft nicht; die Gesamtproduktion und der Kapitalstock wachsen entsprechend der Zunahme des Arbeitskräftebestandes; das Pro-Kopf-Einkommen (y) ist konstant; die Sparquote determiniert zwar die Kapitalintensität und damit das Pro-Kopf-Einkommen, *nicht* jedoch die Gleichgewichtswachstumsrate, die gleich n ist. Die Wirtschaft befindet sich in einem „steady state".

Dieses Gleichgewichtswachstum ist *stabil*, wie sich anhand von Abbildung 30 zeigen läßt (*Solow* 1956, 70). Die beiden Kurven nk und sy veranschaulichen das Verhältnis der beiden Terme von Gleichung 96. Die Kurve nk gibt an, wie hoch die Pro-Kopf-Ersparnis (die dk/dt entspricht) in Abhängigkeit von der Kapitalintensität sein muß, damit diese sich bei vorgegebener Zunahme der Arbeitskräftezahl nicht verändert. Die Kurve sy gibt die tatsächliche Pro-Kopf-Ersparnis bei konstanter Sparquote in Abhängigkeit von der Kapitalintensität an; diese Kurve ist konkav, da mit steigender Kapitalintensität der Grenzertrag des Kapitals (und damit die auf diese Weise mögliche Zunahme von y) abnimmt.

Abb. 30: Das Solow-Modell

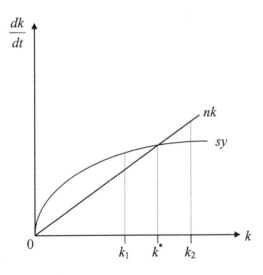

Das Gleichgewichtswachstum setzt eine Kapitalintensität von k^* voraus. Ist die Kapitalintensität geringer (z.B. k_1), so ist die tatsächliche Ersparnis höher als die zur Aufrechterhaltung der jeweiligen Kapitalintensität notwendige Ersparnis; k nimmt also zu. Ist die Kapitalintensität dagegen höher als k^* (z.B. k_2), so übersteigt die notwendige die tatsächliche Ersparnis und k nimmt ab. Etwaige Abweichungen von der Gleichgewichtskapitalintensität korrigieren sich also automatisch.

2.2.2. Die Goldene Regel der Akkumulation

Solow ließ die Frage unbeantwortet, wie hoch die Sparquote sein sollte. Deren Höhe ist aber von großer Bedeutung: Je mehr gespart wird, desto höher ist die Kapitalintensität und desto höher ist das Einkommen (auf die Wachstumsrate desselben hat die Sparquote aber, wie wir gesehen haben, keinen Einfluß). Allerdings besteht das Ziel des Wirtschaftens nicht im Einkommen bzw. in der Produktion per se, sondern im dadurch ermöglichten Konsum. Eine möglichst hohe Sparquote ist deshalb nicht zwangsläufig optimal, da dann zwar das Einkommen sehr hoch ist, aber nur ein geringer Teil davon konsumiert werden kann. Andererseits führt die Minimierung der Sparquote zwar dazu, daß ein Großteil des Einkommens konsumiert werden kann, doch ist dasselbe aufgrund der geringen Ersparnis und damit geringen Kapitalbildung sehr niedrig.

Die Lösung dieses Dilemmas präsentierte *Phelps* (1961) mit seiner *Goldenen Regel der Akkumulation*; identische Regeln wurden mehr oder weniger zur gleichen Zeit auch von anderen Ökonomen formuliert, u.a. von *Meade*, *Swan* und *Weizsäcker*, doch veröffentlichte *Phelps* seinen Vorschlag als erster.

Er geht von einem gleichgewichtigen Wachstum aus, d.h.

(97) $sy = nk$.

Der Pro-Kopf-Konsum c resultiert aus der Differenz von Pro-Kopf-Produktion und Pro-Kopf-Ersparnis:

(98) $c = y - sy = y - nk$

Die Kapitalintensität ist optimal, wenn der Pro-Kopf-Konsum maximiert wird, d.h. wenn

(99) $\quad \dfrac{dc}{dk} = 0 = \dfrac{dy}{dk} - n \quad \Leftrightarrow \quad \dfrac{dy}{dk} = n$.

Aus (97) und (99) ergibt sich als optimale Sparquote

(100) $\quad s^* = \dfrac{dy}{dk}\dfrac{k}{y}$.

Die Sparquote sollte also der Elastizität der Pro-Kopf-Produktion hinsichtlich der Kapitalintensität entsprechen. Da bei vollkommenem Wettbewerb der Zins i gleich der marginalen Kapitalproduktivität dy/dk bzw. dY/dK ist, gilt:

(101) $\quad s^* = \dfrac{ik}{y}$

Demgemäß sollte die Sparquote gleich dem Anteil der Pro-Kopf-Zinseinkünfte am Pro-Kopf-Einkommen sein bzw. die Spar- sollte der Zinseinkommensquote entsprechen. Insgesamt müssen also Ersparnisse in Höhe der Zinseinkünfte gebildet werden.[112]

Das Hauptproblem des Ansatzes von *Phelps* besteht darin, daß Anpassungsprobleme nur kurz erwähnt, im übrigen aber weitgehend vernachlässigt werden. Denn zur optimalen Sparquote bzw. Kapitalintensität gehört ein optimaler Kapitalbestand; nur auf der Grundlage desselben liefert die optimale Sparquote auch tatsächlich ein optimales Ergebnis. Es wäre jedoch reiner Zufall, wenn der passende optimale Kapitalbestand vorhanden wäre; sollte dies nicht der Fall sein, muß für einen bestimmten Zeitraum mehr oder weniger gespart werden, als die optimale Sparquote erfordern würde, damit der optimale Kapitalbestand realisiert werden kann. Zur Bestimmung des optimalen Anpassungspfades ist eine intertemporale, dynamische Optimierung erforderlich, auf die *Phelps* aber verzichtet.

---

[112] Diese Bedingung ist z.B. im Fall einer *extrem klassischen* Sparfunktion erfüllt; hier sparen Lohnempfänger nicht und Beziehen von Zinseinkünften sparen diese vollständig. Eine solche Sparfunktion ist aber nicht notwendig für die Realisierung des „goldenen" Wachstumspfades; es müssen nur insgesamt Zinseinkünfte und Ersparnisse übereinstimmen, *nicht* für jedes Individuum.

2.2.3. Die Endogenisierung der Sparentscheidung

Sobald die Sparquote nicht mehr exogen ist, stellt sich die Frage nach der optimalen Sparquote, d.h. nach der optimalen Aufteilung des Sozialprodukts auf Konsum und Investitionen. Die „Goldene Regel" von *Phelps* stellt keine befriedigende Antwort auf diese Frage dar, weil sie von der Fiktion ausgeht, der Kapitalbestand entspreche „automatisch" der langfristig optimalen Sparquote. Eine sinnvolle Endogenisierung der Sparentscheidung kommt jedoch nicht mit einer solchen statischen Betrachtung aus, sondern setzt eine dynamische, d.h. intertemporale Optimierung voraus; denn es gilt, einen optimalen *Pfad* der Entwicklung der Sparquote zu bestimmen.

Die erste derartige dynamische Analyse stammt von *Ramsey* (1928). Er bestimmt den optimalen Pfad, auf dem eine Gesellschaft mit konstanter Bevölkerungszahl sich einem langfristigen Gleichgewichtszustand maximaler gesellschaftlicher Wohlfahrt annähern soll. Aufgrund der Vernachlässigung von Verteilungsproblemen betrachtet *Ramsey* nur die gesamtgesellschaftliche Wohlfahrt (U), die (positiv) vom Gesamtkonsum (C) und (negativ) von der Gesamtarbeitsmenge (L) abhängt.

(102) $U = f(L, C)$

Mit Hilfe der Produktionsfaktoren Arbeit (L) und Kapital (K) wird ein Gut produziert, das entweder konsumiert oder investiert, d.h. zur Vergrößerung des Kapitalstocks, eingesetzt werden kann; technologischer Fortschritt sei ausgeschlossen.

(103) $Y = f(L, K) = C + \dfrac{dK}{dt}$

Es gilt, den Gesamtnutzen über die Zeit

(104) $\int\limits_0^\infty U(L, C)\,dt = \int\limits_0^\infty U\!\left(L, Y - \dfrac{dK}{dt}\right)dt$

zu maximieren. Es gibt zwei Wege, ein *endliches* Integral zu erhalten. Erstens können die Nutzenwerte auf den Zeitpunkt Null abdiskontiert werden. Da dies aber von *Ramsey* (1928, 543) wegen der Benachteiligung künftiger Generationen als „ethically indefensible" abgelehnt wird, entscheidet er sich für die zweite Alternative und nimmt für jeden Zeitpunkt t

einen maximal möglichen Gesamtnutzen B („bliss") an. Dieses Vorgehen kann entweder durch das Absinken der marginalen Kapitalproduktivität auf Null bei einem bestimmten Kapitalstock oder durch einen Grenznutzen des Konsums von Null ab einem bestimmten Konsumniveau gerechtfertigt werden. Unter dieser Voraussetzung entspricht der obigen Maximierung die *Minimierung* von

(105) $\quad \int_0^\infty \{B - U(L,C)\} dt$.

Aus der Anwendung der Variationsrechnung (mit C als unabhängiger Variable) resultiert folgende Optimalbedingung für die Ersparnisbildung:

(106) $\quad \dfrac{dK}{dt} \dfrac{\delta U}{\delta C} = B - U$

Dies besagt, daß die Ersparnisbildung dann optimal ist, wenn *zu jedem Zeitpunkt* das Produkt aus Ersparnis bzw. Kapitalstockerweiterung und Grenznutzen des Konsums gleich der Differenz von maximalem und tatsächlichem Nutzen ist (eine Vorschrift, die intuitiv schwer zu interpretieren ist).

Aufgrund der für die damaligen Verhältnisse sehr anspruchsvollen mathematischen Methoden wurde *Ramseys* Arbeit lange Zeit ignoriert. Erst in den 60er Jahren wurde sein Modell aufgegriffen und weiterentwickelt. *Cass* (1965) und *Koopmans* (1965) gaben dabei insbesondere die Annahme einer oberen Grenze für den Gesamtnutzen auf und diskontierten stattdessen die zukünftigen Gesamtnutzenwerte gemäß einer als positiv angenommenen sozialen Zeitpräferenzrate ab. Während *Cass* und *Koopmans* (wie auch *Ramsey*) implizit von unendlich lange lebenden Individuen ausgingen, wählte *Diamond* (1965) einen anderen Ansatz: In seinem Modell überlappender Generationen, das auf *Samuelson* (1958) zurückgeht (vgl. Teil IV.2.2.3.1), haben die Wirtschaftssubjekte eine endliche Lebensdauer und einen endlichen Planungshorizont. Unter diesen Umständen kann der gleichgewichtige Wachstumspfad (im Gegensatz zu den Modellen von *Cass* und *Koopmans*) durchaus ineffizient sein; insbesondere kann es zur Überakkumulation von Kapital kommen.[113]

---

[113] Modelle überlappender Generationen werden heute nicht nur für wachstumstheoretische, sondern häufig auch für andere makroökonomische Fragestellungen verwandt; ihr Hauptvorteil gegenüber den Modellen mit unendlich lange lebenden Individuen liegt darin, daß sie die Berücksichtigung des über den Lebenszyklus variierenden Sparverhaltens

Die Modelle von sowohl *Cass* und *Koopmans* als auch *Diamond* thematisieren den Verlauf der Kapitalakkumulation und den Weg zum Gleichgewicht und unterscheiden sich insofern von dem Grundmodell der Wachstumstheorie. Mit diesem haben sie aber gemeinsam, daß ein langfristiges Wachstumsgleichgewicht („steady state") existiert. Auch hier gibt es schließlich ein konstantes Pro-Kopf-Einkommen, sobald die Sparquote ihren langfristigen Gleichgewichtswert erreicht hat; auch hier wächst die Volkswirtschaft dann nur noch im Ausmaß der Bevölkerungszunahme.

2.2.4. Technischer Fortschritt

Sowohl im Grundmodell von *Solow* als auch in dessen von *Cass*, *Diamond* und *Koopmans* weiterentwickelter Fassung ist das Pro-Kopf-Einkommen langfristig konstant. Dies steht jedoch (will man die Interpretation von „langfristig" nicht überstrapazieren) im Widerspruch zur Realität – zumindest in den Industrieländern, deren Pro-Kopf-Einkommen insbesondere nach dem zweiten Weltkrieg über mehrere Jahrzehnte deutlich zugenommen haben. Diese Steigerungen lassen sich auch nicht durch bloße Kapitalakkumulation erklären; vielmehr ist der weitaus größte Teil des Wirtschaftswachstums auf technischen Fortschritt zurückzuführen (*Solow* 1957; 1960).

Deshalb erwies es sich als notwendig, die technologische Weiterentwicklung in wachstumstheoretischen Modellen zu berücksichtigen. Zu diesem Zweck wurde der technische Fortschritt als *exogene* Größe aufgefaßt, d.h. seine Entwicklung im Zeitablauf, $T(t)$, wurde als vorgegeben akzeptiert. Dabei wurde der technische Fortschritt häufig nach seiner Wirkung auf die Einkommensverteilung klassifiziert.

Hicks (1932, 121ff) bezeichnet den technischen Fortschritt als *neutral*, wenn sich bei gegebenem Faktoreinsatzverhältnis (K/L) das Faktorpreisverhältnis (und damit die Einkommensverteilung) nicht ändert (vgl. Teil IV.2.1.2.2.b). Die entsprechende Produktionsfunktion sieht wie folgt aus:

(107) $Y = T(t) f(K, L)$

Der technische Fortschritt wird durch den (zeitabhängigen) Index T verkörpert ($dT/dt > 0$); er wirkt wie eine Vermehrung *beider* Produktionsfaktoren.

---

erlauben (vgl. Teil VI.1.2.2.2).

Harrod (1948, 322f) definiert die technologische Weiterentwicklung als *neutral*, wenn sie bei gegebenem Kapitalkoeffizienten (K/Y) die Einkommensverteilung nicht verändert. Dies impliziert eine Produktionsfunktion, in der der technische Fortschritt *arbeitsvermehrend* wirkt:

(108) $\quad Y = f(K, T(t)L)$

Schließlich kann die Neutralität des technischen Fortschritts auch darin bestehen, daß er bei gegebenen Arbeitskoeffizienten (L/Y) die Einkommensverteilung unverändert läßt; in diesem Fall entspricht der technische Fortschritt einer *Kapitalvermehrung*:

(109) $\quad Y = f(T(t)K, L)$

Diese dritte Art der Neutralität wird zu Ehren von *Solow* (1963, 59ff), der erstmals kapitalvermehrenden technischen Fortschritt beschrieb, als *Solowneutral* bezeichnet.

Wie immer auch die Neutralität des technischen Fortschritts definiert ist – eine ökonomische Erklärung desselben findet in keinem Fall statt. Dies ist umso unbefriedigender, als dieser ja als Hauptfaktor in der Wirtschaftsentwicklung identifiziert wurde.

2.3. Neue Neoklassische Wachstumstheorie

Die alte neoklassische Wachstumstheorie läßt den technischen Fortschritt unerklärt. Aber exogener technischer Fortschritt ist aus mehreren Gründen keine sinnvolle Lösung: Zum einen ist es theoretisch höchst unbefriedigend, wenn der Hauptfaktor der wirtschaftlichen Entwicklung unerklärt bleibt. Zum anderen widersprechen die Implikationen des exogenen technischen Fortschritts den tatsächlichen Erfahrungen (*Lucas* 1988, 15f; *Romer* 1986, 1012). Denn wenn der technische Fortschritt wirklich exogen wäre, müßte er allen Ländern gleichermaßen zur Verfügung stehen; dies wiederum impliziert, daß sich sowohl die Einkommen als auch die Wachstumsraten der verschiedenen Länder langfristig einander angleichen müßten. Eine solche Konvergenz ist in der Realität aber nicht zu beobachten – im Gegenteil. Deshalb ist die Endogenisierung des technischen Fortschritts unabdingbar für eine umfassende neoklassische Wachstumstheorie, die Anspruch auf die Erklärung der tatsächlichen wirtschaftlichen Entwicklung erhebt.

Die neue neoklassische Wachstumstheorie (oder die „endogene" Wachstumstheorie), die Mitte der 80er Jahre aus der Kritik an der alten neoklassischen Wachstumstheorie entstand, bemüht sich um die Lösung dieser Aufgabe. Als ihre einflußreichsten Vertreter sind *Robert E. Lucas* (geb. 1937) und *Paul M. Romer* (geb. 1955) zu nennen. Innerhalb dieser neuen Wachstumstheorie lassen sich im wesentlichen drei Richtungen unterscheiden: Einige Endogenisierungsansätze stellen externe Effekte in den Mittelpunkt (Teil VI.2.3.1), andere die Kapitalakkumulation (Teil VI.2.3.2); am interessantesten sind jedoch die Ansätze, die technologische Innovationen und deren Verbreitung explizit berücksichtigen (Teil VI.2.3.3).

2.3.1. Externalitäten

Am Anfang der neuen neoklassischen Wachstumstheorie stehen die Arbeiten von *Romer* (1986) und *Lucas* (1988). Diese versuchen, den Rückgriff auf exogenen technischen Fortschritt dadurch überflüssig zu machen, daß sie gewisse externe Effekte von Investitionen einführen. Denn selbst wenn sich die einzelnen Investoren (bis auf Null) fallenden Grenzerträgen für Kapital gegenübersehen und eine fortgesetzte Kapitalakkumulation deshalb eigentlich nicht in Frage kommt, kann die Profitabilität der Investitionen dann auf Dauer aufrecht erhalten werden, wenn zwischen diesen positive externe Effekte bestehen. Auch dann gäbe es keine Beschränkung für die durch Kapitalakkumulation mögliche Erhöhung des Pro-Kopf-Einkommens.

Im Modell von *Romer*, der sich auf *Arrow* (1962) bezieht, spielt *Wissen* die zentrale Rolle; der Tendenz zu abnehmenden Grenzerträgen des Kapitals wird durch die Schaffung von Wissen entgegengewirkt, das durch Investitionen entsteht und die Produktivität des Kapitalstocks erhöht. „[L]ong-run growth is driven primarily by the accumulation of knowledge by forward-looking, profit-maximizing agents" (*Romer* 1986, 1003).

Beispielsweise könnten die individuellen Produktionsfunktionen folgende Gestalt haben:

(110) $\quad y_i = f(K_i, W_i L_i)$

Während K_i und L_i wie üblich die eingesetzten Kapital- und Arbeitsmengen bezeichnen, steht W_i für das „Wissen" des Unternehmens i, dessen Steigerung arbeitsvermehrend wirken soll; y_i weist konstante Skalen- und abnehmende Grenzerträge auf. Mit Zunahme von K_i wächst auch W_i, welches den

Charakter eines öffentlichen Gutes hat. Das von einem Unternehmen geschaffene Wissen steht *allen* Unternehmen zur Verfügung; von den Investitionen eines Unternehmens gehen also positive externe Effekte auf alle anderen Unternehmen aus, „because knowledge cannot be perfectly patented or kept secret" (*Romer* 1986, 1003). Folglich ist das individuelle Wissen W_i gleich dem insgesamt vorhandenen Wissen W; da dieses wiederum vom gesamten Kapitalstock $K = \Sigma K_i$ abhängig ist, kann im Endeffekt in (110) W_i durch K ersetzt werden:

(111) $\quad y_i = f(K_i, KL_i)$

Wenn W konstant bliebe, sähe sich ein einzelnes Unternehmen abnehmenden Kapitalgrenzerträgen gegenüber; weil aber durch Investitionen die Produktivität aller Firmen gesteigert wird, d.h. W bzw. K zunimmt, ergeben sich konstante Grenzerträge für den Kapitaleinsatz; (111) ist also linear-homogen bzgl. K_i. Das gleiche gilt auch für die gesamtwirtschaftliche Produktionsfunktion:

(112) $\quad Y = f(K, KL)$

Folglich ist ein Wachstumsgleichgewicht mit dauerhaft steigendem Pro-Kopf-Einkommen durchaus möglich. Allerdings wird dieses *nicht* pareto-optimal sein, da die Unternehmen die positiven externen Effekte ihrer Investitionen nicht berücksichtigen; aus volkswirtschaftlicher Sicht wird also zu wenig investiert (*Romer* 1986, 1025ff).

Auch bei *Lucas* (1988, 17ff), dessen Modell in wesentlichen Teilen auf *Uzawa* (1965) zurückgeht, ist „Wissen" ein sehr wichtiger Faktor – und zwar in Form von Humankapital, das durch Ausbildung „produziert" wird. Investitionen in das eigene Humankapital steigern die Produktivität eines Arbeiters *und* haben außerdem einen positiven externen Effekt: Da die Produktivität eines Arbeiters nicht nur von seinen eigenen Fähigkeiten, sondern auch von denen seiner Kollegen abhängt, wird durch die Erhöhung des Humankapitals eines Arbeiters die Produktivität aller Arbeiter gesteigert. Bei gegebener Produktivität aller anderen Arbeiter würde ein einzelner Arbeiter sich zwar sinkenden Grenzerträgen seiner eigenen Ausbildungsinvestitionen gegenüber sehen; da durch dieselben aber auch die Produktivität seiner Kollegen (und damit wiederum indirekt seine eigene) gesteigert wird, bleiben Investitionen ins Humankapital auf Dauer lohnend.

Lucas unterscheidet zwei Sektoren. Im ersten werden Konsum- bzw. Investitionsgüter produziert:

(113) $Y = f(K, uH)$

H bezeichnet das gesamte Humankapital, das als Produkt aus Arbeitskräftezahl (L) und durchschnittlichem individuellen Humankapital (h) aufgefaßt werden kann; u ist der Teil des gesamten Humankapitals, der in der Güterproduktion eingesetzt wird. Der Rest des Humankapitals, $(1-u)H$, wird im zweiten Sektor, dem Bildungssektor eingesetzt. Mit Zunahme des Anteils des im Bildungssektor eingesetzten Humankapitals wächst die durchschnittliche individuelle Produktivität (d.h. der durchschnittliche Bestand an individuellem Humankapital) – ein Zusammenhang, der von der Funktion g beschrieben wird:

(114) $\dfrac{dh/dt}{h} = g(1-u)$

Dabei ist folgende Eigenschaft von g entscheidend: „[A] constant level of effort produces a constant growth rate of the stock, independent of the level already attained" (*Lucas* 1988, 39). Aus diesem Grund ist auch bei *Lucas* ein andauerndes Wachstum des Pro-Kopf-Einkommens möglich – und zwar durch anhaltende Investitionen in das Humankapital. Aber auch hier gilt, daß das Wachstumsgleichgewicht *nicht* effizient sein wird, da infolge der externen Effekte die private geringer als die soziale Bewertung der Humankapitalinvestitionen ist, diese also aus gesamtwirtschaftlicher Sicht zu niedrig sind (*Lucas* 1988, 20f).

Zwar ist in den Modellen von *Romer* und von *Lucas* das Wachstum endogen, doch spielt der technische Fortschritt nur eine Nebenrolle: Insoweit es zu Produktivitätserhöhungen kommt, treten diese unbeabsichtigt, als Nebenprodukt anderer Aktivitäten, auf – was offensichtlich nicht der Realität entspricht, in der es durchaus gezielte Investitionen in Forschung und Entwicklung gibt. Im übrigen ist fraglich, ob man überhaupt von technischem Fortschritt sprechen kann; im Endeffekt beruht in den Externalitätenmodellen das Wachstum auf fortgesetzter Kapitalakkumulation, wenngleich der Kapitalbegriff hier sehr weit gefaßt ist und auch Wissen bzw. Humankapital umfaßt.

2.3.2. Kapitalakkumulation

Es ist auch möglich, direkt und ohne „Umwege" über externe Effekte an der Kapitalakkumulation anzusetzen. Denn die einfachste Möglichkeit, den problematischen exogenen technischen Fortschritt zu eliminieren, besteht darin, die Zunahme des Pro-Kopf-Einkommens (unter Verzicht auf die Einführung externer Effekte) allein durch die Eigenschaften der gesamtwirtschaftlichen Produktionsfunktion zu erklären. Entsprechende Ansätze wurden von *Jones und Manuelli* (1990) und *Rebelo* (1991) vorgestellt. Ihnen ist gemein, daß die Grenzproduktivität des Kapitals mit zunehmendem Kapitaleinsatz nicht – wie bei neoklassischen Produktionsfunktionen eigentlich üblich – gegen Null geht, sondern gegen einen positiven Wert konvergiert. Unter dieser Voraussetzung läßt sich auch bei konstanten Skalenerträgen allein durch Kapitalakkumulation das Pro-Kopf-Einkommen fortgesetzt erhöhen. Dies wird allerdings nur dann auch wirklich geschehen, wenn die Wirtschaftssubjekte zu unbegrenzter Kapitalakkumulation bereit sind, was wiederum voraussetzt, daß die Untergrenze der Kapitalgrenzproduktivität über der Zeitpräferenzrate liegt.

Im einfachsten Fall ist der Grenzertrag für den Kapitaleinsatz konstant, so daß die gesamtwirtschaftliche Produktionsfunktion vom Typ

(115) $Y = AK$

ist, wobei die Konstante A dem Grenzertrag (und gleichzeitig auch dem Durchschnittsertrag) des Kapitals entspricht (*Rebelo* 1991, 518). Nicht reproduzierbare Produktionsfaktoren (insbesondere Arbeit) würden hier überhaupt keine Rolle spielen; dieses unbefriedigende Ergebnis kann durch die Verwendung eines Mehrsektorenmodells verhindert werden, in dem außer Kapital auch andere Produktionsfaktoren wichtig sind, die Kapitalgrenzproduktivität jedoch weiterhin konstant ist.

In einem Einsektorenmodell können dagegen diese anderen Produktionsfaktoren nur als nicht notwendige Inputs Berücksichtigung finden, wie z.B. in folgender Produktionsfunktion (*Jones und Manuelli* 1990, 1014):

(116) $Y = AK + f(K, L)$

Der zweite Term von (116) stellt eine normale neoklassische Produktionsfunktion mit konstanten Skalen- und fallenden Grenzerträgen dar. Deshalb nimmt der Kapitalgrenzertrag insgesamt zwar zunächst ab, doch unterschreitet er nicht die Untergrenze von A. Offensichtlich verliert der zweite Term mit zunehmendem Kapitaleinsatz immer mehr an Bedeutung, so daß sich schließlich die Produktionsfunktionen (115) und (116) im Ergebnis kaum mehr unterscheiden.

Gerechtfertigt werden die unüblichen Annahmen in bezug auf die Kapitalproduktivität vor allem mit einer sehr weiten Kapitaldefinition, die insbesondere auch Humankapital mit einschließt (*Rebelo* 1991, 502f).

Zwar kann auf diese Weise Wachstum ohne Rückgriff auf exogenen technischen Fortschritt erklärt werden, doch wird nicht nur dieser, sondern der technische Fortschritt überhaupt aus der Analyse eliminiert, so daß man auch hier eigentlich nicht von einer Endogenisierung des technischen Fortschritts sprechen kann. Zudem erscheint die zentrale Annahme der *immer* positiven Kapitalgrenzerträge unrealistisch und unplausibel. Man könnte sogar soweit gehen und einen Rückschritt im Vergleich zur alten neoklassischen Wachstumstheorie konstatieren, da diese (im Gegensatz zu den Kapitalakkumulations-Modellen) die Bedeutung des technischen Fortschritts immerhin anerkennt.

2.3.3. Innovationen

Der vielversprechendste Ansatz innerhalb der neuen neoklassischen Wachstumstheorie berücksichtigt – im Unterschied zu den bisher vorgestellten Ansätzen – explizit technologische Innovationen und Investitionen in Forschung und Entwicklung (F&E). Diese Modelle lassen sich in zwei Gruppen einteilen – je nachdem, ob sie Innovationen als Erhöhung der Produktvielfalt oder als Verbesserung der Produktqualität auffassen. Allen Modellen gemein ist, daß Unternehmen aktiv F&E betreiben, um sich durch Innovationen einen Wettbewerbsvorsprung zu sichern, d.h. eine zumindest temporäre Monopolposition zu erreichen; es wird also unvollkommener Wettbewerb unterstellt. Da das Innovationspotential a priori unbeschränkt ist, gibt es keine Wachstumsobergrenze, so daß sich mit diesen Modellen das in der Realität beobachtete dauerhafte Wachstum prinzipiell erklären läßt.

Die einflußreichste Arbeit zur Produktvielfalt stammt von *Romer*

(1990).[114] Er geht aus von einer Volkswirtschaft mit drei Sektoren (F&E, Investitionsgüter, Konsumgüter) und vier Produktionsfaktoren (Kapital, Arbeit, Humankapital, Technologie). Im F&E-Sektor werden mittels Humankapital (das als Wissen bzw. Erfahrung definiert ist) und auf Grundlage der bestehenden Technologie Innovationen „produziert" in Form von Entwürfen für neue Investitionsgüter. Diese Entwürfe, die patentierbar sind, werden als Nutzungsrechte Investitionsgüterherstellern überlassen, die damit und mit nicht verbrauchten Konsumgütern („unspezifischem Kapital") Investitionsgüter herstellen. Im Konsumgutsektor werden durch den Einsatz von Investitionsgütern, Humankapital und Arbeit (die hier als rein manuelle Arbeitsleistung verstanden wird) Konsumgüter produziert, die entweder direkt verbraucht werden oder dem Investitionsgütersektor als unspezifisches Kapital dienen. Der Preis der Patente entspricht zum einen den aufgewandten F&E-Kosten (aufgrund des Wettbewerbs im F&E-Sektor) und zum anderen dem Gegenwartswert der bei der Herstellung des entsprechenden Investitionsgutes erzielbaren Monopolgewinne (aufgrund der Konkurrenz der Investitionsgüterproduzenten auf dem Markt für Patente). Auf dem Investitionsgütermarkt herrscht ein nur unvollkommener Wettbewerb, da jeder Typ von Investitionsgut nur von einem Unternehmen (nämlich dem, welches über das entsprechende Patent verfügt) angeboten wird, das also insoweit Monopolist ist.[115] In diesem Modell ist ein unbegrenztes Wachstum infolge zweier wichtiger Annahmen möglich: Zum einen existiert eine positive Externalität bei der „Produktion" von Technologie im F&E-Sektor:

> „A new design enables the production of a new good that can be used to produce output. A new design also increases the total stock of knowledge and thereby increases the productivity of human capital in the research sector."
> (*Romer* 1990, S84)

Zum anderen nimmt (bei gegebenem Humankapitaleinsatz) die Grenzproduktivität des Humankapitals im F&E-Sektor mit zunehmendem technischen Fortschritt nicht ab; d.h. gleichgültig, auf welchem technischen Stand die Gesellschaft sich befindet, ein bestimmter Humankapitaleinsatz wird immer ein gewisses Ausmaß an Innovationen bewirken. Im Gleichgewicht

---

[114] Die Rolle von durch mögliche Monopolgewinne motivierten Innovationsanstrengungen für das Wachstum wurde zwar schon von *Judd* (1985) diskutiert, doch ließ dieser gerade die charakteristischsten Eigenschaften des Gutes „Wissen" unberücksichtigt.

[115] Ein rein wettbewerbliches Verhalten kommt schon deshalb nicht in Frage, weil der Einsatz des Produktionsfaktors „Technologie" steigende Skalenerträge impliziert, die bei einem Preis in Höhe der Grenzkosten und einer Faktorentlohnung nach dem Wertgrenzprodukt zu Verlusten führen würden.

wird allerdings die Innovationsintensität – und damit das Wachstum – paretosuboptimal sein, da aus zwei Gründen zu wenig Humankapital im F&E-Sektor eingesetzt wird:

> „The most obvious reason is that research has positive external effects. (...) The second and an equally important reason why too little human capital is devoted to research is that research produces an input that is purchased by a sector that engages in monopoly pricing." (*Romer* 1990, S96)

Hieraus läßt sich eine wichtige wirtschaftspolitische Schlußfolgerung ziehen: Forschungsaktivitäten sollten subventioniert werden (*Romer* 1990, S97).

Im Modell von *Romer* wird allerdings ein wesentliches Kennzeichen des Innovationsprozesses vernachlässigt: die Verdrängung der alten Produkte. Bei *Romer* nimmt die Produktvielfalt durch Innovationen ständig zu, da die alten (und geringerwertigen) Produkte nicht durch die neuen (und höherwertigen) Produkte vollständig verdrängt werden. Der von *Schumpeter* als Prozeß der „kreativen Zerstörung" bezeichnete Innovationswettbewerb „zerstört" aber alte Produkte in dem Maße, in dem er neue Produkte „kreiert" (vgl. Teil VII.4.2.1). Dies wird in Modellen berücksichtigt, die sich auf die Produktqualität (im Unterschied zur Produktvielfalt) konzentrieren; solche Modelle wurden zuerst von *G.M. Grossman und Helpman* (1991) und von *Aghion und Howitt* (1992) entwickelt.

G.M. Grossman und Helpman (1991) betrachten eine Ein-Sektoren-Ökonomie, in der eine konstante Anzahl von Konsumgütern (eine Erhöhung der Produktvielfalt wird also ausgeschlossen) mit Hilfe eines Produktionsfaktors, nämlich Arbeit, produziert wird; die Grenzerträge sind konstant. Jedes dieser Konsumgüter befindet sich auf einer von unendlich vielen möglichen Qualitätsstufen, also auf einer der Stufen einer „Qualitätsleiter". Je besser die Qualität ist, desto höher ist der Preis, den die Konsumenten zu zahlen bereit sind. Dagegen sind die Produktionskosten (in Arbeitseinheiten) unabhängig von der Qualität. Qualitätsverbesserungen sind patentierbar, dürfen also nicht beliebig in der Produktion imitiert werden. Es herrscht eine oligopolistische Konkurrenz, dergestalt daß der Qualitätsführer einen Preis setzt, der etwas niedriger ist als derjenige Preis, bei dem die Konsumenten indifferent wären zwischen dem Topprodukt und dem zweitbesten Produkt. Folglich verdrängt der Qualitätsführer den Qualitätsfolger vollständig vom Markt. Da der ehemalige Qualitätsführer (und jetzige Qualitätsfolger) ebenfalls so gehandelt hat (wie auch alle seine Vorgänger), befindet sich zu jedem Zeitpunkt immer nur das jeweilige Topprodukt auf dem Markt, dessen Anbieter entsprechende Gewinne erzielen kann – allerdings nicht auf Dauer, sondern nur bis er von einem neuen Qualitätsführer abgelöst wird (*G.M. Grossman und Helpman* 1991, 46f).

Die Qualitätsführerschaft kann durch F&E-Investitionen erreicht werden, die mit einer gewissen Wahrscheinlichkeit zu einer weiteren Verbesserung des jeweiligen „state of the art", also zu einem Sprung auf die (vorläufige) Spitze der Qualitätsleiter führen. „The prize for research success in some industry is a flow of profits that will last until the next success is achieved in the same industry" (*G.M. Grossman und Helpman* 1991, 47). Die Forschungsanstrengungen weisen konstante Grenzerträge hinsichtlich des Arbeitseinsatzes auf; es treten positive Externalitäten auf, da jedes Unternehmen bei seinen F&E-Aktivitäten von der Technologie des Qualitätsführers ausgehen kann und sich dessen Ergebnisse also nicht selbst erarbeiten muß (der Patentschutz von Qualitätsverbesserungen erstreckt sich nur auf deren Vermarktung, nicht auf deren Einsatz als F&E-„Input"). Mit diesen Eigenschaften der Forschungsaktivitäten wird die Möglichkeit eines unbegrenzt wachsenden Pro-Kopf-Einkommens begründet – ähnlich wie im Produktionsvielfaltsmodell von *Romer*. Im Unterschied zu demselben sind jedoch die Ausgaben für F&E im Modell von *G.M. Grossman und Helpman* nicht unbedingt ineffizient niedrig: Zwar deutet die nicht wettbewerbliche Preisbildung auf zu niedrige Forschungsausgaben hin (denn die Unternehmen haben nur ihre – befristeten – Gewinne im Auge, nicht jedoch die *dauerhafte* Qualitätsverbesserung, die aus einem F&E-Erfolg resultiert), doch wirkt dem hier entgegen, daß die Innovationen auch mit negativen externen Effekten verbunden sind: Falls sie erfolgreich sind, „vernichten" sie die Gewinne bzw. die Produzentenrente der bisherigen Qualitätsführer. Je nach relativer Stärke der zwei Faktoren kann die optimale F&E-Politik in einer Subventionierung von F&E, einer Besteuerung von F&E oder im „laissez-faire" bestehen (*G.M. Grossman und Helpman* 1991, 52ff).

Der neuen neoklassischen Wachstumstheorie, insbesondere dem Innovationsansatz, sind wichtige Fortschritte in Richtung auf eine umfassende Theorie der wirtschaftlichen Entwicklung zu verdanken. Die Endogenisierung der Wachstumsrate führte nicht nur zu einer Berücksichtigung des technischen Fortschritts; es wurden auch dem Unternehmer, aufgrund der Abkehr vom Leitbild des vollkommenen Wettbewerbs, sowie institutionellen Faktoren (wie z.B. dem Ausmaß des Patentschutzes) Rollen zugewiesen, deren Bedeutung weit eher der Realität entspricht als ihre völlige Vernachlässigung in der alten neoklassischen Wachstumstheorie. Gleiches gilt auch für den Einfluß des Staates auf das Wachstum, der erst in der neuen neoklassischen Wachstumstheorie thematisiert wird. Desungeachtet besteht noch ein großes Potential für Weiterentwicklungen: Hierbei ist vor allem an eine angemessene Modellierung der Innovationen zu denken; denn die geschilderte Vorgehensweise, wonach eine F&E-Innovation in bestimmter Höhe entweder auf jeden Fall (wie bei *Romer* 1990) oder mit einer bekannten Wahrscheinlichkeit (wie bei *G.M. Grossman und Helpman* 1991) zum Erfolg führt, kann schwerlich befriedigen.

3. Ökonometrie

Die Ökonometrie hat die quantitative Analyse ökonomischer Phänomene zum Gegenstand – und zwar in engem Zusammenhang mit der ökonomischen Theorie. Sie bezweckt eine Vereinigung von Theorie und Messung, dergestalt daß die empirischen Untersuchungen einerseits auf der Grundlage der ökonomischen Theorie erfolgen, andererseits zu deren Fortentwicklung beitragen. „This mutual penetration of quantitative economic theory and statistical observation is the essence of econometrics" (*Frisch* 1933a, 2).

Die Ökonometrie darf also keinesfalls mit ökonomischer Statistik, d.h. mit der bloßen Sammlung wirtschaftlicher Daten, gleichgesetzt werden! Denn neben denselben gehören zu ihr noch zwei weitere Bestandteile: ökonomische Theorien und statistische Methoden. Obwohl sich erste ökonometrische Versuche schon bei den Merkantilisten finden (*Petty* 1690), ist die Ökonometrie doch ein Kind des 20. Jahrhunderts, da erst dann eine Vielzahl von Daten und die zu ihrer Analyse notwendigen mathematischen und statistischen Methoden zur Verfügung standen.

Nach den Anfängen der modernen Ökonometrie in den 30er Jahren (Teil VI.3.1) erlebte diese neue Wissenschaft ihre Blütezeit in den 40er und 50er Jahren (Teil VI.3.2); nach einer Konsolidierungsphase wurde der traditionelle ökonometrische Ansatz ab Mitte der 70er Jahre vor neue Herausforderungen gestellt (Teil VI.3.3). Im vorliegenden Werk wird die Ökonometrie im Abschnitt „Makroökonomie" behandelt: Diese Einordnung läßt sich damit rechtfertigen, daß die weit überwiegende Anzahl der ökonometrischen Analysen makroökonomische Zusammenhänge betrifft und diese für die Entwicklung der Ökonometrie wesentlich wichtiger waren bzw. sind als die eher seltenen Mikromodelle. Gewissermaßen zwischen Mikro- und Makroökonomie steht die *Input-Output-Analyse*, die sich auf die Branchenebene bezieht; aufgrund ihrer zeitweise großen Bedeutung soll auch auf sie kurz eingegangen werden (Teil VI.3.4), obwohl sie weniger der Ökonometrie, sondern eher der Wirtschaftsstatistik zuzuordnen ist.

3.1. Die Anfänge der modernen Ökonometrie

Obwohl auch andere Ökonomen, wie *Haavelmo, Kalecki* oder *Koopmans* wichtige frühe Beiträge leisteten, können doch *Frisch* und *Tinbergen* als die eigentlichen Pioniere der Ökonometrie bezeichnet werden.

Ragnar Frisch (1895-1973) prägte nicht nur den Begriff „Ökonometrie", sondern war auch Gründungsmitglied der Ökonometrischen Gesellschaft (1930) und erster Herausgeber ihres Journals „Econometrica", das seit 1933 erscheint.[116] Man kann ihn also ohne Übertreibung den „Vater der Ökonometrie" nennen.

Von ihm stammt eine der ersten Arbeiten zum (später so genannten) *Identifikationsproblem*, das sich als von zentraler Bedeutung für die Entwicklung der Ökonometrie erweisen sollte. Dieses Problem taucht z.B. bei der Erklärung von Mengen- bzw. Preisänderungen in einem bestimmten Markt auf: Meist werden diese durch Verschiebungen der Angebots- *und* der Nachfragekurve verursacht, so daß sich die Frage stellt, wie sich die Anteile dieser beiden Ursachen am beobachteten Effekt identifizieren lassen. Eine Antwort auf diese Frage ist dann unabdingbar, wenn eine Volkswirtschaft, deren Struktur sich ändert, analysiert werden soll; dagegen ist eine Identifikation unnötig, wenn Prognosen für eine strukturell unveränderte Volkswirtschaft gemacht werden sollen (dann ist die bloße Extrapolation der beobachteten Daten ausreichend). *Frisch* (1933b) machte auf das Identifikationsproblem aufmerksam und gab dadurch Anlaß zu einer Vielzahl von Versuchen zu seiner Lösung – Versuche, die sich als erfolgreicher als seine eigenen Bemühungen erweisen sollten.

Erwähnenswert ist auch *Frischs* (1936) Unterscheidung zwischen statischen und dynamischen Theorien, die bis heute allgemein akzeptiert wird. Während sich bei einer statischen Theorie alle Variablen auf denselben Zeitpunkt bzw. -raum beziehen, existiert bei einer dynamischen Theorie mindestens eine Variable, die sich auf verschiedene Zeitpunkte bzw. Perioden bezieht.

Als die wichtigste Leistung *Frischs* kann aber die Konstruktion des ersten dynamischen makroökonomischen Modells angesehen werden (*Frisch* 1933c). Er zeigte damit, daß sich aus einem relativ einfachen dynamischen System, das verschiedenen exogenen Störungen unterworfen ist, komplizierte Konjunkturzyklen ableiten lassen. Zwar beschränkte er sich

---

[116] *Frisch* erhielt 1969 (zusammen mit *Tinbergen*) den Nobelpreis für Wirtschaftswissenschaft, der in diesem Jahr erstmalig vergeben wurde.

auf die Konstruktion eines theoretischen Modells und überließ dessen empirische Implementierung *Tinbergen*, doch leistete er dennoch damit „a decisive contribution to macroeconomic theory, which rendered Keynes's static theory technically obsolete before it was even published" (*Niehans* 1990, 378).

Tinbergen tat sich auf dem Gebiet der Ökonometrie vor allem durch seine Arbeiten über die dynamische Makroökonomie hervor.[117] Insbesondere beschäftigte er sich mit der empirischen Überprüfung von Konjunkturzyklustheorien, wie z.B. der von *Frisch* (*Tinbergen* 1939). Er beabsichtigte damit erstens, den praktischen Nutzen makroökonometrischer Modelle für Zwecke der Prognose und Politikanalyse zu zeigen, und zweitens, deren Eignung zur Überprüfung ökonomischer Theorien darzulegen. *Keynes* (1939) übte an diesem Werk scharfe Kritik, die sich freilich fast ausschließlich auf die (durchaus vorhandenen) mathematischen Schwächen der vorgeschlagenen Testverfahren bezog, demgegenüber aber die erste Zielrichtung *Tinbergens*, und damit die praktische Bedeutung der Ökonometrie, weitgehend vernachlässigte. Dies ist vor dem Hintergrund von *Keynes* (1921) grundsätzlicher Ablehnung der Wahrscheinlichkeitstheorie zur Vorhersage menschlichen Verhaltens zu sehen. Ungeachtet der Kritik von *Keynes* bildete die Arbeit *Tinbergens* die Grundlage für die Konstruktion dynamischer makroökonometrischer Modelle; die Schwachstellen seiner Arbeit, auf die *Keynes* hingewiesen hatte, konnten durch einen verstärkten (und nicht etwa einen verminderten) Einsatz der Wahrscheinlichkeitstheorie schließlich beseitigt werden.

3.2. Die Konsolidierungsphase

Im Jahre 1932 wurde in den USA die „Cowles Commission for Research in Economics" gegründet, die bald eng mit der Ökonometrischen Gesellschaft zusammenarbeitete. Ab Mitte der 40er Jahre hatte sich die Cowles-Kommission als das wichtigste Zentrum für die quantitative Ökonomie etabliert: Die mit ihr assoziierten Ökonomen entwickelten bis Anfang der 50er Jahre den ökonometrischen Ansatz, der die Ökonometrie mehr als zwei Jahrzehnte lang dominieren sollte.

Trygve Haavelmo (geb. 1911) erkannte die große Bedeutung stochas-

---

[117] Zu seinen Arbeiten über die Theorie der Wirtschaftspolitik vgl. Teil VI.1.2.3.

tischer Modelle für die Ökonometrie; mit ihrer Hilfe ließen sich die von *Keynes* kritisierten Probleme des Ansatzes von *Tinbergen* lösen (*Haavelmo* 1944).[118] Aufgrund unvermeidlicher Meßfehler ist es sinnvoll und notwendig, zumindest einige ökonomische Relationen stochastisch zu beschreiben. Diese finden Eingang in ein umfassendes stochastisches Modell, dessen Parameter simultan mittels der „Maximum Likelihood"-Methode geschätzt werden. Ein solches Modell kann als das statistische Pendant zum (deterministischen) simultanen Gleichungssystem von *Walras* (vgl. Teil IV.2.2.1.1) angesehen werden. Stochastische Modelle hält *Haavelmo* dabei nicht etwa für genaue Beschreibungen der Realität, sondern für eine Abstraktion derselben, die für die Prognose und Erklärung realer Zusammenhänge notwendig ist.

> „The question is not whether probabilities *exist* or not, but whether – if we proceed *as if* they existed – we are able to make statements about real phenomena that are ‚correct for practical purposes'." (*Haavelmo* 1944, S43)

Als Vorgänger *Haavelmos* in dieser Beziehung kann *Tjalling C. Koopmans* (1910-1984) angesehen werden, der die Möglichkeit der stochastischen Darstellung ökonomischer Relationen demonstrierte – nicht jedoch deren Notwendigkeit (*Koopmans* 1937).[119] *Koopmans* (1949) wiederum baute bei seiner Lösung des Identifikationsproblems auf *Haavelmo* (1944) auf. Wie jener faßt *Koopmans* (1949) seine Modellökonomie als System simultaner Gleichungen auf; er gibt notwendige und hinreichende Bedingungen für die Identifikation im Fall linearer Gleichungssysteme an. Diese Bedingungen laufen darauf hinaus, daß es „genug" Restriktionen für die strukturellen Parameter des Gleichungssystems geben muß. Diese Restriktionen zu liefern, ist Aufgabe der ökonomischen Theorie; sie muß die Grundstruktur des ökonometrischen Modells vorgeben, dessen „freie" Parameter dann simultan mit ökonometrischen Methoden geschätzt werden. Die Lösung des Identifikationsproblems ist also eine theoretische, nicht eine empirische Aufgabe!

Die Arbeiten von *Haavelmo* und *Koopmans* bildeten die Grundlage für die ökonometrische Arbeit der Folgezeit, welche vor allem durch Verbesserungen der Computertechnik und statistische Neuerungen große Fortschritte machte. Der Ansatz der Cowles-Kommission setzte sich auch leicht

---

[118] *Haavelmo* erhielt 1989 den Ökonomie-Nobelpreis.

[119] *Koopmans* war 1975 (zusammen mit *Kantorovich*) der Träger des Nobelpreises für Wirtschaftswissenschaft. Er erhielt den Preis (ebenso wie *Kantorovich*) in erster Linie für seine Arbeiten zur linearen Programmierung (*Koopmans* 1951).

gegen die Kritik der Institutionalisten in einem Methodenstreit durch, der gewisse Parallelen mit dem Methodenstreit unter den deutschsprachigen Ökonomen des 19. und frühen 20. Jahrhunderts aufweist (vgl. Teil VII.2.3). Das von dem Institutionalisten *Mitchell* gegründete und geleitete „National Bureau of Economic Research" (vgl. Teil VII.3.1) lehnte die Verwendung statistischer Methoden ab und propagierte stattdessen die bloße (d.h. nicht theoriegeleitete) Sammlung von Daten; erst auf dieser Grundlage könnten überhaupt Theorien formuliert werden. Diese Vorgehensweise wurde von *Koopmans* (1947) scharf kritisiert; seine Kritik konnte von *Vining* (1949) nicht überzeugend zurückgewiesen werden. Die Institutionalisten vermochten den Ansatz der Cowles-Kommission nicht zu erschüttern; zu einer ernstzunehmenden Infragestellung desselben kam es erst Mitte der 70er Jahre – und zwar aus einer ganz anderen Richtung.

3.3. Neuere Entwicklungen

Die Theorie der rationalen Erwartungen (vgl. Teil VI.1.5.1) hat erhebliche Konsequenzen für die Ökonometrie und den von ihr verfolgten Standardansatz. Darauf weist *Lucas* (1976) sehr deutlich hin. Bei Annahme rationaler Erwartungen sind die strukturellen Parameter ökonometrischer Systeme nicht mehr stabil, sondern sie können sich ändern, wenn sich z.B. die Wirtschaftspolitik ändert.

> „[G]iven that the structure of an econometric model consists of optimal decision rules of economic agents, and that optimal decision rules vary systematically with changes in the structure of series relevant to the decision maker, it follows that any change in policy will systematically alter the structure of econometric models." (*Lucas* 1976, 41)

Dieses Problem ist nicht so sehr relevant für kurzfristige Prognosen, für die die Annahme der Konstanz der strukturellen Parameter noch gerechtfertigt werden kann; aber für die Bewertung von (längerfristig angelegten) Wirtschaftspolitiken ist es sehr wichtig. Hier führen die üblichen Modelle zu unbrauchbaren Resultaten, wofür die Phillips-Kurve das prominenteste Beispiel ist (*Lucas* 1976, 35ff): Während ökonometrische Modelle einen auch langfristig negativen Zusammenhang zwischen Inflation und Arbeitslosigkeit konstatierten, war dieser tatsächlich nur von kurzer Dauer; denn Verhaltensannahmen, die tatsächlich nur kurzfristig gültig waren, wurden als langfristig konstant angenommen.

Um auch langfristig brauchbare ökonometrische Modelle zu erhalten, ist es erstens notwendig, einen der Theorie rationaler Erwartungen genügenden Erwartungsbildungsmechanismus zu verwenden (also die Modellkonsistenz der Erwartungen zu gewährleisten), und zweitens, nur solche Parameter als „strukturell" zu akzeptieren, die aus individuellen Optimalkalkülen abgeleitet werden können (also mikroökonomisch fundiert sind). Die Realisierung dieses Programms wird seit der *Lucas-Kritik* als Hauptaufgabe der ökonometrischen Forschung angesehen. Ein radikaler Lösungsversuch wurde von *Sims* (1980) vorgeschlagen. Dieser hält die Unterscheidung zwischen endogenen (d.h. freien) und exogenen (d.h. strukturellen) Parametern, wie sie der Identifikationslösung der Cowles-Kommission zugrundeliegt, für prinzipiell unmöglich. Stattdessen schlägt er die Verwendung der unbeschränkten Vektor-Autoregressions-Methode vor, die ohne eine solche Unterscheidung auskommt. Aber an dieser „atheoretischen" Ökonometrie wird bemängelt, daß sie zwar zu Prognosezwecken, nicht aber zur Politikbewertung oder zum Theorietest geeignet sei. Aus diesem Grund erscheint es äußerst fraglich, ob sich der Ansatz von *Sims* jemals allgemein durchsetzen wird – ist er doch mit dem üblichen Verständnis von Ökonometrie kaum vereinbar. Die durch *Lucas* und die Theorie der rationalen Erwartungen ausgelöste Weiterentwicklung der Ökonometrie ist, wie nicht nur dieses Beispiel zeigt, bei weitem nicht abgeschlossen, sondern noch im vollen Gange.

3.4. Input-Output-Analyse

Wassily W. Leontief (1906-1999) trat im 20. Jahrhundert die Nachfolge von *Cantillon* (vgl. Teil II.3) und *Quesnay* (vgl. Teil II.5) an, indem er sich um eine Darstellung der Beziehungen zwischen den verschiedenen Sektoren einer Volkswirtschaft bemühte.[120] Zu diesem Zweck entwickelte er die *Input-Output-Analyse*, deren Gegenstand die Lieferbeziehungen zwischen den verschiedenen Branchen bzw. Industriezweigen einer Volkswirtschaft sind. Die ersten Überlegungen finden sich bei *Leontief* (1936); diese werden im Lauf der Jahre weiterentwickelt (*Leontief* 1941; 1951); einen definitiven Überblick über die Methode der Input-Output-Analyse gibt *Leontief* (1966).

Im Zentrum der Input-Output-Analyse stehen Koeffizienten, die angeben,

---

[120] *Leontief* wurde 1973 mit dem Ökonomie-Nobelpreis ausgezeichnet.

wieviele Einheiten Input eine bestimmte Branche pro Einheit ihres Outputs von den verschiedenen Branchen in der Volkswirtschaft jeweils benötigt. Diese (dimensionslosen) Koeffizienten werden zwar aus den wertmäßigen Lieferbeziehungen abgeleitet, aber technologisch interpretiert. Unter der Annahme der Konstanz dieser Koeffizienten lassen sie sich zu einem System linearer Gleichungen zusammenfassen, mit dessen Hilfe komparativstatische Analysen durchgeführt werden können.

Zunächst präsentiert *Leontief* (1941) ein *geschlossenes* Modell, in dem alle Outputs auch als Inputs erscheinen. Unter diesen Voraussetzungen kann nur die Struktur einer Volkswirtschaft dargestellt werden – in Form der Outputverhältnisse und, falls die Zusatzannahme der Gewinnlosigkeit getroffen wird, der Preisverhältnisse (die sich unmittelbar aus den Produktionskoeffizienten ergeben). In einem *offenen* Modell (*Leontief* 1951) wird dagegen unterschieden zwischen der Endnachfrage (Konsumgütern, die nicht mehr als Input Verwendung findet), den Primärinputs (die nicht der Output irgendeiner Industrie sind, wie z.B. Arbeit) und allen sonstigen Gütern, die sowohl Input als auch Output sind. Damit lassen sich auch Fragen nach *absoluten* Mengen beantworten; es können also bei vorgegebenen Primärinputmengen die mögliche Endnachfrage oder, umgekehrt, bei vorgegebener Endnachfrage die notwendigen Primärinputmengen abgeleitet werden. Des weiteren läßt sich der Einfluß von Nachfrageänderungen auf die Produktionsstruktur einer Volkswirtschaft zeigen. Jedoch können solche Nachfrageänderungen nur die Produktionsmengen, nicht die Güterpreise beeinflussen; denn diese sind ja allein durch die Kosten bzw. die (konstanten) Produktionskoeffizienten determiniert.

Die Input-Output-Analyse erlebte ihre Blütezeit in den 50er und 60er Jahren, als sie sich großer Beliebtheit zu Planungs- und Prognosezwecken in der praktischen Wirtschaftspolitik erfreute. Seither ist sie weitgehend durch fortschrittlichere Methoden (wie etwa die lineare Programmierung) verdrängt worden, die mit weniger restriktiven Annahmen arbeiten und auf eine explizite Optimierung abzielen.

VII. Konkurrierende Theorien

Gegenstand dieses Abschnitts sind die außerhalb der Hauptströmung der Theorieentwicklung liegenden Richtungen – jene Schulen also, die in Konkurrenz zu Klassik und Neoklassik stehen. Behandelt werden sollen Marxismus (Teil VII.1), Deutsche Historische Schule (Teil VII.2), Institutionalismus (Teil VII.3), österreichische Schule (Teil VII.4), Ordoliberalismus (Teil VII.5) und Postkeynesianismus (Teil VII.6).

Entsprechend der von uns gewählten Orientierung am „mainstream" werden die genannten Richtungen nur relativ kurz dargestellt. Auf diese Weise kann man ihnen und ihren Einsichten zwar sicher nicht ganz gerecht werden, doch läßt sich ein solches Vorgehen durch das Versagen der alternativen Schulen hinsichtlich ihres Hauptanliegens rechtfertigen: ihres Ziels nämlich, nicht nur Kritik an Klassik und vor allem Neoklassik zu üben, die häufig durchaus berechtigt ist, sondern auch eine überzeugende und leistungsfähige Alternative zu präsentieren. Eine wesentliche Ursache für dieses Scheitern ist sicher darin zu sehen, daß die Neoklassik bislang viele Kritikpunkte als Anregungen verstanden und auf die eine oder andere Art berücksichtigt und integriert hat. Nicht zuletzt dieser erstaunlichen Flexibilität und Entwicklungsfähigkeit verdankt die Neoklassik ihre andauernde Dominanz der Ökonomie.

1. Marxismus

Die ökonomische Theorie von *Karl Marx* (1818-1883) findet sich vor allem in seinem Hauptwerk, dem dreibändigen „Kapital" (*Marx* 1867/85/94), dessen zwei letzte Bände von *Engels* posthum herausgegeben wurden. Mit dem „Kapital" versuchte *Marx*, die Behauptungen des „Kommunistischen Manifests" und die kommunistische Ideologie überhaupt wissenschaftlich zu untermauern. Die Ökonomie von *Marx* ist deshalb nicht bloß positiv, sondern auch und vor allem normativ – sie ist eine *politische* Ökonomie im weitesten Sinne des Wortes. *Marx* entwickelte seine ökonomischen Vorstellungen unter Rückgriff auf die Werke verschiedener anderer Denker. Sein *historischer Materialismus* wurde von der Hegelschen Geschichtsphilosophie inspiriert. Danach verläuft die Geschichte *dialektisch*, d.h. indem auftretende

Gegensätze („These" und „Antithese") in einem fortgeschrittenem Stadium überwunden werden („Synthese"); dieser Entwicklung liegt ein (erkennbarer) Plan zugrunde. Beeinflußt wurde *Marx* auch von den sozialistischen Ideen eines *Henri de Saint-Simon* (1760-1825) oder eines *Charles Fourier* (1772-1837); bei deren *utopischem Sozialismus* handelt es sich aber um bloße Denkmodelle, deren Realisation nicht geschichtlich notwendig, sondern auf bewußte und zielgerichtete politische Eingriffe angewiesen ist. Schließlich stammt die Marxsche Arbeitswertlehre von *Ricardo* (vgl Teil III.3.3.1). Aus diesem Grund und wegen seines einseitig produktions- bzw. angebotsorientierten Ansatzes kann *Marx* als klassischer Ökonom bezeichnet werden – wenngleich er sich in anderer Hinsicht beträchtlich von den Klassikern unterscheidet. Als wesentliche Bestandteile des Marxschen Systems werden im folgenden der historische Materialismus (Teil VII.1.1), die Wertlehre (Teil VII.1.2) und die Dynamik des Kapitalismus (Teil VII.1.3) behandelt.

1.1. Historischer Materialismus

Die Geschichtstheorie von *Marx* findet sich nicht explizit im „Kapital" (obwohl sie die philosophische Grundlage dieses Werkes bildet), sondern in verschiedenen anderen Schriften (z.B. *Marx* 1859, V-VI). *Marx* interpretiert die Geschichte als Abfolge bestimmter Stufen, wobei die ökonomischen (d.h. die materiellen) Faktoren entscheidend sind. Dazu zählt er neben den „Produktivkräften" (d.h. Faktorausstattung und Technologie) und den „Produktionsverhältnissen" (die als grundsätzliche Ausrichtung des Wirtschaftssystems und Ordnung der Eigentumsverhältnisse interpretiert werden können) auch den „ideologischen Überbau" (d.h. die Wertvorstellungen und sonstigen Institutionen, die eine bestimmte Wirtschaftsordnung stützen). Der Übergang zwischen den verschiedenen Stufen der geschichtlichen Entwicklung erfolgt durch Revolutionen, die eine zwangsläufige Folge von Spannungen und Widersprüchen zwischen Produktivkräften und Produktionsverhältnissen sind. Erstere entwickeln sich, z.B. infolge technischen Fortschritts, kontinuierlich weiter, werden aber an ihrer Entfaltung durch die starren Produktionsverhältnisse gehindert, welche von der herrschenden Klasse insbesondere mittels des ideologischen Überbaus aufrecht erhalten werden. Sobald die Widersprüche zu groß werden, kommt es zur Revolution und zur Machtübernahme durch eine andere Klasse, wodurch eine

Anpassung von Produktionsverhältnissen und ideologischem Überbau bewirkt wird. In der Marxschen Vorstellung erscheint die Geschichte als permanenter Klassenkampf, der sich um die Organisation und Ordnung der Wirtschaft dreht. Dabei gibt es – und das ist entscheidend – eine begrenzte Anzahl klar definierter Stufen: kommunistische Urgesellschaft, Feudalismus, Kapitalismus und kommunistisches Endstadium. Nach *Marx* befindet sich die Gesellschaft im vorletzten Stadium, dessen Problemen und Widersprüchen das „Kapital" gewidmet ist.

1.2. Wertlehre

Wie für *Ricardo* (vgl. Teil III.3.3.1) ist auch für *Marx* (1867, Kap. 1) der Wert eines Gutes abhängig von der für seine Produktion direkt und indirekt (d.h. für Zwischenprodukte) aufgewandten Arbeit. Darüber hinaus wird auch die Arbeitskraft selbst von *Marx* in Arbeitseinheiten bewertet – und zwar mit der Menge an Arbeit, die der Konsumgütermenge entspricht, die für den Erhalt der Arbeitskraft notwendig ist. Ein *Mehrwert* kann bei der Güterproduktion dann entstehen, wenn die Arbeiter mehr Güter herstellen, als für die Aufrechterhaltung ihrer Arbeitskraft notwendig ist, d.h. länger als notwendig arbeiten (*Marx* 1867, Kap. 3-4): Denn in diesem Fall ist der Output in Arbeitseinheiten größer als der Input in Arbeitseinheiten. Der Mehrwert kann folglich durch eine Verlängerung der absoluten oder der relativen Arbeitszeit erhöht werden; im zweiten Fall bleibt die absolute Arbeitszeit zwar unverändert, doch sinkt aufgrund technischen Fortschritts und höherer Arbeitsproduktivität die notwendige Arbeitszeit. Im kapitalistischen System wird der Mehrwert von den Kapitalisten aufgrund ihres Eigentums an den Produktionsmitteln beansprucht – sie beuten die Arbeiter aus.[121] Da sich bei wettbewerblichem Verhalten ein für die Volkswirtschaft einheitlicher Lohn ergibt, ist der Mehrwert relativ zum Produktionswert für alle Unternehmen gleich.

Vom Wert unterscheidet *Marx* (1894, Abschn. I) den Preis (oder Tauschwert) eines Gutes; dieser bemißt sich – in klassischer Weise – nach den Produktionskosten, wobei Wettbewerb und Produktionsfunktionen mit fixen Einsatzverhältnissen der Faktoren Arbeit und Kapital unterstellt werden.

---

[121] Vgl. im Unterschied dazu den Ausbeutungsbegriff der Neoklassik (Teil IV.2.1.3.2.b).

Der Wettbewerb führt dazu, daß die Profitrate (d.h. das Verhältnis von Gewinn zu Kapitaleinsatz) einheitlich ist (*Marx* 1894, Abschn. II). Der Preis entspricht nur dann dem Wert, wenn Arbeit und Kapital in der gesamten Volkswirtschaft im gleichen Verhältnis zueinander eingesetzt werden. Nur in diesem Fall ist auch für jedes Unternehmen der tatsächliche Gewinn gleich dem produzierten Mehrwert. Dagegen ist der Profit kleiner (größer) als der Mehrwert und der Preis niedriger (höher) als der Wert, wenn bei der Produktion des betreffenden Gutes relativ weniger (mehr) Kapital als im volkswirtschaftlichen Durchschnitt eingesetzt wird. Gesamtwirtschaftlich müssen sich jedoch Wert- und Preissumme sowie Mehrwert- und Profitsumme entsprechen (*Marx* 1894, Abschn. I).

Die Frage, warum *Marx* neben der Preis- bzw. Tauschwertlehre überhaupt eine Arbeitswertlehre benötigte, war Gegenstand intensiver Diskussionen und läßt sich wohl am ehesten mit dem Verweis auf ideologische Gründe beantworten: Die Arbeitswertlehre dient primär zur Rechtfertigung der Ausbeutungsideologie.

1.3. Der Kapitalismus und seine Entwicklung

Der Kapitalismus zeichnet sich nicht nur durch das Privateigentum an Produktionsmitteln aus, sondern auch durch eine ausgeprägte Geldorientierung. Während seit der Existenz des Geldes Waren gegen Geld getauscht werden und dieses wiederum gegen Waren getauscht wird (Ware → Geld → Ware), was man als Ausdruck eines Strebens nach Nutzenmaximierung ansehen kann, gibt es im Kapitalismus eine zweite Sequenz (Geld → Ware → mehr Geld), hinter der die Absicht zur Gewinnmaximierung steht (*Marx* 1867, Kap. 2). Geld wird nicht nur dazu benutzt, eine Ware gegen eine andere zu tauschen, sondern auch dazu, eine Ware zu erwerben, um damit schließlich zu mehr Geld zu gelangen.[122] Die durch die Vorherrschaft der zweiten Sequenz verkörperte Geldorientierung des Kapitalismus ist wesentlich für dessen Dynamik und somit auch für das außerordentlich hohe neuzeitliche Wirtschaftswachstum verantwortlich, welches von *Marx* durchaus anerkannt wird. Für ihn ist das Profitstreben aber auch die Quelle interner Widersprüche, die letztlich zum Untergang der kapitalistischen Systems führen

---

[122] Diese zwei Sequenzen erinnern an die aristotelische Unterscheidung zwischen der Verwendung von Geld als Mittel zum Zweck und seiner Verwendung als Selbstzweck (vgl. Teil II.1).

werden.[123] Ausgangspunkt der Analyse der Dynamik des Kapitalismus ist bei *Marx* (1885, Abschn. III) ein Modell des Gleichgewichtswachstums in einer Zwei-Sektoren-Wirtschaft (unterschieden werden Konsum- und Investitionsgüter). Dieses Modell ist zwar nur skizzenhaft ausgeführt, kann aber dennoch als eine Pionierleistung der ökonomischen Theorie gelten. *Marx* stellt die *einfache Reproduktion* (stationäre Wirtschaft) der *erweiterten Reproduktion* (aufgrund von Nettoinvestitionen wachsende Wirtschaft) gegenüber und zeigt die Bedingungen für ein fortgesetztes Wachstum auf; die Wachstumsrate ist dabei proportional zu Profit- und Sparrate und umgekehrt proportional zur Kapitalintensität der Produktion.

Diese Bedingungen sind jedoch in der Realität nicht erfüllt, wofür *Marx* (1894, Abschn. III) hauptsächlich das von ihm formulierte „Gesetz des tendentiellen Falls der Profitrate" verantwortlich macht. Da sich makroökonomisch Gewinne und Mehrwert entsprechen müssen und letzterer nur vom Arbeitseinsatz abhängt, muß bei einer Zunahme des Kapitaleinsatzes (und gleichbleibendem Arbeitseinsatz) die durchschnittliche Profitrate (die sich ja auf die Kapitalmenge bezieht) zwangsläufig fallen – es sei denn, der Mehrwertanteil am Gesamtwert (also die Arbeitsproduktivität) würde sich erhöhen. Weil diese Möglichkeit von *Marx* nicht berücksichtigt wird, kommt es zu folgender Entwicklung: Aufgrund des Gewinnstrebens der Kapitalisten, das u.a. Rationalisierungsanstrengungen auslöst, wird der Kapitalstock erhöht; die fallende Profitrate wird von den Kapitalisten durch eine weitere Steigerung des Kapitaleinsatzes auszugleichen versucht, da sie der Illusion unterliegen, mit mehr Kapital auch mehr Profit erzielen zu können. Dies ist jedoch nur möglich, d.h. die Profitrate kann nur dann unverändert bleiben, wenn nicht nur mehr Kapital, sondern auch (proportional) mehr Arbeit eingesetzt wird, die Kapitalintensität also gleich bleibt. Auf Dauer wird dieselbe jedoch, insbesondere aufgrund technischen Fortschritts, steigen, so daß die Arbeitskräftenachfrage eher zurückgeht und eine „industrielle Reservearmee" von Arbeitslosen entsteht. Gleichzeitig verstärkt sich die Konzentration des Kapitals, wodurch wiederum der technische Fortschritt beschleunigt wird. Diese Entwicklung vollzieht sich in Zyklen, wobei Arbeitslosigkeit, Kapitalkonzentration und Ungleichheit der Verteilung immer mehr zunehmen. Die Krisen verschärfen sich, die Klassengegensätze wachsen, es kommt schließlich zur Revolution, die das kapitalistische System beseitigt. Darüber, wie sich nun die klassenlose Gesellschaft des idealen Kommunismus entwickelt und wie dieselbe im

---

[123] Ähnlich wie die Merkantilisten (und später *Keynes*) hält *Marx* also die *realen* Effekte des Geldes für sehr wichtig.

einzelnen aussieht, äußert sich *Marx* nicht näher. Für ihn bedarf der Sieg des Kommunismus offenbar keiner weiteren Begründung – womit sich wieder der ideologische Charakter des „Kapitals" zeigt.

Es ist *Marx* nicht gelungen, den für sein System wesentlichen Zusammenhang zwischen Kapitalintensität, Verelendung und wirtschaftlichen Krisen überzeugend darzulegen. Die von ihm postulierten Entwicklungsgesetze entbehren aber nicht nur einer befriedigenden Begründung – sie sind auch, was wichtiger ist, eindeutig empirisch widerlegt worden. Trotz Zunahme der Kapitalintensität ist die Gewinnrate nicht gesunken, sondern (mehr oder weniger) gleich geblieben und es kam zu keiner Verelendung, sondern zu einem noch nie dagewesenen Massenwohlstand. Deshalb und aufgrund des offenkundigen Scheiterns der sozialistischen und kommunistischen Volkswirtschaften, scheint der Untergang des Kapitalismus heute weiter entfernt zu sein denn je.

Es soll zwar hier nicht bestritten werden, daß *Marx* wichtige Einsichten zu verdanken sind: Er machte auf die Interaktion politischer und ökonomischer Faktoren aufmerksam, wies auf die Bedeutung letzterer für die geschichtliche Entwicklung hin und war ein Pionier der Wachstumstheorie. Aber auch auf all diesen Gebieten haben sich eher die von ihm aufgeworfenen Fragen und weniger seine Antworten auf dieselben als bedeutsam erwiesen. Insgesamt steht die theoretische Leistung von *Marx* in keinem Verhältnis zu den von seinen Ideen ausgelösten politischen Konsequenzen.

2. Deutsche Historische Schule

Die Deutsche Historische Schule repräsentiert die ökonomische Ausprägung des *historistischen* Denkens. Der *Historismus* bestreitet die Existenz allgemeingültiger sozialwissenschaftlicher Gesetze. Anders als in den Naturwissenschaften seien „Gesetze" in den Sozialwissenschaften geschichtlich bedingt; die Verhältnisse jeder Epoche seien einzigartig, so daß auch sozialwissenschaftliche Erkenntnisse nur relativ und nicht absolut bzw. allgemein formuliert werden könnten. Folglich sei zur Untersuchung sozialer Zusammenhänge die analytisch-naturwissenschaftliche Methode ungeeignet und an ihre Stelle müsse die *Hermeneutik*, das (mehr oder weniger) intuitive „Verstehen" treten.[124]

---

[124] Eine spezielle sozialwissenschaftliche Methode wurde zuerst von *Giambattista Vico*

Dementsprechend zeichnet sich die Deutsche Historische Schule durch eine historisch-relativierende, auf die Empirie gestützte Vorgehensweise aus, weswegen sie in (mehr oder minder deutlicher) Opposition zu Klassik und Neoklassik steht. Neben den verschiedenen Stadien dieser Schule (Teil VII.2.2) sollen auch ihre Vorläufer (Teil VII.2.1) und jene Kontroverse geschildert werden, mit welcher heute die Deutsche Historische Schule am ehesten assoziiert wird – der Methodenstreit (Teil VII.2.3).

2.1. Vorläufer

Sieht man einmal von der *Romantischen Schule* ab, die kaum als solche bezeichnet werden kann, da sie eigentlich nur einen Vertreter hat, *Adam H. Müller* (1779-1829), so finden sich historistische Vorstellungen schon bei den Merkantilisten und Kameralisten (vgl. Teile II.3 und II.4) und später vor allem bei *Friedrich List* (1789-1846). Dessen Werk trägt, obwohl er der Deutschen Historischen Schule (sowenig wie irgendeiner anderen Schule) nicht direkt zurechenbar ist, deutliche historistische Züge, was vor allem für „Das nationale System der politischen Oekonomie" (*List* 1841) gilt.[125] Im Mittelpunkt der Theorie *Lists* stehen die „productiven Kräfte" (*List* 1841, Kap. XII). Darunter versteht er das Produktionspotential einer Volkswirtschaft, zu dem u.a. Humankapital, Technologie und Rechtsordnung gehören, welches es zu entwickeln gilt – und zwar mit dem eindeutigen Ziel der Industrialisierung (*List* 1841, Kap. XVII-XXV). Denn die Industriegesellschaft (oder „Manufactur-Gesellschaft") stellt das höchste der fünf möglichen Stadien in der Wirtschaftsstufenlehre *Lists* dar; dieses Stadium, das bisher allein von England erreicht worden ist, muß nach Meinung von *List* (1841, Kap. X) jede Nation anstreben. Zu diesem Zweck hält *List* (1841, Kap. XXVI) die Förderung der Industrie in Ländern, die dieses Endstadium noch nicht erreicht haben, für nicht nur zulässig, sondern sogar notwendig. Als Instrument empfiehlt er vor allem *Erziehungszölle*, die dem Schutz „junger" Industrien dienen sollen. Dieser Schutz soll aber nicht etwa

---

(1668-1744) und später vor allem von *Wilhelm Dilthey* (1833-1911) gefordert.

[125] Das Hauptwerk *Lists* sollte drei Bände umfassen. Erscheinen konnte jedoch nur der erste Band, der den Untertitel „Der internationale Handel, die Handelspolitik und der deutsche Zollverein" trägt. Dieser Band stellt die (erweiterte und überarbeitete) deutsche Fassung der französischen Preisschrift „Le Système Naturel d'Economie Politique" dar, die *List* 1837 (ohne Erfolg) bei der Pariser Académie des Sciences Morales et Politiques einreichte.

auf Dauer, sondern nur solange gewährt werden, bis die betroffenen Industrien international wettbewerbsfähig sind; erst dann, bei einem gleich hohen Entwicklungsstand aller Volkswirtschaften, ist globaler Freihandel sinnvoll.

Für *List* (1841, Kap. XIV-XVI) muß die ökonomische Theorie eines Landes der jeweils erreichten Wirtschaftsstufe entsprechen; es kann keine Ökonomie geben, die für alle Entwicklungsstadien gültig ist, sondern nur *Nationalökonomien* im eigentlichen Sinn des Wortes.

Seine Ideen versuchte *List* auch in die Tat umzusetzen: Er engagierte sich sehr für die Förderung des Eisenbahnbaus und die Herstellung der (zunächst wirtschaftlichen) Einheit Deutschlands; mit dem „Deutschen Zollverein", durch den viele innerdeutsche Handelsschranken beseitigt wurden, ist sein Name bis heute untrennbar verbunden.

2.2. Ältere und jüngere Historische Schule

Die *ältere* Historische Schule wurde durch *Wilhelm Roscher* (1817-1894) begründet, welcher ihre Grundsätze formulierte (*Roscher* 1843). Diese lassen sich wie folgt zusammenfassen: Die theoretischen Grundlagen der klassischen Ökonomie werden zwar akzeptiert, doch wird deren Relativierung durch Einbeziehung konkreter geschichtlicher Umstände für notwendig gehalten; es müssen also historische, politische und moralische Faktoren berücksichtigt werden. Eine solche Ökonomie wird in bewußter Abgrenzung zu den Naturwissenschaften als geistes- bzw. sozialwissenschaftliche Disziplin angesehen, deren Ziel in der Erklärung der stufenweisen wirtschaftlichen Entwicklung, d.h. der Ableitung von *Entwicklungsgesetzen* besteht. Diesem Programm fühlten sich zahlreiche deutsche Ökonomen verpflichtet, unter denen – neben *Roscher* – *Bruno Hildebrand* (1812-1878) und *Karl Knies* (1821-1898) den größten Einfluß hatten.

In der *jüngeren* Historischen Schule wird nicht nur die Abgrenzung zur Klassik wesentlich stärker betont, sondern auch die Auseinandersetzung mit einem neuen Gegner, der Neoklassik, gesucht; die Gegensätze zwischen der Historischen Schule und dem Hauptstrom der Ökonomie verschärfen sich.

Der wichtigste Vertreter der jüngeren Historischen Schule war zweifelsohne *Gustav von Schmoller* (1838-1917), der die deutsche Nationalökonomie mehrere Jahrzehnte bis zum Anfang des ersten Weltkriegs dominierte – und zwar nicht unbedingt zum Vorteil derselben, war sie doch in diesem Zeitraum von wichtigen theoretischen Entwicklungen weitgehend isoliert und verharrte sie in einer dogmatischen Erstarrung. *Schmollers* „opus magnum" ist der zweiteilige „Grundriß der allgemeinen Volkswirtschaftslehre" (*Schmoller* 1900/04); seine programmatische und methodologische Position ist in *Schmoller* (1894) dargestellt. Wie seine Vorgänger der älteren Historischen Schule vertritt *Schmoller* einen historisch-relativierenden Ansatz, der die Beschreibung und die Erklärung des (stufenweisen) Wandlungsprozesses der Volkswirtschaften zum Inhalt hat; auch *Schmoller* versteht die Ökonomie als Entwicklungslehre. Zu einer Volkswirtschaft gehören dabei nicht nur die ökonomischen Akteure und ihre Beziehungen zueinander, sondern auch die kulturellen, politischen und sittlichen Rahmenbedingungen, die sich im Staat und in anderen Institutionen manifestieren. Im Unterschied zur älteren Historischen Schule betont *Schmoller* stark den normativen und praktischen Charakter der Ökonomie. Die Entwicklung einer Volkswirtschaft wird anhand von *sittlichen Idealen* beurteilt, unter denen die Verteilungsgerechtigkeit eine wichtige Rolle spielt: Die „soziale Frage" wird als zentrales ökonomisches Problem gesehen, das u.a. im 1872 gegründeten (und noch heute bestehenden) „Verein für Socialpolitik" intensiv diskutiert wird; deshalb wurden die (damaligen!) Mitglieder dieser Vereinigung auch als „Kathedersozialisten" bezeichnet. Die Volkswirtschaftslehre muß nach Meinung *Schmollers* zu wichtigen wirtschafts- und gesellschaftspolitischen Fragen Stellung beziehen und aktiv an der Lösung praktischer Probleme mitarbeiten; er vertritt also eine (im wörtlichen Sinn!) *politische* Ökonomie. Die Theorie stellt dagegen ein Fernziel dar: Wichtiger ist zunächst, um voreilige Verallgemeinerungen zu vermeiden, eine umfassende empirische Materialsammlung; erst auf deren Grundlage können dann Gesetze formuliert werden. Diese empirisch-induktive Position war Gegenstand des berühmt-berüchtigten *Methodenstreits* (vgl. Teil VII.2.3).

Die bedeutensten Vertreter der jüngeren Historischen Schule neben *Schmoller* waren *Georg Friedrich Knapp* (1842-1926) und *Adolph Wagner* (1835-1917): *Knapp* (1905) prägte wesentlich die geldtheoretische und -politische Diskussion in Deutschland; er interpretiert Geld zuallererst als ein „Geschöpf der Rechtsordnung" (*Knapp* 1905, 1), vertritt also (wie *Thomas von Aquino*, vgl. Teil II.2) eine rein nominalistische Geldauffassung. „[D]ie Seele des Geldwesens liegt (...) in der Rechtsordnung, welche den Gebrauch regelt" (*Knapp* 1905, 2). *Wagner* war Finanzwissenschaftler und setzte sich für eine betont interventionistische Wirtschaftspolitik ein. Der Staat hat nach seiner Meinung wichtige Aufgaben zu erfüllen – er müsse dem „Cultur- und Wohlfahrtszweck" und dem „Rechts- und Machtzweck" dienen; in seiner ersten Rolle müsse der Staat z.B. für die Volksbildung sorgen, während seine zweite Rolle u.a. die Aufrechterhaltung der inneren Sicherheit verlange. Von *Wagner* (1876, Kap. 4, Abschn. 3) stammt das bekannte „Gesetz der wachsenden Ausdehnung der Staatsthätigkeiten", wonach mit steigendem Pro-Kopf-Einkommen die Staatsquote zunehmen werde – eine Entwicklung, die *Wagner* ausdrücklich begrüßt.

Nach Ende des ersten Weltkriegs verlor die Deutsche Historische Schule schnell an Einfluß – aufgrund ihrer Unfähigkeit, wichtige wirtschaftliche Phänomene (wie etwa die Hyperinflation) zu erklären, der allgemeinen Abkehr von der von ihr vertretenen paternalistischen Staatsauffassung und nicht zuletzt aufgrund ihrer Niederlagen im Methodenstreit (vgl. Teil VII.2.3).

Allerdings erlebten Ideen der Deutschen Historischen Schule im Deutschland der Weimarer Republik noch einmal eine kurze Blütezeit, die dem Schmoller-Schüler *Werner Sombart* (1863-1941) zu verdanken war. *Sombart* entwickelte in seinem Hauptwerk „Der moderne Kapitalismus" (*Sombart* 1916/17/27) die Lehre von den *Wirtschaftsstilen*.[126] Unter einem Wirtschaftsstil versteht er den Zusammenhang, in dem die verschiedenen Bestandteile einer Volkswirtschaft (zu denen Wirtschaftsgesinnung, Institutionen und Technologie zählen) *als Ganzes* sinnvoll sind. Damit hofft er, trotz der von ihm anerkannten Historizität der ökonomischen Phänomene, zu gewissen allgemeingültigen Erkenntnissen zu gelangen. Dazu ist nach *Sombarts* (1930) Meinung nur eine „verstehende" Nationalökonomie imstande; abgelehnt werden von ihm sowohl die „richtende" Volkswirtschaftslehre (z.B. die Scholastik) als auch die „ordnende" Volkswirtschaftslehre (also Klassik und Neoklassik). Diesen Vorstellungen *Sombarts* war jedoch kein Erfolg beschieden; mit ihm scheiterte zugleich die Deutsche Historische Schule endgültig. Die Hauptursache hierfür besteht sicher darin, daß das Fernziel der Theoriekonstruktion über der Anhäufung wirtschaftlicher Daten aus den Augen verloren wurde – wodurch der wissenschaftliche Anspruch der Deutschen Historischen Schule zunehmend fragwürdiger erschien. Dennoch ist nicht zu verkennen, daß sie wichtige Impulse für die Integration institutioneller und politischer Faktoren in die Nationalökonomie gegeben hat. Von der Deutschen Historischen Schule wurde vor allem der amerikanische Institutionalismus beeinflußt (vgl. Teil VII.3); daneben kann man sie auch als Inspirationsquelle für den Neoinstitutionalismus ansehen (vgl. Teil IV.4).

---

[126] Die erste Auflage des „Modernen Kapitalismus" erschien in zwei Bänden 1902. Die zweite Auflage wurde gegenüber der ersten vollkommen umgeschrieben und erweitert; sie stellt deshalb die maßgebliche Ausgabe dar.

2.3. Der Methodenstreit

Eigentlich gab es nicht einen Methodenstreit, sondern *zwei* Methodenstreite; an beiden war die jüngere Historische Schule beteiligt.

Wenn einfach vom „Methodenstreit" die Rede ist, wird meist die ältere dieser zwei Kontroversen gemeint. In den letzten beiden Jahrzehnten des 19. Jahrhunderts kam es zu einem Streit zwischen *Carl Menger* und *Gustav von Schmoller* über die Methode der Nationalökonomie: Es ging um die Rolle der Theorie bzw. um die Frage, ob ein deduktives oder ein induktives Vorgehen sinnvoll sei. *Schmoller* wollte Gesetze und Theorien auf der Grundlage der Sammlung ökonomischer Daten gewinnen, also induktiv vorgehen, wohingegen *Menger* Theorien schon für die Beobachtung für notwendig hielt, also eher eine deduktive Position vertrat. Dieser Streit, in dem viele österreichische und deutsche Ökonomen Partei ergriffen, war weniger fruchtbar als vielmehr lähmend für die Entwicklung der Nationalökonomie im deutschsprachigen Raum: Denn einerseits stand es um die erkenntnistheoretischen Einsichten der wichtigsten Diskutanten nicht zum besten. So gelang es *Menger* nie, das Verhältnis zwischen Theorie und Beobachtung befriedigend zu klären und seine Position von der Notwendigkeit der Theorie für die Beobachtung angemessen zu begründen. Andererseits scheint es vielen der Protagonisten eher um akademische Machtpolitik als um die Lösung eines methodologischen Problems gegangen zu sein. Denn wie sonst läßt es sich erklären, daß eine lange und zum Teil sehr heftige Auseinandersetzung um eine Frage geführt wurde, die schon ein Jahrzehnt vor Beginn des Methodenstreits von *Jevons* beantwortet worden war? *Jevons* (1874, 307ff) argumentiert, daß Gesetze auf theoretischen Hypothesen basieren, die durch Beobachtungen überprüft werden, wobei die Beobachtungen immer schon eine bestimmte Theorie voraussetzen, mit deren Hilfe die Beobachtungsobjekte ausgewählt werden.[127] Diese Position entspricht vom Ergebnis her der Auffassung *Mengers*, welcher im Methodenstreit schließlich obsiegte. Heute wird die von *Jevons* und *Menger* vertretene Position allgemein akzeptiert – in der Gestalt von *Karl Poppers* (1902-1994) *kritischem Rationalismus*, der als die maßgebliche (wenngleich nicht unumstrittene) Erkenntnistheorie des 20. Jahrhunderts gilt.

Der zweite, jüngere Methodenstreit fand Anfang des 20. Jahrhunderts

---

[127] Schon lange vor *Jevons* machte *Hume* (1739, Teil III, Abschn. VI) auf die Problematik des induktiven Vorgehens aufmerksam und zeigte, daß aus einzelnen Beobachtungen *keine* allgemeingültigen Aussagen abgeleitet werden können.

statt und drehte sich um die Frage, welche Rolle Werturteile in der Wissenschaft spielen. *Max Weber* (1864-1920) postulierte das Prinzip der Werturteilsfreiheit, wonach Normen nicht Gegenstand der Wissenschaft sind, weil sie nicht aus Tatsachen abgeleitet werden können (*Weber* 1904). Diese Position wurde von *Sombart* unterstützt, der sich insofern gegen die jüngere Historische Schule bzw. die „Kathedersozialisten" wandte, welche *als Wissenschaftler* sozial- und wirtschaftspolitische Ziele aufgrund ethisch-moralischer Überlegungen vorgeben zu können glaubten. Auch dieser Methodenstreit ging zuungunsten der jüngeren Historischen Schule aus – heute wird das Prinzip der Werturteilsfreiheit allgemein anerkannt (wenngleich nicht immer befolgt!).

3. Institutionalismus

Beim Institutionalismus handelt es sich um die wichtigste „alternative" Schule amerikanischer Provenienz. Unter dem Begriff „Institutionalismus" werden verschiedene Ansätze zusammengefaßt, die sich zwar in einigen Punkten unterscheiden, aber wichtige Gemeinsamkeiten aufweisen: An erster Stelle ist die Ablehnung der Neoklassik als zu abstrakt und zu statisch zu nennen. Die Institutionalisten wollen durch die Bezugnahme auf andere Geistes- und Sozialwissenschaften (insbesondere die Soziologie, die Rechtswissenschaft und die Psychologie) sowie durch die Betonung der empirischen Arbeit Abhilfe schaffen. In wirtschaftspolitischer Hinsicht läßt sich bei allen Institutionalisten eine große Sympathie für staatliche Interventionen feststellen.

Beeinflußt wurde die institutionalistische Schule einerseits von der pragmatischen Philosophie von *Charles S. Peirce* (1839-1914) und *John Dewey* (1859-1952), die stark praxis- und fortschrittsorientiert ist, andererseits von der Deutschen Historischen Schule (vgl. Teil VII.2) – wenngleich deren Vorgehen von manchen Institutionalisten (wie z.B. *Veblen*) abgelehnt wurde.

Der Institutionalismus erlebte seine Blütezeit in der Zeit zwischen 1900 und 1940, der Periode, in der sein Einfluß sowohl auf das ökonomische Denken als auch auf die Wirtschaftspolitik am größten gewesen ist. Die institutionalistische Schule besteht zwar weiter, doch spielt sie für die Entwicklung der ökonomischen Theorie praktisch keine Rolle mehr. Eine ernstzunehmende Konkurrenz ist in ihrer Gestalt der Neoklassik nicht erwachsen, denn „it takes a new theory, and not just the destructive exposure of assumptions or the collection of new facts, to beat an old theory" (*Blaug* 1997, 703). Zwar sind den Institutionalisten einige wichtige Anregungen zu verdanken, doch wurden diese nie zu einer ernstzunehmenden theoretischen Alternative ausgebaut – aber vom Neoinstitutionalismus, also der Neoklassik, erfolgreich aufgegriffen (vgl. Teil IV.4).

Es muß betont werden, daß der Neoinstitutionalismus keinesfalls als Fortentwicklung des Institutionalismus aufgefaßt werden darf (was die Ähnlichkeit der beiden Namen nahelegen könnte), sondern daß sich diese beiden Richtungen in einem deutlichen Gegensatz zueinander befinden. Der Neoinstitutionalismus steht fest auf dem Boden der Neoklassik und sieht seine Hauptaufgabe in der Erklärung von Institutionen, daneben allenfalls noch in Hinweisen auf eine effizienzorientierte Umgestaltung derselben. Dagegen kritisiert der Institutionalismus die neoklassische Theorie grundsätzlich und will Institutionen nicht bloß erklären, sondern auch und vor allem ändern – wobei weit über die Paretoeffizienz hinausgehende gesellschaftliche Ziele, wie Gerechtigkeit, Gleichberechtigung und Demokratisierung des Wirtschaftslebens, verfolgt werden. In diesem Zusammenhang werden auch die kollektiven Aspekte des Wirtschaftens, insbesondere Phänomene ökonomischer Macht, thematisiert.

Bei unserer Darstellung der wichtigsten institutionalistischen Autoren soll zwischen der ersten Generation von Institutionalisten (Teil VII.3.1) und ihren Nachfolgern (Teil VII.3.2) unterschieden werden.

3.1. Die erste Generation

Die wichtigsten Vertreter der Gründergeneration des amerikanischen Institutionalismus sind *Thorstein Veblen* (1857-1929), *Wesley C. Mitchell* (1874-1948), *John R. Commons* (1862-1945) und *John M. Clark* (1884-1963).

Veblen kommt hierbei eine besondere Rolle zu: Er ist nicht nur der Gründer des Institutionalismus, sondern bis heute auch dessen einflußreichster Vertreter. *Veblen* (1898) kritisiert die Übernahme des Gleichgewichtsdenkens und der deduktiven Methode durch die Neoklassik aus der Physik, da man so der wichtigen Rolle der sich im Zeitablauf ändernden institutionellen und kulturellen Faktoren nicht gerecht werden könne; deshalb fordert er eine *evolutorische* Ökonomie, die sich an der Biologie orientieren müsse. Wenig später machte er mit der Veröffentlichung des bis heute bekanntesten institutionalistischen Werks, der „Theory of the Leisure Class" (*Veblen* 1899) in spektakulärer Weise auf jene kulturellen Faktoren aufmerksam, die im neoklassischen Modell des „homo oeconomicus" nur unzureichend berücksichtigt werden könnten. Nach *Veblens* Meinung sind für das ökonomische Verhalten irrationale Faktoren eher maßgeblich als das rationale Nutzenmaximierungskalkül. Von großer Bedeutung sei der Konflikt zwischen „Leistungsinstinkt" („instinct of workmanship"), der sich auf Produktivitätssteigerung, Fortschritt und Erhöhung des Wohlstandes richtet, und sozial bzw. kulturell determinierten Verhaltensmustern, die sich in unproduktiven Aktivitäten äußern (*Veblen* 1899, Kap. IV). Als wichtigstes Beispiel nennt *Veblen* die Nacheiferung der durch die Klasse der reichen Müßiggänger („leisure class") gesetzten Konsumstandards; diese Müßiggänger seien bestrebt, ihren gesellschaftlichen Status durch ein möglichst luxuriöses Leben („conspicuous consumption") zu unterstreichen. Die relativ rigiden irrationalen Faktoren würden verhindern, daß die Marktprozesse automatisch zu gesellschaftlich wünschenswerten Ergebnissen führen, so daß gewisse staatliche Interventionen notwendig seien. Noch wesentlich strenger geht *Veblen* (1904) mit dem Markt ins Gericht, wenn er einen Gegensatz postuliert zwischen Geldorientierung bzw. Gewinnmaximierung, wie sie Geschäftsleute und Bankiers auszeichne, und Güterorientierung bzw. Maximierung der allgemeinen Wohlfahrt, wie sie von Technikern und Ingenieuren verkörpert werde. Solange die erste Gruppe den Wirtschaftsprozeß dominiere, sei das „Marktversagen" in bezug auf die Gesamtwohlfahrt nicht die Ausnahme, sondern die Regel. Auf Dauer werde sich jedoch der „machine process" gegen die „business principles" durchsetzen und der Markt durch eine sozialistische Wirtschaftsordnung ersetzt werden (*Veblen* 1904, Kap. IX). Dabei werde es sich um einen Sozialismus technokratischer Prägung handeln: Es seien nämlich die Techniker und Ingenieure, die sich gegen das kapitalistische System auflehnen und in einer Art „Klassenkampf" gegen die Geschäftsleute die alten irrationalen Verhaltensmuster und Institutionen beseitigen würden. Die an ihre Stelle tretende Technokratie würde die modernen Technologien systematisch und planvoll zum Vorteil der Gesamtgesellschaft einsetzen (*Veblen* 1921).

Mitchell, ein Schüler *Veblens*, kritisierte die deduktive Methode der neoklassischen Ökonomie und propagierte (ähnlich den Vertretern der Deutschen Historischen Schule, vgl. Teil VII.2) als Alternative „empirische Theorien". Theorien wären dementsprechend auf der Grundlage empirischer Daten, also induktiv, zu formulieren; sie sollten eine Verallgemeinerung einzelner Beobachtungen seien. Als Gründer und erster Leiter des „National Bureau of Economic Research" befolgte *Mitchell* diese Methode und häufte eine Unzahl von ökonomischen Daten, hauptsächlich zum Phänomen der Konjunkturzyklen, an (*Mitchell* 1913; 1927). Dieses Vorgehen wurde, u.a. von *Koopmans*, heftig kritisiert (vgl. Teil VI.3.2).

Commons bemühte sich um die empirische Erfassung der rechtlichen Grundlagen der kapitalistischen Wirtschaftsordnung (*Commons* 1924) und die Analyse der Institutionen, welche dieselbe konstituieren (*Commons* 1934). Zu den von *Commons* berücksichtigten Institutionen zählen neben Unternehmen und Gewerkschaften auch Parteien, Kirchen und die Familie. Da jede dieser Institutionen ihre eigenen Interessen verfolge, herrschten im Kapitalismus Interessengegensätze und Konflikte vor, die nur durch staatliche Eingriffe ausgeglichen werden könnten (*Commons* 1934, Kap. V). Um auch die „kollektive" Seite des ökonomischen Verhaltens angemessen erfassen zu können, bezog *Commons* (1934, 55ff) neben den „bargaining transactions" (also den *freiwilligen* Markttransaktionen, die bisher im Zentrum der Ökonomie standen) auch „managerial transactions" und „rationing transactions" (also von Unternehmensleitungen bzw. vom Staat *angeordnete* Transaktionen) mit in seine Analyse ein.

J.M. Clark ist heute vor allem aufgrund seiner Popularisierung des *Akzeleratorprinzips* bekannt (*J.M. Clark* 1917), welches eigentlich auf *Aftalion* (1913, Vol. II, 356ff) zurückgeht. Dieses Prinzip besagt, daß sich bei Schwankungen der Konsumgüternachfrage die Nachfrage nach Investitionsgütern überproportional ändert (vgl. Teil VI.1.2.2.2.1). Seine spezifisch institutionalistischen Beiträge beinhalten eine Kritik an der neoklassischen Konsumtheorie, der er die Vernachlässigung von Gewohnheiten und Routine vorwirft, und eine Kritik an der neoklassischen Produktionstheorie, die nach seiner Meinung dem hohen Fixkostenanteil in der modernen Industrie zu wenig Beachtung schenkt. Daneben forderte er die Etablierung einer „sozialen Ökonomie", die die Erreichung gesellschaftlicher Ziele in den Mittelpunkt stellen solle (*J.M. Clark* 1936).

3.2. Die Nachfolger

Unter den Institutionalisten, die die Nachfolge der Gründergeneration angetreten haben, sollen nur zwei herausgegriffen werden: *Clarence E. Ayres* (1891-1972) und *John K. Galbraith* (geb. 1908).

C.E. Ayres kritisierte an der herrschenden ökonomischen Lehre vor allem deren Akzeptanz des Preismechanismus als bestmögliches Allokationsverfahren, da dies zur Vernachlässigung von Verteilungsfragen und moralischen Aspekten führen würde. Stattdessen forderte er eine *soziale Wertlehre*, die nicht einfach Preis und Wert gleichsetzt, sondern die den Wert von Gütern danach bemißt, inwieweit diese zum „Lebensprozeß" der Gesellschaft beitragen (*C.E. Ayres* 1961). Eine wichtige wirtschaftspolitische Konsequenz dieser Vorstellungen war für *C.E. Ayres* eine ausgeprägte Umverteilungspolitik, da nur durch eine solche Politik Unterkonsumtion und Arbeitslosigkeit verhindert werden könnten, die dem gesellschaftlichen Fortschritt im Wege stünden. Für diesen Fortschritt ist nach Meinung von *C.E. Ayres* (1944) vor allem die Technologie, d.h. die tatsächliche Produktion verantwortlich; demgegenüber würden finanzielle Phänomene wie Sparen oder Kapitalbildung nur eine untergeordnete Rolle spielen. Die neoklassische Theorie würde mit ihrer Betonung dieser finanziellen Größen deshalb den Charakter des ökonomischen Fortschritts vollkommen verkennen.

Galbraith ist heute sicher der populärste Institutionalist – und einer der populärsten und meistgelesenen Ökonomen überhaupt (was allerdings weniger bahnbrechenden theoretischen Erkenntnissen als vielmehr einem provokativen und spannenden Schreibstil zu verdanken ist). *Galbraith* lehnt das traditionelle Konzept vollkommenen Wettbewerbs vehement als unrealistisch ab. Tatsächlich würden Märkte mit unvollkommenen Wettbewerb vorherrschen. Diese – und nicht etwa Polypole – seien auch die Orte des wirtschaftlichen und technischen Fortschritts. Deshalb sind Machtpositionen für *Galbraith* (1952) kein Problem – falls sie durch eine Organisation der Interessen der jeweiligen Gegenseite neutralisiert werden.

> „[N]ew restraints on private power did appear to replace competition. They were nurtured by the same process of concentration which impaired or destroyed competition. But they appeared not on the same side of the market but on the opposite side, not with competitors but with customers or suppliers. It will be convenient to have a name for this counterpart of competition and I shall call it *countervailing power*." (*Galbraith* 1952, 118)

Machtpositionen spielen auch eine wichtige Rolle in seinem Bild vom „New Industrial State" (*Galbraith* 1967), der durch Großunternehmen, die eng mit dem Staat kooperieren, dominiert wird. In diesen Unternehmen würde die Leitungsfunktion nicht mehr von individuellen Unternehmern, sondern von einer mehr oder weniger anonymen Führungsschicht („technostructure") ausgeübt werden. Sie würden manipulative Werbung treiben, um so ihren Absatz zu sichern und ihre großen Fertigungskapazitäten auszulasten; es werde nicht mehr für den Konsum produziert, sondern für die Produktion konsumiert. Die Vorstellung eigentlich überflüssigen Konsums taucht schon früher bei *Galbraith* auf, nämlich in seinem vielleicht bekanntesten Werk: „The Affluent Society" (*Galbraith* 1958). Hier wird argumentiert, daß in den entwickelten Ländern die Wohlfahrt kaum noch durch eine weitere Erhöhung des privaten Konsums gesteigert werden könne, sondern viel eher durch eine Ausweitung des Angebots an öffentlichen Gütern. Beispielsweise sollten die Ressourcen statt in immer größere und stärkere Autos in bessere und sicherer Straßen investiert werden. Auch bei *Galbraith* zeigt sich also die institutionalistische Vorliebe für staatliche Interventionen.

4. Österreichische Schule

Von allen „alternativen" Schulen ist sicherlich die österreichische Schule diejenige, die den größten und dauerhaftesten Einfluß hatte, einen Einfluß, der immer noch anhält. Deshalb soll ihre Darstellung etwas umfangreicher ausfallen als die der anderen vom „mainstream" abweichenden Richtungen.

Zur österreichischen Schule gehören nicht nur die österreichischen Ökonomen, die diese Schule gründeten (Teil VII.4.1) und fortführten (Teil VII.4.2), sondern auch alle Ökonomen, die sich deren Grundsätzen verpflichtet fühlen – zu welchen ein ausgeprägter Subjektivismus, eine gewisse Aversion gegen die Verwendung der Mathematik, die Betonung von Unsicherheit, die Würdigung des Unternehmertums und eine liberale wirtschaftspolitische Einstellung gehören (Teil VII.4.3).

4.1. Alte österreichische Schule

Zur ersten Generation der „Österreicher" gehören neben *Menger* (Teil VII.4.1.1) vor allem *Böhm-Bawerk* (Teil VII.4.1.2) und *Wieser* (Teil VII.4.1.3).

4.1.1. Carl Menger

Die alte österreichische Schule (und damit die österreichische Schule überhaupt) wurde von *Carl Menger* (1840-1921) im Jahre 1871 gegründet, dem Erscheinungsjahr seines Hauptwerkes „Grundsätze der Volkswirthschaftslehre" (*Menger* 1871).[128]

Ziel von *Menger* ist die „Erforschung des ursächlichen Zusammenhangs zwischen den wirthschaftlichen Erscheinungen" und die Ableitung einer „alle Preiserscheinungen (...) unter einem einheitlichen Gesichtspunkte zusammenfassenden Preistheorie" (*Menger* 1871, IX-X). Zu diesem Zweck formuliert er eine subjektive Wertlehre, in der der Wert eines Gutes von dessen Nützlichkeit bestimmt wird; im einzelnen entspricht der Wert eines Gutes dem Maß an Bedürfnisbefriedigung, das durch die letzte und am wenigsten wichtige Einheit dieses Gutes vermittelt wird (*Menger* 1871, Kap. 3, §§1-2). Die Ähnlichkeit mit der neoklassischen Grenznutzenwertlehre ist unverkennbar; allerdings verzichtet *Menger* auf jegliche Formalisierung und betrachtet nur diskrete (also nicht marginale) Variationen der Güterbestände. *Menger* unterscheidet verschiedene Arten von Gütern, die in einem „Causal-Zusammenhang" (*Menger* 1871, 7) stehen: Neben Gütern erster Ordnung, die der unmittelbaren Bedürfnisbefriedigung dienen, also Konsumgütern, gibt es auch solche höherer Ordnung, die bei der Produktion von Gütern erster Ordnung eingesetzt werden, also z.B. Investitionsgüter und Zwischenprodukte (*Menger* 1871, Kap. 1, §2). Der Wert der Produktionsfaktoren wird von *Menger* mit dem voraussichtlichen Wert der mit ihnen erzeugbaren Konsumgüter gleichgesetzt, im Endeffekt also subjektiv erklärt. Auch in diesem Fall stellt *Menger* eine Grenzbetrachtung an, indem er den Wert eines Gutes höherer Ordnung danach bemißt, welche zusätzliche Bedürfnisbefriedigung (mittels zusätzlicher Güter erster Ordnung) durch den Einsatz des betreffenden Gutes höherer Ordnung ermöglicht wird (*Menger* 1871, Kap. 2, §3). Bei variablen Faktoreinsatzverhältnissen, auf die *Menger* (1871, 139f) ausdrücklich eingeht, impliziert dies eine Grenzproduktivitätstheorie der Faktorentlohnung, die freilich nicht ausformuliert wird.

Mengers (1871, Kap. 4) Analyse von Tauschvorgängen beschränkt sich auf einige einfache Zahlenbeispiele und ist relativ primitiv. Auch seine Preistheorie (*Menger* 1871, Kap. 5) kann nicht befriedigen: Er spricht zwar vom „strengen gesetzmäßigen Charakter" der Monopolpreisbildung (*Menger* 1871, 200), gibt aber diese Gesetze nicht an; auch seine Aussagen zur wettbewerblichen Preisbildung sind sehr vage. Großen Wert legt *Menger* auf die Rolle der Zeit: Er versteht das Wirtschaften als „Wandlungsprocess" (*Menger* 1871, 21), weswegen ihm der Gleichgewichtsbegriff der Neoklas-

---

[128] Genaugenommen handelt es sich bei dem 1871 erschienen Werk um den „ersten, allgemeinen Theil" der Grundsätze; die noch geplanten Teile sind jedoch nie erschienen.

sik fremd geblieben ist (worunter nicht zuletzt seine Preistheorie leidet); und er betont die diesem Prozeß inhärente Unsicherheit als „von der grössten practischen Bedeutung für die menschliche Wirthschaft" (*Menger* 1871, 26).

Insgesamt bleibt *Menger* aufgrund seines wenig analytischen und mehr intuitiven Vorgehens deutlich hinter *Cournot*, *Gossen* und *Thünen* zurück; er lehnt die mathematische Analyse und das Denken in Gleichgewichten ab, so daß er *nicht* zu den Gründervätern der neoklassischen Ökonomie gezählt werden kann (vgl. Teil IV.1). Außer mit seinen „Grundsätzen" hat *Menger* vor allem durch seine Beteiligung am Methodenstreit (vgl. Teil VII.2.3) Aufmerksamkeit erregt, den er – nicht unbedingt verdientermaßen – für sich entschieden hat. Die beiden Hauptthemen *Mengers* – Subjektivismus und Dynamik bzw. Unsicherheit – finden sich in der einen oder anderen Form bei allen Vertretern der österreichischen Schule wieder und können als die wichtigsten Inhalte ihres Forschungsprogramms bezeichnet werden.

4.1.2. Eugen von Böhm-Bawerk

Eugen von Böhm-Bawerk (1851-1914) wurde hauptsächlich durch seine Kapital- und Zinstheorie bekannt, die sich in dem zweibändigen Werk „Kapital und Kapitalzins" (*Böhm-Bawerk* 1884/89) findet; im ersten Band kritisiert *Böhm-Bawerk* die Kapitaltheorien seiner Zeit, im zweiten Band präsentiert er seine eigenen Vorstellungen.

Die Existenz des Zinses wird von *Böhm-Bawerk* (1889, Buch III, Abschn. III) auf drei Ursachen zurückgeführt: die Aussicht auf zukünftige Einkommenssteigerungen, die Unterschätzung künftiger Bedürfnisse und die größere Produktivität der „Umwegsproduktion".

Besonders der dritte Faktor wird von *Böhm-Bawerk* betont. Mit Zunahme des Produktionsumweges, d.h. mit der Verlängerung des Zeitraums zwischen Beginn der Produktion und Verfügbarkeit der produzierten Güter, nähme die Produktivität der Produktionsfaktoren generell zu, wenngleich mit abnehmender Rate (*Böhm-Bawerk* 1889, Buch II, Abschn. I) – eine Behauptung, für die *Böhm-Bawerk* eine befriedigende Begründung schuldig bleibt. Die Länge des Produktionsumweges und damit die Kapitalintensität mißt *Böhm-Bawerk* mittels des Konzeptes der *durchschnittlichen Produktionsperiode*, das sich allgemein wie folgt darstellen läßt: Ein Produktionsprozeß j, in dem z_i Einheiten der n Produktionsfaktoren eingesetzt werden, welche t_i Zeiteinheiten vor Abschluß der Produktion benötigt werden, hat folgende durchschnittliche Produktionsperiode $\hat{t}$:

$$(117) \quad \hat{t} = \frac{\sum_{i=1}^{n} z_i t_i}{\sum_{i=1}^{n} z_i}$$

Diese Größe weist allerdings einen schwerwiegenden Mangel auf: Der Zinseszins wird vernachlässigt und nur deshalb kann der Zins bei der Berechnung der durchschnittlichen Produktionsperiode außer acht bleiben (*Wicksell* 1893, 95ff).

Das Konzept der durchschnittlichen Produktionsperiode geht ein in das Kernstück der Theorie *Böhm-Bawerks*, sein Modell zur simultanen Bestimmung von Zins, Lohn, Produktion und Kapitalintensität bei gegebenem Kapitalstock (*Böhm-Bawerk* 1889, Buch III, Abschn. V). Anstelle *Böhm-Bawerks* umständlicher Darstellung in Form von Tabellen folgen wir hier *Niehans* (1990, 229f).

Die Produktion pro Arbeiter (y) hängt von der Länge der Produktionsperiode ($\hat{t}$) wie folgt ab:

$$(118) \quad y = y(\hat{t}) \quad \frac{dy}{d\hat{t}} > 0, \quad \frac{d^2 y}{d\hat{t}^2} < 0$$

Bei einem Wettbewerbslohn von w verbleibt dem Unternehmer ein Gewinn von $y-w$ pro beschäftigtem Arbeiter. Es wird unterstellt, daß jedes Jahr ein Produktionsprozeß begonnen wird; bis der Output des ersten Prozesses zur Verfügung steht, wird pro Arbeiter Kapital in Höhe von $\hat{t}w$ benötigt, um den Lohn zu bezahlen. Die Profitrate bzw. der Zins (i) ergibt sich deshalb wie folgt:

$$(119) \quad i = \frac{y-w}{\hat{t}w}$$

Die Länge der Produktionsperiode wird so gewählt, daß i maximal ist, also daß gilt:

$$(120) \quad \frac{di}{d\hat{t}} = 0 \quad \Leftrightarrow \quad \frac{dy}{d\hat{t}}\hat{t} = y - w$$

Aus (119) und (120) resultiert für den Maximalzins i^*:

(121) $\quad i^* = \dfrac{dy/d\hat{t}}{w}$

Aufgrund des Wettbewerbs wird sich bei gegebenem Arbeitskräfteangebot ein Lohn einstellen, bei dem das zur Verfügung stehende Kapital erschöpft wird. Bei einem Kapitalbestand von $\bar{k}$ pro Arbeiter gilt für den Lohn also:

(122) $\quad w = \dfrac{\bar{k}}{\hat{t}}$

Wenn (122) in (120) eingesetzt wird, erhält man die gesamtwirtschaftliche Gleichgewichtsbedingung:

(123) $\quad \dfrac{dy}{d\hat{t}}\hat{t}^2 = y\hat{t} - k$

Böhm-Bawerk erklärt damit als erster gleichzeitig Produktionsstruktur, Lohn, Zins und Output. Doch seine Theorie weist eine wesentliche Schwäche auf: Der Kapitalstock wird nicht erklärt, sondern als gegeben vorausgesetzt – was deswegen unvermeidlich ist, weil *Böhm-Bawerk* die Gegenwartspräferenz (wie sie in den ersten beiden seiner drei Gründe für die Existenz des Zinses zum Ausdruck kommt) und damit das Kapitalangebot völlig vernachlässigt. Hauptsächlich aus diesem Grund hat sich die Kapitaltheorie *Fishers* (vgl. Teil IV.2.1.4.3.b) als überlegen herausgestellt.

4.1.3. Friedrich von Wieser

Friedrich von Wieser (1851-1926) verband in seinem Hauptwerk, der „Theorie der gesellschaftlichen Wirtschaft" (*Wieser* 1914) die subjektiven mit den objektiven Determinanten des wirtschaftlichen Wertes – ähnlich wie vor ihm schon *Marshall* (vgl. Teil IV.2.1.3.1.b).

Wie *Menger* interpretiert er den Wert zunächst subjektiv, nämlich als Genznutzen, und erklärt auch den Wert von Produktionsfaktoren durch ihren Beitrag zur Bedürfnisbefriedigung (*Wieser* 1914, §16). Allerdings geht er über *Menger* hinaus, wenn er darauf hinweist, daß nicht nur die Nachfrage, sondern auch das Angebot eine Rolle spielt, daß also nicht nur subjektive, sondern auch objektive Faktoren den Wert beeinflussen (*Wieser* 1914, §§17-18); er erläutert den Einfluß der Kostenseite auf den Wert von Gütern anhand der Konsequenzen des technischen Fortschritts (*Wieser* 1914, §19). Dabei bezieht sich *Wieser* implizit auf gleichgewichtige bzw. effiziente Situationen, obwohl er an anderer Stelle – typisch österreichisch – das Gleichgewichtskonzept zurückweist (*Wieser* 1914, §10).

Das von *Menger* nur gestreifte *Zurechnungsproblem* behandelt *Wieser* (1914, §§20-21) ausführlich; dabei geht es um die Frage, wie der Outputwert auf die an der Produktion beteiligten Faktoren aufzuteilen ist, d.h. in welchem Zusammenhang im Fall mehrerer Produktionsfaktoren die Werte derselben (also die Faktorpreise) mit dem Wert des Outputs stehen. *Wieser* bietet keine befriedigende Antwort an, sondern begnügt sich mit eher vagen Hinweisen auf die Grenzproduktivitätstheorie der Entlohnung; auch geht er nicht auf den (scheinbaren) Konflikt zwischen wettbewerblicher Gewinnlosigkeit und Eindeutigkeit der Ausbringungsmengen ein (vgl. Teil IV.2.1.3.1).

4.2. Die Weiterentwicklung der österreichischen Schule

Die alte österreichische Schule fand 1922 mit der Pensionierung *Wiesers* ihr Ende. Weiterentwickelt wurde sie nicht von den unmittelbaren Nachfolgern *Wiesers* in Wien, sondern von Ökonomen, die zwar ihre Wurzeln in Wien hatten, deren Wirkungsbereich aber ein internationaler war: *Schumpeter*, ein Schüler von *Böhm-Bawerk* und *Wieser* (Teil VII.4.2.1); *Mises*, zu dessen Lehrern *Böhm-Bawerk* zählte (Teil VII.4.2.2); und *Hayek*, der wiederum ein Schüler von *Mises* war (Teil VII.4.2.3). Diese Ökonomen machten nicht nur österreichische Ideen außerhalb Österreichs publik, sondern wandten dieselben auch auf neue Fragestellungen an – wodurch einerseits das Forschungsprogramm der österreichischen Schule umfassender und andererseits deren Abgrenzung von konkurrierenden Schulen schwieriger wurde.

4.2.1. Joseph A. Schumpeter

Joseph A. Schumpeter (1883-1950) betont in der für seine gesamte Laufbahn maßgeblichen „Theorie der wirtschaftlichen Entwicklung"

(*Schumpeter* 1912) den evolutorischen Charakter des Wirtschaftsprozesses, in welchem qualitative Änderungen die wesentliche Rolle spielen. Der Motor dieser dynamischen Entwicklung ist der Unternehmer, dessen Aktivitäten als *schöpferische Zerstörung* bezeichnet werden können (*Schumpeter* 1912, Kap. II, IV, VII); denn er bringt Produkt- bzw. Verfahrensinnovationen hervor (ist also schöpferisch), welche alte Produkte bzw. Produktionsverfahren verdrängen (also zerstören).[129] Voraussetzung dieses Prozesses der schöpferischen Zerstörung sei der Investitionskredit, den der Innovator zur Vorfinanzierung „neuer Kombinationen" benötige (*Schumpeter* 1912, Kap. III). *Schumpeter* (1912, Kap. VI) verbindet mit seiner Vorstellung vom Unternehmertum auch eine Konjunkturtheorie: Innovationen würden meist diskontinuierlich bzw. in Zyklen auftreten, da erst eine „kritische Masse" neuer Ideen akkumulieren müsse, um erstarrte Strukturen aufzubrechen und einen Wachstumsimpuls auszulösen; dieser gehe von den Innovatoren aus und erfasse dann die Imitatoren und schließlich auch andere Branchen. Zum Ende käme der Aufschwung, wenn die Neuerungswelle verebben und die konservierenden Tendenzen wieder die Oberhand gewinnen würden. Der Schumpetersche Unternehmer steht im scharfen Kontrast zum Unternehmer der Neoklassik, der nur als Optimierer auftritt, aber keine eigentlichen Neuerungen hervorbringt. *Schumpeter* war zwar der erste, der den Unternehmer zum „Helden" einer ökonomischen Theorie machte, doch wiesen schon die Klassiker und danach z.B. *Marshall* (1890, Buch I, Kap. III) oder *Wieser* (1914, §63) auf die wichtige Rolle des Unternehmertums für die wirtschaftliche Entwicklung hin.

Seine Konjunktur- und Wachstumstheorie wendet *Schumpeter* (1939) zur Erklärung empirischer Konjunkturschwankungen an; dabei interpretiert er dieselben als das Resultat verschieden langer, sich überlagernder Zyklen, die jeweils durch das Auftreten unterschiedlich wichtiger Innovationen ausgelöst werden (je wichtiger eine Innovation, desto länger ist der betreffende Konjunkturzyklus). Diese Zyklen benennt er nach den Ökonomen, die erstmals auf sie hingewiesen haben: langfristige Kondratieff-, mittelfristige Juglar- und kurzfristige Kitchin-Zyklen.[130]

Am bekanntesten wurde *Schumpeter* aber durch „Capitalism, Socialism, and Democracy" (*Schumpeter* 1942), einer geschichts- bzw. politikphiloso-

---

[129] *Explizit* taucht der Begriff „schöpferische Zerstörung" („creative destruction") erst bei *Schumpeter* (1942) auf.

[130] Ein ähnliches Bild der Konjunktur findet sich zwar auch schon bei *Spiethoff* (1925), doch sah dieser nicht Innovationen als die Haupttriebfeder der wirtschaftlichen Entwicklung an.

phischen Abhandlung, in der *Schumpeter* den Sozialismus als unvermeidliches Endresultat des Kapitalismus prognostiziert. Der Kapitalismus geht bei *Schumpeter* nicht aufgrund seiner Mißerfolge, sondern aufgrund seiner Erfolge unter: Großunternehmen würden nicht nur die Kostenvorteile der Massenproduktion genießen, sondern auch Vorteile bei der Generierung von Innovationen gegenüber dem traditionellen dynamischen Unternehmer haben, so daß der wirtschaftliche Fortschritt „automatisiert" und verstetigt werden würde. Die Verdrängung des Unternehmer-Eigentümers durch in Großunternehmen tätige Bürokraten und Technokraten – und die zunehmende Zersetzung der bürgerlichen Familie – würde die bürgerliche Gesellschaft in ihren Grundfesten erschüttern. Deshalb und aufgrund einer Reihe anderer Faktoren würde der Einfluß von Staat und Großunternehmen immer mehr zunehmen und der Kapitalismus allmählich durch den Sozialismus abgelöst werden.[131] Die Prophezeiung *Schumpeters* hat sich bislang nicht bewahrheitet: Die behauptete generelle Überlegenheit von Großunternehmen existiert nämlich, wie sich vielfach gezeigt hat, nicht.

Von *Schumpeter* stammt schließlich die (posthum erschienene) „History of Economic Analysis" (*Schumpeter* 1954), die bis heute als das dogmenhistorische Standardwerk gilt.

> „With his enormous knowledge, his ability to understand other people's theories, and his untiring energy, he was, overall, the greatest historian economic science has ever had. As a historian of science, he posthumously achieved the success that was denied to him as an original theorist during his lifetime." (*Niehans* 1990, 451)

Denn *Schumpeter* hatte zwar viele Ideen, die sich als interessant und wichtig erwiesen haben, war aber ihrer theoretischen und analytischen Umsetzung letztlich nicht gewachsen.

4.2.2. Ludwig von Mises

Ludwig von Mises (1881-1973) beschäftigte sich im wesentlichen mit drei Gebieten: der Geldtheorie, den Problemen sozialistischer Wirtschaftssysteme und der ökonomischen Methodologie.

---

[131] Ähnliche Prophezeiungen wagten bereits *Veblen* (1904, Kap. IX) und *Sombart* (1927, Kap. 60) – wenngleich in vorsichtigerer und weniger bestimmter Form. Im Gegensatz dazu steht das Marxschen Bild vom katastrophalen Untergang des Kapitalismus (vgl. Teil VII.1.3).

Am Anfang seiner Karriere steht die Formulierung einer österreichischen Geldtheorie. In Anlehnung an *Menger* (1871, Kap. 8, §§1-2) erklärt *Mises* (1912, Buch 2, Kap. 2) die Nachfrage und den Wert von Geld „kausal", d.h. als Resultat einer Abfolge miteinander verbundener individueller Handlungen (und nicht als Merkmal eines statischen Gleichgewichts). Auf diese Weise führt *Mises* die Geldverwendung schrittweise auf jene Zeit zurück, als Geld noch als Ware wertvoll war; der Wert des Geld liegt demnach letztlich in seinem (ursprünglichen) Materialwert begründet – und kommt weder durch staatliche Verordnung noch vertragliche Übereinkunft der Geldbenutzer zustande. Auf der Grundlage von *Wicksells* „kumulativem Prozeß" (vgl. Teil V.2) entwickelt *Mises* (1912, Buch 3, Kap. 5) auch eine Konjunkturtheorie, nach der Zinsschwankungen durch Kapitalstrukturveränderungen die Konjunktur beeinflussen.

Die liberale Grundhaltung von *Mises* kommt am deutlichsten in seiner „Gemeinwirtschaft" (*Mises* 1922) zum Ausdruck, in der er sich mit den Problemen der Ressourcenallokation in sozialistischen Systemen auseinandersetzt. Aufgrund des Kollektiveigentums an den Produktionsmitteln könne es keine Marktpreise für Produktionsfaktoren geben, welche aber für einen effizienten Einsatz derselben unabdingbar seien (*Mises* 1922, Teil II, Abschn. I). Daraus zieht er einen radikalen Schluß: „Der Kapitalismus ist die einzig denkbare und mögliche Gestalt gesellschaftlicher Wirtschaft" (*Mises* 1922, 210). *Mises* hält nicht nur den Sozialismus für inhärent unökonomisch und ineffizient, sondern spricht sich auch entschieden gegen (praktisch) alle staatlichen Interventionen in den Marktmechanismus kapitalistischer Wirtschaftssysteme aus, die für ihn Instrumente des „Destruktionismus" sind (*Mises* 1922, Teil V).

Mises (1933, Teile A+B) faßt die Ökonomie als Wissenschaft vom Handeln, als *Praxeologie*, auf. Er postuliert ein rein axiomatisches Vorgehen: Ökonomische Gesetze könnten nur durch logische Ableitung von selbstverständlichen Axiomen aufgestellt werden; sie entzögen sich jeder empirischen Überprüfung, da die Realität zu komplex sei, um die Isolierung der jeweils interessierenden Einflußfaktoren (d.h. der von dem zu überprüfenden Gesetz angenommenen Ursachen für bestimmte Wirkungen) zu erlauben. *Mises* hält die Zielgerichtetheit des menschlichen Handelns für das wichtigste Axiom der Ökonomie; darunter versteht er aber nicht (wie die Neoklassiker) die bloße Maximierung vorgegebener Ziele, sondern auch den Prozeß der Zielsuche und -findung; aufgrund desselben sei das menschliche Verhalten auch immer (mehr oder weniger) „unternehmerisch".

4.2.3. Friedrich August von Hayek

Neben *Schumpeter* ist sicherlich *Friedrich August von Hayek* (1899-1992) der einflußreichste und bekannteste österreichische Ökonom.[132] Die wichtigsten Stationen seiner langen Laufbahn waren die Beschäftigung mit kapital- und konjunkturtheoretischen Fragen, die Analyse der Funktionsweise des Marktsystems und die Rechts- und Politikphilosophie.

Hayeks (1931, Vorlesung II) Kapitaltheorie baut auf *Böhm-Bawerk* auf: Die durchschnittliche Länge der Produktionsperiode steht im Mittelpunkt; diese hängt invers mit der Höhe des Zinssatzes und direkt mit der Lohnhöhe zusammen und charakterisiert die Produktionsstruktur einer Volkswirtschaft.[133] In Anlehnung an *Mises* (1912) und auf der Grundlage seiner kapitaltheoretischen Überlegungen formuliert *Hayek* (1931, Vorlesung III) eine Konjunkturtheorie, in der monetäre Faktoren die Hauptrolle spielen. *Hayek* geht davon aus, daß Geldmengenänderungen zwangsläufig reale Effekte haben (aufgrund zumindest kurzfristiger Verzerrungen der relativen Preise), die die Ursache konjunktureller Schwankungen seien. Geld verursache nur dann keine Störungen, wenn es *neutral* sei, d.h. wenn die Geldmenge konstant sei. Denn wenn Geld in diesem Sinn neutral ist, wären alle etwaigen Zinsänderungen Ausdruck der Änderungen der Präferenzen, so daß die auf diese Weise induzierten Anpassungen der Produktionsstruktur im Einklang mit den Präferenzen der Wirtschaftssubjekte stünden, mithin also keine Störungen darstellten. Ist dagegen das Geld nicht neutral, so komme es zu rein monetär bedingten Zinsänderungen, die Konjunkturschwankungen, also Störungen, auslösen würden. Führt z.B. eine Geldmengenexpansion zu einer Senkung des Zinses, so kommt es dadurch zu einer vermehrten Investitionstätigkeit und somit zu einer Verlängerung der durchschnittlichen Produktionsperiode. Dieser „künstliche" Boom hält jedoch nur solange an, wie die Banken zu dem niedrigen Zins Kredite vergeben können; da dieser aber früher oder später auf das mit den realwirtschaftlichen Bedingungen im Einklang stehende höhere Niveau steigen

---

[132] *Hayek* war im Jahr 1974 (zusammen mit *Myrdal*) der Träger des Nobelpreises für Wirtschaftswissenschaft.

[133] Später formuliert *Hayek* (1941) eine wesentlich erweiterte und detailliertere Kapitaltheorie, in der er sich auch von der Position *Böhm-Bawerks* entfernt; insbesondere relativiert er die Eignung der Länge der durchschnittlichen Produktionsperiode zur Beschreibung der Produktionsprozesse, indem er darauf hinweist, daß diese Größe in vielen Fällen nicht eindeutig bestimmt werden kann (*Hayek* 1941, Kap. VI u. XI).

wird, kommt es zu einer Krise, wenn die Produktionsstruktur wieder geändert und den tatsächlichen Verhältnissen angepaßt werden muß: Denn eine reibungslose Realloaktion der Produktionsfaktoren ist nicht möglich; Arbeitslosigkeit kann nicht vermieden werden. Diese Sicht vom Geld als der Ursache gesamtwirtschaftlicher Instabilitäten motiviert auch seinen berühmt gewordenen Vorschlag zur Privatisierung der Geldversorgung (*Hayek* 1976a): Da *Hayek* staatliche Institutionen für grundsätzlich unfähig hält, die Stabilität einer Währung und damit eine störungsfreie wirtschaftliche Entwicklung zu gewährleisten, fordert er, die Geldversorgung den Märkten zu überlassen – eine Forderung, die bislang aus politischen, aber auch aus theoretischen Gründen auf wenig Gegenliebe gestoßen ist.

Hayek (1945) sieht die Marktwirtschaft auch und vor allem als eine Institution an, die dazu dient, die dezentralisierten, d.h. auf die verschiedenen Individuen verteilten, wirtschaftlich relevanten Informationen (über die Art der Bedürfnisse, die Produktionsmöglichkeiten etc.) nutzbar zu machen. Er interpretiert das Preissystem als eine Methode zur Kommunikation dieser Informationen über Preise und den Wettbewerb als *Entdeckungsverfahren*, der die bestmögliche Nutzung des verstreuten Wissens gewährleisten soll (*Hayek* 1968).[134] Aus den genannten Gründen – und in Fortführung der Argumente von *Mises* – hält *Hayek* den „Marktsozialismus" (wie er vor allem von *Lange* und *Lerner* propagiert wurde), d.h. eine Zentralverwaltungswirtschaft, die durch *geplante* Knappheitspreise gesteuert wird, für unmöglich: Denn der Marktprozeß sei unabdingbar für die Generierung der notwendigen Informationen und könne keineswegs durch eine zentrale Behörde simuliert werden.

Heute vielleicht am bekanntesten sind nicht die „rein" ökonomischen Arbeiten *Hayeks*, sondern seine rechts- bzw. politikphilosophischen Untersuchungen, in denen er die juristischen und politischen Folgerungen aus seinen ökonomischen Theorien zieht (*Hayek* 1960; 1973/76b/79). Um die dynamische Funktion des Marktsystems zu gewährleisten, hält *Hayek* (1960, Kap. 9-10 u. 15; 1973, Kap. 4-5; 1976b, Kap. 10) ein System wohldefinierter, allgemeiner Handlungsrechte und einen Verzicht auf alle punktuellen staatlichen Eingriffe für erforderlich. Darüber hinaus stellt er fest, daß die wichtigsten gesellschaftlichen Institutionen (wie etwa der Markt) nicht das Resultat bewußter Planung, sondern das Ergebnis unbe-

---

[134] Diese die dynamischen Funktionen des Marktes betonende prozessuale Sichtweise unterscheidet sich wesentlich von der üblichen neoklassischen Position, die den Markt statisch und von seinen Resultaten her betrachtet, unter welchen die Paretooptimalität von Marktgleichgewichten entscheidend ist (vgl. Teil IV.3.1.2.3).

wußter sozialer Evolution seien (*Hayek* 1960, Kap. 5; 1973, Kap. 1-2). Um die Herausbildung *spontaner Ordnungen* nicht zu behindern, müßten staatliche institutionelle Reformen zwar nicht gänzlich unterlassen werden; denn schließlich sei nicht gewährleistet, daß das Ergebnis evolutorischer Prozesse erwünscht bzw. akzeptabel ist. Aber etwaige staatliche Eingriffe sollten vorsichtig durchgeführt und auf jeden Fall so gestaltet werden, daß die geplanten Institutionen nicht unabänderlich und rigide, sondern für die Herausforderung durch möglicherweise überlegene Alternativen offen sind (*Hayek* 1960, Kap. 4; 1973, Kap. 2).

> „None of those conclusions are arguments against the use of reason, but only arguments against such uses as require any exclusive and coercive powers of government; not arguments against experimentation, but arguments against all exclusive, monopolistic power to experiment in a particular field – power which brooks no alternative and which lays claim to the possession of superior wisdom – and against the consequent preclusion of solutions better than the ones to which those in power have committed themselves." (*Hayek* 1960, 70)

Diese Anforderungen kann nach Meinung *Hayeks* (1979, Kap. 17) am ehesten ein Zwei-Kammer-System erfüllen, das aus einer legislativen Versammlung, die sich auf die Verabschiedung allgemeingültiger Gesetze beschränkt, und einer exekutiven Versammlung, die – innerhalb des gesetzlichen Rahmens – über die Regierung und die Vorgaben für deren (einzelfallbezogene) Politik entscheidet, besteht.

Es ist unbestritten, daß *Hayek* wichtige Einsichten in die Funktionsweise von Märkten und das Wesen der sozialen Evolution zu verdanken sind. Allerdings ist seine Sichtweise mitunter recht einseitig: Er konzentriert sich nur auf den Marktprozeß und vernachlässigt völlig dessen Konsequenzen. Er gibt für die Beurteilung derselben kein Kriterium an die Hand (anders als die Neoklassiker mit ihrem Paretokriterium), so daß er – mehr oder weniger implizit – einfach unterstellen muß, daß die Konsequenzen des Marktes „gut" bzw. allgemein akzeptabel sind. Aber auf dieser Grundlage sind natürlich weder sinnvolle Grundsatzentscheidungen über Wirtschaftssystem und -ordnung noch Entscheidungen über zielgerichtete staatliche Interventionen zur Vermeidung „evolutionärer Sackgassen" (die ja von *Hayek* nicht ausgeschlossen werden) möglich – in beiden Fällen ist eine explizite Beurteilung von Konsequenzen unabdingbar. Nicht zuletzt aufgrund der Nichtberücksichtigung derselben wirkt die Verteidigung des Marktsystems insbesondere in den späteren Schriften *Hayeks* recht dogmatisch.

4.3. Neuere Entwicklungen

Die österreichische Schule hat durch die Arbeiten *Hayeks* eine Renaissance erfahren, wobei dessen Ideen vom Wettbewerb als Entdeckungsverfahren und von der spontanen Herausbildung sozialer Ordnungen besonders einflußreich gewesen sind. Diese Ideen sind von den Nachfolgern *Hayeks* aufgegriffen und weiterentwickelt worden, die vor allem das Phänomen der Unsicherheit und dessen Konsequenzen betonen; wichtige Beiträge zu dieser Thematik stammen von *Lachmann* (1986), *O'Driscoll und Rizzo* (1985) und *Shackle* (1958). Aber auch die traditionellen Themen der österreichischen Schule werden weiterverfolgt: Die Rolle des Unternehmertums wird insbesondere von *Kirzner* (1973) analysiert; und die liberale Wirtschaftspolitik wird sehr entschieden von *Rothbard* (1962) vertreten.

Die Abgrenzung der aktuellen österreichischen Schule ist nicht immer ganz einfach. So sind Zeit und Unsicherheit nicht nur für die „Österreicher", sondern auch für die Postkeynesianer wichtig – wenngleich deren wirtschaftspolitische Schlußfolgerungen deutlich von denen der „Österreicher" differieren (vgl. Teil VII.6). Auch verschwimmt durch eine stärkere Verwendung mathematischer Methoden und die Verbindung neoklassischer Konzepte mit österreichischen Ideen zunehmend die Trennlinie zwischen diesen beiden Schulen. Dies ist insbesondere der Fall bei der *evolutorischen Ökonomie*, die sich sehr stark mit der österreichischen Schule überschneidet. Denn einerseits werden heute die zentralen österreichischen Themen am intensivsten von den Ökonomen diskutiert, die sich als evolutorische Ökonomen bezeichnen; und andererseits waren es österreichische Ökonomen (nämlich *Schumpeter* und *Hayek*), die wesentlich zur Etablierung der evolutorischen Ökonomie beigetragen haben. So ist es nicht verwunderlich, daß die Begriffe „österreichische Ökonomie" und „evolutorische Ökonomie" heute zum Teil sogar synonym gebraucht werden, wenngleich dies nicht ganz zutreffend ist (vgl. Teil VIII.1.1).

5. Ordoliberalismus

Beim Ordoliberalismus handelt es sich um die deutsche Spielart des Neoliberalismus. Unter dem Begriff „Neoliberalismus" werden die verschiedenen Bemühungen zur Wiederbelebung des klassischen liberalen Gedankengutes, also der Ideen von *Hume*, *Mill* oder *Smith* (vgl. Teil III), zusammengefaßt. Neben dem Ordoliberalismus können auch der Monetarismus (vgl. Teil VI.1.3) und die österreichische Schule (vgl. Teil VII.4) als neoliberal bezeichnet werden. Trotz ihrer gemeinsamen Grundlage gibt es aber deutliche Unterschiede zwischen diesen drei Ansätzen – Unterschiede, die sich vor allem auf die Rolle des Staates beziehen: Vereinfachend läßt sich sagen, daß unter den Neoliberalen die Österreicher am liberalsten und die Ordoliberalen am interventionistischsten sind, da der Staat bei ersteren die (relativ) kleinste und bei letzteren die (relativ) größte Rolle spielt; die Monetaristen nehmen diesbezüglich eine Mittelposition ein.

Der Ordoliberalismus wurde in der ersten Hälfte des 20. Jahrhunderts als Alternative zu den totalitären Wirtschafts- und Gesellschaftsordnungen konzipiert, die den Liberalismus zu verdrängen schienen. Der wichtigste Vertreter des Ordoliberalismus war zweifelsohne *Walter Eucken* (1891-1950); andere einflußreiche Autoren waren *Alfred Müller-Armack* (1901-1978) und *Wilhelm Röpke* (1899-1966). Unter den ordoliberalen Veröffentlichungen ragen *Euckens* (posthum veröffentlichte) „Grundsätze der Wirtschaftspolitik" (*Eucken* 1952) heraus, die die Programmschrift des Ordoliberalismus darstellen; daneben ist die „Trilogie" *Röpkes* (1942; 1944; 1945) erwähnenswert.

Im Mittelpunkt des Ordoliberalismus steht, wie der Name schon sagt, die Frage nach der Wirtschaftsordnung.

> „[W]ie kann der modernen und industrialisierten Wirtschaft eine funktionsfähige und menschenwürdige Ordnung gegeben werden?" (*Eucken* 1952, 14)

Unter „Ordnung" wird nicht nur die tatsächliche Ordnung eines Lebensbereiches, sondern auch (normativ) „die *sinnvolle* Zusammenfügung des Mannigfaltigen zu einem Ganzen" (*Eucken* 1952, 372) verstanden. *Eucken* (1952, Kap. III) propagiert ein *Denken in Ordnungen*, um über den zahllosen einzelnen wirtschaftlichen Sachverhalten, die beobachtet werden, nicht den Blick für das Ganze, für die grundsätzlichen Strukturen des Wirtschaftssystems, zu verlieren. Dabei betont er vor allem die Interdependenz der Ordnungen: Die Wirtschaftsordnung dürfe nicht isoliert, sondern müsse im Zusammenhang mit der politischen und der kulturellen Ordnung gesehen werden (*Eucken* 1952, 13ff u. 180ff). *Eucken* lehnt nicht nur die Zentralverwaltungswirtschaft entschieden ab (*Eucken* 1952, Kap. VIII), er ist auch – und darin unterscheidet er sich am meisten von den Österreichern – skeptisch gegenüber dem „laissez-faire" und dem Ausgang evolutorischer Prozesse (*Eucken* 1952, Kap. IV): Wettbewerbsbeschränkungen und Machtpositionen könnten auch von privater, nicht nur von staatlicher Seite ausgehen; zudem sei die Stabilität der Volkswirtschaft nicht in jedem Fall automatisch gewährleistet. Deshalb fordert *Eucken* (1952, Kap. XV) einen starken Staat, der eine Wettbewerbsordnung realisieren und aufrechterhalten müsse.

Der Herstellung dieser Wettbewerbsordnung dient eine Reihe von „konstituierenden Prinzipien" (*Eucken* 1952, Kap. XVI). Demnach müsse im Zentrum der aktiven Wirtschaftspolitik „die Herstellung eines funktionsfähigen Preissystems vollständiger Konkurrenz" stehen; dies sei „*das wirtschaftsverfassungsrechtliche Grundprinzip*" (*Eucken* 1952, 254). Neben dieses Grundprinzip treten eine Reihe anderer wichtiger Prinzipien: die Stabilitätsorientierung der Geldpolitik, die Gewährleistung freien Marktzutritts, die Garantie des Privateigentums, Vertragsfreiheit, die Parallelität von Entscheidungsbefugnis und Haftung und die Konstanz der Wirtschaftspolitik.

Neben den konstituierenden gibt es noch die „regulierenden Prinzipien", welche die Wettbewerbsordnung erhalten sollen (*Eucken* 1952, Kap. XVII). Zu diesen gehören die Kontrolle von Monopolen, insoweit deren Entstehung nicht verhindert werden kann, die Umverteilung von Einkommen mit dem Ziel sozialer Gerechtigkeit und die Internalisierung externer Effekte.

Insgesamt wird eine marktwirtschaftliche Ordnung für überlegen gehalten und von der Stabilität des Privatsektors ausgegangen, der vor allem verläßliche Rahmenbedingungen brauche. Die notwendigen staatlichen Interventionen müßten sich deshalb an der ordnungspolitischen Grundentscheidung für eine wettbewerbliche Marktwirtschaft orientieren (*Eucken* 1952, Kap. XVIII). *Röpke* (1942, 252ff) fordert in diesem Zusammenhang, daß staatliche Maßnahmen nicht nur *zielkonform*, sondern auch *ordnungskonform* sein müssen. Ordnungskonform „sind solche Interventionen, die die Preismechanik und die dadurch bewirkte Selbststeuerung des Marktes nicht aufheben, sondern sich ihr als ‚neue' Daten einordnen und von ihr assimiliert werden" (*Röpke* 1942, 253). So sollte z.B. Sozialpolitik nicht durch die Festsetzung von Höchstpreisen für Mieten und Lebensmittel, sondern durch Sozialtransfers betrieben werden. Allerdings ist die Unterscheidung zwischen ordnungskonformen und nicht ordnungskonformen Maßnahmen nicht immer so leicht möglich wie in diesem Beispiel.

Die Nachfolger *Euckens* vertreten im wesentlichen die von ihm formulierten Grundsätze. Allerdings hat sich, vor allem unter dem Einfluß *Hayeks* (vgl. Teil VII.4.2.3), eine Abkehr vom Leitbild des vollkommenen Wettbewerbs und eine Hinwendung zum Konzept der Wettbewerbsfreiheit vollzogen; d.h. statt der statischen werden heute die dynamischen Qualitäten des Wettbewerbs betont.

Auf der Grundlage des Ordoliberalismus entwickelte *Müller-Armack* das

Konzept der *sozialen Marktwirtschaft*, durch die marktliche Freiheit mit sozialem Ausgleich verbunden werden sollte, die also eine „Synthese der marktwirtschaftlichen Kräfte und einer sozialen Ordnung" darstellen sollte (*Müller-Armack* 1948, 153). Allerdings handelt es sich bei der sozialen Marktwirtschaft um ein unscharf formuliertes und – aufgrund der Unbestimmtheit des Attributs „sozial" – nicht genau abgrenzbares Konzept, das sehr vielen Interpretationen zugänglich ist, mit dem sich fast alle wirtschaftspolitischen Eingriffe rechtfertigen lassen und das deshalb auch mit einem interventionistischen Wohlfahrtsstaat vereinbar ist.

Das Fehlen einer genauen Definition für die soziale Marktwirtschaft ist ein Symptom für ein allgemeines, den Ordoliberalismus insgesamt betreffendes Problem: Die ordoliberalen Vorschläge zur Wirtschaftspolitik erscheinen zwar durchweg vernünftig und plausibel, entbehren aber nicht einer gewissen Beliebigkeit, da sie nur mehr oder weniger intuitiv begründet werden. Deshalb muß – auch wenn man dem Ordoliberalismus nicht den Vorwurf der Theorielosigkeit machen kann – eine gewisse theoretische Unschärfe konstatiert werden, die sich auch in der fehlenden Formalisierung bzw. Formalisierbarkeit der ordoliberalen Konzeption äußert. Nicht unproblematisch ist außerdem, daß manche Ordoliberale (vor allem *Röpke*) sehr bestimmte Vorstellungen über die anzustrebende wirtschaftliche und gesellschaftliche Struktur haben, die sich recht paternalistisch ausnehmen. Aus diesen Gründen fand die ordoliberale Schule außerhalb des deutschen Sprachraums kaum Anerkennung und befindet sich zunehmend auch innerhalb desselben vor der Neoklassik auf dem Rückzug – obwohl (oder gerade weil?) zwischen den Positionen des Ordoliberalismus und des Neoinstitutionalismus, der ja die Bedeutung der Institutionen und mithin der Wirtschaftsordnung betont (vgl. Teil IV.4), durchaus Gemeinsamkeiten bestehen.

6. Postkeynesianismus

Die Postkeynesianer lehnen die neoklassische Synthese (vgl. Teil VI.1.2) als Verfälschung und Verwässerung der Konzepte von *Keynes* entschieden ab und bemühen sich, dieselben im Sinne von *Keynes* weiterzuentwickeln.

> „*The General Theory* does embody a revolutionary change in economic theory, but (...) in the process of arriving at today's standard version of what Keynes was about the revolution was aborted. Thus an attempt is made to recover the revolutionary thrust of *The General Theory*." (*Minsky* 1975, V)

Neben *Keynes* wird dabei vor allem auf *Michal Kalecki* (1899-1970) Bezug genommen, der viele Keynessche Ideen antizipiert und – im Gegensatz zu *Keynes* – in „Reinform", d.h. frei von neoklassischen Elementen, präsentiert hat. So publizierte er vor *Keynes* eine Konjunkturtheorie, in der unvollkommener Wettbewerb eine wichtige Rolle spielt (*Kalecki* 1935). Wichtige Vertreter der postkeynesianischen Schule sind bzw. waren *Nicholas Kaldor* (1908-1986), *Luigi Pasinetti* (geb. 1930) und *Joan Robinson* (1903-1983); diese drei Autoren leisteten zwar auch wichtige Beiträge zur neoklassischen Theorie (insbesondere zur Kapital- und zur Wohlfahrtstheorie), gerieten aber in Opposition zu derselben, als ihnen eine Lösung gewisser theoretischer Probleme innerhalb der Neoklassik unmöglich erschien.

Innerhalb des Postkeynesianismus existieren zwar verschiedene Strömungen, doch gibt es – neben der Opposition zur Neoklassik – genügend Gemeinsamkeiten, die die Zusammenfassung zu einer Schule rechtfertigen: *Erstens* wird von allen Postkeynesianern viel Wert gelegt auf die Realitätsnähe der verwendeten Annahmen (worin ein deutlicher Gegensatz zur Neoklassik besteht). So wird nicht von vollkommenem, sondern von einem mehr oder weniger unvollkommenen Wettbewerb ausgegangen. *Zweitens* dominiert eine holistische, d.h. nicht individualistische, Betrachtungsweise: Die Ökonomie sei keine bloße Aggregation selbständiger und grundsätzlich voneinander unabhängiger Individuen, sondern deren Verhalten sei vom jeweiligen sozialen Kontext abhängig. So seien etwa die Präferenzen der Individuen gesellschaftlich bedingt und von der Zugehörigkeit zu bestimmten „Klassen" abhängig. *Drittens* wird der neoklassische Rationalitätsbegriff, der eine Optimierung unter Nebenbedingungen impliziert, abgelehnt, weil diese in der Realität nicht durchführbar sei. *Viertens* werden von den Postkeynesianern vor allem Produktion und Akkumulation thematisiert, wohingegen bei der Neoklassik der Tausch im Vordergrund steht (nach dessen Vorbild ja auch die Produktion modelliert wird). Die Schwerpunkte postkeynesianischer Analyse werden von der Entscheidungstheorie (Teil VII.6.1), der Produktions- und Verteilungstheorie (Teil VII.6.2), der Geldtheorie (Teil VII.6.3) und der Wachstumstheorie (Teil VII.6.4) gebildet.

Das grundlegende Problem des Postkeynesianismus besteht darin, daß keine befriedigende Mikrofundierung der makroökonomischen Aussagen existiert. Es wird meist mit Plausibilitätsannahmen gearbeitet, die einer individuell-rationalen Begründung entbehren. Seit die Neue Keynesianische Makroökonomie Mikrofundierung und Realitätsnähe miteinander zu verbinden sucht (vgl. Teil VI.1.6), gerät der Postkeynesianismus gegenüber der Neoklassik immer weiter ins Hintertreffen.

6.1. Entscheidungstheorie

Keynes (1936, Kap. 12) wies auf die Rolle echter Unsicherheit hin, bei der die möglichen Ereignisse (und a fortiori deren Wahrscheinlichkeiten) unbekannt sind, so daß die Wahrscheinlichkeitstheorie hier wenig hilfreich ist. Dieser Aspekt wurde von der neoklassischen Synthese vernachlässigt und erst von postkeynesianischen Autoren wie *Davidson* (1972, Kap. 2) und *Minsky* (1975, 64ff) wieder aufgegriffen. Die *substantielle* Rationalitätsanforderung der Neoklassik müsse aufgegeben werden, da eine explizite Optimierung angesichts fundamentaler, nicht auf Wahrscheinlichkeitskalküle reduzierbarer Unsicherheit schlichtweg nicht möglich sei – und zwar auch dann nicht, wenn Entscheidungskosten berücksichtigt werden. Das menschliche Verhalten sei vielmehr als *prozedural-rational* anzusehen, d.h. es würde von bestimmten Prozeduren geleitet, mit deren Hilfe mit der Unsicherheit vernünftig umgegangen werden könne; hierzu gehöre die Orientierung am Verhalten anderer und die Befolgung etablierter Normen und Regeln. So läßt sich z.B. die Kostenaufschlagskalkulation (d.h. die Festsetzung des Preises in Höhe der Kosten zuzüglich eines Gewinnaufschlags) erklären, die weit verbreitet, aber häufig nicht mit der Gewinnmaximierungsannahme vereinbar ist (*Davidson* 1972, Kap. 3).

Die Unterscheidung zwischen substantieller und prozeduraler Rationalität, die sich – wenn auch oft nur implizit – bei vielen Postkeynesianern findet, geht zurück auf *Herbert A. Simon* (geb. 1916), einen Ökonomen und Entscheidungstheoretiker, der nicht der postkeynesianischen (oder irgendeiner anderen) Schule zuzuordnen ist.[135] Nach seiner Meinung streben die Wirtschaftssubjekte keine optimalen, sondern *befriedigende* Ergebnisse an (*Simon* 1956; 1965; 1976). Auf dem Gebiet der Entscheidungstheorie, d.h. was die wichtige Rolle von Unsicherheit angeht, besteht große Ähnlichkeit zwischen den Positionen von postkeynesianischer und österreichischer Schule (vgl. Teil VII.4) – aber nur auf diesem Gebiet!

6.2. Produktions- und Verteilungstheorie

Robinson (1956) schuf die postkeynesianische Produktions- und Verteilungstheorie, indem sie die diesbezüglichen neoklassischen Elemente des

---

[135] *Simon* wurde 1978 mit dem Ökonomie-Nobelpreis ausgezeichnet.

Systems von *Keynes* (z.B. die Entlohnung der Produktionsfaktoren nach dem Wertgrenzprodukt) durch klassische Konzepte ersetzte. Insbesondere die Verteilungstheorie *Ricardos* (vgl. Teil III.3.3.2) wurde von ihr wiederbelebt: Die Verteilung, d.h. hauptsächlich das Verhältnis zwischen Lohn und Zins, werde nicht durch die Grenzproduktivität von Arbeit und Kapital bestimmt, sondern durch institutionelle Faktoren (*Robinson* 1956, Buch II, Abschn. II). So sei die Höhe des Lohns Ergebnis von Verhandlungen und nicht Resultat „normaler" Marktprozesse; der Lohn sei kein „normaler" Preis (wie in der neoklassischen Theorie) und es existiere auch kein richtiger Arbeitsmarkt. Auch sei die Verteilung unabhängig von der Produktion, habe also keinen Einfluß auf die Höhe des Outputs. Als Ursache hierfür wird die Limitationalität der Produktionsfunktionen angesehen; denn sobald Faktorsubstitution nicht oder kaum möglich ist, besteht kein eindeutiger Zusammenhang zwischen Faktorentlohnung, Grenzproduktivität und Output.

Diese neoricardianischen Vorstellungen von *Robinson* sind im Zusammenhang mit ihrer Kritik an der neoklassischen Kapitaltheorie (vgl. Teil IV.2.1.4.3.c) zu sehen: Die Probleme mit dem üblichen neoklassischen Kapitalbegriff brachten sie dazu, die gesamte neoklassische Produktions- und Verteilungstheorie abzulehnen – ein Schritt, der keineswegs notwendig ist.

Für die Weiterentwicklung der postkeynesianischen Produktions- und Verteilungstheorie sollte sich die mathematische Neuformulierung der Theorie *Ricardos* durch *Sraffa* (vgl. Teil III.3.3.5) als sehr wichtig erweisen. In der Tat hält *Robinson* (1978) die Versöhnung der kurzfristigen Theorie von *Keynes* mit der langfristigen Theorie von *Ricardo* bzw. *Sraffa* für die Hauptaufgabe des Postkeynesianismus.

6.3. Geldtheorie

Auch in der Geldtheorie beziehen sich die Postkeynesianer auf *Keynes* – aber *nicht* auf die „General Theory" (*Keynes* 1936), in der das Geldangebot (wie bei den neoklassischen Quantitätstheoretikern) *exogen* ist, sondern auf „A Treatise on Money" (*Keynes* 1930) und die in diesem Werk propagierte *Endogenität* des Geldangebotes (*Keynes* 1930, Vol. II, Kap. 31):

> „The banking system has no direct control (...) over the quantity of money; for it is the characteristic of modern systems that the central bank is ready to buy for money at a stipulated rate of discount any quantity of securities of certain approved types." (*Keynes* 1930, Vol. II, 211)

Kaldor (1970) war einer der ersten postkeynesianischen Ökonomen, die sich dieser Position anschlossen. Ein Hauptargument in seiner Kritik am Monetarismus ist (neben der von ihm behaupteten Instabilität der Geldnachfrage) die Endogenität des Geldangebots. Seiner Meinung nach *muß* die Zentralbank zwangsläufig die Geldnachfrage des Publikums befriedigen; würde sie dies nicht tun, so käme es zur Etablierung von Geldsubstituten und dadurch zur Gefährdung der Rolle der Zentralbank für die Geldversorgung (*Kaldor* 1970, 5ff). *Kaldor* (1970, 7f) räumt zwar ein, daß die Zentralbank die Geldmenge indirekt beeinflußen kann, nämlich über den Zinssatz, der sich auf die Geldnachfrage auswirkt; für eine effektive Kontrolle wären aber große Zinsänderungen notwendig, die die Zentralbank aufgrund deren negativer gesamtwirtschaftlicher Konsequenzen praktisch nicht durchsetzen könne.

Wesentlich weiter entwickelt wurde die postkeynesianische Geldtheorie von *Moore* (1988), der von einer horizontalen Geldangebotsfunktion ausgeht: Die Zentralbank könne zwar den Zins (zumindest theoretisch) variieren, müsse aber die beim jeweiligen Zins nachgefragte Geldmenge zur Verfügung stellen. Der Wirkungszusammenhang würde von der Geldnachfrage zum Geldangebot verlaufen (*Moore* 1988, Kap. 5): Aufgrund ihrer Absatzerwartungen machen die Unternehmen Produktionspläne und fragen Kredite zur Finanzierung derselben bei den Geschäftsbanken nach; durch die Kreditgewährung wird Geld (und Einkommen) geschaffen; die Geschäftsbanken fragen Zentralbankgeld nach, um ihre Reserveverpflichtungen erfüllen und die Bargeldnachfrage befriedigen zu können; und die Zentralbank stellt das nachgefragte Zentralbankgeld zur Verfügung.

Die wichtigste Konsequenz der Endogenität des Geldangebots betrifft die Inflation: Da das Geldangebot abhängige Variable ist, kann es nicht – wie die Neoklassiker und Monetaristen meinen – die Ursache der Inflation sein. Diese werde vielmehr durch Verteilungskonflikte verursacht, bei denen es vor allem um die Höhe der Geldlohnsätze gehe (*Weintraub* 1978, Teil 2).

6.4. Wachstumstheorie

Ausgangspunkt der postkeynesianischen Wachstumstheorie ist das Harrod-Domar-Wachstumsmodell (vgl. Teil VI.2.1). Dessen Problem besteht darin, daß bei Konstanz der relevanten Größen (Sparquote, Kapitalkoeffizient und natürliche Wachstumsrate) die Gleichgewichtsbedingung nur zufällig erfüllt wird. Während die Neoklassiker an der Konstanz des Kapitalkoeffizienten ansetzten und flexible Faktoreinsatzverhältnisse unterstellten (vgl. Teil VI.2.2.1), relativierten die Postkeynesianer die Konstanz der Sparquote. *Kaldor* (1956) weist darauf hin, daß die Verteilung Einfluß auf die Höhe der gesamtwirtschaftlichen Sparquote hat, wenn die Sparneigung der verschiedenen sozialen Klassen unterschiedlich ist. Wenn also die Sparneigung der Lohnempfänger kleiner sei als die der Zinsbezieher *und* wenn die für ein Wachstumsgleichgewicht erforderliche gesamtwirtschaftliche Sparquote zwischen diesen beiden Sparneigungen liege, dann könne das Wachstumsgleichgewicht durch die Wahl der „passenden" Einkommensverteilung realisiert werden.

Ein wichtiges Kennzeichen der postkeynesianischen Wachstumstheorie besteht darin, daß die Profitrate nicht von mikroökonomischen Größen (wie dem Kapitalkoeffizienten), sondern ausschließlich von makroökonomischen Größen abhängt. Dies kommt in der „Cambridge-Gleichung" zum Ausdruck (*Kaldor* 1957):

$$(124) \quad r = \frac{g_n}{s_p}$$

Bei „klassischem" Sparverhalten (d.h. wenn Lohnbezieher überhaupt nicht sparen, sondern nur Kapitaleinkommensbezieher Ersparnisse bilden) hängt die Profitrate r (also das Verhältnis zwischen Gewinn und Kapitaleinsatz) ab von der natürlichen Wachstumsrate g_n (die bei konstantem Arbeitskräftepotential gleich dem Produktivitäts- und Einkommenszuwachs bzw. gleich der Rate der Kapitalakkumulation ist) und von dem Anteil s_p, der vom Gewinneinkommen gespart wird.

Pasinetti (1962) verallgemeinert diese Analyse, indem er auch Ersparnisbildung aus Lohneinkommen berücksichtigt. Es zeigt sich aber, daß für die Profitrate *nur* die Sparneigung der „Kapitalisten" (d.h. derjenigen, die ausschließlich Gewinneinkommen beziehen) entscheidend ist, nicht aber die Sparneigung der „Arbeiter" (die Löhne und – entsprechend ihrer Ersparnisbildung – Zinsen bzw. Gewinneinkommen beziehen).

Üblicherweise wird die Cambridge-Gleichung so interpretiert, daß die Wachstumsrate g_n die Ursache und die Profitrate r die Wirkung ist. Diese Kausalitätsrichtung steht im Einklang mit der Keynesschen Auffassung von den Investitionen (die ja die Wachstumsrate wesentlich beeinflussen) als exogene Größe – eine Auffassung, die zwar für kurzfristige Analysen akzeptabel sein mag, aber für langfristige, wachstumstheoretische Fragestellungen nicht sinnvoll ist. *Robinson* (1962, 46ff) schlägt deshalb eine zweiseitige Kausalitätsbeziehung zwischen Gewinn und Wachstum bzw.

Kapitalakkumulation vor: Einerseits werde die *tatsächliche* Profitrate von den Investitionen und damit von der Höhe des Wachstums determiniert; andererseits hingen die Investitionen von der Höhe der *erwarteten* Gewinne ab. Ein stabiles Gleichgewicht (in dem erwartete gleich tatsächlicher Profitrate ist) ergibt sich nur dann, wenn die Investitionstätigkeit weniger stark auf die Änderungen der Profitrate reagiert als die Ersparnisbildung (*Pasinetti* 1962).

Die traditionelle, von *Kaldor*, *Pasinetti* und *Robinson* entwickelte postkeynesianische Wachstumstheorie geht – wie schon *Harrod* – von vollkommenem Wettbewerb und einer konstanten „normalen" Kapazitätsauslastung aus. Diese Annahmen werden aufgegeben in neueren Arbeiten, die sich häufig auf *Kalecki* (1954) beziehen.

VIII. Aktuelle Entwicklungen

Die Ökonomie ist eine lebendige Wissenschaft – ihre Entwicklung geht ständig weiter. Dies gilt zum einen für die bisher behandelten Gebiete, die kontinuierlich durch andauernde Forschungsanstrengungen ausgebaut und erweitert werden. Zum anderen entstehen aber auch dann und wann neue Strömungen als Reaktion auf – angebliche oder tatsächliche – Defizite des „mainstream". Im folgenden wollen wir uns mit drei dieser neuen Strömungen näher befassen: evolutorische Ökonomie (Teil VIII.1), ökologische Ökonomie (Teil VIII.2) und Spieltheorie (Teil VIII.3). Dabei handelt es sich selbstverständlich nur um eine Auswahl. Da nicht alle Neuorientierungen innerhalb der Ökonomie behandelt werden können, wurden bewußt nur die Richtungen ausgewählt, die sich schon etabliert haben und ein gewisses Potential zur Integration in den „mainstream" aufweisen (oder, im Fall der Spieltheorie, praktisch schon zu demselben gehören). Nicht in einen *Überblick* über die Geschichte des ökonomischen Denkens gehören dagegen Ansätze, die sich noch in statu nascendi befinden (wie die „Sozioökonomie", die eine stärkere Berücksichtigung ethischer und gesellschaftlicher Aspekte in der Ökonomie fordert) oder die aller Wahrscheinlichkeit nach immer ein Mauerblümchendasein führen werden (wie die „radikale Ökonomie", die sich im wesentlichen mit Marx-Exegese befaßt).

1. Evolutorische Ökonomie

Unter dem Begriff „evolutorische Ökonomie" werden eine Vielzahl von Ansätzen zusammengefaßt, die sich z.T. sehr stark unterscheiden, so daß keine einheitliche, klar abgegrenzte Schule existiert. Allen evolutorischen Ansätzen gemein ist die Bezugnahme auf die Biologie im allgemeinen und auf die Evolutionstheorie im besonderen; dabei lassen sich eine bloß metaphorische Verwendung biologischer Begriffe (Teil VIII.1.2), biologische Analogien (Teil VIII.1.3) und reduktionistische Ansätze (Teil VIII.1.4) unterscheiden. Bevor wir auf diese drei Möglichkeiten der Biologierezeption näher eingehen, sollen zunächst die Ursprünge und die weitere Entwicklung der evolutorischen Ökonomie geschildert werden (Teil VIII.1.1).

1.1. Ursprünge und Entwicklung

Zwar haben schon die Klassiker (vor allem *Smith*) gewissermaßen einen evolutorischen Standpunkt eingenommen, indem sie die wirtschaftliche Entwicklung thematisierten. Doch nach der „marginalistischen Revolution" gerieten die evolutorischen Aspekte in der Ökonomie zunehmend in den Hintergrund, weil sich die Neoklassik stark an der statischen Gleichgewichtskonzeption der klassischen Mechanik orientierte (vgl. Teil IV.1). Dies wurde schon recht bald als problematisch angesehen, da Innovationen und qualitative Änderungen, die für das wirtschaftliche Geschehen von größter Bedeutung sind, für eine Neoklassik unzugänglich bleiben, die sich im wesentlichen auf die Analyse der Verwendung *gegebener* Mittel zur Realisierung *gegebener* Ziele beschränkt. Die Evolutionstheorie, in deren Mittelpunkt gerade dynamische Aspekte bzw. Veränderungen stehen, wurde deshalb als ein probates Mittel zur „Dynamisierung" der ökonomischen Theorie angesehen.

Der erste, der ausdrücklich auf die evolutorischen Aspekte des Wirtschaftsgeschehens hinwies und eine Orientierung der Ökonomie an der Biologie forderte, war *Marshall* (1890, 64f; 1898).[136]

> „I think that in the later stages of economics better analogies are to be got from biology than from physics; and consequently, that economic reasoning should start on methods analogous to those of physical statics, and should gradually become more biological in tone." (*Marshall* 1898, 39)

Marshall konnte seine evolutorische Vision nicht realisieren, da sich die statische Analyse der „Principles" kaum mit einer evolutorischen Ökonomie verbinden ließ; so ist der geplante zweite Band der „Principles", der die ökonomische Dynamik zum Gegenstand haben sollte, nie erschienen.

Auch *Veblen* (1898) forderte eine evolutorische Ökonomie, die auf der Evolutionstheorie *Darwins* aufbauen sollte. Im Unterschied zu *Marshall* wollte er sein Ziel nicht auf Umwegen, d.h. über eine statische Ökonomie, sondern direkt und mit einem Schritt erreichen. Tatsächlich finden sich in seinem Werk viele verschiedene darwinistische Konzepte wieder, so daß er als der eigentliche Begründer der evolutorischen Ökonomie gelten kann.

Da sich die Nachfolger *Veblens* kaum noch an der Biologie orientierten, waren es nicht die Institutionalisten, sondern die Österreicher, von denen in

---

[136] *Marshall* (1898, 43) nennt die Biologie „[t]he Mekka of the economist" – eine Bezeichnung, die sich auch im Vorwort von späteren Auflagen der „Principles" findet.

der Folgezeit die wichtigsten Impulse für die Entwicklung der evolutorischen Ökonomie ausgingen: *Schumpeter* und später *Hayek* propagierten evolutorische Konzepte und trugen so entscheidend zu deren Popularisierung bei. Dies überrascht nicht, da die österreichische Schule mit ihrer Betonung der Unsicherheit und der ökonomischen Veränderung eine große Affinität zur Evolutionstheorie hat. In der Tat ist heute die österreichische Schule praktisch in der evolutorischen Ökonomie aufgegangen – aber nicht identisch mit ihr: Denn die *Methode* der evolutorischen Ökonomie (nämlich die Orientierung an der Evolutionstheorie) läßt sich zwar gut, aber eben nicht nur auf österreichische *Inhalte* (nämlich die Ursachen und Konsequenzen ökonomischen Wandels bei immanenter Unsicherheit) anwenden.

So haben auch neoklassische Autoren Beiträge zur evolutorischen Ökonomie geleistet, die zwar zum Teil durchaus mit den Grundkonzepten der österreichischen Schule vereinbar sind, aber zum Teil auch mit denselben in deutlichem Widerspruch stehen. Die neoklassische Richtung innerhalb der evolutorischen Ökonomie geht zurück auf *Armen A. Alchian* (geb. 1914) und wird in neuerer Zeit von Autoren wie *Jack Hirshleifer* (geb. 1925), *Richard R. Nelson* (geb.1930) und *Sidney G. Winter* (geb. 1935) vertreten.

1.2. Biologische Metaphern

Die oberflächlichste Rezeption der Biologie stellt die metaphorische Verwendung ihrer Konzepte dar, welche in diesem Fall eine bloß heuristische und illustrative Funktion haben. Die Evolutionstheorie dient dann häufig weniger als Vorbild für die Konstruktion einer neuen ökonomischen Theorie, sondern eher zur Verdeutlichung der Schwächen der alten Theorie.

Es überrascht deshalb nicht, daß die ersten Versuche *Veblens* (1898) auf dem Gebiet der evolutorischen Ökonomie diesen Charakter hatten und er auf die Biologie vor allem mit der Zielsetzung Bezug nahm, die Unzulänglichkeiten der neoklassischen Theorie herauszustellen (vgl. Teil VII.3.1). Konstruktiver ist dagegen sein Entwurf des Bildes eines ökonomischen Evolutionsprozesses, in dessen Mittelpunkt institutionelle und kulturelle Faktoren stehen, die der Mutation und Selektion unterliegen, also den Genen in der Biologie entsprechen (*Veblen* 1899). Allerdings spezifiziert *Veblen* weder den Mechanismus noch die Kriterien der institutionellen Selektion; in diesen wie in anderen Punkten bleibt er recht vage.

Diese Einschätzung gilt in noch stärkerem Maße für *Schumpeter*, der im wesentlichen Evolution mit dem Auftreten qualitativer Änderungen gleichsetzte und nur einen sehr oberflächlichen Gebrauch von der Evolutionstheorie machte (vgl. Teil VII.4.2.1). Dieses Vorgehen rechtfertigt er in seinem Spätwerk, indem er eine weitergehende Verwendung biologischer Konzepte in der Ökonomie ausdrücklich ablehnt (*Schumpeter* 1954, 789). Der Prozeß der wirtschaftlichen Entwicklung, so wie ihn *Schumpeter* (1912; 1939) beschreibt, wird vor allem durch qualitativen Wandel, d.h. neue Produkte und Produktionsverfahren, und weniger durch bloß quantitatives Wachstum geprägt. Aber aus evolutionstheoretischer Sicht ist er entschieden unvollständig: Es bleibt nämlich im Dunkeln, wie es zu den vom Schumpeterschen Unternehmer hervorgebrachten Innovationen kommt und wie der Selektionsprozeß funktioniert, der über Erfolg oder Mißerfolg der Innovationen entscheidet. Der Grund dafür, daß moderne evolutorische Ökonomen häufig *Schumpeter* als Vorbild ansehen, liegt deshalb mehr in der allgemeinen Betonung der dynamischen Aspekte der Ökonomie durch *Schumpeter* und weniger in den konkreten Inhalten seiner Theorien.

Wenngleich *Hayeks* Ideen zur ökonomischen und sozialen Evolution wesentlich weiter gehen als die *Schumpeters* und ein deutlicherer Bezug zur Evolutionstheorie zu erkennen ist (*Hayek* 1979, 153ff), so sind doch etliche Widersprüche und Ungereimtheiten unübersehbar, die die Einordnung der Biologierezeption *Hayeks* als eher metaphorisch nahelegen (vgl. Teil VII.4.2.3). Auch bei *Hayek* ist unklar, auf welche Weise Institutionen und Normen selektiert werden; denn er argumentiert häufig funktionalistisch, d.h. er begründet die Existenz gewisser Normen einfach mit deren Vorteilhaftigkeit für die Gesellschaft. Aus demselben Grund ist auch seine (implizite) Unterstellung, die Evolution führe meist zu wünschenswerten Resultaten, nicht haltbar: Warum sollte eine „spontane Ordnung" entstehen und nicht eine spontane Unordnung? Klar ist auf jeden Fall, daß *Hayek* eine Selektion auf der Ebene gesellschaftlicher Gruppen im Auge hat, was seine Theorie inkonsistent erscheinen läßt: Denn wenngleich die Gruppenselektion (umstritten wie sie in der Biologie ist) durchaus für die soziale Evolution angemessen sein mag, so steht sie doch in einem gewissen Widerspruch zu dem strikten Individualismus, den *Hayek* sonst vertritt. Fortgeführt wird *Hayeks* Theorie der Evolution gesellschaftlicher Normen von der *evolutorischen Spieltheorie*, in deren Rahmen eine befriedigende Lösung der genannten Probleme möglich zu sein scheint (vgl. Teil VIII.3.2.3).

Metaphorischer Art ist auch die Verwendung evolutionstheoretischer Begriffe durch *Boulding* (1981), der ein allumfassendes Bild der Evolution entwirft: Die Evolution des Menschen und seiner Kultur wird im Zusammenhang gesehen mit der Evolution der natürlichen Umwelt, wobei die vielfältigen Interdependenzen zwischen natürlicher und kultureller Evolution betont werden. Aus dieser Perspektive wird die langfristige Entwicklung der menschlichen Gesellschaft durch zwei Faktoren begrenzt: Energie und das Wissen, dieselbe zu nutzen. Diese Einsichten spielen eine wichtige Rolle in der ökologischen Ökonomie, die die wechselseitigen Beziehungen zwischen Wirtschaftssystem und Umwelt thematisiert (vgl. Teil VIII.2).

1.3. Biologische Analogien

Biologische Analogien stellen direkte Entsprechungen zwischen Biologie und Ökonomie her, indem für biologische Phänomene ökonomische Analoga gesucht und auf diese die biologischen Gesetze angewandt werden.[137]

Die früheste und einflußreichste Analogie stammt von *Alchian* (1950), der die übliche Verhaltensannahme der Gewinnmaximierung evolutionstheoretisch begründet. Bei unvollkommener Information könnten Unternehmen nicht wissen, unter welchen Umständen ihre Gewinne maximal sind, und dieselben deshalb auch nicht maximieren. Doch sei dies nicht notwendig, da für das Überleben der Unternehmen auf dem Markt nicht maximale, sondern nur positive Gewinne erforderlich seien. Wie dieser Erfolg erzielt werde, sei letztlich unwichtig; er könne durch zielgerichtetes Verhalten, aber auch zufällig zustande kommen. Diejenigen Unternehmen, die erfolgreich sind, würden von ihren Konkurrenten imitiert, so daß sich erfolgreiche Verhaltensweisen durchsetzen würden. Innovationen würden dabei entweder im Zuge eines „Ausprobierens" neuer Verhaltensweisen oder als Folge fehlerhafter Imitation auftreten.

> „The economic counterparts of genetic heredity, mutations, and natural selection are imitation, innovation, and positive profits." (*Alchian* 1950, 220)

Langfristig würde sich bei gleichbleibenden Umweltbedingungen auf diese Weise ein Gleichgewicht einstellen, in dem die Unternehmen sich so verhalten, *als ob* sie ihre Gewinne maximierten, d.h. in dem die Unternehmensgewinne maximal sind, obwohl eine bewußte Gewinnmaximierung gar nicht stattfindet.

---

[137] Die Unterscheidung zwischen biologischen Metaphern und Analogien ist nicht immer ganz eindeutig. Im übrigen muß darauf hingewiesen werden, daß es auch eine Analogiebildung in umgekehrter Richtung (von der Ökonomie zur Biologie) gibt (vgl. Teile VIII.1.4 und VIII.3.2.3).

Penrose (1952) hält bei dieser Analogie sowohl die Abgrenzung zwischen Unternehmen und Umgebung als auch die Erklärung für die Existenz des Wettbewerbs für unzureichend und weist außerdem auf folgendes Manko hin: Es gibt im Modell von *Alchian* keine „Gene", die das Verhalten der Unternehmen stabilisieren. Ohne eine gewisse Verhaltenskonstanz kann aber keine Selektion stattfinden; bei permanenter Änderung des Verhaltens könnten erfolgreiche Verhaltensweisen nicht einmal identifiziert, geschweige denn imitiert werden, so daß das „Überleben" der Unternehmen rein zufällig wäre. Die Imitation beschleunigt die Selektion und kann nicht, wie *Alchian* dies tut, mit genetischer Vererblichkeit gleichgesetzt werden.

Diese Kritik greifen *Nelson* und *Winter* in mehreren (z.T. gemeinsam verfaßten) Aufsätzen auf und entwickeln schließlich mit ihrem bekannten Werk „An Evolutionary Theory of Economic Change" (*Nelson und Winter* 1982) eine wesentlich detailliertere Theorie des evolutorischen Wettbewerbs von Unternehmen. Die Rolle von Genen spielen dabei *organisatorische Routinen*, d.h. unternehmensspezifische Produktionsverfahren, Marketingstrategien, Führungsmethoden etc., die das Verhalten eines Unternehmens auf Dauer charakterisieren und in diesem Sinne „erblich" sind. Durch *Suchprozesse* werden die Routinen (mehr oder weniger) regelmäßig überprüft und, wenn die Gewinnsituation zu wünschen übrig läßt, modifiziert oder ersetzt; auf diese Weise kommt es zu „Mutationen" (also der Einführung neuer Routinen). Die Selektion erfolgt durch den Wettbewerb, der zum Teil durch das Verhalten der konkurrierenden Unternehmen, zum Teil aber auch durch die allgemeinen Angebots- und Nachfragebedingungen bestimmt wird. Erfolgreiche Routinen breiten sich dabei infolge des Wachstums der sie verwendenden Unternehmen oder aufgrund von Imitation durch andere Unternehmen aus (*Nelson und Winter* 1982, Teil II). Dieses Modell wird sowohl für die Analyse von Wettbewerbsgleichgewichten in einzelnen Märkten (*Nelson und Winter* 1982, Teil III) als auch zur Beschreibung langfristiger Wachstumsprozesse (*Nelson und Winter* 1982, Teil IV) eingesetzt; schließlich wird auch der Innovationswettbewerb im Sinne *Schumpeters* mit Hilfe des Evolutionsmodells beschrieben (*Nelson und Winter* 1982, Teil V).

Weder *Alchian* noch *Nelson und Winter* lehnen die neoklassische Theorie prinzipiell ab; sie halten sie aber für zu unrealistisch und präsentieren mit ihren biologischen Analogien Modelle, die die Phänomene berücksichtigen, die der Neoklassik unzugänglich sind, und gleichzeitig auch die neoklassischen Ergebnisse als Grenz- bzw. Spezialfall mit enthalten. Insofern können diese Arbeiten als Brückenschlag zwischen österreichischer und neoklassischer Theorie interpretiert werden.

1.4. Biologischer Reduktionismus

Am weitesten geht die Übertragung biologischer Konzepte auf die Ökonomie, wenn ökonomische Phänomene unmittelbar biologisch erklärt, d.h. auf ihren biologischen Kern *reduziert* werden. In engem Zusammenhang damit steht ein entgegengesetztes Phänomen, welches sich nicht auf den Analysegegenstand, sondern auf die Analysemethode bezieht – die „imperialistische" Integration der Biologie in die Ökonomie (vgl. Teil IV.5). Interessanterweise wurden beide Phänomene durch die *Soziobiologie* (vgl. z.B. *E.O. Wilson* 1975) inspiriert, die die biologischen Grundlagen des sozialen Verhaltens der Tiere (und Menschen) zum Gegenstand hat und häufig auf ökonomische Verfahren zurückgreift.

Bei *Becker* (1976a) findet man zum einen den biologischen Reduktionismus, wenn er die Präferenzen, die Ökonomen gewöhnlich als exogen ansehen, mittels evolutionstheoretischer Konzepte erklärt, d.h. durch „the selection over time of traits having greater genetic fitness and survival value" (*Becker* 1976a, 826). Andererseits hält *Becker* auch die Anwendung ökonomischer Methoden auf soziobiologische Fragestellungen, wie z.B. die Entstehung altruistischen Verhaltens, für sehr vielversprechend.

Den ökonomischen Imperialismus vertritt *Hirshleifer* (1977; 1978) am konsequentesten. Für ihn sind Soziobiologie und Ökonomie lediglich Zweige einer umfassenden Meta-Ökonomie, deren Gegenstand der Wettbewerb um knappe Ressourcen im allgemeinen sei. Denn „*[t]he fundamental organizing concepts of the dominant analytical structures employed in economics and in sociobiology are strikingly parallel*" (*Hirshleifer* 1977, 1f). In beiden Fällen werde die ökonomische Methode angewandt, d.h. es gehe um die Optimierung von Zielfunktionen unter Nebenbedingungen; dabei spiele es keine große Rolle, wie diese Zielfunktionen aussehen, ob sie sich auf den Nutzen oder den Fortpflanzungserfolg beziehen. In beiden Fällen spielten Konzepte wie Knappheit, Wettbewerb, Gleichgewicht oder Spezialisierung eine wichtige Rolle. *Hirshleifer* stellt deshalb der *politischen Ökonomie* (d.h. der Ökonomie im eigentlichen Sinne) eine *natürliche Ökonomie* (d.h. die Soziobiologie) an die Seite.

Sowohl die reduktionistischen als auch die imperialistischen Ansätze scheinen primär zur naturwissenschaftlichen Rechtfertigung der Neoklassik zu dienen: Wenn gezeigt wird, daß die Präferenzen und das Optimierungsverhalten angeboren sind, muß man dann nicht zwangsläufig wie die Neoklassik von der *Maximierung* von *vorgegebenen* Zielfunktionen ausgehen? Und wenn man nachweist, daß gewisse neoklassische Prinzipien, wie die

Optimierung unter Nebenbedingungen und die Gleichgewichtsorientierung (scheinbar) universelle Gültigkeit haben, wie kann dann über ihre Eignung für die ökonomische Analyse noch ein Zweifel bestehen? Auf die ökonomische Evolution wird dagegen kaum eingegangen, so daß ein großer inhaltlicher Gegensatz zu den in den Teilen VIII.1.2. und VIII.1.3 vorgestellten Arbeiten besteht – insbesondere insoweit sie der österreichischen Schule entstammen. Für den theoretischen Fortschritt der Ökonomie spielen sowohl die reduktionistischen als auch die imperialistischen Ansätze keine Rolle, da diese gerade die ökonomischen Fragestellungen vernachlässigen.[138]

2. Ökologische Ökonomie

Unsere Darstellung der *ökologischen Ökonomie* („ecological economics") geht ein auf deren Entstehung (Teil VIII.2.1), deren theoretische Grundkonzeption (Teil VIII.2.2) und die daraus abgeleiteten umweltpolitischen Empfehlungen (Teil VIII.2.3) sowie auf die Frage, inwieweit sich die ökologische Ökonomie tatsächlich grundlegend von der neoklassischen Ökonomie unterscheidet (Teil VIII.2.4).

2.1. Entstehung

Bei der ökologischen Ökonomie handelt es sich um eine alternative Umweltökonomie, die aus der Kritik an der neoklassischen Umwelt- und Ressourcenökonomie (vgl. Teil IV.3.3.2) entstanden ist. Die ökologischen Ökonomen werfen der Neoklassik eine mechanistische und isolierende Sichtweise von Umwelt und Natur vor, die zu einer Vernachlässigung von auch für die Ökonomie wichtigen Naturgesetzen führe; des weiteren könnten bestimmte zentrale Annahmen der Wohlfahrtsökonomie aufgrund ihrer ethischen Problematik nicht akzeptiert werden. Aus diesen Gründen wird die neoklassische Umweltökonomie für unfähig zur Lösung der drängendsten Umweltprobleme (wie etwa der Gefährdung des Klimas oder des Artensterbens) gehalten.

---

[138] Ein Urteil über den möglichen Nutzen der neoklassischen Methode für die Biologie ist mit dieser skeptischen Einschätzung *nicht* verbunden.

Die notwendige neue Sichtweise der Umweltproblematik wird von *Boulding* (1966) mit seinem Begriff vom „Raumschiff Erde" veranschaulicht, den man als eine Art Leitmotiv der ökologischen Ökonomie ansehen kann: Ähnlich wie ein Astronaut in seinem Raumschiff müsse die Menschheit sparsam und vorsichtig mit den zur Verfügung stehenden Ressourcen umgehen, da die Ressourcenvorräte begrenzt seien. Neben dem einflußreichen Aufsatz *Bouldings* gibt es noch zwei weitere Meilensteine auf dem Weg zur ökologischen Ökonomie: die Forderung von *Daly* (1968) nach einer ökologischen Umorientierung der Ökonomie und *Georgescu-Roegens* (1971) Abhandlung über die Relevanz der Thermodynamik für die Ökonomie. Seit Mitte der 70er Jahre erschienen in zunehmender Zahl Arbeiten, die der damals im Entstehen begriffenen ökologischen Ökonomie zuzurechnen sind. 1988 wurde dieselbe schließlich durch die Gründung der „International Society for Ecological Economics" offiziell etabliert und ein Jahr später erschien zum ersten Mal die Zeitschrift „Ecological Economics". Definiert wird die neue Disziplin wie folgt:

> „*Ecological Economics* addresses the relationship between ecosystems and economic systems in the broadest sense. (...) [I]t implies a broad, *ecological*, interdisciplinary, and holistic view of the problem of studying and managing our world." (*Costanza* 1989, 1)

Die ökologische Ökonomie betont die zentrale und vitale Bedeutung der natürlichen Umwelt für das menschliche Wirtschaften (und steht insoweit in der Tradition der Physiokraten, vgl. Teil II.5). Wirtschaft und Natur seien durch vielfältige und komplexe Beziehungen miteinander verbundene Subsysteme des übergeordneten Systems „Erde", welche sich gegenseitig beeinflussen und sich zusammen weiterentwickeln, d.h. in einem Verhältnis der „Koevolution" stehen würden (*Norgaard* 1984). Zur Analyse des Verhältnisses zwischen Natur und Wirtschaft wird ein bewußt interdisziplinärer Ansatz gewählt: Die Erkenntnisse der Ökonomie sollen mit denen der Ökologie und anderer Wissenschaften (wie Biologie oder Physik) kombiniert werden. Zu den bekanntesten Vertretern der neuen Disziplin gehören heute *Robert Costanza* (geb. 1950), *Herman E. Daly* (geb. 1938) und *Richard B. Norgaard* (geb. 1943).

2.2. Grundkonzeption

Von der neoklassischen Umwelt- und Ressourcenökonomie unterscheidet sich die ökologische Ökonomie im wesentlichen zum einen durch die explizite Berücksichtigung naturwissenschaftlicher Erkenntnisse und zum anderen durch die Betonung ethischer Aspekte.

Unter den Naturgesetzen wird den ersten beiden Hauptsätzen der Thermodynamik die größte Aufmerksamkeit geschenkt. Der erste Hauptsatz, der Energieerhaltungssatz, besagt (cum grano salis), daß Energie und Materie weder erzeugt noch vernichtet, sondern nur von einer Form in die andere umgewandelt werden können. Eingang in die Ökonomie fand der erste Hauptsatz in Form von Materie- und Energiebilanzen, die für einzelne Wirtschaftssubjekte oder ganze Volkswirtschaften Materie- und Energieströme unter der Prämisse abbilden, daß der Materie- bzw. Energieinput stets gleich dem Materie- bzw. Energieoutput sein muß. Wenngleich der Materiebilanzansatz implizit schon bei *Boulding* (1966) und *Daly* (1968) vorhanden ist, wurde er explizit erst von *R.U. Ayres und Kneese* (1969) eingeführt und von *Kneese, R.U. Ayres und d'Arge* (1970) weiterentwickelt. *R.U. Ayres* (1978) kombiniert erstmals Energie- mit Materiebilanzen – ein Ansatz, der in neuerer Zeit von *Ruth* (1993) verfolgt wird. Aus diesen Arbeiten lassen sich im wesentlichen zwei Erkenntnisse gewinnen. Erstens sind, da jeder Input früher oder später einmal zum Output wird, Schad- bzw. Reststoffemissionen in der einen oder anderen Form unvermeidbar; negative Umweltexternalitäten sind deshalb nicht die Ausnahme, sondern der Regelfall in industrialisierten Gesellschaften. Zweitens sind der Substitution und dem technischen Fortschritt bestimmte Grenzen gesetzt: Die in den Gütern „verkörperten" Rohstoffe können auch durch einen noch so hohen Kapital- oder Arbeitseinsatz bei der Produktion nicht substituiert werden; ähnliches gilt für die Energie, da es für jeden Produktionsprozeß einen Mindestenergiebedarf gibt („thermodynamisches Limit"), der nicht unterschritten werden kann.

Der zweite Hauptsatz der Thermodynamik, das Entropiegesetz, besagt, daß Energie im Zeitablauf „entwertet" wird. Hieraus ergeben sich zwei Konsequenzen: Einerseits handelt es sich bei der Energie um den zentralen Engpaß bei der wirtschaftlichen Entwicklung, da sie – im Gegensatz zu Materie – aufgrund der unvermeidbaren Entwertung *nicht* vollständig rezykliert werden kann. Diese Erkenntnis bildete den Ausgangspunkt der *Energieanalyse*, die sich eingehend mit dem Energiebedarf bei der Herstellung der verschiedenen Güter beschäftigt (*Gilliland* 1975). Für die ökologische Ökonomie wichtiger ist aber die heuristische Funktion des Entropiegesetzes, die von *Georgescu-Roegen* (1971) betont wird: Es lenkt die Aufmerksamkeit im allgemeinen auf die Irreversibilität aller in der Realität ablaufenden Prozesse und im besonderen auf die Möglichkeit katastrophaler, nicht wiedergutzumachender Entwicklungen (z.B. die Zerstörung von Ökosystemen oder das „Umkippen" des Klimas). Denn das Konzept der Irreversibilität spielt nicht nur in der Thermodynamik, sondern auch in der Ökologie eine wichtige Rolle, etwa wenn es um die Stabilität und Widerstandsfähigkeit von Ökosystemen geht – ein Thema, das auch von ökologischen Ökonomen intensiv diskutiert wird.

Die neoklassische Umweltökonomie wird nicht nur wegen der Vernachlässigung bestimmter Naturgesetze, sondern auch und vor allem wegen „unmoralischer" Zielsetzungen abgelehnt. Denn die übliche Maximierung intertemporaler Wohlfahrtsfunktionen würde aufgrund der Abdiskontierung künftiger Kosten und Nutzen den Interessen nachfolgender Generationen nur unzureichend Rechnung tragen. So ließe sich die Inkaufnahme selbst katastrophaler Umweltschäden zugunsten geringfügiger aktueller Nutzengewinne rechtfertigen, wenn erstere nur weit genug in der Zukunft lägen (z.B. könnten die aktuellen Vorteile einer ungebremsten Nutzung fossiler Brennstoffe die abdiskontierten Nachteile einer zukünftigen Klimakatastrophe infolge des Treibhauseffektes überwiegen). Diese Vorgehensweise wird als ungerecht verurteilt. Stattdessen wird das Ziel der *Nachhaltigkeit* („sustainability") postuliert (*Costanza* 1989), welches seit der Veröffentlichung des „Brundtland-Reports" (*World Commission on Environment and Development* 1987) sehr populär geworden ist.

> „Sustainable development is development that meets the needs of the present without compromising the ability of future generations to meet their own ends." (*World Commission on Environment and Development* 1987, 43)

Grundvoraussetzung nachhaltiger Entwicklung ist demnach die *dauerhafte* Bewahrung der natürlichen Lebensgrundlagen, welche im Zentrum der umweltpolitischen Bestrebungen der ökologischen Ökonomen steht.

2.3. Umweltpolitische Konsequenzen

Wie soll nun Nachhaltigkeit gewährleistet werden? Vor dem Hintergrund thermodynamischer und ökologischer Erkenntnisse werden folgende vier Hauptprinzipien postuliert, deren Befolgung eine nachhaltige Wirtschaftsweise garantieren soll (*Daly* 1991; 1992): *Erstens* sollen Schadstoffe nur in einem Maß emittiert werden, das der Absorptionsfähigkeit der Natur entspricht. *Zweitens* sollen erneuerbare Ressourcen nur im Rahmen ihrer Regenerationsfähigkeit genutzt werden; Tier- oder Pflanzenarten dürfen also keinesfalls ausgerottet werden. *Drittens* sollen nicht erneuerbare Ressourcen nur insoweit genutzt werden, als Substitute für den Verzehr dieser Ressourcen geschaffen werden. Und *viertens* soll grundsätzlich das Vorsichtsprinzip beachtet werden, demzufolge katastrophale Risiken (unabhängig von ihrer Wahrscheinlichkeit) auf jeden Fall zu vermeiden sind.

Diese Prinzipien erfordern eine Umweltpolitik, die weit über die neoklassischen umweltpolitischen Empfehlungen (welche sich im wesentlichen auf die Korrektur einzelner Externalitäten richten) hinausgeht, eine Umweltpolitik, die dem Wirtschaftssystem *absolute* Schranken setzt und die folglich eine *Makro-Umweltpolitik* darstellt. Die Frage nach dem *Umfang* („scale") des Wirtschaftssystems tritt damit zu den üblichen Themen Allokation und Distribution hinzu. Die Ökonomen „should recognize scale, along with allocation and distribution, as a fundamental part of the economic problem" (*Daly* 1992, 193). In Umkehrung der neoklassischen Praxis (die sich auf die Allokation konzentriert, die Distribution nur am Rande behandelt und den Umfang des Wirtschaftssystems ignoriert) genießt bei ökologischen Ökonomen die Frage des Umfangs Priorität – vor Verteilungsproblemen, die an zweiter Stelle folgen (wobei die intragenerative Gerechtigkeit zunehmend als Voraussetzung für intergenerative Gerechtigkeit angesehen wird), und Allokationsproblemen, die erst an dritter Stelle stehen (*Daly* 1992, 188).

Als umweltpolitische Instrumente kommen neben Umweltsteuern und -zertifikaten auch Auflagen (z.B. zum Schutz gefährdeter Ökosysteme oder zur Verhinderung riskanter Technologien) in Frage.

Trotz der recht plausiblen Argumente zugunsten einer umweltpolitischen Neuorientierung weist der Nachhaltigkeitsansatz gewisse Schwächen auf: Der Begriff der Nachhaltigkeit ist *nicht eindeutig* definiert; es gibt verschiedene Nachhaltigkeitskonzepte, die sich vor allem hinsichtlich der Substituierbarkeit von „natürlichem Kapital" (und hier insbesondere von nicht erneuerbaren Ressourcen) durch (künstliches) Kapital unterscheiden (*Common und Perrings* 1992; *Klaassen und Opschoor* 1991). Je nach zugrundegelegtem Nachhaltigkeitskonzept ergeben sich natürlich unterschiedliche umweltpolitische Schlußfolgerungen, so daß sich die mangelnde Konkretisierung des Oberziels in Ambivalenzen bei Unterzielen und Mitteln niederschlägt.

2.4. Ökologische Ökonomie versus Neoklassik

Von ökologischen Ökonomen wird der Unterschied zwischen ihrer Disziplin und der neoklassischen Ökonomie sehr betont (*Costanza, Daly und Bartholomew* 1991, 3ff). Dies ist zwar aus wissenschaftspolitischer Perspektive verständlich (schließlich soll eine neue Disziplin etabliert werden!), doch zeigt sich bei näherer Betrachtung, daß es *keine* grundsätzlichen und unüberwindbaren Differenzen zwischen der ökologischen Ökonomie und dem neoklassischen „mainstream" gibt.

Die Erkenntnisse der Thermodynamik lassen sich als Materie- und Energiebilanzen, d.h. als zusätzliche Nebenbedingungen, ohne Schwierigkeiten in die neoklassische Modellwelt integrieren. Gleiches gilt für das Vorsichtsprinzip bzw. die Gefahr katastrophaler Entwicklungen; diese können durch den Ausschluß bestimmter Risikoklassen bzw. der ihnen angehörenden Entscheidungsalternativen berücksichtigt werden. Und schließlich ist auch die Abdiskontierung der Wohlfahrt künftiger Generationen keineswegs ein unverzichtbarer Bestandteil des neoklassischen „hard core"; im Gegenteil, es lassen sich ohne weiteres soziale Wohlfahrtsfunktionen denken, die der intergenerativen Gerechtigkeit Rechnung tragen und auf eine nachhaltige Entwicklung abzielen.

Die ökologische Ökonomie könnte deshalb durchaus einen Platz im neoklassischen Lehrgebäude finden – als ein Teilgebiet der Wohlfahrtsökonomie. Dieses würde sich hauptsächlich dadurch von der orthodoxen neoklassischen Umweltökonomie unterscheiden, daß es eine andere normative Grundentscheidung trifft, nämlich die Nachhaltigkeit und nicht die Maximierung einer intertemporalen Nutzenfunktion als Hauptziel postuliert. Dies sehen auch viele Umweltökonomen so, die sich nicht nur einer der beiden Richtungen zuordnen lassen (wollen), sondern Beiträge sowohl zur ökologischen Ökonomie als auch zur neoklassischen Umweltökonomie leisten; so geht etwa der Materiebilanzansatz, der für die Entwicklung der ökologischen Ökonomie von nicht geringer Bedeutung ist, auf neoklassische Umweltökonomen zurück (*R.U. Ayres und Kneese* 1969).

3. Spieltheorie

Die Spieltheorie analysiert die Entscheidungen rationaler, sich gegenseitig beeinflussender Akteure; ein treffenderer Name wäre deshalb „interaktive Entscheidungstheorie" gewesen. Diese weite Definition umfaßt nicht nur Spiele im eigentlichen Sinn des Wortes (wie z.B. Schach oder Poker), sondern auch politische „Spiele" (wie die Positionierung von Parteien im Wettbewerb um die Wählergunst) und ökonomische „Spiele" (wie das Verhalten der Mitglieder eines Oligopols). Aufgrund der Annahme rationalen (nutzenmaximierenden) Verhaltens läßt sich die Spieltheorie auch als eine Verallgemeinerung der neoklassischen Theorie interpretieren.

Charakteristisch für alle spieltheoretischen Analysen ist es, daß sie aus zwei Teilen bestehen: einer *Beschreibung* der Spieler, ihrer Präferenzen, ihrer möglichen Verhaltensweisen (oder Strategien) und der Resultate jeder möglichen Strategiekombination; und einem *Lösungskonzept* für das Spiel (d.h. einer Definition einer „optimalen" Lösung).[139]

Die wichtigsten Konzepte der Spieltheorie sind zwar schon einige Jahrzehnte alt, doch ordnen wir die Spieltheorie als „aktuelle Entwicklung" ein, weil ihr ökonomisches Potential erst seit Beginn der 80er Jahre intensiv genutzt wird; zuvor war sie eine obskure mathematische Disziplin, mit der sich nur wenige Ökonomen beschäftigten. Einen Überblick über Ursprünge und weitere Entwicklung der Spieltheorie gibt Teil VIII.3.1; daran schließt sich die Darstellung der beiden Zweige der Spieltheorie an, der nichtkooperativen und der kooperativen Spieltheorie (Teile VIII.3.2 und VIII.3.3).

3.1. Ursprünge und Entwicklung

Die Ursprünge der Spieltheorie reichen bis ins frühe 18. Jahrhundert zurück, als erstmals Gesellschaftsspiele mathematisch analysiert wurden. Im 19. Jahrhundert untersuchten *Cournot* (vgl. Teil IV.2.1.3.3.a) und *Edgeworth*

---

[139] Während bei Entscheidungen, die unabhängig voneinander sind (z.B. den Konsumentscheidungen der Haushalte bei vollkommenem Wettbewerb), das Lösungskonzept auf der Hand liegt (die isolierte Nutzenmaximierung der Haushalte), ist bei Mehr-Personen-Entscheidungsproblemen, wie sie die Spieltheorie analysiert, nicht klar, worin eine „optimale" Lösung besteht, da kein Spieler allein das Spielresultat bestimmen kann. Ein Lösungskonzept muß also zunächst definiert und begründet werden, bevor seine Eigenschaften (wie Existenz und Eindeutigkeit) untersucht werden können.

(vgl. Teil IV.2.2.1.2.a) ökonomische Probleme aus spieltheoretischer Sicht, d.h. unter Berücksichtigung der Interaktionen der Wirtschaftssubjekte.

Aber die eigentliche Spieltheorie ist ein Kind des 20. Jahrhunderts. In den ersten Jahrzehnten dieses Jahrhunderts wurden nicht nur wichtige spieltheoretische Grundbegriffe – wie der Begriff der (reinen oder gemischten) „Strategien" – geklärt, sondern auch zwei grundlegende Theoreme formuliert:[140] *Zermelo* (1913) zeigt am Beispiel des Schachspiels durch Rückwärtsinduktion, daß für jedes Zwei-Personen-Nullsummenspiel mit perfekter Information und einer endlichen Anzahl reiner Strategien ein eindeutiges Minimax-Gleichgewicht (in reinen Strategien) existiert.[141] Von *Neumann* (1928) stammt das *Minimax-Theorem*, welches das Resultat *Zermelos* generalisiert: Demnach hat jedes endliche Zwei-Personen-Nullsummenspiel ein eindeutiges Minimax-Gleichgewicht (u.U. in gemischten Strategien), selbst wenn die Spieler nicht vollkommen informiert sind, also Ungewißheit über den bisherigen Spielverlauf besteht (z.B. beim Poker darüber, welche Karten der Gegner in der Hand hält).

Im Jahr 1944 veröffentlichten *Johann von Neumann* (1903-1957) und *Oskar Morgenstern* (1902-1977) ihre „Theory of Games and Economic Behavior" (*Neumann und Morgenstern* 1944), mit der sie die Spieltheorie als eigenständige Disziplin begründeten. Der Schwerpunkt des Werkes liegt auf Nullsummenspielen; neben dem Zwei-Personen-Nullsummenspiel (*Neumann und Morgenstern* 1944, Kap. III-IV) werden auch Mehr-Personen-Nullsummenspiele (*Neumann und Morgenstern* 1944, Kap. V-X) ausführ-

---

[140] Unter einer *Strategie* versteht man die vollständige Beschreibung des Entscheidungsverhaltens eines Spielers, d.h. der Entscheidung des Spielers in jeder möglichen Spielsituation. Eine Strategie ist *rein*, wenn jeder Spielsituation eine eindeutige Verhaltensweise zugeordnet ist; sie ist *gemischt*, wenn auch der Zufall eine Rolle spielt, d.h. wenn es in mindestens einer Situation mindestens zwei Entscheidungsalternativen gibt, von denen jede mit einer gewissen positiven Wahrscheinlichkeit gewählt wird.

[141] In einem *Nullsummenspiel* ist die Summe der „Auszahlungen" (in Geld- oder Nutzeneinheiten), die die Spieler erhalten, für jeden möglichen Spielausgang gleich Null, d.h. der Gewinn eines Spielers bedeutet den Verlust eines anderen (für die spieltheoretische Analyse entscheidend ist nicht, daß die Summe Null ist, sondern daß sie konstant ist). Bei Spielen mit *perfekter Information* gibt es keine Unsicherheit; jeder Spieler kennt zu jeder Zeit genau den jeweiligen Spielverlauf. Von einem *Minimax-Gleichgewicht* spricht man, wenn jeder Spieler seine Sicherheitsstrategie wählt und diese die bestmögliche Antwort auf die Sicherheitsstrategien der anderen Spieler ist. Eine *Sicherheitsstrategie* maximiert die Auszahlung, die ein Spieler mindestens erzielen kann, gleichgültig, wie die anderen Spieler sich verhalten; von den schlechtestmöglichen (minimalen) Resultaten aller möglichen Strategien ist das ihrige das beste (maximale). Das Minimax-Gleichgewicht ist folglich ein Lösungskonzept, das eine sehr pessimistische bzw. risikoaverse Einstellung der Spieler voraussetzt.

lich diskutiert. Nichtnullsummenspiele werden relativ knapp (*Neumann und Morgenstern* 1944, Kap. XI-XII) behandelt, obwohl diese eigentlich ökonomisch am interessantesten sind: Denn viele ökonomische „Spiele" sind dadurch gekennzeichnet, daß alle an einer Interaktion beteiligten Wirtschaftssubjekte ihren Nutzen erhöhen können (z.B. der Käufer und der Verkäufer eines Gutes, wenn sie sich handelseinig werden), obwohl Interessengegensätze bestehen (hinsichtlich der Höhe des Preises). Mit ihrer Untersuchung von Verhandlungen und Koalitionen begründeten *Neumann und Morgenstern* die kooperative Spieltheorie – wenngleich sich die Unterscheidung zwischen kooperativer und nichtkooperativer Spieltheorie nicht explizit bei ihnen findet.[142]

Die Bedeutung der „Theory of Games and Economic Behavior" liegt nicht nur in der spieltheoretischen Analyse, sondern auch und vor allem in der systematischen Anwendung derselben auf ökonomische Probleme – wie z.B. das des bilateralen Monopols (*Neumann und Morgenstern* 1944, Kap. XI, Abschn. 61). In der Tat war *Morgenstern* der erste Ökonom, der das Potential der Spieltheorie für die Ökonomie erkannte und die Anwendung der Spieltheorie in der Ökonomie propagierte. Die Erwartungen *Morgensterns* wurden aber zunächst enttäuscht: Zwar wurde die „Theory of Games and Economic Behavior" mit Begeisterung aufgenommen und man erhoffte sich von der Spieltheorie eine rasche Lösung praktisch aller Probleme der Ökonomie im besonderen und der Sozialwissenschaften im allgemeinen, doch ebbte der Enthusiasmus sehr schnell ab, als sich herausstellte, daß die Spieltheorie hierzu (noch?) nicht in der Lage war. Dafür war vor allem das Fehlen eines vernünftigen Lösungskonzeptes für Nichtnullsummenspiele verantwortlich. Dieses Manko behob *Nash* für die nichtkooperative Spieltheorie mit der Einführung des *strategischen Gleichgewichts*, welches unter dem Namen *Nash-Gleichgewicht* bekannt wurde. Dieses Lösungskonzept bildete die Grundlage für viele andere spieltheoretische Arbeiten, die das Nash-Gleichgewicht in verschiedener Hinsicht verfeinerten und ergänzten. Weitere Fortschritte brachte die Analyse wiederholter Spiele und in neuerer Zeit die evolutorische Spieltheorie. Im Vergleich zur nichtkooperativen Spieltheorie ging die Entwicklung der kooperativen Spieltheorie deutlich langsamer voran, wenngleich auch hier gegenüber *Neumann und Morgenstern* (1944) deutliche Fortschritte zu verzeichnen sind. Als wichtigste Spieltheoretiker in der Nachfolge von *Morgenstern* und *Neumann* sind

---

[142] In der *kooperativen Spieltheorie* sind verbindliche Vereinbarungen zwischen den Spielern zulässig, wohingegen sie in der *nichtkooperativen Spieltheorie* ausgeschlossen sind.

Robert J. Aumann (geb. 1930), *John C. Harsanyi* (geb. 1920), *John F. Nash* (geb. 1928), *Reinhard Selten* (geb. 1930) und *Lloyd S. Shapley* (geb. 1923) zu nennen.[143]

Seit Beginn der 80er Jahre hat die Spieltheorie bei den Ökonomen beträchtlich an Popularität gewonnen und die optimistischen Erwartungen der Spieltheoriepioniere scheinen sich nun doch noch zu erfüllen. Vor allem das Nash-Gleichgewicht und seine Verfeinerungen werden in der Ökonomie sehr häufig verwandt. Der Siegeszug der Spieltheorie in der Ökonomie überrascht auch keinesfalls (eher schon dessen lange Verzögerung!), da die Spieltheorie sich offensichtlich als formales Instrument für die Analyse ökonomischer Phänomene anbietet: Schließlich sind diese sehr häufig durch strategische Interaktionen gekennzeichnet, die nur in wenigen Spezialfällen fehlen. So können zwar beim Polypol und beim Monopol Interaktionen problemlos vernachlässigt werden (beim Polypol, weil der Einfluß eines einzelnen Akteurs auf die Entscheidungsparameter aller anderen infinitesimal klein ist, und beim Monopol, weil es nur einen Akteur gibt), doch liegen praktisch alle in der Realität anzutreffenden Märkte zwischen diesen beiden Extremen. Diese eigentlich relevanten Fälle, die man unter dem Begriff „Oligopol" zusammenfaßt, können jedoch von der herkömmlichen ökonomischen Theorie nur behandelt werden, wenn auf unbefriedigende Ad-hoc-Annahmen, die z.T. irrationales Verhalten implizieren, zurückgegriffen wird (vgl. Teil IV.2.1.3.3). Gerade bei der Analyse von Oligopolsituationen hat sich die Spieltheorie als fruchtbar erwiesen, da mit ihrer Hilfe die Interaktionen zwischen den Oligopolisten ausführlich analysiert und Faktoren wie Drohungen, Reputation oder Markteintrittsbarrieren explizit berücksichtigt werden können. Dabei zeigt sich, daß die bisherigen Oligopol-Lösungen von *Cournot*, *Stackelberg* und anderen nur Spezialfälle sind, die unter ganz bestimmten Bedingungen realisiert werden und nicht verallgemeinert werden dürfen; vielmehr hängt das Ergebnis oligopolistischer Interaktionen ganz wesentlich von den Bedingungen des Einzelfalls ab (*Shubik* 1984, Teil II). Weitere ökonomische Anwendungen der Spieltheorie betreffen die Bereitstellung öffentlicher Güter, das Verhältnis zwischen Regulierungsbehörde und regulierter Industrie, die Gestaltung von Auktionen, die Verhandlungen zwischen Gewerkschaften und Arbeitgeberverbänden oder die Entstehung von Institutionen; als vor allem theoretisch interessant hat sich die Anwendung spieltheoretischer Konzepte in der allgemeinen Gleichgewichtstheorie erwiesen (*Shubik* 1982, Kap. 12).

---

[143] *Harsanyi, Nash* und *Selten* erhielten 1994 den Ökonomie-Nobelpreis.

Aber die Spieltheorie weist auch gewisse Schwachstellen auf: Häufig existieren sehr viele Gleichgewichte, so daß die Auswahl eines bestimmten Gleichgewichts (zur Prognose des Spielausgangs oder als Empfehlung an die Spieler) entweder nicht möglich ist oder nur unter Heranziehung von Faktoren, die in der Spieltheorie eigentlich keine Rolle spielen dürften. Des weiteren sind die Anforderungen, die an die Rationalität der Spieler und an den Umfang des ihnen gemeinsamen Wissens gestellt werden (müssen), meist sehr hoch und mit der Realität oft nicht vereinbar. Ähnliches gilt für das Konzept gemischter Strategien: Deren tatsächliche Verwendung ist aus psychologischen Gründen kaum zu erwarten. Schließlich bleibt der Ursprung der Regeln vieler Spiele allzuoft im Dunkeln. Da diese Probleme einer Lösung nicht unzugänglich zu sein scheinen (vgl. Teil VIII.3.2.3), ist eine insgesamt positive Einschätzung der Spieltheorie und ihrer Rolle für die Weiterentwicklung der ökonomischen Theorie dennoch gerechtfertigt.

3.2. Nichtkooperative Spieltheorie

Die heute allgemein gebräuchliche Unterscheidung zwischen kooperativer und nichtkooperativer Spieltheorie geht auf *Harsanyi* (1966, 616) zurück und bezieht sich auf die Zulässigkeit *bindender* Vereinbarungen zwischen den Spielern vor dem eigentlichen Spielbeginn. Obwohl auch in der nichtkooperativen Spieltheorie die Kommunikation der Spieler vor Spielbeginn nicht ausgeschlossen ist, können diese keine Vereinbarungen treffen, die auch durchgesetzt werden können; alle etwaigen Abmachungen sind deshalb nichts weiter als „cheap talk". Das heißt nicht, daß sich die Spieler immer unkooperativ verhalten müssen. Kooperatives Spielverhalten ist keineswegs ausgeschlossen, wird aber nur dann auftreten, wenn es im Eigeninteresse der Beteiligten liegt. Als die wichtigsten Gebiete der nichtkooperativen Spieltheorie sollen im folgenden Nash-Gleichgewichte und ihre Verfeinerungen (Teil VIII.3.2.1), die Analyse wiederholter Spiele (Teil VIII.3.2.2) und die evolutorische Spieltheorie (Teil VIII.3.2.3) betrachtet werden.

3.2.1. Nash-Gleichgewichte

Nash (1951) beweist, daß (unter sehr allgemeinen Bedingungen) für endliche Spiele mindestens ein Gleichgewicht existiert, welches als eine Kombination von (reinen oder gemischten) Strategien definiert ist, für die gilt, daß jeder Spieler seinen Nutzen durch ein Abweichen von seiner Gleichgewichtsstrategie nicht weiter erhöhen kann, falls alle anderen Spieler ihre Gleichgewichtsstrategie verfolgen. Der Beweis der Existenz solcher strategischer Gleichgewichte oder Nash-Gleichgewichte gilt nicht nur für Zwei-, sondern auch für Mehr-Personen-Spiele, nicht nur für Spiele mit vollkommener Information, sondern auch für Spiele mit unvollkommener Information und nicht nur für Nullsummen-, sondern auch für Nichtnullsummenspiele.[144] Durch die umfassende Anwendbarkeit dieses Konzeptes erklärt sich seine fundamentale Bedeutung für die Spieltheorie.

Problematisch ist es aber, daß es sehr oft nicht nur ein Nash-Gleichgewicht, sondern mehrere oder sogar sehr viele Nash-Gleichgewichte gibt. Da die Existenz einer Vielzahl von Lösungen für ein Spiel häufig als unbefriedigend angesehen wird, wurde intensiv nach Möglichkeiten gesucht, zwischen den Nash-Gleichgewichten zu unterscheiden, d.h. das Lösungskonzept von *Nash* zu verfeinern.

Schelling (1960, Kap. 4) weist darauf hin, daß es unter den Nash-Gleichgewichten gewisse *Brennpunkte* („focal points") geben kann, die durch Traditionen oder soziale Konventionen ausgezeichnet sind und deshalb bevorzugt realisiert werden. Um diese Brennpunkte zu identifizieren, müsse das Spiel in seiner *extensiven* und nicht in seiner *strategischen* (oder *normalen*) Form analysiert werden, da die letztgenannte Darstellung häufig wichtige Details unterschlage.[145] Die Vorstellungen *Schellings* wurden zwar

---

[144] Das Nash-Gleichgewicht wird mitunter auch Cournot-Nash-Gleichgewicht genannt, weil es als eine Verallgemeinerung der Cournotschen Oligopollösung interpretiert werden kann.

[145] Während die *strategische* (oder *normale*) Darstellungsweise nur die Strategien der Spieler mit ihren Auszahlungen einander gegenüberstellt (bei zwei Spielern z.B. in Form einer Matrix), ohne auf die einzelnen Spielzüge und ihre Reihenfolge einzugehen, werden diese Details bei der *extensiven* Darstellungsweise (die sich z.B. „Spielbäumen" bedient) mit erfaßt. Diese Unterscheidung geht auf *Neumann und Morgenstern* (1944, Kap. II) zurück; die heute übliche Art der extensiven Darstellung (und der Begriff der „Teilspiele") stammt von *Kuhn* (1953).

allgemein als empirisch relevant anerkannt, konnten jedoch infolge ihrer schwierigen Quantifizierbarkeit bisher nicht befriedigend in die Spieltheorie integriert werden.

Größerer Erfolg war *Selten* (1965) beschieden, dessen Konzept der *Teilspielperfektheit* bis heute die wohl wichtigste Verfeinerung des Nash-Gleichgewichts darstellt. Auch *Selten* (1965) betrachtet Spiele in extensiver Form, wodurch die Analyse der einzelnen Teilspiele eines mehrstufigen Spiels möglich ist. *Selten* (1965) unterscheidet die Gleichgewichtsstrategien danach, ob ihre Spielzüge in jedem Teilspiel rational sind oder nicht. Nur die in diesem Sinne vollkommen rationalen Strategien, die später von *Selten* (1975, 25) als *teilspielperfekt* bezeichnet werden, stellen eine „vernünftige nichtkooperative Lösung" dar (*Selten* 1965, 308), weil sie z.B. keine unglaubwürdigen Drohungen oder Versprechungen beinhalten. Dies läßt sich gut am Beispiel des Markteintrittsspiels erläutern: Im ersten Teilspiel entscheidet ein potentieller Wettbewerber über den Markteintritt in einen von einem Monopolisten beherrschten Markt; im zweiten Teilspiel reagiert der Monopolist auf einen etwaigen Markteintritt entweder mit der Akzeptanz des Konkurrenten oder mit einem Preiskampf. Nash-Gleichgewichte könnten in den Strategiekombinationen „Nichteintritt/Preiskampf" und „Eintritt/Akzeptanz" bestehen. Im ersten Fall würde sich der potentielle Wettbewerber durch die Drohung mit einem Preiskampf abschrecken lassen. Ein solches Gleichgewicht wäre aber dann nicht teilspielperfekt (also „unvernünftig" im Sinne *Seltens*), wenn die Drohung unglaubwürdig wäre, d.h. wenn nach erfolgtem Markteintritt der (ehemalige) Monopolist auf den Preiskampf verzichten würde, weil dieser auch für ihn im Vergleich zu einer Akzeptanz des Wettbewerbers mit hohen Verlusten verbunden wäre. Unter diesen Umständen käme bei rationalem Verhalten beider Spieler nur das „Eintritt/Akzeptanz"-Gleichgewicht in Frage.

Zusätzliche Anforderungen an vernünftige bzw. akzeptable Gleichgewichte stellt *Selten* (1975). Er bezeichnet solche Gleichgewichte als „perfekt", die nicht nur teilspielperfekt sind, sondern auch bei gewissen Fehlern der Spieler robust sind.

> „There cannot be any mistakes if the players are absolutely rational. Nevertheless, a satisfactory interpretation of equilibrium points in extensive games seems to require that the possibility of mistakes is not completely excluded. This can be achieved by a point of view which looks at complete rationality as a limiting case of incomplete rationality." (*Selten* 1975, 35)

Rationalitätsversagen wird von *Selten* (1975) dadurch berücksichtigt, daß die Spieler mit einer gewissen Wahrscheinlichkeit auch „falsche" Züge wählen, so daß *jede* mögliche Strategie mit einer positiven Wahrscheinlichkeit gewählt wird. Perfekte Gleichgewichte müssen immun gegen solche Fehler sein, also auch bei fehlerhaftem Spiel erhalten bleiben (zumindest bei sehr kleinen Fehlerwahrscheinlichkeiten).[146]

Eine von Ergebnis her ähnliche Weiterentwicklung des Konzepts der Teilspielperfektheit ist das Konzept der *sequentiellen Gleichgewichte* (*Kreps und R. Wilson* 1982), das aber nicht auf der Berücksichtigung von Fehlern, sondern auf der Möglichkeit unvollkommener Informationen beruht.

Das Problem *unvollständiger* Informationen wurde von *Harsanyi* (1967/68) gelöst. Während bei unvollkommener Information Unsicherheit über die *Handlungen* der Mitspieler besteht, bedeutet unvollständige Information, daß die *Eigenschaften* der Mitspieler (also etwa deren Risikoneigung) nicht bekannt sind. Spiele mit unvollständiger Information sind der Spieltheorie eigentlich nicht zugänglich – können aber durch einen Kunstgriff in Spiele mit vollständiger, aber unvollkommener Information umgewandelt werden: Hierfür muß ein zusätzlicher Spieler eingeführt werden, die „Natur", der in einem ersten Zug den Typus jedes Mitspielers bestimmt. Wenn nun jeder Spieler über (vorgegebene) Wahrscheinlichkeitsverteilungen der Typen seiner Mitspieler verfügt, die er im Verlauf des Spiels gemäß der *Bayesschen Regel* aktualisiert, läßt sich das resultierende *Bayes-Spiel* problemlos mittels der üblichen Lösungskonzepte analysieren.

3.2.2. Wiederholte Spiele

Wiederholten Spielen wird vor allem deshalb große Aufmerksamkeit zuteil, weil sie Auswege aus möglichen Konflikten zwischen individueller Rationalität und sozialer Optimalität aufzeigen können. Solche Konflikte werden meist am Beispiel des berühmten *Gefangenen-Dilemmas* erläutert:[147] In

---

[146] Da Fehler z.B. durch ein Zittern der Hände der Spieler passieren können, werden robuste Gleichgewichte auch als „trembling-hand perfect" bezeichnet.

[147] Dieses Spiel taucht zum ersten Mal in einem unveröffentlichten Aufsatz von *Tucker* aus dem Jahr 1950 auf und hat in etwa folgenden Inhalt: Zwei eines gemeinschaftlich begangenen Raubes Verdächtige werden einzeln vom Staatsanwalt verhört, der ihnen aber nur unerlaubten Waffenbesitz nachweisen kann. Deshalb wird, wenn keiner der Gefangenen den Raub gesteht, jeder von ihnen zu einem Jahr Gefängnis wegen dieses minderschweren Verbrechens verurteilt werden. Gesteht ein Gefangener den Raub, so kommt er frei und der Nichtgeständige erhält die Höchststrafe von zehn Jahren. Gestehen beide, so kommen zwar

diesem Spiel gibt es ein eindeutiges Nash-Gleichgewicht, nämlich beiderseitige Nichtkooperation, obwohl sich *beide* Spieler besser stellen würden, wenn sie miteinander kooperierten.

Gilt dieses aus gesellschaftlicher Sicht problematische Ergebnis auch für ein *Superspiel*, das aus einer ganzen Reihe hintereinander gespielter Gefangenen-Dilemmata (oder ähnlich strukturierter Spiele) besteht? Schließlich könnten die Spieler im Vertrauen auf eine längere Zusammenarbeit versuchen, sich die Vorteile der Kooperation zu sichern; falls ein Spieler das Vertrauen seines Gegenübers ausnützt und nicht kooperiert, hätte der andere ja die Möglichkeit, ihn in den Folgespielen zu „bestrafen", indem er seinerseits nicht kooperiert. Diese Frage wurde erstmals intensiv von *Luce und Raiffa* (1957, Kap. 5.5) diskutiert. Es stellte sich heraus, daß sich dann nichts ändert, wenn es eine endliche Zahl von Spielwiederholungen gibt (und dies den Spielern bekannt ist). Das letzte Spiel entspricht einem einmaligen Spiel, dessen Lösung beiderseitige Nichtkooperation ist. Deshalb kann Nichtkooperation im vorletzten Spiel nicht bestraft werden, so daß auch in diesem nicht kooperiert wird. Mittels Rückwärtsinduktion läßt sich diese Überlegung auf alle vorhergehenden Spiele anwenden, so daß sich für das endliche Superspiel ein eindeutiges nichtkooperatives Gleichgewicht ergibt – obwohl man dies intuitiv nicht unbedingt erwarten würde. Ähnliche kontraintuitive Schlußfolgerungen ergeben sich auch für andere endliche Superspiele – wie z.B. *Seltens* (1978) „Handelskettenparadoxon". Dieses stellt ein wiederholtes Markteintrittsspiel dar, in dem eine endliche Anzahl lokaler bzw. regionaler Märkte eines Monopolisten von potentiellen Konkurrenten bedroht werden. Das Paradox besteht darin, daß der Monopolist auf allen Teilmärkten die Konkurrenz kampflos akzeptieren würde, falls ein Preiskampf auf dem letzten Teilmarkt irrational wäre – daß man aber aus ökonomischer Sicht eher damit rechnen würde, daß der Monopolist beim ersten Markteintritt einen Preiskampf beginnt, um weitere Markteintritte zu verhindern.

Dieser Widerspruch beruht – genau wie das fortgesetzte Nichtkooperieren im endlich oft wiederholten Gefangenen-Dilemma – auf einer unrealistischen Modellbildung: Für die Analyse sozialer bzw. ökonomischer Interaktionen ist es häufig sinnvoller zu unterstellen, daß das Spiel unendlich oft wiederholt wird (oder daß zumindest bei jedem Teilspiel eine positive

---

beide vor Gericht, doch wirkt sich das Geständnis strafmildernd aus, so daß sie mit einer Strafe von jeweils fünf Jahren rechnen müssen. In dieser Situation ist es für jeden Gefangenen rational, sich nicht (gegenüber seinem Komplizen) kooperativ zu verhalten und das Verbrechen zu gestehen, obwohl sich durch dieses Verhalten für jeden Gefangenen ein Strafmaß (fünf Jahre) ergibt, das höher ist als bei Kooperation (ein Jahr).

Wahrscheinlichkeit dafür besteht, daß sich ein weiteres Teilspiel anschließt). Unter diesen Umständen erweitert sich die Lösungsmenge beträchtlich: Das *Volkstheorem* („folk theorem") besagt, daß es eine sehr große Anzahl von Nash-Gleichgewichten gibt, falls die Spieler hinreichend „geduldig" sind, also zukünftige Auszahlungen nicht zu stark abdiskontieren.[148] Im Fall des Gefangenen-Dilemmas kommen so auch zahlreiche kooperative Lösungen in Frage, die durch die Drohung mit Bestrafung von Nichtkooperation in der Zukunft stabilisiert werden.[149] Die Aussicht auf künftige Kooperationsgewinne bzw. die Furcht vor dem Verlust derselben stellt also einen wirksamen Mechanismus zur Durchsetzung gewisser Verhaltensregeln dar; zur Überwindung des für das Gefangenen-Dilemma (und viele andere Spiele) typischen Konflikts zwischen individueller Rationalität und sozialer Optimalität bedarf es also *keiner* Instanz außerhalb des Spiels. Dies ist von offensichtlicher Bedeutung für die Analyse von Spielen auf Ebene der Gesamtgesellschaft – bei denen ja keine exogene Instanz angenommen werden kann. Mit der Frage, *auf welche Weise* die Kooperation zustande kommt, beschäftigt sich die evolutorische Spieltheorie.

3.2.3. Evolutorische Spieltheorie

Die evolutorische Spieltheorie ist ein interessantes Beispiel für die gegenseitige Befruchtung von Natur- und Sozialwissenschaften. Am Anfang stand die Anwendung spieltheoretischer Konzepte auf evolutionsbiologische Fragen, die vor allem *J.M. Smith* propagierte (*J.M. Smith und Price* 1973; *J.M. Smith* 1982). Die hieraus resultierende evolutorische Spieltheorie wurde dann wieder auf sozialwissenschaftliche bzw. ökonomische Probleme angewandt, wie z.B. die Entstehung von Normen und Institutionen.

Die biologische Evolution läßt sich als eine Art Spiel interpretieren (*J.M. Smith und Price* 1973; *J.M. Smith* 1982, Kap. 2): In ihm gibt es freilich keine Spieler im üblichen Sinn, d.h. keine Individuen, die bewußte Entscheidungen mit dem Ziel der Optimierung von Nutzenfunktionen treffen.

---

[148] Der Name „Volkstheorem" erklärt sich damit, daß sein Inhalt eigentlich „schon immer" bekannt war und es nicht klar ist, von wem es stammt. Eine wichtige Rolle bei der Formalisierung dieses Theorems spielte *Aumann* (vgl. z.B. *Aumann* 1959).

[149] Eine Vielzahl von Lösungen ist also nicht immer ein Nachteil – zumindest dann nicht, wenn die Akzeptabilität und Plausibilität der Lösungen höher bewertet werden als deren Eindeutigkeit.

Man betrachtet vielmehr eine große Gruppe von Individuen, die miteinander auf Dauer interagieren und deren Verhalten genetisch determiniert ist; Strategie und Spielertypus entsprechen also einander. Das entscheidende Charakteristikum einer Strategie ist die *Fitness* (d.h. die Zahl der Nachkommen); sie bestimmt die Entwicklung der relativen Häufigkeit der verschiedenen Strategien. Die Fitness, die eine bestimmte Strategie erzielt, hängt natürlich wiederum von der Umwelt und insbesondere von Art und Häufigkeit der konkurrierenden Strategien ab. Die Veränderungen dieser Häufigkeiten im Verlauf des Spiels (d.h. der Evolution) werden von der *Replikatorgleichung* beschrieben, die Richtung und Stärke des Selektionsdrucks widerspiegelt; als *Replikatoren* fungieren dabei die Gene. Wenn eine neue Strategie innerhalb der betrachteten Population auftaucht, spricht man von einer Mutation. Eine Strategie ist dann *evolutorisch stabil*, wenn sie *nicht* durch Mutationen, deren Anteil an der Gesamtpopulation bei ihrem erstmaligen Auftreten hinreichend klein ist, verdrängt werden kann. Eine evolutorisch stabile gemischte Strategie kann entweder *monomorph* (jedes Individuum verfolgt eine gemischte Strategie) oder *polymorph* (es gibt eine stabile Verteilung verschiedener reiner Strategien in der Population) interpretiert werden. Es läßt sich zeigen, daß jede evolutorisch stabile Strategie auch ein Nash-Gleichgewicht darstellt, daß dies aber nicht umgekehrt gilt.

Dieses evolutorische Modell läßt sich auch auf menschliche Interaktionen übertragen. Dazu sind einige Modifikationen erforderlich: Da das menschliche Verhalten nur zu einem kleinen Teil genetisch determiniert ist, im übrigen aber der Kontrolle des Willens unterliegt, muß sich die Replikatorgleichung nicht auf die genetische, sondern die soziale Evolution beziehen, d.h. die bewußte Imitation überlegener Verhaltensweisen beschreiben; als Replikatoren treten dann nicht Gene, sondern Ideen, Sitten oder Normen auf. Dementsprechend ist auch die Fitness allgemeiner zu interpretieren, nämlich in Nutzeneinheiten.

Die evolutorische Spieltheorie bietet Lösungen für verschiedene Probleme der konventionellen Spieltheorie an: Erstens läßt sich für große Populationen eine gemischte Strategie als Lösung rechtfertigen, ohne daß die einzelnen Individuen gemischte Strategien verfolgen müssen. Zweitens müssen an die Rationalität der Spieler keine übertriebenen Anforderungen gestellt werden: Sie müssen nicht tatsächlich optimieren; es reicht aus, wenn sie in der Lage sind, erfolgreiche Verhaltensweisen zu erkennen und zu übernehmen. Drittens können die Schellingschen „Brennpunkte" (vgl. Teil VIII.3.2.1) als Produkte der sozialen Evolution erklärt werden. Und viertens liefert die evolutorische Spieltheorie Erklärungen für die Realisierung von Nash-Gleichgewichten – wobei freilich eine exakte Prognose darüber, welches Gleichgewicht sich durchsetzen wird, nicht geleistet werden kann. So kann die evolutorische Spieltheorie im Fall des unendlich oft wiederholten Gefangenen-Dilemmas nur beschreiben, *wie* eines der vielen Nash-Gleichgewichte erreicht werden kann; *welches* es sein wird, hängt dagegen von Zufälligkeiten und den Umständen des Einzelfalls ab. *Axelrod* (1984) zeigt in seiner berühmten Computersimulation unendlich oft wiederholter Gefangenen-Dilemmata nur, daß kooperative Strategien sich unter bestimmten Umständen durchsetzen können, nicht jedoch, daß dies unbedingt der Fall sein muß.

Eindrucksvoll werden diese Vorteile der Spieltheorie von *Binmore* (1994; 1998) demonstriert, der mit ihrer Hilfe die Entstehung und Entwicklung menschlicher Verhaltensweisen und Institutionen erklärt. Aus spieltheoretischer Sichtweise ist der „Gesellschaftsvertrag" mit seinen Rechten, Pflichten und Regeln nicht etwa ein bewußt abgeschlossener Vertrag, sondern das unbewußte und ungeplante Ergebnis der langfristigen Interaktion der Gesellschaftsmitglieder.

> „If the citizens of a society are motivated by enlightened self-interest like *homo oeconomicus*, they will be led to coordinate on an equilibrium (...). I identify such an equilibrium with a social contract. When the social contract operates, each citizen will therefore be optimizing when he follows the rules of behavior prescribed by his strategy. But these rules for sustaining an equilibrium (...) are entirely conventional. They survive because we believe in them. If the accidents of social evolution had led society to a different equilibrium, we would believe in a different set of conventional rules."
> (*Binmore* 1994, 335)

Die evolutorische Spieltheorie scheint also in der Lage zu sein, die Vorstellungen *Hayeks* von der „spontanen Ordnung" und ihrer Entstehung zu präzisieren und weiterzuentwickeln (vgl. Teil VII.4.2.3).

3.3. Kooperative Spieltheorie

Die kooperative Spieltheorie erlaubt *bindende* Absprachen zwischen den Spielern, unterstellt also die Existenz einer spielexogenen Instanz zur Durchsetzung der getroffenen Absprachen. Aufgrund dieser Annahme gilt die kooperative Spieltheorie als weniger allgemein und weniger fundamental als die nichtkooperative Spieltheorie.

Im Fall des Oligopols würde die kooperative Spieltheorie Kartellverträge als gerichtlich durchsetzbar ansehen, während diese aus Sicht der nichtkooperativen Spieltheorie lediglich „cheap talk" darstellen und kein Kartellmitglied davon abhalten können, Vereinbarungen zu brechen, wenn dies in seinem Interesse ist. Im Mittelpunkt der kooperativen Spieltheorie stehen nicht die Aktionen der einzelnen Spieler, sondern die Verhandlungen innerhalb einer Gruppe von Spielern. Diese Verhandlungen betreffen stets die Aufteilung eines wie auch immer gearteten „Kuchens" (z.B. die durch Kartellbildung erzielbaren Gewinne), wobei als Vergleichsmaßstab die Situation bei Scheitern der Verhandlungen, der *Droh-* bzw. *Konfliktpunkt*, dient (die bei einem Preiskampf zu erwartenden Gewinne bzw. Verluste). Meist vernachlässigt wird die Realisierung des Verhandlungsergebnisses (das Verhalten der Kartellmitglieder im Markt).

Im folgenden soll zwischen Zwei-Personen-Verhandlungen (Teil VIII.3.3.1) und Mehr-Personen-Verhandlungen (Teil VIII.3.3.2) unterschieden werden.

3.3.1. Zwei-Personen-Verhandlungen

Neumann und Morgenstern (1944, Kap. XI) schlagen eine nur wenig konkrete Lösung für Verhandlungsprobleme vor: Sie fordern, daß *irgendein* Punkt auf der *Nutzen-* oder *Paretogrenze* erreicht wird, d.h. daß man sich auf *irgendeine* der Lösungen einigt, die sich dadurch auszeichnen, daß ein Spieler nur noch besser gestellt werden kann, wenn der andere schlechter gestellt wird. Das genaue Ergebnis hänge von psychologischen und anderen nicht genau quantifizierbaren Faktoren ab, könne also nicht näher bestimmt werden.

Nash (1950) geht wesentlich weiter, wenn er vier Axiome formuliert, die eine „vernünftige" Lösung seiner Meinung nach erfüllen muß. Er geht von interpersonell nicht vergleichbaren, kardinalen Nutzenfunktionen aus und verlangt, daß eine Verhandlungslösung auf der Nutzengrenze liegt, daß sie symmetrisch ist (die Identität der Spieler muß für die Lösung gleichgültig sein, da Unterschiede hinsichtlich des Verhandlungsgeschicks ausgeschlossen werden) und daß sie unabhängig von „irrelevanten" Alternativen ist (d.h. solchen Aufteilungen des „Kuchens", die bei gegebenem Drohpunkt *nicht* Verhandlungsergebnis sind). *Nash* (1950) zeigt, daß genau ein Lösungskonzept existiert, welches diese Anforderungen erfüllt, die *Nash-Lösung* (nicht zu verwechseln mit dem Nash-Gleichgewicht!). Diese besteht in derjenigen Aufteilung des „Kuchens", die das *Produkt der Nutzenge-*

winne beider Spieler (im Vergleich zu den Nutzen bei Scheitern der Verhandlung) maximiert.

Das axiomatische Vorgehen ist insofern unbefriedigend, als die Axiome mehr oder weniger willkürlich gewählt werden und sich je nach dem zugrundegelegten Axiomensystem unterschiedliche Lösungen ergeben. *Nash* (1953) schlägt deshalb eine alternative Vorgehensweise vor: die Einbeziehung des tatsächlichen Verhandlungsprozesses in die spieltheoretische Analyse. Ausgehend von den vorgegebenen institutionellen Rahmenbedingungen werden die individuell rationalen Verhandlungsstrategien und das daraus resultierende Verhandlungsergebnis zu bestimmen gesucht. Dieser Ansatz wird heute als *Nash-Programm* bezeichnet und spielt eine zunehmend wichtigere Rolle in der kooperativen Spieltheorie. Ein erstes Beispiel für solche nichtaxiomatischen Verhandlungsmodelle gibt *Nash* (1953) selbst; später wurde ein von *Rubinstein* (1982) stammendes Modell sehr populär.

3.3.2. Mehr-Personen-Verhandlungen

Die Ergebnisse von Zwei-Personen-Verhandlungen lassen sich ohne weiteres auf Mehr-Personen-Verhandlungen übertragen, wenn jeder Spieler für sich allein handelt. Für Mehr-Personen-Verhandlungen ist aber gerade die Möglichkeit der Bildung von Koalitionen unter den Spielern charakteristisch, weshalb hier die Untersuchung der Koalitionsbildung im Vordergrund steht. Mehr-Personen-Verhandlungen werden deshalb auch als Koalitionsspiele bezeichnet.

Als von zentraler Bedeutung für die Lösungskonzepte hat sich die Transferierbarkeit von Nutzen zwischen den Mitgliedern einer Koalition (was die interpersonelle Vergleichbarkeit von Nutzen impliziert) erwiesen. Alle Lösungskonzepte wurden zunächst auf der Grundlage der Annahme transferierbarer Nutzen formuliert und später unter Verzicht auf diese vereinfachende Annahme weiterentwickelt.

Das wohl bekannteste axiomatische Lösungskonzept für Koalitionsspiele ist der *Kern*. Auf ihn und seine Beziehung zu allgemeinen Marktgleichgewichten wurde schon in Teil IV.2.2.1.2.a eingegangen.

Ein weiteres wichtiges Lösungskonzept ist der *Shapley-Wert*. *Shapley* (1953) entwickelte ihn, um den Wert der Teilnahme an einem Koalitionsspiel für jeden Spieler zu bestimmen. Er stellt drei Anforderungen an einen

„vernünftigen" Wertmaßstab: Symmetrie (d.h. die Identität der Spieler ist irrelevant für den Wert), Effizienz (d.h. der „Kuchen" wird vollständig verteilt) und Additivität (falls zwei Spiele kombiniert werden, dann entspricht der Wert des neuen Spiels für jeden Spieler der Summe der Werte der zwei einzelnen Spiele). Es existiert genau ein solcher Wertmaßstab, der Shapley-Wert. Dieser ordnet jedem Spieler einen Index zu, der als (gewichtete) Summe der Beiträge des betreffenden Spielers zu allen mit ihm möglichen Koalitionen berechnet wird. Der Index kann als Maß für die Verhandlungsmacht interpretiert werden: Je größer der Vorteil ist, den Koalitionen aus dem Beitritt eines Spielers ziehen können, desto größer ist dessen Macht und desto größer ist dessen Index. Der Shapley-Wert kann aber auch als Empfehlung für die Aufteilung des „Kuchens" unter die Spieler verstanden werden; in der Tat fällt er bei Verhandlungsspielen mit vorgegebenem Drohpunkt mit der (verallgemeinerten) Nash-Lösung (d.h. dem Maximum des Produktes der Nutzengewinne aller Spieler) zusammen.

IX. Ausblick

In unserer Darstellung der Entwicklung der Volkswirtschaftslehre haben wir die Dogmengeschichte als Prozeß der fortwährenden Erweiterung des ökonomischen Wissens angesehen, zu dem die verschiedenen Theorien in dem Maße beigetragen haben, in dem sie *allgemeingültige* Einsichten enthalten.

Denn wenngleich die *Entstehung* ökonomischer Theorien nicht unabhängig von den jeweiligen historischen Umständen gesehen werden kann, muß die Beurteilung ihrer *Gültigkeit* doch „absolut" erfolgen. So ist es zwar unbestritten, daß die Physiokratie vor allem mit dem Ziel der Besserung der desolaten Lage der französischen Landwirtschaft des 18. Jahrhunderts entwickelt wurde, doch spielen diese Umstände für die Identifizierung ihrer Beiträge zur ökonomischen Theorie keine Rolle: Das Konzept des ökonomischen Kreislaufs oder das Gesetz abnehmender Grenzerträge sind wichtige Bestandteile des „mainstream" geworden, deren Bedeutung völlig unabhängig von ihrer Entstehungsgeschichte ist.

In der Tat ist die „zeitlose" Gültigkeit eine notwendige Bedingung für die Aufnahme ökonomischer Theorien in den „mainstream". Diese Bedingung ist aber für sich noch nicht hinreichend: Auch eine gewisse empirische Relevanz ist erforderlich. Elemente des „mainstream" müssen nicht nur theoretisch richtig, sondern auch empirisch wichtig sein – zumindest potentiell. Formale Eleganz und theoretische Konsistenz ist nicht genug; Theorien müssen auch für die Lösung (tatsächlicher oder möglicher) ökonomischer Probleme nützlich sein.

Der Erfolg der Neoklassik und ihre Dominanz der Ökonomie läßt sich dadurch erklären, daß sie einerseits eine konsistente und elegante Theorie darstellt und andererseits ihre sehr weite Anwendbarkeit in einer Vielzahl von Fällen überzeugend demonstriert hat. Zwar gibt es auch eine nicht geringe Zahl von leeren Formalismen in der Neoklassik und eine Reihe von Problemen, für die sie (noch) keine überzeugende Lösung gefunden hat. Da jedoch keine theoretisch befriedigende Alternative existiert (vgl. Teil VII) und die Neoklassik noch über ein großes Potential zur Weiterentwicklung zu verfügen scheint (vgl. Teil VIII), darf die Prognose gewagt werden, daß sie auch in absehbarer Zukunft das dominierende ökonomische Paradigma sein wird.

Literaturverzeichnis

Aftalion, A. (1913): *Les Crises Périodiques de Surproduction*, Vol. I+II, Paris: Librairie des Sciences Politiques et Sociales.

Aghion, P. und Howitt, P. (1992): *A Model of Growth Through Creative Destruction*, in: Econometrica 60, 323-351.

Akerlof, G.A. (1982): *Labor Contracts as Partial Gift Exchange*, in: Quarterly Journal of Economics 97, 543-569.

Alchian, A.A. (1950): *Uncertainty, Evolution, and Economic Theory*, in: Journal of Political Economy 58, 211-221.

Alchian, A.A. (1965): *Some Economics of Property Rights*, in: Il Politico 30, 816-829.

Alchian, A.A. und Demsetz, H. (1972): *Production, Information Costs, and Economic Organization*, in: American Economic Review 62, 777-795.

Aquino, T.v. (1954): *Summe der Theologie*, Vol. I (3. Aufl.), Vol. II (3. Aufl.), Vol. III (2. Aufl.), Stuttgart: Kröner [lat., 1265-1273].

Aristoteles (1981): *Politik*, 4. Aufl., Hamburg: Meiner.

Aristoteles (1985): *Nikomachische Ethik*, 4. Aufl., Hamburg: Meiner.

Arrow, K.J. (1951a): *An Extension of the Basic Theorems of Classical Welfare Economics*, in: J. Neyman (Hrsg.), Proceedings of the Second Berkeley Symposium on Mathematical Statistics and Probability, Berkeley: University of California Press, 507-532.

Arrow, K.J. (1951b): *Social Choice and Individual Values*, New Haven: Yale University Press.

Arrow, K.J. (1959): *Toward a Theory of Price Adjustment*, in: M. Abramovitz et al. (Hrsg.), The Allocation of Economic Resources, Stanford: Stanford University Press, 41-51.

Arrow, K.J. (1962): *The Economic Implications of Learning by Doing*, in: Review of Economic Studies 29, 155-173.

Arrow, K.J. und Debreu, G. (1954): *Existence of Equilibrium for a Competitive Economy*, in: Econometrica 22, 82-109.

Arrow, K.J. und Hahn, F.H. (1971): *General Competitive Analysis*, Amsterdam: North-Holland.

Arrow, K.J. et al. (1961): *Capital-Labor Substitution and Economic Efficiency*, in: Review of Economics and Statistics 43, 225-250.

Aumann, R.J. (1959): *Acceptable Points in General Cooperative n-Person Games*, in: A.W. Tucker und R.D. Luce (Hrsg.), Contributions to the Theory of Games IV, Princeton: Princeton University Press, 287-324.

Axelrod, R. (1984): *The Evolution of Cooperation*, New York: Basic Books.

Ayres, C.E. (1944): *The Theory of Economic Progress*, Chapel Hill: University of North Carolina Press.

Ayres, C.E. (1961): *Towards a Reasonable Society: The Values of Industrial Civilization*, Austin: University of Texas Press.

Ayres, R.U. (1978): *Resources, Environment, and Economics*, New York: Wiley.

Ayres, R.U. und Kneese, A.V. (1969): *Production, Consumption, and Externalities*, in: American Economic Review 59, 282-297.

Barro, R.J. (1974): *Are Government Bonds Net Wealth?*, in: Journal of Political Economy 82, 1095-1117.

Barro, R.J. (1978): *Unanticipated Money, Output, and the Price Level in the United States*, in: Journal of Political Economy 86, 549-580.

Barro, R.J. und Gordon, D.B. (1983): *A Positive Theory of Monetary Policy in a Natural Rate Model*, in: Journal of Political Economy 91, 589-610.

Barro, R.J. und Grossman, H.I. (1971): *A General Disequilibrium Model of Income and Employment*, in: American Economic Review 61, 82-93.

Baumol, W.J. (1952): *The Transactions Demand for Cash: An Inventory Theoretic Approach*, in: Quarterly Journal of Economics 66, 545-556.

Baumol, W.J. (1972): *On Taxation and the Control of Externalities*, in: American Economic Review 62, 307-322.

Baumol, W.J. und Oates, W.E. (1971): *The Use of Standards and Prices for Protection of the Environment*, in: Swedish Journal of Economics 73, 42-54.

Baumol, W.J., Panzar, J.C. und Willig, R.D. (1982): *Contestable Markets and the Theory of Industry Structure*, New York: Harcourt & Co.

Becher, J.J. (1668): *Politischer Diskurs*, Frankfurt: Bielka.

Becker, G.S. (1973a): *A Theory of Marriage: Part I*, in: Journal of Political Economy 81, 813-846.

Becker, G.S. (1973b): *On the Interaction Between the Quantity and the Quality of Children*, in: Journal of Political Economy 81, S279-S288.

Becker, G.S. (1974): *A Theory of Marriage: Part II*, in: Journal of Political Economy 82, S11-S26.

Becker, G.S. (1976a): *Altruism, Egoism, and Genetic Fitness: Economics and Sociobiology*, in: Journal of Economic Literature 14, 817-826.

Becker, G.S. (1976b): *The Economic Approach to Human Behavior*, Chicago: University of Chicago Press.

Bentham, J. (1789): *An Introduction to the Principles of Morals and Legislation*, London: Payne.

Bergson, A. (1938): *A Reformulation of Certain Aspects of Welfare Economics*, in: Quarterly Journal of Economics 52, 310-334.

Binmore, K. (1994): *Playing Fair*, Cambridge: MIT Press.

Binmore, K. (1998): *Just Playing*, Cambridge: MIT Press.

Black, D. (1948): *On the Rationale of Group Decision Making*, in: Journal of Political Economy 56, 23-34.

Black, D. (1958): *The Theory of Committees and Elections*, Cambridge: Cambridge University Press.

Blanchard, O.J. und Fischer, S. (1989): *Lectures on Macroeconomics*, Cambridge: MIT Press.

Blanchard, O.J. und Kiyotaki, N. (1987): *Monopolistic Competition and the Effects of Aggregate Demand*, in: American Economic Review 77, 647-666.

Blaug, M. (1992): *The Methodology of Economics*, 2. Aufl., Cambridge: Cambridge University Press.

Blaug, M. (1997): *Economic Theory in Retrospect*, 5. Aufl., Cambridge: Cambridge University Press.

Böhm-Bawerk, E.v. (1884/89): *Kapital und Kapitalzins*, Teil 1 (1884), Teil 2 (1889), Innsbruck: Wagner.

Boulding, K.E. (1966): *The Economics of the Coming Spaceship Earth*, in: H. Jarrett (Hrsg.), Environmental Quality in a Growing Economy, Baltimore: Johns Hopkins University Press, 3-14.

Boulding, K.E. (1981): *Evolutionary Economics*, Beverly Hills: Sage Publications.

Brainard, W.C. und Tobin, J. (1968): *Pitfalls in Financial Model Building*, in: American Economic Review 58, 99-122.

Brennan, G. und Buchanan, J.M. (1980): *The Power to Tax*, Cambridge: Cambridge University Press.

Brown, J.P. (1973): *Toward an Economic Theory of Liability*, in: Journal of Legal Studies 2, 323-347.

Brunner, K. (1961): *A Schema for the Supply Theory of Money*, in: International Economic Review 2, 79-109.

Brunner, K. (1968): *The Role of Money and Monetary Policy*, in: Federal Reserve Bank of St. Louis Review 50, 9-24.

Buchanan, J.M. (1967): *Public Finance in Democratic Process*, Chapel Hill: University of North Carolina Press.

Buchanan, J.M. und Tullock, G. (1962): *The Calculus of Consent*, Ann Arbor: University of Michigan Press.

Buridanus, J. (1968): *Quaestiones Super Decem Libros Ethicorum Aristotelis ad Nicomachem*, Frankfurt: Minerva [1489].

Buridanus, J. (1969): *Quaestiones Super Octo Libros Politicorum Aristotelis*, Frankfurt: Minerva [1509].

Cagan, P. (1956): *The Monetary Dynamics of Hyperinflation*, in: M. Friedman (Hrsg.), Studies in the Quantity Theory of Money, Chicago: University of Chicago Press, 25-117.

Cagan, P. (1965): *Determinants and Effects of Changes in the Stock of Money, 1875-1960*, New York: Columbia University Press.

Calabresi, G. (1961): *Some Thoughts on Risk Distribution and the Law of Torts*, in: Yale Law Journal 70, 499-553.

Calabresi, G. (1965): *The Decision for Accidents: An Approach to Nonfault Allocation of Costs*, in: Harvard Law Review 78, 713-745.

Calabresi, G. (1970): *The Costs of Accidents*, New Haven: Yale University Press.

Cantillon, R. (1755): *Essai sur la Nature du Commerce en général*, London: Fletcher Gyles.

Cass, D. (1965): *Optimum Growth in an Aggregative Model of Capital Accumulation*, in: Review of Economic Studies 32, 233-240.

Chamberlin, E.H. (1933): *The Theory of Monopolistic Competition*, Cambridge: Harvard University Press.

Ciriacy-Wantrup, S.V. (1952): *Resource Conservation: Economics and Policies*, Berkeley: University of California Press.

Clark, J.B. (1899): *The Distribution of Wealth*, New York: Macmillan.

Clark, J.M. (1917): *Business Acceleration and the Law of Demand: A Technical Factor in Economic Cycles*, in: Journal of Political Economy 21, 217-235.

Clark, J.M. (1936): *Social Economics*, New York: Farrar & Rinehart.

Clower, R.W. (1965): *The Keynesian Counterrevolution: A Theoretical Appraisal*, in: F.H. Hahn und F.P.R. Brechling (Hrsg.), The Theory of Interest Rates, London: Macmillan, 103-125.

Clower, R.W. (1967): *A Reconsideration of the Microfoundations of Monetary Theory*, in: Western Economic Journal 6, 1-8.

Coase, R.H. (1937): *The Nature of the Firm*, in: Economica 4, 386-405.

Coase, R.H. (1960): *The Problem of Social Cost*, in: Journal of Law and Economics 3, 1-44.

Cobb, C. und Douglas, P. (1928): *A Theory of Production*, in: American Economic Review 18, 139-165.

Common, M. und Perrings, C. (1992): *Towards an Ecological Economics of Sustainability*, in: Ecological Economics 6, 7-34.

Commons, J.R. (1924): *Legal Foundations of Capitalism*, New York: Macmillan.

Commons, J.R. (1934): *Institutional Economics*, New York: Macmillan.

Condorcet, M. de (1785): *Essai sur l'Application de l'Analyse à la Probabilité des Décisions Rendues à la Pluralité des Voix*, Paris: Imprimerie Royale.

Cooper, R. und John, A. (1988): *Coordinating Coordination Failures in Keynesian Models*, in: Quarterly Journal of Economics 103, 441-463.

Corlett, W.J. und Hague, D.C. (1959): *Complementarity and the Excess Burden of Taxation*, in: Review of Economic Studies 21, 21-30.

Costanza, R. (1989): *What Is Ecological Economics?*, in: Ecological Economics 1, 1-7.

Costanza, R., Daly, H.E. und Bartholomew, J.A. (1991): *Goals, Agenda and Policy Recommendations for Ecological Economics*, in: R. Costanza (Hrsg.), Ecological Economics: The Science and Management of Sustainability, New York: Columbia University Press, 1-20.

Cournot, A.A. (1838): *Recherches sur les Principes Mathématiques de la Théorie des Richesses*, Paris: Hachette.

Dales, J.H. (1968): *Pollution, Property and Prices*, Toronto: University of Toronto Press.

Daly, H.E. (1968): *On Economics as a Life Science*, in: Journal of Political Economy 76, 392-406.

Daly, H.E. (1991): *Elements of Environmental Macroeconomics*, in: R. Costanza (Hrsg.), Ecological Economics: The Science and Management of Sustainability, New York: Columbia University Press, 32-46.

Daly, H.E. (1992): *Allocation, Distribution, and Scale: Towards an Economics that Is Efficient, Just, and Sustainable*, in: Ecological Economics 6, 185-193.

Davidson, P. (1972): *Money and the Real World*, London: Macmillan.

Debreu, G. (1959): *Theory of Value*, New York: Wiley.

Debreu, G. (1974): *Excess Demand Functions*, in: Journal of Mathematical Economics 1, 15-21.

Debreu, G. und Scarf, H. (1963): *A Limit Theorem on the Core of an Economy*, in: International Economic Review 4, 235-246.

Demsetz, H. (1964): *The Exchange and Enforcement of Property Rights*, in: Journal of Law and Economics 7, 11-26.

Demsetz, H. (1967): *Toward a Theory of Property Rights*, in: American Economic Review 57, 347-359.

Diamond, P.A. (1965): *National Debt in a Neoclassical Growth Model*, in: American Economic Review 55, 1126-1150.

Diamond, P.A. (1975): *A Many-Person Ramsey Tax Rule*, in: Journal of Public Economics 4, 335-342.

Diamond, P.A. (1982): *Aggregate Demand Management in Search Equilibrium*, in: Journal of Political Economy 90, 881-894.

Diamond, P.A. und Mirrlees, J.A. (1971): *Optimal Taxation and Public Production*, in: American Economic Review 61, 8-27 u. 261-278.

Domar, E. (1946): *Capital Expansion, Rate of Growth, and Employment*, in: Econometrica 14, 137-147.

Domar, E. (1947): *Expansion and Employment*, in: American Economic Review 37, 34-55.

Downs, A. (1957): *An Economic Analysis of Democracy*, New York: Harper & Row.

Downs, A. (1967): *Inside Bureaucracy*, Boston: Little, Brown & Co.

du Pont de Nemours, P.S. (1767/68) (Hrsg.): *Physiocratie*, Vol. I (1768), Vol. II (1767), Paris: Merlin.

Dupuit, J. (1844): *De la Mesure de l'Utilité des Travaux Publics*, in: Annales des Ponts et Chaussées 8, 332-375.

Eatwell, J., Milgate, M. und Newman, P. (1987) (Hrsg.): *The New Palgrave: A Dictionary of Economics*, Vol. I-IV, London: Macmillan.

Edgeworth, F.Y. (1881): *Mathematical Psychics*, London: Kegan Paul.

Edgeworth, F.Y. (1912): *Contributions to the Theory of Railway Rates – III*, in: Economic Journal 22, 198-218.

Eucken, W. (1952): *Grundsätze der Wirtschaftspolitik*, Tübingen: JCB Mohr.

Fischer, S. (1977): *Long-Term Contracts, Rational Expectations, and the Optimal Money Supply Rule*, in: Journal of Political Economy 85, 191-205.

Fisher, I. (1892): *Mathematical Investigations in the Theory of Value and Price*, in: Transactions of the Connecticut Academy of Arts and Sciences 9, 1-124.

Fisher, I. (1896): *Appreciation and Interest*, New York: Macmillan.

Fisher, I. (1911): *The Purchasing Power of Money*, New York: Macmillan.

Fisher, I. (1930): *The Theory of Interest*, New York: Macmillan.

Fleming, J.M. (1962): *Domestic Financial Policies Under Fixed and Under Floating Exchange Rates*, in: IMF Staff Papers 9, 369-380.

Fogel, R.W. (1964): *Railroads and American Economic Growth*, Baltimore: Johns Hopkins University Press.

Fogel, R.W. und Engerman, S.L. (1974): *Time on the Cross*, Vol. I+II, Boston: Little, Brown & Co.

Friedman, M. (1956): *The Quantity Theory of Money: A Restatement*, in: M. Friedman (Hrsg.), Studies in the Quantity Theory of Money, Chicago: University of Chicago Press, 3-21.

Friedman, M. (1957): *A Theory of the Consumption Function*, Princeton: Princeton University Press.

Friedman, M. (1960): *A Program for Monetary Stability*, New York: Fordham University Press.

Friedman, M. (1968): *The Role of Monetary Policy*, in: American Economic Review 58, 1-17.

Friedman, M. und Schwarz, A.J. (1967): *A Monetary History of the United States, 1867-1960*, Princeton: Princeton University Press.

Friedman, M. und Schwarz, A.J. (1982): *Monetary Trends in the United States and the United Kingdom*, Chicago: University of Chicago Press.

Frisch, R. (1933a): *Editorial*, in: Econometrica 1, 1-4.

Frisch, R. (1933b): *Pitfalls in the Statistical Construction of Demand and Supply Curves*, Leipzig: Buske.

Frisch, R. (1933c): *Propagation Problems and Impulse Problems in Dynamic Economics*, in [ohne Hrsg.]: Economic Essays in Honour of Gustav Cassel, London: Allen & Unwin, 171-205.

Frisch, R. (1936): *On the Notion of Equilibrium and Disequilibrium*, in: Review of Economic Studies 3, 100-105.

Galbraith, J.K. (1952): *American Capitalism*, Boston: Houghton Mifflin.

Galbraith, J.K. (1958): *The Affluent Society*, Boston: Houghton Mifflin.

Galbraith, J.K. (1967): *The New Industrial State*, Boston: Houghton Mifflin.

Galbraith, J.K. (1987): *Economics in Perspective*, Boston: Houghton Mifflin.

Gelesnoff, W. (1923): *Die ökonomische Gedankenwelt des Aristoteles*, in: Archiv für Sozialwissenschaft und Sozialpolitik 50, 1-33.

George, H. (1879): *Progress and Poverty*, New York: Appleton & Co.

Georgescu-Roegen, N. (1971): *The Entropy Law and the Economic Process*, Cambridge: Harvard University Press.

Gilliland, M.W. (1975): *Energy Analysis and Public Policy*, in: Science 189, 1051-1056.

Gordon, H.S. (1954): *The Economic Theory of a Common-Property Resource: The Fishery*, in: Journal of Political Economy 62, 124-142.

Gossen, H.H. (1854): *Entwickelung der Gesetze des menschlichen Verkehrs, und der daraus fließenden Regeln für menschliches Handeln*, Braunschweig: Vieweg.

Grossman, G.M. und Helpman, E. (1991): *Quality Ladders in the Theory of Growth*, in: Review of Economic Studies 58, 43-61.

Haavelmo, T. (1944): *The Probability Approach in Econometrics*, in: Econometrica 12, S1-S115.

Hahn, F.H. (1965): *On Some Problems of Proving the Existence of an Equilibrium in a Monetary Economy*, in: F.H. Hahn und F.P.R. Brechling (Hrsg.), The Theory of Interest Rates, London: Macmillan, 126-135.

Hahn, F.H. (1973): *On Transaction Costs, Inessential Sequence Economies and Money*, in: Review of Economic Studies 40, 449-461.

Hahne Rima, I. (1996): *Development of Economic Analysis*, 5. Aufl., London: Routledge.

Hansen, A.H. (1939): *Economic Progress and Declining Population Growth*, in: American Economic Review 29, 1-5.

Hardin, G. (1968): *The Tragedy of the Commons*, in: Science 162, 1243-1248.

Harrod, R. (1939): *An Essay in Dynamic Theory*, in: Economic Journal 49, 14-33.

Harrod, R. (1948): *Towards a Dynamic Economics*, London: Macmillan.

Harsanyi, J.C. (1966): *A General Theory of Rational Behavior in Game Situations*, in: Econometrica 34, 613-634.

Harsanyi, J.C. (1967/68): *Games with Incomplete Information Played by „Bayesian Players"*, in: Management Science 14, 159-182, 320-334 u. 486-502.

Hartwick, J.M. (1977): *Intergenerational Equity and the Investing of Rents from Exhaustible Resources*, in: American Economic Review 67, 972-974.

Hausman, D.M. (1992): *The Inexact and Separate Science of Economics*, Cambridge: Cambridge University Press.

Hayek, F.A.v. (1931): *Prices and Production*, London: Routledge.

Hayek, F.A.v. (1941): *The Pure Theory of Capital*, London: Routledge & Kegan Paul.

Hayek, F.A. v. (1945): *The Use of Knowledge in Society*, in: American Economic Review 35, 519-530.

Hayek, F.A.v. (1960): *The Constitution of Liberty*, Chicago: University of Chicago Press.

Hayek, F.A.v. (1968): *Der Wettbewerb als Entdeckungsverfahren*, Kiel: Institut für Weltwirtschaft.

Hayek, F.A.v. (1973/76b/79): *Law, Legislation and Liberty*, Vol. I (1973), Vol. II (1976b), Vol. III (1979), Chicago: University of Chicago Press.

Hayek, F.A.v. (1976a): *Denationalization of Money*, London: Institute of Economic Affairs.

Hicks, J.R. (1932): *The Theory of Wages*, London: Macmillan.

Hicks, J.R. (1935): *A Suggestion for Simplifying the Theory of Money*, in: Economica 2, 1-19.

Hicks, J.R. (1937): *Mr. Keynes and the „Classics"; a Suggested Reinterpretation*, in: Econometrica 5, 147-159.

Hicks, J.R. (1939a): *Foundations of Welfare Economics*, in: Economic Journal 49, 696-712.

Hicks, J.R. (1939b): *Value and Capital*, Oxford: Oxford University Press.

Hicks, J.R. (1946): *Value and Capital*, 2. Aufl., Oxford: Oxford University Press.

Hicks, U.K. (1947): *Public Finance*, Cambridge: Cambridge University Press.

Hirshleifer, J. (1977): *Economics from a Biological Viewpoint*, in: Journal of Law and Economics 20, 1-52.

Hirshleifer, J. (1978): *Natural Economy versus Political Economy*, in: Journal of Social and Biological Structures 1, 319-337.

Hotelling, H. (1929): *Stability in Competition*, in: Economic Journal 39, 41-57.

Hotelling, H. (1931): *The Economics of Exhaustible Resources*, in: Journal of Political Economy 39, 137-175.

Houthakker, H.S. (1950): *Revealed Preferences and the Utility Function*, in: Economica 17, 159-174.

Howitt, P. (1985): *Transaction Costs in the Theory of Unemployment*, in: American Economic Review 75, 88-100.

Hume, D. (1739): *A Treatise of Human Nature*, Vol. I, London: Noon.

Hume, D. (1752): *Political Discourses*, Edinburgh: Kincaid & Donaldson.

Issing, O. (Hrsg.) (1994): *Geschichte der Nationalökonomie*, 3. Aufl., München: Vahlen.

Jevons, W.S. (1865): *The Coal Question*, London: Macmillan.

Jevons, W.S. (1871): *The Theory of Political Economy*, London: Macmillan.

Jevons, W.S. (1874): *The Principles of Science*, London: Macmillan.

Johannsen, N. (1908): *A Neglected Point in Connection with Crises*, New York: Bankers' Publishing Company.

Johannsen, N. (1913): *Die Steuer der Zukunft*, Berlin: Puttkammer & Mühlbrecht.

Jones, L.E. und Manuelli, R.E. (1990): *A Convex Model of Equilibrium Growth: Theory and Policy Implications*, in: Journal of Political Economy 98, 1008-1038.

Jorgenson, D.W. (1963): *Capital Theory and Investment Behavior*, in: American Economic Review 53, 247-259.

Judd, K.L. (1985): *On the Performance of Patents*, in: Econometrica 53, 567-585.

Justi, J.H.G.v. (1755): *Staatswirthschaft*, Vol. I+II, Leipzig: Breitkopf.

Justi, J.H.G.v. (1766): *System des Finanzwesens*, Halle: Renger.

Kahn, R.F. (1931): *The Relation of Home Investment to Unemployment*, in: Economic Journal 41, 173-198.

Kaldor, N. (1939): *Welfare Propositions in Economics*, in: Economic Journal 49, 549-552.

Kaldor, N. (1956): *Alternative Theories of Distribution*, in: Review of Economic Studies 23, 83-100.

Kaldor, N. (1957): *A Model of Economic Growth*, in: Economic Journal 67, 591-624.

Kaldor, N. (1970): *The New Monetarism*, in: Lloyds Bank Review 97, 1-17.

Kalecki, M. (1935): *Essai d'une Théorie du Mouvement Cyclique des Affaires*, in: Revue d'Economie Politique 49, 285-305.

Kalecki, M. (1954): *Theory of Economic Dynamics*, London: Allen & Unwin.

Keynes, J.M. (1921): *A Treatise on Probability*, London: Macmillan.

Keynes, J.M. (1930): *A Treatise on Money*, Vol. I+II, London: Macmillan.

Keynes, J.M. (1936): *The General Theory of Employment, Interest and Money*, London: Macmillan.

Keynes, J.M. (1939): *The Statistical Testing of Business Cycle Theories*, in: Economic Journal 49, 558-568.

King, R.G. und Plosser, C.I. (1984): *Money, Credit, and Prices in a Real Business Cycle*, in: American Economic Review 74, 363-380.

Kirzner, I.M. (1973): *Competition and Entrepreneurship*, Chicago: University of Chicago Press.

Klaassen, G.A.J. und Opschoor, J.B. (1991): *Economics of Sustainability or the Sustainability of Economics: Different Paradigms*, in: Ecological Economics 4, 93-115.

Knapp, G.F. (1905): *Staatliche Theorie des Geldes*, Leipzig: Duncker & Humblot.

Kneese, A.V., Ayres, R.U. und d'Arge, R.C. (1970): *Economics and the Environment*, Baltimore: Johns Hopkins University Press.

Knight, F. (1924): *Fallacies in the Interpretation of Social Cost*, in: Quarterly Journal of Economics 38, 582-606.

Kolb, G. (1997): *Geschichte der Volkswirtschaftslehre*, München: Vahlen.

Koopmans, T.C. (1937): *Linear Regression Analysis of Economic Time Series*, Haarlem: Bohn.

Koopmans, T.C. (1947): *Measurement Without Theory*, in: Review of Economic Studies 29, 161-172.

Koopmans, T.C. (1949): *Identification Problems in Economic Model Construction*, in: Econometrica 17, 125-144.

Koopmans, T.C. (1951): *Activity Analysis of Production and Allocation*, New York: Wiley.

Koopmans, T.C. (1965): *On the Concept of Optimal Economic Growth*, in [ohne Hrsg.]: The Econometric Approach to Development Planning, Amsterdam: North-Holland, 225-287.

Kreps, D.M. und Wilson, R. (1982): *Sequential Equilibria*, in: Econometrica 50, 863-894.

Krutilla, J.V. (1967): *Conservation Reconsidered*, in: American Economic Review 57, 777-786.

Kuhn, H.W. (1953): *Extensive Games and the Problem of Information*, in: H.W. Kuhn und A.W. Tucker (Hrsg.), Contributions to the Theory of Games II, Princeton: Princeton University Press, 193-216.

Kuznets, S. (1952): *Proportion of Capital Formation to National Product*, in: American Economic Review 42, 507-526.

Kydland, F.E. und Prescott, E.C. (1977): *Rules Rather than Discretion: The Inconsistency of Optimal Plans*, in: Journal of Political Economy 85, 473-491.

Kydland, F.E. und Prescott, E.C. (1982): *Time to Build and Aggregate Fluctuations*, in: Econometrica 50, 1345-1370.

Lachmann, L. (1986): *The Market as a Process*, Oxford: Basil Blackwell.

Launhardt, W. (1885): *Mathematische Begründung der Volkswirtschaftslehre*, Leipzig: Engelmann.

Law, J. (1705): *Money and Trade Considered, with a Proposal for Supplying the Nation with Money*, Edinburgh: Anderson.

Leontief, W.W. (1936): *Quantitative Input and Output Relations in the Economic System of the United States*, in: Review of Economics and Statistics 18, 105-125.

Leontief, W.W. (1941): *The Structure of American Economy, 1919-1929*, Cambridge: Harvard University Press.

Leontief, W.W. (1951): *The Structure of American Economy, 1919-1939*, 2. Aufl., New York: Oxford University Press.

Leontief, W.W. (1966): *Input-Output Economics*, New York: Oxford University Press.

Lerner, A.P. (1944): *The Economics of Control – Principles of Welfare Economics*, New York: Macmillan.

Levhari, D. (1965): *A Non-Substitution Theorem and Switching of Techniques*, in: Quarterly Journal of Economics 79, 98-105.

Levhari, D. und Samuelson, P.A. (1966): *The Non-Switching Theorem Is False*, in: Quarterly Journal of Economics 80, 518-519.

Lindahl, E. (1918): *Die Gerechtigkeit der Besteuerung*, Lund: Gleerupska Universitets-Bokhandeln.

Lipsey, R.G. und Lancaster, K. (1956): *The General Theory of Second Best*, in: Review of Economic Studies 24, 11-32.

List, F. (1841): *Das nationale System der politischen Oekonomie*, Stuttgart: Cotta.

Little, I.M.D. (1950): *A Critique of Welfare Economics*, Oxford: Clarendon Press.

Little, I.M.D. (1957): *A Critique of Welfare Economics*, 2. Aufl., Oxford: Clarendon Press.

Locke, J. (1692): *Some Considerations of the Consequences of the Lowering of Interest, and Raising the Value of Money*, London: Awnsham.

Lucas, R.E. (1972): *Expectations and the Neutrality of Money*, in: Journal of Economic Theory 4, 103-124.

Lucas, R.E. (1973): *Some International Evidence on Output-Inflation Tradeoffs*, in: American Economic Review 63, 326-334.

Lucas, R.E. (1975): *An Equilibrium Model of the Business Cycle*, in: Journal of Political Economy 83, 1113-1144.

Lucas, R.E. (1976): *Econometric Policy Evaluation: A Critique*, in: K. Brunner und A.H. Meltzer (Hrsg.), The Phillips Curve and Labor Markets, Amsterdam: North-Holland, 19-46.

Lucas, R.E. (1977): *Understanding Business Cycles*, in: K. Brunner und A. H. Meltzer (Hrsg.), Stabilization of the Domestic and International Economy, Amsterdam: North-Holland, 7-29.

Lucas, R.E. (1988): *On the Mechanics of Economic Development*, in: Journal of Monetary Economics 22, 3-42.

Lucas, R.E. und Prescott, E.C. (1974): *Equilibrium Search and Unemployment*, in: Journal of Economic Theory 7, 188-209.

Lucas, R.E. und Rapping, L.A. (1969): *Real Wages, Employment, and Inflation*, in: Journal of Political Economy 77, 721-754.

Luce, R.D. und Raiffa, H. (1957): *Games and Decisions*, New York: Wiley.

Malthus, T.R. (1798): *An Essay on the Principle of Population*, London: Johnson.

Malthus, T.R. (1820): *Principles of Political Economy, Considered with a View to Their Practical Application*, London: Murray.

Mandeville, B. de (1723): *The Fable of the Bees: Or, Private Vices, Publick Benefits*, 2. Aufl., London: Parker [1. Aufl.: 1714].

Mankiw, N.G. (1985): *Small Menu Costs and Large Business Cycles: A Macroeconomic Model of Monopoly*, in: Quarterly Journal of Economics 100, 529-539.

Marshall, A. (1890): *Principles of Economics*, London: Macmillan.

Marshall, A. (1898): *Distribution and Exchange*, in: Economic Journal 8, 37-59.

Marshall, A. (1923): *Money, Credit and Commerce*, London: Macmillan.

Marx, K. (1859): *Zur Kritik der politischen Oekonomie*, Berlin: Duncker.

Marx, K. (1867/85/94): *Das Kapital: Kritik der politischen Oekonomie*, Vol. I (1867), Vol. II (1885), Vol. III (1894), Hamburg: Meissner.

McKenzie, L. (1954): *On Equilibrium in Graham's Model of World Trade and Other Competitive Systems*, in: Econometria 22, 147-161.

McKenzie, R.B. und Tullock, G. (1978): *The New World of Economics – Explorations into the Human Experience*, Homewood: Irwin.

Meade, J.E. (1955): *The Theory of International Policy, Vol. II: Trade and Welfare*, London: Oxford University Press.

Meadows, D.H. et al. (1972): *The Limits to Growth*, New York: Universe Books.

Menger, C. (1871): *Grundsätze der Volkswirthschaftslehre*, Wien: Braumüller.

Mercier de la Rivière, P.P. le (1767): *L'Ordre Naturel et Essentiel des Sociétés Politiques*, Vol. I+II, London: Nourse.

Metzler, L.A. (1951): *Wealth, Saving, and the Rate of Interest*, in: Journal of Political Economy 69, 93-116.

Mill, J.S. (1844): *Essays on Some Unsettled Questions of Political Economy*, London: Parker.

Mill, J.S. (1848): *Principles of Political Economy*, Vol. I+II, London: Parker.

Minsky, H. (1975): *John Maynard Keynes*, New York: Columbia University Press.

Mirabeau, V.R. de (1760): *Theorie de l'Impôt* [ohne Ort und Verlag].

Mirabeau, V.R. de (1764): *Philosophie Rurale*, Vol. I-III, Amsterdam: Libraires Associés.

Mirowski, P. (1989): *More Heat Than Light*, Cambridge: Cambridge University Press.

Mirrlees, J.A. (1971): *An Exploration in the Theory of Optimal Income Taxation*, in: Review of Economic Studies 38, 175-201.

Mirrlees, J.A. (1975): *Optimal Commodity Taxation in a Two-Class Economy*, in: Journal of Public Economics 4, 27-33.

Mises, L.v. (1912): *Theorie des Geldes und der Umlaufmittel*, München: Duncker & Humblot.

Mises, L.v. (1922): *Die Gemeinwirtschaft*, Jena: Fischer.

Mises, L.v. (1933): *Grundprobleme der Nationalökonomie*, Jena: Fischer.

Mishkin, F.S. (1983): *A Rational Expectations Approach to Macroeconomics*, Chicago: University of Chicago Press.

Mitchell, W.C. (1913): *Business Cycles*, Berkeley: University of California Press.

Mitchell, W.C. (1927): *Business Cycles: The Problem and Its Setting*, New York: National Bureau of Economic Research.

Modigliani, F. (1977): *The Monetarist Controversy or, Should We Forsake Stabilization Policies?*, in: American Economic Review 67, 1-19.

Modigliani, F. und Brumberg, R. (1954): *Utility Analysis and the Consumption Function: An Interpretation of Cross-Section Data*, in: K.K. Kurihara (Hrsg.), Post Keynesian Economics, New Brunswick: Rutgers University Press, 388-436.

Moore, B.J. (1988): *Horizontalists and Verticalists*, Cambridge: Cambridge University Press.

Müller-Armack, A. (1948): *Die Wirtschaftsordnungen sozial gesehen*, in: Ordo 1, 125-154.

Mun, T. (1664): *England's Treasure by Forraign Trade*, London: Clark.

Mundell, R.A. (1963): *Capital Mobility and Stabilization Policy Under Fixed and Flexible Exchange Rates*, in: Canadian Journal of Economics and Political Science 29, 475-485.

Musgrave, R.A. (1959): *The Theory of Public Finance*, New York: McGraw-Hill.

Muth, J.F. (1961): *Rational Expectations and the Theory of Price Movements*, in: Econometrica 29, 315-335.

Nash, J.F. (1950): *The Bargaining Problem*, in: Econometrica 18, 155-162.

Nash, J.F. (1951): *Non-Cooperative Games*, in: Annals of Mathematics 54, 286-295.

Nash, J.F. (1953): *Two-Person Cooperative Games*, in: Econometrica 21, 128-140.

Nelson, R.R. und Winter, S.G. (1982): *An Evolutionary Theory of Economic Change*, Cambridge: Harvard University Press.

Neumann, J.v. (1928): *Zur Theorie der Gesellschaftsspiele*, in: Mathematische Annalen 100, 295-320.

Neumann, J.v. (1937): *Über ein ökonomisches Gleichungssystem und eine Verallgemeinerung des Brouwerschen Fixpunktsatzes*, in: K. Menger (Hrsg.), Ergebnisse eines mathematischen Kolloquiums: 1935-36, Vol. VIII, Leipzig: Deuticke, 73-83.

Neumann, J.v. und Morgenstern, O. (1944): *Theory of Games and Economic Behavior*, Princeton: Princeton University Press.

Neumann, J.v. und Morgenstern, O. (1947): *Theory of Games and Economic Behavior*, 2. Aufl., Princeton: Princeton University Press.

Neumark, F. (1970): *Grundsätze gerechter und ökonomisch rationaler Steuerpolitik*, Tübingen: JCB Mohr.

Niehans, J. (1990): *A History of Economic Theory*, Baltimore: Johns Hopkins University Press.

Niehans, J. (1995): *Geschichte der Außenwirtschaftstheorie im Überblick*, Tübingen: JCB Mohr.

Niskanen, W. (1971): *Bureaucracy and Representative Government*, Chicago: Aldine-Atherton.

Norgaard, R.B. (1984): *Coevolutionary Development Potential*, in: Land Economics 60, 160-173.

North, D.C. (1981): *Structure and Change in Economic History*, New York: Norton.

North, D.C. (1990): *Institutions, Institutional Change and Economic Performance*, Cambridge: Cambridge University Press.

North, D.C. und Thomas, R.P. (1973): *The Rise of the Western World*, Cambridge: Cambridge University Press.

O'Driscoll, G.P. und Rizzo, M.J. (1985): *The Economics of Time and Ignorance*, London: Basil Blackwell.

Okun, A.M. (1975): *Inflation: Its Mechanisms and Welfare Costs*, in: Brookings Papers on Economic Activity [ohne Jahrgang], 351-390.

Olson, M. (1965): *The Logic of Collective Action*, Cambridge: Harvard University Press.

Olson, M. (1983): *The Rise and Decline of Nations*, New Haven: Yale University Press.

Oresmius, N. (1937): *Traktat über Geldabwertungen*, Jena: Fischer [lat. 1373].

Ostroy, J.M. (1973): *The Informational Efficiency of Monetary Exchange*, in: American Economic Review 63, 597-610.

Ostroy, J.M. und Starr, R. (1974): *Money and the Decentralization of Exchange*, in: Econometrica 42, 1093-1113.

Ott, A.E. und Winkel, H. (1985): *Geschichte der theoretischen Volkswirtschaftslehre*, Göttingen: Vandenhoeck & Ruprecht.

Pareto, V. (1909): *Manuel d'Economie Politique*, Paris: Giard & Brière [ital. 1906].

Pasinetti, L. (1962): *Rate of Profit and Income Distribution in Relation to the Rate of Economic Growth*, in: Review of Economic Studies 29, 267-279.

Patinkin, D. (1956): *Money, Interest, and Prices*, Evanston: Row, Peterson & Co.

Penrose, E.T. (1952): *Biological Analogies in the Theory of the Firm*, in: American Economic Review 42, 804-819.

Petty, W. (1662): *A Treatise of Taxes and Contributions*, London: Brooke.

Petty, W. (1690): *Political Arithmetick*, London: Clavel.

Phelps, E.S. (1961): *The Golden Rule of Accumulation: A Fable for Growthmen*, in: American Economic Review 51, 638-643.

Phelps, E.S. (1970): *Introduction: The New Microeconomics in Employment and Inflation Theory*, in: E.S. Phelps et al. (Hrsg.), Microeonomic Foundations of Emploment and Inflation Theory, New York: Norton, 1-23.

Phelps, E.S. et al. (1970) (Hrsg.): *Microeonomic Foundations of Emploment and Inflation Theory*, New York: Norton.

Phillips, A.W. (1958): *The Relation Between Unemployment and the Rate of Change of Money Wage Rates in the United Kingdom, 1861-1957*, in: Economica 25, 283-299.

Phillips, C.A. (1920): *Bank Credit*, New York: Macmillan.

Pigou, A.C. (1917): *The Value of Money*, in: Quarterly Journal of Economics 32, 38-65.

Pigou, A.C. (1920): *The Economics of Welfare*, London: Macmillan.

Pigou, A.C. (1933): *The Theory of Unemployment*, London: Macmillan.

Posner, R.A. (1972): *Economic Analysis of Law*, Boston: Little, Brown & Co.

Posner, R.A. (1979): *Utilitarianism, Economics, and Legal Theory*, in: Journal of Legal Studies 8, 103-140.

Pribram, K. (1983): *A History of Economic Reasoning*, Baltimore: Johns Hopkins University Press.

Quesnay, F. (1756): *Evidence*, in: D. Diderot und J. le Rond d'Alembert (Hrsg.), Encyclopédic, Vol. VI, Paris: Briasson, 146-157.

Quesnay, F. (1768a): *Analyse du Tableau Economique*, in: P.S. du Pont de Nemours (Hrsg.): *Physiocratie*, Vol. I, Paris: Merlin, 39-98 [1758].

Quesnay, F. (1768b): *Le Droit Naturel*, in: P.S. du Pont de Nemours (Hrsg.): *Physiocratie*, Vol. I, Paris: Merlin, 1-38 [1765].

Quesnay, F. (1768c): *Maximes Générales du Gouvernement Economique d'un Royaume Agricole*, in: in: P.S. du Pont de Nemours (Hrsg.): *Physiocratie*, Vol. I, Paris: Merlin, 99-172 [1758].

Ramsey, F.P. (1927): *A Contribution to the Theory of Taxation*, in: Economic Journal 37, 47-61.

Ramsey, F.P. (1928): *A Mathematical Theory of Saving*, in: Economic Journal 38, 543-559.

Rawls, J. (1971): *A Theory of Justice*, Cambridge: Harvard University Press.

Rebelo, S. (1991): *Long-Run Policy Analysis and Long-Run Growth*, in: Journal of Political Economy 99, 500-521.

Ricardo, D. (1817): *On the Principles of Political Economy and Taxation*, London: Murray.

Robbins, L. (1932): *An Essay on the Nature and Significance of Economic Science*, London: Macmillan.

Robinson, J. (1933): *The Economics of Imperfect Competition*, London: Macmillan.

Robinson, J. (1953/54): *The Production Function and the Theory of Capital*, in: Review of Economic Studies 21, 81-106.

Robinson, J. (1956): *The Accumulation of Capital*, London: Macmillan.

Robinson, J. (1962): *Essays in the Theory of Economic Growth*, London: Macmillan.

Robinson, J. (1978): *Keynes and Ricardo*, in: Journal of Post Keynesian Economics 1, 12-18.

Röpke, W. (1942): *Die Gesellschaftskrisis der Gegenwart*, Erlenbach: Rentsch.

Röpke, W. (1944): *Civitas Humana*, Erlenbach: Rentsch.

Röpke, W. (1945): *Internationale Ordnung*, Erlenbach: Rentsch.

Romer, P.M. (1986): *Increasing Returns and Long-Run Growth*, in: Journal of Political Economy 94, 1002-1037.

Romer, P.M. (1990): *Endogenous Technological Change*, in: Journal of Political Economy 98, S71-S102.

Roscher, W. (1843): *Grundriß zu Vorlesungen über die Staatswirthschaft*, Göttingen: Dieterichsche Buchhandlung.

Ross, S.A. (1973): *The Economic Theory of Agency: The Principal's Problem*, in: American Economic Review 62, 380-387.

Rothbard, M.N. (1962): *Man, Economy, and State*, Vol. I+II, Princeton: Van Nostrand.

Rubinstein, A. (1982): *Perfect Equilibrium in a Bargaining Model*, in: Econometrica 50, 97-109.

Ruth, M. (1993): *Integrating Economics, Ecology and Thermodynamics*, Dordrecht: Kluwer.

Samuelson, P.A. (1938a): *A Note on the Pure Theory of Consumer's Behaviour*, in: Economica 5, 61-71.

Samuelson, P.A. (1938b): *A Note on the Pure Theory of Consumer's Behaviour: An Addendum*, in: Economica 5, 353-354.

Samuelson, P.A. (1939): *Interactions Between the Multiplier Analysis and the Principle of Acceleration*, in: Review of Economics and Statistics 21, 75-78.

Samuelson, P.A. (1941): *The Stability of Equilibrium: Comparative Statics and Dynamics*, in: Econometrica 9, 97-120.

Samuelson, P.A. (1942): *The Stability of Equilibrium: Linear and Nonlinear Systems*, in: Econometrica 10, 1-25.

Samuelson, P.A. (1947): *Foundations of Economic Analysis*, Cambridge: Harvard University Press.

Samuelson, P.A. (1954): *The Pure Theory of Public Expenditure*, in: Review of Economics and Statistics 36, 387-389.

Samuelson, P.A. (1955): *Diagrammatic Exposition of a Theory of Public Expenditure*, in: Review of Economics and Statistics 37, 350-356.

Samuelson, P.A. (1958): *An Exact Consumption-Loan Model of Interest with or without the Social Contrivance of Money*, in: Journal of Political Economy 66, 467-482.

Samuelson, P.A. (1962): *Parable and Realism in Capital Theory: The Surrogate Production Function*, in: Review of Economic Studies 29, 193-206.

Samuelson, P.A. (1986): *Theory of Optimal Taxation*, in: Journal of Public Economics 30, 137-143 [1951].

Samuelson, P.A. und Solow, R.M. (1960): *Analytical Aspects of Anti-Inflation Policy*, in: American Economic Review 50, 177-194.

Sargent, T.J. und Wallace, N. (1975): *„Rational" Expectations, the Optimal Monetary Instrument, and the Optimal Money Supply Rule*, in: Journal of Political Economy 83, 241-254.

Say, J.-B. (1803): *Traité d'Economie Politique*, Vol. I+II, Paris: Deterville.

Schelling, T.C. (1960): *The Strategy of Conflict*, Cambridge: Harvard University Press.

Schinzinger, F. (1977): *Ansätze ökonomischen Denkens von der Antike bis zur Reformationszeit*, Darmstadt: Wissenschaftliche Buchgesellschaft.

Schmölders, G. (1955): *Finanzpolitik*, Berlin: Springer.

Schmoller, G.v. (1894): *Volkswirtschaft, Volkswirtschaftslehre und -methode*, in: J. Conrad u.a. (Hrsg.), Handwörterbuch der Staatswissenschaften, Vol. VI, Jena: Fischer, 527-563.

Schmoller, G.v. (1900/04): *Grundriß der allgemeinen Volkswirtschaftslehre*, Vol. I (1900), Vol. II (1904), Leipzig: Duncker & Humblot.

Schumpeter, J.A. (1912): *Theorie der wirtschaftlichen Entwicklung*, Leipzig: Duncker & Humblot.

Schumpeter, J.A. (1939): *Business Cycles*, Vol. I+II, New York: McGraw-Hill.

Schumpeter, J.A. (1942): *Capitalism, Socialism, and Democracy*, New York: Harper & Brothers.

Schumpeter, J.A. (1954): *History of Economic Analysis*, New York: Oxford University Press.

Scitovsky, T. (1941/42a): *A Note on Welfare Propositions in Economics*, in: Review of Economic Studies 9, 77-88.

Scitovsky, T. (1941/42b): *A Reconsideration of the Theory of Tariffs*, in: Review of Economic Studies 9, 89-110.

Scott, A. (1955): *The Fishery: The Objectives of Sole Ownership*, in: Journal of Political Economy 63, 116-124.

Selten, R. (1965): *Spieltheoretische Behandlung eines Oligopolmodells mit Nachfrageträgheit*, in: Zeitschrift für die gesamte Staatswissenschaft 121, 301-324 u. 667-689.

Selten, R. (1975): *Reexamination of the Perfectness Concept for Equilibrium Points in Extensive Games*, in: International Journal of Game Theory 4, 25-55.

Selten, R. (1978): *The Chain Store Paradox*, in: Theory and Decision 9, 127-159.

Sen, A.K. (1970a): *Collective Choice and Social Welfare*, San Francisco: Holden-Day.

Sen, A.K. (1970b): *The Impossibility of a Paretian Liberal*, in: Journal of Political Economy 72, 152-157.

Senior, N.W. (1840): *Three Lecture on the Value of Money*, London: Fellowes.

Shackle, G.L.S. (1958): *Time in Economics*, Amsterdam: North-Holland.

Shapley, L.S. (1953): *A Value for n-Person Games*, in: H.W. Kuhn und A.W. Tucker (Hrsg.), Contributions to the Theory of Games II, Princeton: Princeton University Press, 307-317.

Shubik, M. (1959): *Edgeworth Market Games*, in: A.W. Tucker und R.D. Luce (Hrsg.), Contributions to the Theory of Games IV, Princeton: Princeton University Press, 267-278.

Shubik, M. (1982): *Game Theory in the Social Sciences*, Cambridge: MIT Press.

Shubik, M. (1984): *A Game-Theoretic Approach to Political Economy*, Cambridge: MIT Press.

Simon, H.A. (1956): *Rational Choice and the Structure of the Environment*, in: Psychological Review 63, 129-138.

Simon, H.A. (1965): *Mathematical Constructions in Social Science*, in: D. Braybrooke (Hrsg.), Philosophical Problems of the Social Sciences, New York: Macmillan, 83-98.

Simon, H.A. (1976): *From Substantive to Procedural Rationality*, in: S.J. Latsis (Hrsg.), Method and Appraisal in Economics, Cambridge: Cambridge University Press, 129-148.

Sims, C.A. (1980): *Macroeconomics and Reality*, in: Econometrica 48, 1-48.

Slutsky, E. (1915): *Sulla Teoria del Bilancio del Consumatore*, in: Giornale Degli Economisti 51, 1-26.

Smith, A. (1759): *The Theory of Moral Sentiments*, London: Millar.

Smith, A. (1776): *An Inquiry into the Nature and Causes of the Wealth of Nations*, Vol. I + II, London: Strahan & Cadell.

Smith, J.M. (1982): *Evolution and the Theory of Games*, Cambridge: Cambridge University Press.

Smith, J.M. und Price, G.R. (1973): *The Concept of Animal Conflict*, in: Nature 246, 15-18.

Smith, V.L. (1968): *Economics of Production from Natural Resources*, in: American Economic Review 58, 409-431.

Solow, R.M. (1956): *A Contribution to the Theory of Economic Growth*, in: Quarterly Journal of Economics 70, 65-94.

Solow, R.M. (1957): *Technical Change and the Aggregate Production Function*, in: Review of Economics and Statistics 39, 312-330.

Solow, R.M. (1960): *Investment and Technical Progress*, in: K.J. Arrow, S. Karlin und P. Suppes (Hrsg.), Mathematical Methods in the Social Sciences, 1959, Stanford: Stanford University Press, 89-104.

Solow, R.M. (1963): *Capital Theory and the Rate of Return*, Amsterdam: North-Holland.

Solow, R.M. (1974): *Intergenerational Equity and Exhaustible Resources*, in: Review of Economic Studies 41, 29-45.

Solow, R.M. (1979): *Another Possible Source of Wage Stickiness*, in: Journal of Macroeconomics 1, 79-82.

Solow, R.M. (1985): *Insiders and Outsiders in Wage Determination*, in: Scandinavian Journal of Economics 87, 411-428.

Sombart, W. (1916/17/27): *Der moderne Kapitalismus*, 2. Aufl., Vol. I (1916), Vol. II (1917), Vol. III (1927), München: Duncker & Humblot [1. Aufl.: 1902].

Sombart, W. (1930): *Die drei Nationalökonomien*, München: Duncker & Humblot.

Sonnenfels, J.v. (1769): *Grundsätze der Polizey, Handlung und Finanzen*, Wien: Trattner.

Spiethoff, A. (1925): *Krisen*, in: L. Elster, A. Weber und F. Wieser (Hrsg.), Handwörterbuch der Staatswissenschaften, 4. Aufl., Vol. VI, Jena: Fischer, 8-91.

Sraffa, P. (1960): *Production of Commodities by Means of Commodities*, Cambridge: Cambridge University Press.

Stackelberg, H.v. (1934): *Marktform und Gleichgewicht*, Wien: Springer.

Starret, D. (1973): *Inefficiency and the Demand for „Money" in a Sequence Economy*, in: Review of Economic Studies 40, 437-448.

Steuart, J. (1767): *An Inquiry into the Principles of Political Oeconomy*, Vol. I+II, London: Millar.

Stiglitz, J.E. und Weiss, A. (1981): *Credit Rationing in Markets with Imperfect Information*, in: American Economic Review 71, 393-410.

Swan, T.W. (1956): *Economic Growth and Capital Accumulation*, in: Economic Record 32, 334-361.

Thornton, H. (1802): *An Enquiry into the Nature and Effects of the Paper Credit of Great Britain*, London: Hatchard.

Thünen, J.H.v. (1826): *Der isolirte Staat in Beziehung auf Landwirthschaft und Nationalökonomie*, Hamburg: Perthes.

Thünen, J.H.v. (1850): *Der isolirte Staat in Beziehung auf Landwirthschaft und Nationalöconomie: Zweiter Theil*, Rostock: Leopold.

Tinbergen, J. (1939): *Statistical Testing of Business Cycle Theories*, Vol. I+II, Genf: Völkerbund.

Tinbergen, J. (1942): *Zur Theorie der langfristigen Wirtschaftsentwicklung*, in: Weltwirtschaftliches Archiv 55, 511-547.

Tinbergen, J. (1952): *On the Theory of Economic Policy*, Amsterdam: North-Holland.

Tinbergen, J. (1956): *Economic Policy: Principles and Design*, Amsterdam: North-Holland.

Tobin, J. (1956): *The Interest Elasticity of Transactions Demand for Cash*, in: Review of Economics and Statistics 38, 241-247.

Tobin, J. (1958): *Liquidity Preference as Behavior Towards Risk*, in: Review of Economic Studies 25, 65-86.

Tobin, J. (1963): *Commercial Banks as Creators of „Money"*, in: D. Carson (Hrsg.), Banking and Monetary Studies, Homewood: Irwin, 408-419.

Tobin, J. (1969): *A General Equilibrium Approach to Monetary Theory*, in: Journal of Money, Credit, and Banking 1, 15-29.

Tobin, J. und Brainard, W.C. (1963): *Financial Intermediaries and the Effectiveness of Monetary Controls*, in: American Economic Review 53, 383-400.

Tsiang, S.C. (1969): *The Precautionary Demand for Money: An Inventory Theoretical Analysis*, in: Journal of Political Economy 77, 99-117.

Tullock, G. (1959): *Problems of Majority Voting*, in: Journal of Political Economy 67, 571-579.

Tullock, G. (1965): *The Politics of Bureaucracy*, Washington: Public Affairs Press.

Tullock, G. (1971): *The Logic of the Law*, New York: Basic Books.

Turgot, A.R.J. (1767): *Sur la Mémoire de Saint-Péravy*, in: G. Schelle (1914) (Hrsg.), Œuvres de Turgot, Vol. II, Paris: Alcan, 641-658.

Turgot, A.R.J. (1769/70): *Réflexions sur la Formation et les Distributions des Richesses*, in: Ephémerides du Citoyen, Vol. XI-XII (1769) und Vol. I (1770), Paris: Lacombe.

Turgot, A.R.J. (1770): *Mémoire sur les Prêts de l'Argent*, in: G. Schelle (1914) (Hrsg.), Œuvres de Turgot, Vol. III, Paris: Alcan, 154-202.

Uzawa, H. (1965): *Optimal Technical Change in an Aggregative Model of Economic Growth*, in: International Economic Review 6, 18-31.

Veblen, T. (1898): *Why Is Economics Not an Evolutionary Science?*, in: Quarterly Journal of Economics 12, 56-81.

Veblen, T. (1899): *The Theory of the Leisure Class*, New York: Macmillan.

Veblen, T. (1900): *The Preconceptions of Economic Science: III*, in: Quarterly Journal of Economics 14, 240-269.

Veblen, T. (1904): *The Theory of Business Enterprise*, New York: Scribner.

Veblen, T. (1921): *The Engineers and the Price System*, New York: Viking Press.

Viner, J. (1931): *Cost Curves and Supply Curves*, in: Zeitschrift für Nationalökonomie 3, 23-46.

Vining, R. (1949): *Koopmans on the Choice of Variables to Be Studied and of Methods of Measurement*, in: Review of Economic Studies 31, 77-86.

Wagner, A. (1876): *Allgemeine oder theoretische Volkswirthschaftslehre – Erster Theil: Grundlegung*, Leipzig: Winter.

Wald, A. (1936): *Über einige Gleichungssysteme der mathematischen Ökonomie*, in: Zeitschrift für Nationalökonomie 7, 637-670.

Walras, L. (1874/77): *Eléments d'Economie Politique Pure*, Teile I-III (1874), Teile IV-VI (1877), Lausanne: Corbaz.

Weber, M. (1904): *Die „Objektivität" sozialwissenschaftlicher und sozialpolitischer Erkenntnis*, in: Archiv für Sozialwissenschaft und Sozialpolitik 19, 22-87.

Weintraub, S. (1978): *Capitalism's Inflation and Unemployment Crisis*, Reading: Addison-Wesley.

Whalen, E.L. (1966): *A Rationalization of the Precautionary Demand for Cash*, in: Quarterly Journal of Economics 80, 314-324.

Wicksell, K. (1893): *Über Wert, Kapital und Rente nach den neueren nationalökonomischen Theorien*, Jena: Fischer.

Wicksell, K. (1896): *Finanztheoretische Untersuchungen*, Jena: Fischer.

Wicksell, K. (1898): *Geldzins und Güterpreise*, Jena: Fischer.

Wicksell, K. (1913): *Vorlesungen über Nationalökonomie*, Vol. I, Jena: Fischer [schwedisch 1901].

Wicksell, K. (1922): *Vorlesungen über Nationalökonomie*, Vol. II, Jena: Fischer [schwedisch 1906].

Wicksell, K. (1958): *The ‚Critical Point' in the Law of Decreasing Agricultural Productivity*, in: K. Wicksell, Selected Papers on Economic Theory, London: Allen & Unwin, 131-137 [schwedisch 1916].

Wicksteed, P.K. (1894): *An Essay on the Co-Ordination of the Laws of Distribution*, London: Macmillan.

Wieser, F.v. (1914): *Theorie der gesellschaftlichen Wirtschaft*, Tübingen: JCB Mohr.

Williamson, O.E. (1975): *Markets and Hierarchies*, New York: Free Press.

Williamson, O.E. (1985): *The Economic Institutions of Capitalism*, New York: Free Press.

Willig, R.D. (1976): *Consumer's Surplus Without Apology*, in: American Economic Review 66, 589-597.

Wilson, E.O. (1975): *Sociobiology*, Cambridge: Harvard University Press.

World Commission on Environment and Development (1987): *Our Common Future*, Oxford: Oxford University Press.

Zermelo, E. (1913): *Über eine Anwendung der Mengenlehre auf die Theorie des Schachspiels*, in: E.W. Hobson und A.E.H. Love (Hrsg.), Proceedings of the Fifth International Congress of Mathematicians, Vol. II, Cambridge: Cambridge University Press, 501-504.

Autorenverzeichnis

Aftalion, A. *201, 280, 333*
Aghion, P. *257, 333*
Akerlof, G.A. *236, 333*
Albertus Magnus *6*
Alchian, A.A. *161, 162, 165, 306, 308, 309, 333*
Aquino, T.v. *7, 8, 274, 333*
Aristoteles *1, 3, 4, 5, 6, 7, 8, 9, 333*
Arrow, K.J. *63, 76, 111, 114, 115, 116, 117, 130, 136, 137, 138, 222, 251, 333, 334*
Aumann, R.J. *320, 326, 334*
Axelrod, R. *328, 334*
Ayres, C.E. *280, 281, 334*
Ayres, R.U. *150, 313, 316, 334, 344*

Bacon, F. *10*
Barro, R.J. *221, 227, 229, 233, 334*
Bartholomew, J.A. *316, 337*
Baumol, W.J. *89, 151, 152, 181, 182, 334*
Bayes, T. *324*
Becher, J.J. *17, 334*
Becker, G.S. *172, 173, 310, 334, 335*
Bentham, J. *125, 335*
Bergson, A. *137, 335*
Bernoulli, D. *51*
Binmore, K. *328, 335*
Black, D. *138, 335*
Blanchard, O.J. *237, 335*
Blaug, M. *1, 2, 49, 278, 335*
Bodin, J. *14, 174*
Böhm-Bawerk, E.v. *97, 99, 282, 284, 285, 286, 287, 291, 335*
Boulding, K.E. *307, 312, 313, 335*
Brainard, W.C. *184, 201, 335, 356*
Brennan, G. *160, 161, 336*
Brouwer, L.E.J. *115*
Brown, J.P. *167, 168, 336*
Brumberg, R. *202, 203, 348*
Brunner, K. *184, 215, 217, 336*
Buchanan, J.M. *160, 161, 336*
Buridanus, J. *9, 336*

Cagan, P. *177, 336*
Calabresi, G. *166, 167, 168, 336*
Cantillon, R. *11, 13, 14, 15, 20, 26, 27, 28, 47, 174, 264, 336*
Cass, D. *248, 249, 336*
Cato d.Ä. *6*
Chamberlin, E.H. *83, 88, 89, 235, 336*
Ciriacy-Wantrup, S.V. *155, 336*
Clark, J.B. *73, 82, 336*
Clark, J.M. *201, 278, 280, 337*
Clower, R.W. *122, 220, 221, 337*
Coase, R.H. *129, 161, 162, 163, 164, 165, 166, 168, 337*
Cobb, C. *70, 337*
Common, M. *315, 337*
Commons, J.R. *278, 280, 337*
Condillac, E. de *51*
Condorcet, M. de *138, 337*
Cooper, R. *237, 337*
Corlett, W.J. *146, 337*
Costanza, R. *312, 314, 316, 337*
Cournot, A.A. *51, 76, 77, 83, 84, 86, 90, 91, 92, 93, 105, 284, 317, 320, 337*

d'Arge, R.C. *313, 344*
Dales, J.H. *152, 337*
Daly, H.E. *312, 313, 315, 316, 337, 338*
Darwin, C.R. *305*
Davidson, P. *299, 338*
Debreu, G. *111, 112, 114, 115, 116, 117, 333, 338*
Demsetz, H. *161, 162, 165, 333, 338*
Dewey, J. *277*
Diamond, P.A. *147, 237, 248, 249, 338*
Dilthey, W. *272*
Domar, E. *239, 240, 338*
Douglas, P. *70, 337*
Downs, A. *157, 158, 159, 338*
du Pont de Nemours, P.S. *18, 338*
Dupuit, J. *51, 60, 145, 339*

Eatwell, J. *2, 339*
Edgeworth, F.Y. *63, 86, 111, 112, 317, 339*

Engel, E. *62*
Engels, F. *266*
Engerman, S.L. *169, 339*
Eucken, W. *295, 296, 339*

Fischer, S. *229, 236, 237, 335, 339*
Fisher, I. *59, 61, 62, 63, 97, 99, 100, 101, 102, 103, 127, 131, 174, 175, 187, 286, 339*
Fleming, J.M. *209, 339*
Fogel, R.W. *169, 170, 171, 339*
Fourier, C. *267*
Friedman, M. *176, 177, 178, 179, 203, 204, 215, 216, 217, 220, 227, 228, 232, 339, 340*
Frisch, R. *213, 259, 260, 261, 340*

Galbraith, J.K. *10, 280, 281, 282, 340*
Gelesnoff, W. *3, 340*
George, H. *24, 340*
Georgescu-Roegen, N. *312, 314, 340*
Gilliland, M.W. *314, 340*
Gordon, D.B. *233, 334*
Gordon, H.S. *155, 340*
Gossen, H.H. *51, 55, 56, 57, 58, 59, 63, 94, 127, 284, 340*
Gresham, T. *10*
Grossman, G.M. *257, 258, 259, 340*
Grossman, H.I. *221, 334*

Haavelmo, T. *260, 261, 262, 340*
Hague, D.C. *146, 337*
Hahn, F.H. *115, 122, 333, 340, 341*
Hahne Rima, I. *2, 341*
Hand, L. *168*
Hansen, A.H. *202, 341*
Hardin, G. *155, 341*
Harrod, R. *239, 240, 241, 250, 303, 341*
Harsanyi, J.C. *320, 321, 324, 341*
Hartwick, J.M. *154, 341*
Hausman, D.M. *1, 341*
Hayek, F.A.v. *187, 287, 291, 292, 293, 294, 296, 306, 307, 328, 341*
Hegel, G.W.F. *266*
Helpman, E. *257, 258, 259, 340*
Hesiod *3*

Hicks, J.R. *59, 63, 65, 66, 67, 74, 75, 76, 111, 113, 114, 115, 117, 118, 119, 122, 131, 140, 198, 249, 341, 342*
Hicks, U.K. *146, 342*
Hildebrand, B. *273*
Hirshleifer, J. *306, 310, 342*
Hotelling, H. *153, 154, 157, 158, 342*
Houthakker, H.S. *68, 342*
Howitt, P. *237, 257, 333, 342*
Hume, D. *13, 25, 26, 27, 28, 29, 142, 176, 205, 228, 276, 294, 342*
Hutcheson, F. *25*

Issing, O. *2, 342*

Jevons, W.S. *50, 51, 55, 58, 59, 94, 153, 276, 342*
Johannsen, N. *192, 196, 342*
John, A. *237, 337*
Jones, L.E. *254, 343*
Jorgenson, D.W. *200, 343*
Judd, K.L. *256, 343*
Juglar, C. *288*
Justi, J.H.G.v. *17, 18, 34, 343*

Kahn, R.F. *192, 343*
Kakutani, S. *115*
Kaldor, N. *140, 298, 301, 302, 303, 343*
Kalecki, M. *260, 298, 303, 343*
Kantorovich, L.V. *262*
Keynes, J.M. *17, 24, 38, 178, 179, 180, 182, 183, 189, 190, 191, 192, 193, 195, 196, 197, 199, 200, 201, 202, 204, 208, 209, 215, 218, 224, 238, 239, 241, 261, 262, 270, 297, 298, 299, 300, 343*
King, R.G. *231, 343*
Kirzner, I.M. *294, 343*
Kitchin, J. *288*
Kiyotaki, N. *237, 335*
Klaassen, G.A.J. *315, 343*
Knapp, G.F. *274, 344*
Kneese, A.V. *150, 313, 316, 334, 344*
Knies, K. *273*
Knight, F. *129, 344*
Kolb, G. *2, 344*
Kondratieff, N.D. *288*

Koopmans, T.C. *248, 249, 260, 262, 263, 280, 344*
Kreps, D.M. *324, 344*
Krutilla, J.V. *156, 344*
Kuhn, H.W. *322, 344*
Kuznets, S. *202, 344*
Kydland, F.E. *231, 232, 233, 344*

Lachmann, L. *294, 344*
Lancaster, K. *139, 345*
Lange, O. *292*
Launhardt, W. *90, 92, 93, 344*
Law, J. *11, 14, 15, 345*
Leontief, W.W. *264, 265, 345*
Lerner, A.P. *127, 130, 132, 133, 134, 292, 345*
Levhari, D. *104, 345*
Lindahl, E. *143, 187, 345*
Lipsey, R.G. *139, 345*
List, F. *272, 273, 345*
Little, I.M.D. *140, 141, 345*
Locke, J. *10, 11, 14, 345*
Lucas, R.E. *224, 226, 227, 228, 229, 230, 231, 232, 250, 251, 252, 253, 263, 264, 345, 346*
Luce, R.D. *325, 346*

Malthus, T.R. *37, 38, 40, 41, 153, 346*
Mandeville, B. de *26, 27, 346*
Mankiw, N.G. *236, 237, 346*
Mantel, R. *116*
Manuelli, R.E. *254, 343*
Marshall, A. *35, 50, 59, 60, 61, 63, 73, 77, 78, 79, 80, 81, 82, 94, 95, 96, 113, 126, 127, 129, 176, 177, 286, 288, 305, 346*
Marx, K. *266, 267, 268, 269, 270, 271, 304, 346*
McKenzie, L. *115, 346*
McKenzie, R.B. *173, 346*
Meade, J.E. *130, 139, 187, 245, 346*
Meadows, D.H. *154, 347*
Meltzer, A.H. *215*
Menger, C. *50, 51, 276, 282, 283, 284, 286, 287, 290, 347*
Mercier de la Rivière, P.P. le *18, 19, 347*
Metzler, L.A. *205, 206, 207, 347*
Milgate, M. *2, 339*
Mill, J.S. *35, 47, 294, 347*
Minsky, H. *297, 299, 347*

Mirabeau, V.R. de *18, 19, 20, 23, 24, 27, 347*
Mirowski, P. *53, 347*
Mirrlees, J.A. *147, 148, 338, 347*
Mises, L.v. *287, 289, 290, 291, 292, 347*
Mishkin, F.S. *229, 347*
Mitchell, W.C. *263, 278, 279, 280, 347*
Modigliani, F. *202, 203, 218, 220, 347, 348*
Moore, B.J. *301, 348*
Morgenstern, O. *63, 318, 319, 322, 329, 348*
Müller, A.H. *272*
Müller-Armack, A. *295, 296, 297, 348*
Mun, T. *11, 12, 13, 348*
Mundell, R.A. *209, 211, 213, 348*
Musgrave, R.A. *148, 149, 348*
Muth, J.F. *225, 226, 348*
Myrdal, G. *187, 291*

Nash, J.F. *319, 320, 322, 329, 330, 348*
Nelson, R.R. *306, 309, 348*
Neumann, J.v. *63, 115, 117, 119, 120, 121, 318, 319, 322, 329, 348*
Neumark, F. *148, 149, 348*
Newman, P. *2, 339*
Niehans, J. *2, 34, 43, 47, 92, 97, 117, 186, 205, 261, 285, 289, 349*
Niskanen, W. *159, 349*
Norgaard, R.B. *312, 349*
North, D.C. *169, 170, 171, 349*

O'Driscoll, G.P. *294, 349*
Oates, W.E. *152, 334*
Ohlin, B.G. *139, 187*
Okun, A.M. *236, 349*
Olson, M. *158, 159, 171, 349*
Opschoor, J.B. *315, 343*
Oresmius, N. *9, 10, 349*
Ostroy, J.M. *124, 349*
Ott, A.E. *2, 349*

Panzar, J.C. *89, 334*
Pareto, V. *63, 130, 131, 349*
Pasinetti, L. *298, 302, 303, 349*
Patinkin, D. *122, 199, 220, 221, 350*
Peirce, C.S. *277*
Penrose, E.T. *309, 350*
Perrings, C. *315, 337*

Petty, W. *11, 15, 259, 350*
Phelps, E.S. *222, 223, 226, 228, 229, 245, 246, 247, 350*
Phillips, A.W. *207, 208, 350*
Phillips, C.A. *183, 350*
Pigou, A.C. *126, 127, 128, 129, 150, 151, 176, 177, 179, 191, 196, 350*
Plato *3*
Plosser, C.I. *231, 343*
Popper, K. *276*
Posner, R.A. *168, 169, 350*
Prescott, E.C. *228, 231, 232, 233, 344, 346*
Pribram, K. *2, 350*
Price, G.R. *326, 354*

Quesnay, F. *15, 18, 19, 20, 21, 23, 24, 26, 264, 350, 351*

Rae, J. *99*
Raiffa, H. *325, 346*
Ramsey, F. *146, 247, 248, 351*
Rapping, L.A. *227, 228, 231, 346*
Rawls, J. *154, 161, 351*
Rebelo, S. *254, 255, 351*
Ricardo, D. *35, 39, 40, 41, 42, 43, 44, 45, 46, 47, 48, 49, 95, 153, 228, 267, 268, 300, 351*
Rizzo, M.J. *294, 349*
Robbins, L. *63, 172, 351*
Robinson, J. *83, 84, 85, 86, 102, 103, 104, 298, 299, 300, 302, 303, 351*
Romer, P.M. *250, 251, 252, 253, 255, 256, 257, 258, 259, 351*
Röpke, W. *295, 296, 297, 351*
Roscher, W. *273, 351*
Ross, S.A. *165, 351*
Rothbard, M.N. *294, 352*
Rubinstein, A. *330, 352*
Ruth, M. *313, 352*

Saint-Simon, H. de *267*
Samuelson, P.A. *59, 68, 102, 103, 104, 111, 113, 114, 117, 123, 137, 142, 146, 201, 208, 248, 345, 352*
Sargent, T.J. *232, 352*
Say, J.-B. *36, 37, 353*
Scarf, H. *112, 338*
Schelling, T.C. *322, 353*

Schinzinger, F. *3, 353*
Schmölders, G. *148, 353*
Schmoller, G.v. *273, 274, 276, 353*
Schumpeter, J.A. *2, 3, 37, 257, 287, 288, 289, 291, 294, 306, 307, 309, 353*
Scitovsky, T. *135, 140, 141, 353*
Scott, A. *155, 353*
Selten, R. *320, 323, 325, 353*
Sen, A.K. *138, 353, 354*
Senior, N.W. *35, 354*
Shackle, G.L.S. *294, 354*
Shapley, L.S. *320, 330, 354*
Shubik, M. *112, 320, 354*
Simon, H.A. *202, 299, 354*
Sims, C.A. *264, 354*
Slutsky, E. *62, 65, 66, 354*
Smith, A. *25, 26, 27, 28, 29, 30, 31, 32, 33, 34, 35, 39, 41, 44, 105, 136, 142, 294, 305, 354*
Smith, J.M. *326, 354*
Smith, V.L. *155, 354*
Solow, R.M. *154, 208, 236, 242, 243, 244, 245, 249, 250, 352, 355*
Sombart, W. *275, 277, 289, 355*
Sonnenfels, J.v. *18, 355*
Sonnenschein, H. *116*
Spiethoff, A. *288, 355*
Sraffa, P. *48, 49, 103, 300, 355*
Stackelberg, H.v. *90, 92, 93, 320, 355*
Starr, R. *124, 349*
Starret, D. *122, 355*
Steuart, J. *11, 34, 35, 355*
Stiglitz, J.E. *236, 355*
Swan, T.W. *242, 245, 355*

Thomas, R.P. *170, 171, 349*
Thornton, H. *35, 356*
Thünen, J.H.v. *51, 69, 71, 94, 95, 96, 284, 356*
Tinbergen, J. *213, 214, 215, 242, 260, 261, 262, 356*
Tobin, J. *181, 182, 184, 201, 335, 356*
Tsiang, S.C. *181, 182, 356*
Tucker, A.W. *324*
Tullock, G. *158, 159, 160, 168, 173, 336, 346, 356*
Turgot, A.R.J. *18, 21, 22, 24, 37, 51, 70, 356, 357*

Uzawa, H. *252, 357*

Varro *6*
Veblen, T. *50, 277, 278, 279, 289, 305, 306, 357*
Vickrey, W.S. *147*
Vico, G. *271*
Viner, J. *129, 357*
Vining, R. *263, 357*

Wagner, A. *274, 275, 357*
Wald, A. *115, 357*
Wallace, N. *232, 352*
Walras, L. *50, 51, 55, 105, 106, 107, 108, 109, 111, 112, 113, 114, 121, 122, 123, 262, 357*
Weber, M. *277, 357*
Weintraub, S. *301, 357*
Weiss, A. *236, 355*

Weizsäcker, C.C.v. *245*
Whalen, E.L. *181, 182, 357*
Wicksell, K. *69, 70, 77, 78, 82, 83, 97, 103, 160, 184, 185, 187, 188, 191, 285, 290, 357, 358*
Wicksteed, P.K. *74, 75, 358*
Wieser, F.v. *282, 286, 287, 288, 358*
Williamson, O.E. *165, 358*
Willig, R.D. *61, 89, 334, 358*
Wilson, E.O. *310, 358*
Wilson, R. *324, 344*
Winkel, H. *2, 349*
Winter, S.G. *306, 309, 348*
World Commission on Environment and Development *314, 358*

Xenophon *3*

Zermelo, E. *318, 358*

Stichwortverzeichnis

Abhängigkeitsposition *93*
Absolutismus *17, 19*
Akzelerator *201, 280*
Alleinsteuer *23, 24*
Anpassungsverzögerungen Siehe Preisrigidität
Äquivalenz, ricardianische *48, 228*
Arbeit
   produktive *12, 30*
   unproduktive *12, 30*
Arbeitsangebot *59, 94, 110*
Arbeitsangebot, intertemporales *228, 231*
Arbeitskoeffizient *250*
Arbeitslosigkeit
   freiwillige *223, 228*
   natürliche *216, 227, 228, 233*
   unfreiwillige *191, 196, 199, 208, 220, 228, 235*
   vs. Inflation *208, 216*
Arbeitsteilung *31*
Arbitrage *13, 58*
Armengesetze *41*
Arrow-Unmöglichkeitstheorem *138*
Auktionator Siehe Koordination: zentrale
Ausbeutung *85, 161, 268*
Ausrottung *155, 315*
Außenhandelstheorie *44*

balanced growth Siehe Wachstumsgleichgewicht
Bankensystem
   einstufiges *183*
   ideales *185*
   zweistufiges *48, 183*
Basisgut *49*
Bayessche Regel *324*
Besteuerung, Theorie der optimalen *144*
Besteuerungsgrundsätze *17, 34, 149, 161*
Bevölkerungswachstum *37, 38*
Biologierezeption *304, 305*
   analogistische *308*
   metaphorische *306*

   reduktionistische *310*
Brennpunkte *322, 327*
Brundtland-Report *314*
Buchführung, doppelte *9*
Budgetgerade *64, 72*
Budgetmaximierung *159*
Bürokratie, Theorie der *159*

Cambridge-Gleichung *302*
Cambridge-Kontroverse *97, 102*
camera *16*
Cantillon-Effekt *14*
ceteris paribus *55*
chrematistiké *4*
Club of Rome *154*
Coase-Theorem *130, 151, 163*
Condorcet-Paradoxon *138*
contestable markets *89*
Cournot-Nash-Gleichgewicht Siehe Nash-Gleichgewicht
Cournotscher Punkt *84*
Cowles-Kommission *261*

Deduktion *276, 278, 279*
Deflation Siehe Geldmengenänderung: nominale Effekte
deflationäre Lücke *194*
Demokratie, Theorie der *157*
Despotismus, gesetzlicher *19*
Deutsche Historische Schule *18, 148, 156, 266, 271, 277, 279*
   ältere *273*
   jüngere *273*
Deutscher Zollverein *273*
Dialektik *266*
dismal science *35*
Drohpunkt *329*
Duopol *90, 91*
Durchschnittskostenminimum *82*

ecological economics Siehe ökologische Ökonomie
Edelmetallvorrat *11*

Effizienz *Siehe* Paretooptimalität
Effizienzkurve *134*
Effizienzlohn-Hypothese *235*
Einkommen, permanentes vs.
  transitorisches *177, 203*
Einkommensbesteuerung, optimale *147*
Einkommenseffekt *59, 61, 65, 66, 114, 144, 163*
Einkommenselastizität der Nachfrage *62*
Einstimmigkeitskriterium *160*
Energieanalyse *314*
Energiebilanzen *313, 316*
Energieerhaltungssatz *313*
Entropiegesetz *313*
Entscheidungskosten *53, 160, 299*
Entscheidungslogik *53, 172*
Entscheidungstheorie
  interaktive *Siehe* Spieltheorie
  normative *63*
  postkeynesianische *299*
Entwicklungsgesetze *273*
Ersparnis
  Einkommensabhängigkeit vs.
    Zinsabhängigkeit *191*
  freiwillige vs. unfreiwillige *185*
Erwartungen
  adaptive *224, 228*
  Elastizität der *118*
  rationale *224, 225, 226, 229, 232, 234, 235, 263*
Eudämonie *4*
Evolution
  biologische *326*
  wirtschaftliche und soziale *288, 293, 306, 327*
Evolutionstheorie *304, 305*
evolutorische Ökonomie *278, 294, 304*
externe Effekte *128, 136, 150, 162, 313*
  positive vs. negative *128*
  technologische vs. pekuniäre *129*
  und öffentliche Güter *144*
  und technischer Fortschritt *251*
  von Forschung und Entwicklung *256, 258*

Finanzverfassung *160*
Finanzwissenschaft *17, 18, 141*
Finanzwissenschaft, alte vs. neue *141, 148*
Fiskalpolitik, antizyklische *Siehe*
  Wirtschaftspolitik: keynesianische

Fitness *327*
Fleming-Mundell-Modell *Siehe*
  Mundell-Modell
Forschung und Entwicklung,
  Investitionen in *255, 256, 258*
Forschungspolitik *Siehe*
  Wirtschaftspolitik: langfristige
Freihandel *23, 28, 31, 33, 47, 273*
Freizeit *Siehe* Arbeitsangebot
Freizeit-Komplementaritäts-Regel *146*
Funktionalismus *307*

Gebrauchswert *5, 22, 55*
Gefährdungshaftung *166*
Gefangenen-Dilemma *324, 328*
Gegenmacht *281*
Gegenwartskonsum *99*
Geldangebot
  endogenes *184, 231, 300*
  exogenes *174, 183, 199, 217, 231*
  privates *292*
Geldfunktionen *4, 123*
Geldillusion *216*
Geldmengenänderung
  Durchführung *205*
  nominale Effekte *187, 216, 301*
  reale Effekte *12, 14, 32, 231, 236, 270, 291*
  reale vs. nominale Effekte *26, 27, 47, 101, 175, 185, 196, 204, 215, 218, 227, 228, 232, 291*
  unvorhergesehene *Siehe* Geldpolitik:
    unvorhergesehene
  vorhergesehene *Siehe* Geldpolitik:
    vorhergesehene
Geldnachfrage
  Einkommensabhängigkeit *176, 179*
  reale vs. nominale *176, 215*
  Stabilität *177, 180, 182, 215, 301*
  Zinsabhängigkeit *179, 182, 215*
Geldpolitik
  diskretionäre vs. regelgebundene *232*
  geldmengenorientierte *217, 232*
  in offenen Volkswirtschaften *210*
  Mindestreserven *183, 185, 217*
  nominale Effekte *Siehe*
    Geldmengenänderung: nominale
    Effekte
  reale Effekte *Siehe*
    Geldmengenänderung: reale
    Effekte

Transmissionsmechanismus *219*
und Preisstabilität *48, 187, 217, 232, 233*
und Vollbeschäftigung *195, 233*
unvorhergesehene *227, 233*
vorhergesehene *227, 229,* 231*, 232, 236*
Geldtheorie
  keynesianische *Siehe* Liquiditätspräferenztheorie *und* neoklassische Synthese: Geldtheorie
  klassische *Siehe* Quantitätstheorie
  neoklassische *Siehe* Quantitätstheorie, Neoquantitätstheorie *und* neoklassische Synthese: Geldtheorie
  postkeynesianische *300*
  Wicksellsche *Siehe* Prozeß, kumulativer
Geldwerttheorie
  konventionalistische *4*
  metallistische *9, 290*
  nominalistische *8, 9, 274*
General Theory *189, 190*
Generationen, überlappende *123, 248*
Gerechtigkeit *8, 274, 278, 315*
  distributive *5*
  intergenerative *154, 315, 316*
  kommutative *5, 8*
Gesellschaftsvertrag *328*
Gewinnmaximierung *70, 77, 83, 91, 269, 308*
Gewinnstreben *7, 13*
Gleichgewicht
  gesamtwirtschaftliches *199, 201*
  gesamtwirtschaftliches Vollbeschäftigungs~ *194, 218*
  perfektes *323*
  sequentielles *324*
  teilspielperfektes *323*
Gleichgewichtsprinzip *51, 53, 278, 283, 287, 305*
Gleichgewichtstheorie, allgemeine *Siehe* Totalanalyse
Goldstandard *48*
Gossensches Gesetz, erstes *56, 58, 59, 107*
Gossensches Gesetz, zweites *51, 57, 107*
Grenzanbieter *80*
Grenzerlös *77*

Grenzertrag, Gesetz des abnehmenden ~s *22, 37, 51, 70, 332*
Grenzkosten *Siehe* Kosten: Grenz~
Grenznutzen des Einkommens *51, 58*
Grenznutzen, abnehmender *Siehe* Gossensches Gesetz, erstes
Grenznutzenausgleichsgesetz *Siehe* Gossensches Gesetz, zweites
Grenznutzentheorie *Siehe* Konsumtheorie, mikroökonomische
Grenzproduktivitätstheorie *51, 69, 73, 103, 280, 283, 287*
Grenzrate der Substitution
  im Konsum *58, 132, 142*
  in der Produktion *72, 133*
  intertemporale *99, 100*
Grenzrate der Transformation *100, 134, 142*
Grenzwertbetrachtung *Siehe* Optimierung unter Nebenbedingungen
Greshamsches Gesetz *10*
Grundrente *31, 41, 42, 95, 96*
Gruppenselektion *307*
Güter
  erster Ordnung *283*
  höherer Ordnung *283*
  inferiore *62*
  komplementäre *61*
  kontingente *116*
  normale *62*
  öffentliche *142, 252, 282*
  substitutive *61*
  superiore *62*
Güterverkehr, internationaler *44, 209*

Haftung, verschuldensabhängige *Siehe* Verschuldenshaftung
Haftung, verschuldensunabhängige *Siehe* Gefährdungshaftung
Haftungsrecht *166*
Handelsbilanzüberschuß *11, 12, 13, 16*
Handelskettenparadoxon *325*
Harrod-Domar-Wachstumsmodell *Siehe* Wachstumstheorie, keynesianische
Hartwick-Regel *154*
Hermeneutik *271*
Hickssche Ökonomie *114, 115*
Historismus *271*
homo oeconomicus *52, 279*
Hotelling-Regel *153*

Humankapital *Siehe* externe Effekte: und technischer Fortschritt *und* Kapitalakkumulation: und technischer Fortschritt

Identifikationsproblem 260, 262
Imitation 288, 308
Imperialismus, ökonomischer 172, 310
Indifferenzkurve 63
Indifferenzkurvenanalyse 63
Individualismus, methodologischer 54, 307
Induktion 276, 279
Industrialisierung 272
Inflation *Siehe* Geldmengenänderung: nominale Effekte
inflationäre Lücke 194
Inflationsursachen
   Geldmengenänderungen 216
   Verteilungskonflikte 301
Information
   unvollkommene 63, 116, 124, 181, 192, 202, 222, 226, 229, 282, 284, 294, 299, 306, 308, 318, 322, 324
   unvollständige 324
   vollkommene 53, 318, 322
   vollständige 324
Innovationen
   Produktvielfalt vs. Produktqualität 257
   und technischer Fortschritt 251, 255
   Wettbewerb durch 257, 288, 309
Input-Output-Analyse 20, 24, 259, 264
   geschlossenes Modell 265
   offenes Modell 265
Insider-Outsider-Modell 236
Institutionalismus 156, 263, 266, 275, 277, 305
Inverse-Elastizitäten-Regel 146
Investitionen
   abnehmende Grenzerträge 251
   Einkommenseffekt 193, 239
   Kapazitätseffekt 191, 193, 239
   konstante Grenzerträge 252, 254
   und Ertragserwartungen 192, 200
   Zinsabhängigkeit 191, 200
Investitionsmultiplikator 192, 201
invisible hand *Siehe* unsichtbare Hand
Irreversibilität 314
IS-Kurve 198, 210
ISLL-Schema 198, 210

ISLM-Schema *Siehe* ISLL-Schema
Isoproduktionskurve 72
iustum pretium *Siehe* Preis: gerechter

Kaldor-Hicks-Kriterium *Siehe* Kompensationskriterien
Kameralismus 11, 16, 148, 272
Kameralwissenschaft 17
Kapitalakkumulation
   Goldene Regel der 242, 245
   und technischer Fortschritt 251, 254
Kapitalintensität 243
Kapitalismus 290
   langfristige Entwicklung 269, 289
   rechtliche Grundlagen 280
   Rolle von Großunternehmen 281, 289
Kapitalkoeffizient 240, 250
Kapitalmobilität, perfekte 209
Kapitalparadoxon 102, 103
Kapitalstock, Messung des ~s 102
Kapitaltheorie
   Fishersche *Siehe* Kapitaltheorie, neoklassische
   Hayeksche 291
   neoklassische 97, 99, 100, 101, 204, 286
   österreichische 97, 284
   Wicksellsche 97, 98
Kapitalverkehr, internationaler 209
Kartell 92, 113, 328
Kartesianismus 18
Kassenhaltungskoeffizient 176, 177
Kathedersozialisten 274, 277
Kern 112, 330
Keynes-Effekt 195, 199
Klassenkampf 268, 270, 279
klassische Ökonomie 25
Kliometrie 156, 169
Koalitionen 112, 319, 330
Koevolution 312
Kommunismus 270
Kommunistisches Manifest 266
Kompensationskriterien 140
   Kaldor-Hicks-Kriterium 140, 168
   Little-Kriterium 140
   Scitovsky-Kriterium 140
Konfliktpunkt *Siehe* Drohpunkt
Konjunkturtheorie
   Hayeksche 291
   Misessche 290

Schumpetersche *288*
Konjunkturzyklen *270, 280, 288*
  Juglar-~ *288*
  Kitchin-~ *288*
  Kondratieff-~ *288*
  Modell realer ~ *Siehe* Neue Klassische Makroökonomie: realer Ansatz
Konsum
  Einkommensabhängigkeit *191*
  permanenter vs. transitorischer *203*
Konsumentenrente *51, 60, 67, 87, 126*
Konsumquote *191, 201*
  einzel- vs. gesamtwirtschaftliche *202*
  marginale *192*
  Stabilität *203*
  und wirtschaftliche Stagnation *202*
Konsumtheorie, makroökonomische
  Keynessche *191, 197, 220*
  neoklassische *Siehe* neoklassische Synthese: Konsumtheorie
Konsumtheorie, mikroökonomische *51, 55, 131, 280*
Kontraktkurve *112, 133*
Koordination
  dezentrale *123, 164, 222*
  dezentrale und Transaktionsexternalitäten *237*
  Versagen dezentraler *235, 237*
  zentrale *108, 116, 121, 164, 222, 237*
Korrespondenzprinzip *114*
Kosten
  Durchschnitts~ *73, 75, 77, 78, 80*
  fixe *77, 79*
  Grenz~ *73, 75, 77, 78*
  Grenz~, private vs. soziale *151*
  variable *79*
  variable Durchschnitts~ *79*
Kostenaufschlagskalkulation *208, 236, 299*
Kostenfunktion *73*
Kosten-Nutzen-Analyse *141*
Kostenvorteile
  absolute *45*
  komparative *44, 45*
Kreditmultiplikator *183*
Kreditrationierung *236*
Kreuzpreiseffekt *62, 113, 146*
Kreuzpreiselastizität *Siehe* Kreuzpreiseffekt
kritischer Rationalismus *276*

kulturelle Faktoren,
  Verhaltensbeeinflussung durch *279*
Kuppelproduktion *78*

laissez faire *19*
Landwirtschaft, Bedeutung der *19*
law and economics *Siehe* Recht, ökonomische Analyse des ~s
Learned Hand-Regel *168*
Lebenszyklus-Modell *202*
Liberalismus *25, 33*
Lindahl-Gleichgewicht *143*
lineare Programmierung *262, 265*
Liquiditätsfalle *180*
Liquiditätspräferenztheorie *178, 190, 196, 206*
Little-Kriterium *Siehe* Kompensationskriterien
LL-Kurve *198, 210*
LM-Kurve *Siehe* LL-Kurve
Lohn
  gerechter *8*
  naturgemäßer *94*
  realer vs. nominaler *190, 196, 216*
  Subsistenz~ *23, 37, 40*
Lohngesetz, ehernes *40*
Lohnrigidität *190, 196, 199, 208, 219*
  nominale *236*
  reale *235*
Lösungskonzept *317*
Lucas-Angebotsfunktion *227*
Lucas-Kritik *264*

Makroökonomie
  dynamische Analyse *193, 260*
  komparativ-statische Analyse *193*
  mikroökonomische Grundlagen *189, 219, 224, 234, 235, 238, 298*
  reale vs. monetäre Analyse *196*
Makro-Umweltpolitik *315*
Marginalismus *50*
Markteintrittsschranken *88, 320*
Marktgleichgewicht *33, 53, 105*
  Annahme von ~en *225, 232, 234*
  dynamisches *119*
  Eindeutigkeit *113, 115*
  Existenz *114*
  monetäres *121*
  Stabilität *113, 115*
  temporäres *117*

und Marktprozeß *136, 292, 293*
und Paretooptimalität *136, 226, 232, 237*
Marktsozialismus *292*
Marktungleichgewicht
   allgemeines *221*
   bei rationalen Erwartungen *235*
   Mengen- vs. Preisreaktion *221, 236*
   partielles *220*
   und unvollkommene Informationen *224*
   vs. Marktgleichgewicht *221*
Marktversagen *129, 279*
Marxismus *266*
Materialismus, historischer *266, 267*
Materiebilanzen *313, 316*
Maximum-Likelihood-Methode *262*
Medianwähler-Theorem *157*
Mehrwert *268*
Menükostenansatz *236*
Merkantilismus *10, 25, 28, 30, 32, 35, 196, 259, 270, 272*
Methodenstreit *69, 272, 274, 276, 284*
Methodenstreit, ökonometrischer *263*
Minimax-Gleichgewicht *318*
Minimax-Theorem *318*
Monetarismus *189, 209, 215, 295, 301*
Monopol *76, 83, 320*
   heterogenes *86*
   natürliches *81*
Mundell-Modell *209*
Münzverschlechterung *9*

Nachfrage
   effektive *193, 194*
   kompensierte *66*
   Marshallsche *66*
Nachfragegesetz *59*
Nachhaltigkeit *314, 315, 316*
Nash-Gleichgewicht *91, 319, 322*
   Eindeutigkeit *321, 322, 328*
   Existenz *322*
   Verfeinerungen *319, 322*
Nash-Lösung *329, 331*
Nash-Programm *330*
National Bureau of Economic Research *263, 279*
Naturgesetze, Bedeutung für Ökonomie *311*
natürliche Ökonomie *Siehe* Soziobiologie

Neoinstitutionalismus *156, 173, 275, 278, 297*
neoklassische Ökonomie *50*
neoklassische Synthese *178, 189, 197, 209, 219, 238, 297*
   Arbeitsmarkt *207*
   Geld- und Fiskalpolitik in offenen Volkswirtschaften *209*
   Geldtheorie *181*
   Investitionstheorie *200*
   Konsumtheorie *202, 220*
   reale Effekte von Geldmengenänderungen *204*
Neoliberalismus *294*
Neoquantitätstheorie *176, 204, 215*
Nettosozialprodukt *19, 32, 127*
Neue Keynesianische Makroökonomie *189, 234, 298*
Neue Klassische Makroökonomie *189, 209, 224, 234*
   monetärer Ansatz *226*
   realer Ansatz *229, 238*
Neue Politische Ökonomie *156, 157, 173*
neutrale Steuer *Siehe* Pauschalsteuer
Neutralität des Geldes *Siehe* Geldmengenänderung: reale vs. nominale Effekte
Nichtausschließbarkeit *143*
numéraire *Siehe* Preismaßstab
Nutzen *Siehe* Nutzenfunktion
Nutzenfunktion *56*
   interpersonell vergleichbare *125, 127, 130, 138, 141, 147, 168*
   kardinale *62, 63, 125, 127, 130, 147*
   Maximierung der *52, 156, 235, 269, 279, 317*
   ordinale *63, 125, 130*
   Verhaltenserklärung vs. Verhaltensbeschreibung *69*
Nutzenmaximierung *Siehe* Nutzenfunktion, Maximierung der

oikonomiké *4*
ökologische Ökonomie *1, 24, 304, 308, 311*
Ökonometrie *15, 259*
Ökonometrie, atheoretische *264*
Ökonometrische Gesellschaft *260, 261*
Oligopol *76, 90, 320, 328*

Optimierung unter Nebenbedingungen 52, 172, 298, 310
Optimierung, intertemporale 247
optimum optimorum Siehe Paretooptimalität: Allokation vs. Distribution
Ordnung
　Denken in ~en 295
　der Wirtschaft 295
　Interdependenz der ~en 295
　natürliche 19, 29, 33
　spontane 293, 307, 328
Ordoliberalismus 266, 294
österreichische Schule 51, 136, 266, 282, 295, 299, 305, 309

Papiergeld 15, 32
Parameter
　endogene Siehe Parameter: freie
　exogene Siehe Parameter: strukturelle
　freie 225, 262
　strukturelle 262, 263
Paretokriterium Siehe Paretooptimalität
Paretooptimalität 131, 160, 168, 293
　Allokation vs. Distribution 131, 136, 145, 154, 163
　Bedingungen für 132
　vs. Kosteneffizienz 152
　vs. Rationalität 324
Partialanalyse 53, 54, 105, 126
Patentschutz 256, 257, 258
Pauschalsteuer 136, 137, 144
Perfektheit Siehe Gleichgewicht: perfektes
Phillips-Kurve 207, 215, 227, 228, 263
Phillips-Kurve, modifizierte 208
Physikrezeption 53, 278, 305
Physiokratie 18, 25, 312, 332
Pigou-Effekt 199
Pigou-Steuer 151
political economy Siehe politische Ökonomie
Politikerverhalten 158
Politikineffektivitätsthese 227
politische Ökonomie 25, 33, 156, 157, 173, 266, 274, 310
Polypol 76, 77, 320
Portfolio-Selektion, Theorie der 181, 184

Postkeynesianismus 49, 178, 184, 266, 294, 297
Präferenzen
　Aufdeckung von 143, 144
　Entstehung von 310
　offenbarte 68
Pragmatismus 277
Praxeologie 290
Preis
　gerechter 5, 7, 10
　natürlicher 23, 29, 39
　relativer vs. absoluter 65, 107, 226
Preisbildung, Einfluß von Angebot und Nachfrage 78, 287
Preisdifferenzierung 86
Preisdifferenzierung, perfekte 87, 143
Preisdiskriminierung Siehe Preisdifferenzierung
Preiseinheitlichkeit, Gesetz der 58, 124
Preiselastizität der Nachfrage 60, 146
Preisflexibilität 36, 225
Preisfolger 92, 93
Preisführer 92, 93
Preismaßstab 107, 121
Preismechanismus 15, 28, 30, 221, 280
Preisrigidität 190, 197, 219, 239
　nominale 235, 236
　reale 235
Preistheorie
　neoklassische 51, 76
　österreichische 283
　physiokratische 23
　ricardianische 39
　Smithsche 29
Principal-Agent-Theorie 165
Privatsektor, Stabilität des ~s 195, 217, 296
Produktdifferenzierung 88, 92
Produktionseffizienztheorem 147
Produktionsfunktion 70, 74
　CES-~ 76
　Cobb-Douglas-~ 70, 75, 76
　homogene 75
　limitationale 70, 109, 239, 268, 300
　linear-homogene 75, 83, 109, 242
　substitutionale 70, 109, 242
Produktionskoeffizienten 264
Produktionsmöglichkeitskurve 45, 99, 134
Produktionsperiode, durchschnittliche 284, 291

Produktionstheorie
   neoklassische *Siehe* Grenzproduktivitätstheorie
   postkeynesianische *299*
Produktionsverhältnisse *267*
Produktivkräfte *267*
Produktqualität *257*
Produktvielfalt *255*
Produzentenrente *61, 80, 126*
Profitrate *30, 41, 49, 269, 285, 302*
Profitrate, Gesetz des tendentiellen Falls der *270*
property rights *Siehe* Verfügungsrechte
Protektionismus *16*
Prozeß, kumulativer *184, 290*
Public Choice *Siehe* Neue Politische Ökonomie

Qualitätsleiter *Siehe* Produktqualität
Quantitätsgleichung *14, 26, 108, 122, 174*
Quantitätstheorie *27, 174, 175, 176, 178, 185, 196*
Quasirente *80*

radikale Ökonomie *304*
Ramsey-Regel *146*
Rationalität *52, 298, 317, 321, 324, 327*
Rationalität, substantielle vs. prozedurale *299*
Raumschiff Erde *312*
Reaktionskurve *91, 92*
Realkasseneffekt *Siehe* Pigou-Effekt
Recht, ökonomische Analyse des ~s *156, 165, 173*
Reichtum, nationaler *11*
Replikatorgleichung *327*
Reproduktion
   einfache *270*
   erweiterte *270*
Reservearmee, industrielle *270*
Ressourcen
   erneuerbare *155, 315*
   nicht erneuerbare *153, 315*
Ressourcenökonomie *149, 152*
reswitching *Siehe* Kapitalparadoxon
Revolution, marginalistische *50*
Ricardo-Effekt *40*
Rivalität im Konsum *142*
romantische Schule *272*

Routinen, organisatorische *309*

Sättigungsgesetz *Siehe* Gossensches Gesetz, erstes
Saysches Gesetz *32, 36, 38, 190, 197*
Schadstoffemissionen *149, 315*
Scholastik *6*
Scitovsky-Indifferenzkurve *135*
Scitovsky-Kriterium *Siehe* Kompensationskriterien
Shapley-Wert *330*
Sicherheitsstrategie *318*
Skalenerträge *74, 78, 80*
Skalenerträge, externe *81*
Slutsky-Gleichung *66*
Social Choice *Siehe* Sozialwahltheorie
soziale Faktoren, Verhaltensbeeinflussung durch *298*
soziale Frage *274*
soziale Marktwirtschaft *297*
Sozialismus *267, 279, 289, 290*
Sozialwahltheorie *138, 159*
Soziobiologie *310*
Sozioökonomie *304*
Sparfunktion
   extrem klassische *246*
   klassische *302*
Sparquote
   endogene *Siehe* Sparquote: optimale dynamische
   optimale dynamische *242, 247*
   optimale statische *246*
   Variabilität der *302*
Spekulationskasse *179, 182, 195, 199, 205*
Spiele
   Bayes-~ *324*
   Darstellung in extensiver Form *322*
   Darstellung in normaler Form *Siehe* Spiele: Darstellung in strategischer Form
   Darstellung in strategischer Form *322*
   Koalitions-~ *330*
   Nichtnullsummen-~ *319, 322*
   Nullsummen-~ *318, 322*
   Teil-~ *323*
   wiederholte *324*
Spieltheorie *90, 93, 112, 237, 304, 317*
   Bedeutung für Ökonomie *319, 320*
   evolutorische *307, 319, 326*

kooperative *317, 319, 328*
nichtkooperative *317, 319, 321*
Staatsversagen *129*
Stabilisierungspolitik *Siehe*
  Wirtschaftspolitik: keynesianische
Standardgut *49*
Standard-Mengen-Ansatz *152*
Standard-Preis-Ansatz *152*
Standorttheorie *95*
Stimmenmaximierung *158*
Stimmentausch *158*
Störungen
  monetäre *223, 228, 229, 236*
  reale *223, 227, 228, 229, 235*
Strategie
  autonome *90, 92, 93*
  evolutorisch stabile *327*
  gemischte *318, 321, 327*
  heteronome *92*
  kooperative *325, 328*
  nichtkooperative *325*
  reine *318*
strategisches Gleichgewicht *Siehe* Nash-Gleichgewicht
Subjektivismus *Siehe* Werttheorie: subjektive
Substitutionseffekt *65, 66, 144*
Substitutionselastizität *75*
Superspiel *Siehe* Spiele: wiederholte
sustainability *Siehe* Nachhaltigkeit

Tableau Economique *18, 19, 21*
Tangentenfall, chamberlinscher *89*
tâtonnement *Siehe* Koordination: zentrale
Tauschwert *5, 22, 55, 268*
technischer Fortschritt *44, 76, 201, 231, 242, 267, 268, 270*
  arbeitsvermehrender *Siehe*
    technischer Fortschritt: Harrod-neutraler
  endogener *258 Siehe*
    Wachstumstheorie: neue neoklassische
  exogener *249, 250*
  Grenzen *313*
  Harrod-neutraler *250*
  Hicks-neutraler *76, 249*
  kapitalvermehrender *Siehe*
    technischer Fortschritt: Solow-neutraler

Solow-neutraler *250*
und Marktstruktur *281*
und Wirtschaftswachstum *249, 250*
Technokratie *279*
Teilspielperfektheit *Siehe*
  Gleichgewicht: teilspielperfektes
Thermodynamik, Bedeutung für
  Ökonomie *312, 313*
Tobins q *201*
Totalanalyse *52, 53, 105, 127*
  dynamische *114, 117*
  komparativ-statische *113, 114*
  statische *106*
Transaktionskasse *179, 181, 195, 199*
Transaktionskosten *122, 162, 167*
Transferierbarkeit von Nutzen *330*
Transformationskurve *Siehe*
  Produktionsmöglichkeitskurve
Tugend *4, 26*
  sittliche *4*
  Verstandes~ *4*

Überbau, ideologischer *267*
Überschußnachfragefunktion *113, 116*
Umlaufgeschwindigkeit *14, 174, 175*
Umwegsproduktion *284*
Umweltökonomie *149*
Unabhängigkeitsposition *93*
Unsicherheit *Siehe* Information, unvollkommene
unsichtbare Hand *27, 28, 33*
Unternehmensgröße, optimale *82*
Unternehmensorganisation *165*
Unternehmertum *37, 258, 282, 288, 294, 307*
Unternehmung, Theorie der *164*
Utilitarismus *25, 27, 29, 50, 125*

Variation
  äquivalente *67*
  kompensierende *67*
Vektor-Autoregressions-Methode *264*
Verbandsorganisation *158*
Verbrauchsbesteuerung, optimale *145*
Verein für Socialpolitik *274*
Verfassung, Theorie der *159*
Verfügungsrechte *129, 155, 161*
  gemeinschaftliche *162*
  private *162*
  staatliche *162*

Theorie der *156, 161, 170*
und Transaktionskosten *162, 171*
wohldefinierte *163*
Verhandlungen *112, 129, 163, 190, 300, 319, 329*
Verhandlungsmacht Siehe Shapley-Wert
Vermächtnismotiv *202*
Verschuldenshaftung *167*
Verteilungstheorie
   neoklassische *51, 69, 73*
   postkeynesianische *299*
   ricardianische *40, 300*
Volkstheorem *326*
Vorsichtskasse *179, 181, 199*
Vorsichtsprinzip *315, 316*
Vorsorgepflicht *167*

Wachstumsgleichgewicht
   Bedingungen für *238, 241, 243, 270*
   Paretooptimalität *248, 252, 253, 257, 258*
   Stabilität *241, 244, 303*
Wachstumspolitik Siehe
   Wirtschaftspolitik: langfristige
Wachstumsrate
   befriedigende *240, 242*
   natürliche *240, 242*
Wachstumstheorie
   alte neoklassische *229, 242, 255*
   evolutorische *309*
   keynesianische *239, 301*
   Marxsche *270*
   neue neoklassische *250*
   postkeynesianische *301*
   ricardianische *40*
   Smithsche *31*
Wagnersches Gesetz *275*
Wählerverhalten *158*
Wahrscheinlichkeitstheorie, Bedeutung für Ökonometrie *261, 262*
Walrassches Gesetz *108, 116*
Wealth of Nations *29*
Wechselkurse, flexible vs. fixe *210, 212*
Weltwirtschaftskrise *190*
Wertgrenzprodukt *71, 85, 110, 191, 300*
Wertgrenzprodukt, privates vs. soziales *128*
Wertmaßstab, unveränderlicher *40, 48*
Wertparadoxon *56*
Werttheorie
   Arbeits~ *15, 29, 39, 40, 267, 268*

Boden~ *15*
soziale *281*
subjektive *9, 51, 55, 282, 283*
Werturteile *125, 132, 277*
Werturteilsfreiheit, Prinzip der *277*
Wettbewerb
   als Entdeckungsverfahren *292*
   evolutorischer *309*
   monopolistischer *88, 235*
   unvollkommener *255, 257, 281, 298*
   vollkommener *74, 77, 136, 190, 281, 303*
Wettbewerbsordnung *296*
   konstituierende Prinzipien *296*
   regulierende Prinzipien *296*
Wirtschaftsgeschichte Siehe Kliometrie
Wirtschaftskreislauf *15, 20, 26, 264, 332*
Wirtschaftsordnung Siehe Ordnung: der Wirtschaft
Wirtschaftspolitik
   diskretionäre vs. regelgebundene *232*
   dynamische Inkonsistenz *233*
   Fiskal- vs. Geldpolitik *195, 209, 218*
   in offenen Volkswirtschaften *209*
   Instrumentvariablen Siehe Wirtschaftspolitik: Politikvariablen
   interventionistische *274, 279, 282*
   kameralistische *16*
   keynesianische *195, 209*
   klassische *28, 33*
   langfristige *241, 257*
   merkantilistische *12*
   monetaristische *218*
   ordnungskonforme *296*
   ordoliberale *296*
   österreichische *282, 290, 294*
   physiokratische *23*
   Politikvariablen *213*
   Theorie der *213*
   und Umverteilung *281*
   und Wechselkursregime *209*
   und Wohlfahrtstheorie *136, 139, 140*
   zielkonforme *296*
   Zielvariablen *213*
Wirtschaftsstil *275*
Wirtschaftsstufenlehre *32, 268, 272, 274*
Wissen Siehe externe Effekte: und technischer Fortschritt
Wohlfahrtsfunktion, soziale *137, 147, 154, 247, 316*
   Abdiskontierung Siehe Wohlfahrts-

funktion, soziale: utilitaristische
Rawlssche *154*
utilitaristische *154, 247, 314*
Wohlfahrtsökonomie Siehe
   Wohlfahrtstheorie
Wohlfahrtstheorie *125, 157*
   alte *125, 141*
   ethische Problematik *311, 314*
   Hauptsätze der *136*
   und ökologische Ökonomie *316*
Wohltätigkeit *7*
Wucherverbot *10*

Zahlungsbilanzausgleich
   bei Edelmetallwährungen *13, 26, 28, 47*
   bei Papierwährungen *47*
und Kapitalmobilität, perfekte *210*
Zeitpräferenz *21, 99, 248, 254, 286*
Zentralbank, Kontrolle der Geldmenge
   durch *183*
Zentralbankgeldmenge *183*
Zerstörung, kreative Siehe Innovationen:
   Wettbewerb durch
Zins
   natürlicher *185*
   realer vs. monetärer Charakter *179, 196, 200, 204*
   realer vs. nominaler *102, 187*
Zinsverbot *4, 9, 13, 21*
Zölle *33, 272*
Zukunftskonsum *99*
Zurechnungsproblem *287*
Zusatzbelastung *144*
Zweitbesten, Theorie des *139, 145*